UTB FÜR WISSENSCHAFT

UTB 2191

W0199911

Eine Arbeitsgemeinschaft der Verlage

Beltz Verlag Weinheim und Basel
Böhlau Verlag Köln · Weimar · Wien
Wilhelm Fink Verlag München
A. Francke Verlag Tübingen und Basel
Paul Haupt Verlag Bern · Stuttgart · Wien
Verlag Leske + Budrich · Opladen
Lucius & Lucius Verlagsgesellschaft Stuttgart
Mohr Siebeck Tübingen
C. F. Müller Heidelberg
Quelle & Meyer Verlag Wiebelsheim
Ernst Reinhardt Verlag München und Basel
Ferdinand Schöningh Verlag Paderborn · München · Wien · Zürich
Eugen Ulmer Verlag Stuttgart
Vandenhoeck & Ruprecht Göttingen
WUV Wien

Allgemeine Wirtschaftspolitik

von

Juergen B. Donges

und

Andreas Freytag

mit 35 Abbildungen und 6 Tabellen

Lucius & Lucius · Stuttgart

Anschrift der Autoren:

Prof. Dr. Juergen B. Donges
PD Dr. Andreas Freytag
Institut für Wirtschaftspolitik
an der Universität zu Köln
Pohligstr. 1
50969 Köln

Die Deutsche Bibliothek – CIP-Einheitsaufnahme

Donges, Juergen B.:
Allgemeine Wirtschaftspolitik / von Donges, Juergen B. ; Andreas Freytag. -
Stuttgart : Lucius und Lucius, 2001
(UTB für Wissenschaft ; 2191)
ISBN 3-8252-2191-1 (UTB)
ISBN 3-8282-0153-9 (Lucius & Lucius)

Druck und Einband: F. Pustet, Regensburg
Einbandgestaltung: Atelier Reichert, Stuttgart
Printed in Germany

UTB-Bestellnummer: ISBN 3-8252-2191-1

Vorwort

Dieses Lehrbuch wendet sich an die Studierenden der Volks- und Betriebswirtschaftslehre in den mittleren Semestern (Hauptstudium), bevor sie sich auf bestimmte Sachgebiete spezialisieren, sowie an Studierende anderer Fachrichtungen mit Volkswirtschaftslehre als Nebenfach. Darüber hinaus soll das Buch all jenen, die sich für wirtschaftspolitische Fragestellungen interessieren oder an deren Lösungen mitwirken, eine Grundlage für die eigene Urteilsbildung geben.

Im Zeitalter der Globalisierung der Märkte und der fortschreitenden Internet-Ökonomie ist in der Öffentlichkeit viel von der schwindenden Rolle, ja gar der Ohnmacht der nationalen Wirtschaftspolitik bei der Verwirklichung selbstgesteckter Ziele die Rede. Wäre das so, bräuchte man ein Lehrbuch über Wirtschaftspolitik nicht zu schreiben, und es könnte dieses Fach aus dem Lehrstoff der Wirtschaftswissenschaften gestrichen werden. Aber es ist nicht so, im Gegenteil. Unter den herrschenden Bedingungen ist es wichtiger denn je, dass nationale Wirtschaftspolitik ihre Aufgaben effizient erledigt. Fehlerhafte Wirtschaftspolitik kann man sich noch weniger leisten als ehedem, denn das Land würde von den international mobilen Produktionsfaktoren, wie produktives Sachkapital und kreatives Humankapital, sehr schnell durch Abwanderung bestraft. Darunter leiden dann besonders die immobilen Faktoren, also das Gros der im Inland lebenden Menschen. Der Versuch, sich mittels Abschottung den Fliehkräften der Globalisierung zu entziehen, ginge ins Leere. Die Wirtschaftspolitik muss sich vielmehr den neuen Herausforderungen stellen, die Verantwortlichen müssen begreifen und akzeptieren, dass globalisierter Wettbewerb mit dem Rückenwind der neuen Informations- und Kommunikationstechnologien jetzt und künftig auch Wettbewerb der Staaten um die beste Wirtschaftspolitik heißt. Der Politik wird in einem strengen Sinne Effizienzorientierung abverlangt. Dies zu leisten ist nicht zuletzt deshalb so kompliziert, weil in einer pluralistischen, demokratisch verfassten Gesellschaft sehr viele partikulare Interessengruppen sich artikulieren und auf wirtschaftspolitische Entscheidungen Einfluss nehmen wollen und weil die wirtschaftspolitischen Entscheidungsträger selber nicht immer oder nicht immer nur das Allgemeinwohl im Blick haben, sondern auch eigene Interessen verfolgen, die mit dem Gemeinwohl kollidieren können.

Ein Lehrbuch zur Allgemeinen Wirtschaftspolitik ist nicht theorielos. Zum Verständnis wirtschaftspolitischer Themen sind fundierte Kenntnisse sowohl der Mikroökonomik als auch der Makroökonomik unerlässlich. Es werden somit auf dieser Basis an vielen Stellen theoretische Zusammenhänge diskutiert. Vieles davon mag – hoffentlich – dem Leser aus dem Grundstudium her bekannt sein. Aber nicht jeder ist sich darüber im Klaren, wie wichtig theoretische Modelle für die wirtschaftspolitische Analyse sind. Es ist unser Bemühen, diese Zusammenhänge so einfach wie möglich darzustellen. Ganz ohne eine angemessene formale Darstellung wird es nicht immer gehen können, der gedanklichen Präzision wegen. Wir haben allerdings versucht, den formalen Aufwand so gering wie möglich zu halten. Wer gerne mehr wissen möchte, wird auch hier mit Hinweisen auf vertiefende Literatur versorgt. Angesichts der heutigen Belastung eines Studierenden bei der Bewältigung des prüfungsrelevanten Stoffes haben wir die Anzahl der Literaturhinweise begrenzt.

Inhaltlich ist der Umfang des Buches so gehalten, dass der Stoff in einem Semester durchgearbeitet werden kann. Er basiert auf einer vierstündigen Vorlesung samt Übung, die wir regelmäßig an der Universität zu Köln halten. Bislang kursierten hierzu Skripten, die im Auftrag der sog. Mitschriften AG der Studentenschaft der Wirtschafts- und Sozialwissenschaftlichen Fakultät von Teilnehmern an der Vorlesung verfasst und gegen ein kleines Entgelt an die Studierenden vertrieben werden, sowie Abhandlungen, die in Repetitorkursen (sic!) eingesetzt werden. Jetzt bekommen diese Produkte Konkurrenz. Die bohrenden Fragen der Studierenden, die in den Lehrveranstaltungen gestellt wurden, haben uns zu wertvollen Ideen verholfen, die wir natürlich in unserem Buch bei der Aufbereitung des Stoffes verwertet haben.

Das Lehrbuch ist in sechs Kapitel unterteilt. *Kapitel I* befasst sich mit den Zielen und Methoden der Wirtschaftspolitik. Ein größerer Abschnitt ist den Akteuren der Wirtschaftspolitik gewidmet, wobei es uns ganz wesentlich auf das Verständnis für das Assignment-Problem ankommt. Auf die Unterscheidung zwischen normativer und positiver Analyse, die für die Theorie der Wirtschaftspolitik elementar ist, wird ebenso hingewiesen wie auf wesentliche Prinzipien der Wirtschaftspolitik in einer demokratisch verfassten Gesellschaft.

In *Kapitel II* werden die allokationstheoretischen Grundlagen für die Wirtschaftspolitik gelegt. Nach einer kurzen Analyse verschiedener Ansätze zur Wohlfahrtsmessung in einer Volkswirtschaft werden Bewertungskriterien für wirtschaftspolitische Situationen und deren Schwächen vorgestellt. Anschließend werden in einer normativen Betrachtung die Bedingungen für ein (statisches) allokatives Optimum, die sog. Marginalbedingungen diskutiert. Es wird gezeigt, dass unter bestimmten Annahmen diese Bedingungen über den Marktmechanismus erfüllt werden. Die statische Effizienzanalyse wird um dynamische Aspekte ergänzt.

In *Kapitel III* wird eine positive Analyse der Verletzung der Marginalbedingungen bzw. der Bedingungen der dynamischen Effizienz vorgenommen. Marktversagen bedeutet, dass die Effizienzbedingungen ohne eine staatliche Regulierung nicht erfüllt werden können. Wir diskutieren insbesondere die Wirkungen technologischer Externalitäten, asymmetrischer Information und des sog. natürlichen Monopols.

Wurde in diesen Kapiteln unterstellt, dass das oberste Ziel der Wirtschaftspolitik die Maximierung des gesellschaftlichen Wohlstandes ist, so wird in *Kapitel IV* davon abgerückt. Politische Entscheidungsträger sind keineswegs bloße Anwälte des Gemeinwohls, sondern haben eigene Ziele. Daraus resultieren unweigerlich Grenzen für ökonomisch rationale Entscheidungen. Zu der ökonomischen tritt die politische Rationalität. Neben dem Kalkül der Politiker und der Bürokratie werden in diesem Kapitel auch die Gründe für die unterschiedliche Organisierbarkeit der Interessen diskutiert. Überlegungen zur politischen Ökonomik der Reform schließen das Kapitel ab.

Die Erkenntnis, dass wirtschaftspolitische Entscheidungsträger aus rationalem Kalkül vom obersten Ziel der Wirtschaftspolitik, nämlich Steigerung der gesellschaftlichen Wohlfahrt, abweichen, führt zu konzeptionellen Überlegungen in der Wirtschaftspolitik. In *Kapitel V* werden grundsätzliche wirtschaftspolitische Konzeptionen mit unterschiedlich bindendem Charakter für die Entscheidungsträger vorgestellt. Drei Begriffspaare werden diskutiert: Ordnungspolitik vs. Prozesspolitik, Angebotspolitik vs. Nachfragepolitik, Regelbindung vs. Diskretionarität. Die Überlegungen aus Kapitel IV legen eine strenge Regelbindung bzw. das Primat der Ordnungspolitik und einen Fokus auf die Angebotspolitik nahe. Überlegungen zur Wirtschaftspolitik im Zeichen der Globalisierung unterstreichen dies.

Im abschließenden *Kapitel VI* werden aus aktuellem Anlass die Auswirkungen der europäischen Integration auf die nationale Wirtschaftspolitik diskutiert. Nach einigen grundsätzlichen Erwägungen sowie einem Blick auf die politischen Entscheidungsträger in der Europäischen Union werden die neuen institutionellen Rahmenbedingungen vorgestellt. Im letzten Abschnitt werden im Lichte der bisherigen normativen und positiven Analyse einige Gedanken zum Ordnungsrahmen europäischer Wirtschaftspolitik formuliert.

Ein Lehrbuch wie das vorliegende ist selbstverständlich das Ergebnis der Arbeit und Mühen vieler. Daraus ist eine große Dankesschuld erwachsen. Wir können sie hier nicht im Einzelnen abtragen, möchten aber doch jenen Mitarbeitern und Kollegen ausdrücklich Dank sagen, die uns besonders stark unterstützt haben. Zu den ersten Entwürfen des Manuskripts haben Angela Schürfeld und Martin Theuringer sehr wichtige Beiträge geleistet, sodann waren es Marc Oelmann, Peter Tillmann und Pia Weiß; ihre schriftlichen

Aufzeichnungen über einzelne Themen sowie ihr kritisches Mitdenken und die vielen aus gemeinsamen Diskussionen hervorgegangenen Anregungen haben sich bei der endgültigen inhaltlichen Gestaltung des Lehrbuches als außerordentlich fruchtbar erwiesen. Bernd Hansjürgens (Leipzig) hat es freundlicherweise übernommen, als ausgewiesener Kenner der Materie die Passagen zum Umweltproblem intensiv durchzulesen und Verbesserungsvorschläge zu machen. Unsere studentischen Hilfskräfte haben uns auf vielfältige Weise unterstützt, namentlich Michael Münch bei der Gestaltung der Abbildungen und Tabellen. Im Sekretariat haben Mascha Rohner und Christel Schäfer mit ihren sorgfältigen Schreibarbeiten gezeigt, dass auch im Zeitalter des PC eine effiziente Arbeitsteilung möglich ist und daher Sinn macht. Bei den redaktionellen Schlussarbeiten haben uns Gabriele Bartel, Birgit Lohenstein und Pia Weiß die Hauptlast abgenommen. Ihnen allen nochmals unser besonderer Dank.

Dem Buch sind in einem nicht unerheblichen Maße die Erfahrungen zugute gekommen, die einer der Verfasser in mehrjährigen wissenschaftlichen Beratungstätigkeiten gesammelt hat, vor allem in der Deregulierungskommission (1989-91) und im Sachverständigenrat zur Begutachtung der gesamtwirtschaftlichen Entwicklung (seit 1992). Bei der dort üblichen Arbeitsweise im Team sind unschätzbare theoretisch und empirisch geleitete Erkenntnisgewinne angefallen, die in diesem Lehrbuch zum Nutzen des Lesers verarbeitet wurden. Auch hier ist vielen Kollegen und wissenschaftlichen Mitarbeitern zu danken.

Köln, im Mai 2001

Juergen B.Donges

Andreas Freytag

Inhaltsverzeichnis

Verzeichnis der Abbildungen

Verzeichnis der Tabellen

Verzeichnis der Abkürzungen

ADAC	Allgemeiner Deutscher Automobilclub
ARGE	Arbeitsgemeinschaft wirtschaftswissenschaftlicher deutscher Forschungsinstitute
BIP	Bruttoinlandsprodukt
CO_2	Kohlendioxyd
DDR	Deutsche Demokratische Republik
DIW	Deutsches Institut für Wirtschaftsforschung
EG	Europäische Gemeinschaften
ESVG	Europäisches System Volkswirtschaftlicher Gesamtrechnungen
EU	Europäische Union
EVS	Einkommens- und Verbrauchsstichprobe des Statistischen Bundesamtes
EWS	Europäisches Währungssystem
EWU	Europäische Währungsunion
EZB	Europäische Zentralbank
G-7	Gruppe der sieben größten Industrienationen (USA, Japan, Deutschland, Frankreich, Großbritannien, Italien und Kanada)
G-8	Gruppe der acht größten Industrienationen (G-7 und ab 1999 Russland)
GATT	General Agreement on Tariffs and Trade
GD	Gemeinschaftsdiagnose
GK	Grenzkosten
GP	Grenzproduktivität
GPA	Grenzproduktivität der Arbeit
GPK	Grenzproduktivität des Kapitals
GRGS	Grenzrate der Gütersubstitution
GRT	Grenzrate der Transformation
GRTS	Grenzrate der technischen Substitution
HOAI	Honorarordnung für Architekten und Ingenieure

IWF	Internationaler Währungsfonds
JG	Jahresgutachten des Sachverständigenrates
JWB	Jahreswirtschaftsbericht
NGO	Non-governmental Organisation (Nichtregierungsorganisation)
OECD	Organisation for Economic Cooperation and Development
ÖTV	Gewerkschaft Öffentlicher Dienst, Transport und Verkehr
OPEC	Organisation Petroleum Exporting Countries
PAP	Prinzipal-Agent-Problem
RegTP	Regulierungsbehörde für Telekommunikation und Post
SOEP	Soziooekonomisches Panel des Deutschen Instituts für Wirtschaftsforschung
SWF	Soziale Wohlfahrtsfunktion
UMTS	Universal Mobile Telecommunications System
WTO	World Trade Organsation (Welthandelsorganisation)
ZVS	Zentralstelle für die Vergabe von Studienplätzen

I. Ziele und Methoden der Wirtschaftspolitik

1. Gegenstand der Wirtschaftspolitik

Vor einer ausführlichen Analyse der Wirtschaftspolitik gilt es, diese in den Kontext der allgemeinen Politik einzuordnen. Die Wirtschaftspolitik ist ein Teilgebiet der allgemeinen Politik, bezogen auf das ökonomische Geschehen; dies gilt national wie international. Entsprechend sind Politik und Wirtschaft verzahnt. Es gibt einerseits eine Tendenz zur Ökonomisierung der Politik, d.h. die Wirtschaftspolitik übernimmt eine Führungsrolle bei im Grunde politischen Entscheidungen. Andererseits besteht die Bereitschaft in der Wirtschaft, politische Rücksichten zu nehmen. Beispiele für beide Wirkungsrichtungen lassen sich zahlreich finden.

- Man denke an die Gründung der Montanunion (1951) und der Europäischen Wirtschaftsgemeinschaft (1957) mit jeweils 6 Staaten (Deutschland, Italien, Frankreich und die Benelux-Staaten), die späteren Erweiterungen auf heute 15 Mitgliedstaaten der Europäischen Union (1973: Vereinigtes Königreich, Irland, Dänemark; 1981: Griechenland; 1986: Portugal und Spanien; 1995: Finnland, Österreich, Schweden) sowie die Gründung der Europäischen Währungsunion (EWU) mit 11 Mitgliedsländern (alle EU-Staaten außer Dänemark, Griechenland, Schweden und Vereinigtes Königreich) ab dem 1. Januar 1999 (am 1. Januar 2001 ist Griechenland beigetreten). Dies waren sämtlich Entscheidungen der allgemeinen Politik mit nicht-ökonomischen Zielen, darunter die Befriedung Europas. Gleichzeitig hatte diese schrittweise Integration Europas eine sehr große wirtschaftspolitische Bedeutung. Erwähnt seien nur der europäische Binnenmarkt mit den grundlegenden Ordnungsprinzipien des freien Wettbewerbs, der Niederlassungsfreiheit und der Dienstleistungsfreiheit sowie die Vergemeinschaftung verschiedener Politikbereiche (Außenhandelspolitik, Agrarpolitik, Geldpolitik).
- Die deutsche Vereinigung (3. Oktober 1990) als allgemeine politische Entscheidung von übergeordneter Bedeutung war nicht losgelöst von ökonomischen Triebkräften in der damaligen DDR, insbesondere dem Drängen der DDR-Bürger, nach Westen überzusiedeln. Das Schlagwort „Kommt die Mark nicht zu uns, gehen wir zu ihr“ dürfte einen erheblichen Einfluss auf die Entscheidung zur deutsch-deutschen Währungsunion zum 1. Juli 1990, nur sieben Monate nach dem Fall der Mauer, und die dann recht schnell folgende politische Vereinigung gehabt haben. Zunächst hatten die Politiker mehrjährige Übergangsfristen ins Auge gefasst.

Die Währungsumstellung für die Mark der DDR (mit einem Kurs von 1:1 für Löhne und Gehälter) hingegen war eine rein politische Entscheidung, ohne Rücksicht auf ökonomische Zusammenhänge, nach denen der Umtauschkurs ein anderer hätte sein müssen (die Deutsche Bundesbank hatte 2 Mark der DDR zu einer D-Mark vorgeschlagen, der Schwarzmarktkurs lag bei 5:1).

- Wirtschaftssanktionen gegenüber einzelnen Staaten sind ein Mittel der Außenpolitik und ersetzen ein militärisches Vorgehen. Obwohl sie nicht unter Berücksichtigung wirtschaftspolitischer Überlegungen angewendet werden, haben sie ökonomische Konsequenzen, da sie analytisch wie Mittel der Außenhandelspolitik zu sehen sind. Zum Beispiel kann es in dem Land, das die Sanktionen verhängt, zu Exporteinbrüchen kommen, die negative Beschäftigungswirkungen nach sich ziehen können. Die Verschlechterung der gesamtwirtschaftlichen Lage hat dann ihre Ursache in der außenpolitischen Entscheidung.

- Konsensgespräche zwischen Regierung, Gewerkschaften und Wirtschaftsverbänden, wie sie in Konzertierten Aktionen oder „Bündnissen für Arbeit" stattfinden, haben in erster Linie eine wirtschaftspolitische Zielrichtung, beispielsweise die Sicherung der Geldwertstabilität, wenn überzogene Verteilungskämpfe inflatorische Prozesse auslösen, oder die Erhöhung der Beschäftigung, wenn in der Volkswirtschaft eine hohe Dauerarbeitslosigkeit herrscht. Allerdings ist nicht auszuschließen, dass solche Konsensgespräche auch zu einer Änderung der gesellschaftlichen Atmosphäre beitragen können und damit auf die allgemeine Politik einwirken. Wenn derartige Konsensgespräche für die Wirtschaftspolitik erfolgreich verlaufen, sind sie möglicherweise auch für andere Probleme der Politik eine vielversprechende Option.

Die Verflechtung von allgemeiner Politik und Wirtschaftspolitik zeigt sich auch auf nachgelagerten politischen Ebenen oder bei Unternehmen:

- Auf kommunaler Ebene werden z.B. Entscheidungen über den öffentlichen Personennahverkehr unter dem Aspekt des Umweltschutzes oder des Stadtbildes getroffen; z.B. wird viel Grün und möglichst wenig betonierte Parkfläche angestrebt. Daraus ergibt sich eine politisch gewollte Bevorzugung des Öffentlichen Personennahverkehrs mit subventionierten Tarifen. Dadurch wird Einfluss auf ökonomische Entscheidungen der Bürger (Autokauf) und die Finanzlage der Kommunen genommen, ohne dass diese Entscheidungen im Mittelpunkt der Überlegungen stehen.

- Unternehmen, allemal große Unternehmen, die im Blickfeld der Öffentlichkeit stehen, pflegen betriebswirtschaftliche Entscheidungen auch unter politischen Gesichtspunkten abzuwägen. So könnten sie betriebliche Sozialpolitik betreiben oder Wahlkampfhilfe leisten (z.B. in der Form von Preissenkungen oder Mehreinstellung von Auszubildenden vor einer Bundestagswahl). Auch betrieblicher Umweltschutz kann durch die Verflechtung von Wirtschaftspolitik und allgemeiner Politik beeinflusst werden.

Diese wenigen Beispiele zeigen, wie stark allgemeine Politik und Wirtschaftspolitik miteinander verzahnt sind. Dabei stehen die Ziele beider Politiken in Beziehung zueinander. A priori ist nicht klar, ob die Ziele der allgemeinen Politik und die der Wirtschaftspolitik miteinander im Einklang stehen oder sich widersprechen; mit anderen Worten: ob eine Zielkomplementarität oder ein Zielkonflikt vorliegt.

2. Ziele der Wirtschaftspolitik und Zielbeziehungen

Aber auch die Wirtschaftspolitik für sich genommen ist nicht konfliktfrei. Sie orientiert sich stets an einem Zielbündel. Das grundsätzliche Problem ist, dass unabhängig davon, für wie wertvoll die einzelnen Ziele gehalten werden, es zu Zielkonflikten kommen kann und tatsächlich immer wieder kommt. Dadurch entstehen der Volkswirtschaft Kosten, die sich auf verschiedene Weise manifestieren, z.B. in Form von Inflation, Arbeitslosigkeit, hoher Staatsverschuldung und hoher Steuer- und Abgabenbelastung.

Als **oberstes wirtschaftspolitisches Ziel** wird generell das Ziel der Wohlstandssteigerung – gemessen an der Entwicklung des Pro-Kopf-Einkommens – gewählt. Eine solche Festlegung impliziert keine Bewertung verschiedener Ziele in einer Hierarchie. Jeder Bürger hat seine eigene Zielhierarchie. Unterschiede zwischen den Menschen sind sicherlich groß, und es gibt keinen objektiven Maßstab, Zielhierarchien zu vergleichen. Aus Sicht der Wirtschaftspolitik rechtfertigt sich die Festlegung auf das Ziel der Wohlstandssteigerung wie folgt: Grundsätzlich ist Wirtschaften kein Selbstzweck. Aber es gibt Knappheiten, die man überwinden will, um bestimmte individuelle und gesellschaftliche Ziele zu erreichen. Insofern legitimiert sich das Ziel der Wohlstandssteigerung aus – mindestens – fünf anderen Zielsetzungen. Allerdings kann die Wirtschaftspolitik, wie sich noch zeigen wird, auf den wirtschaftlichen Wohlstand wesentlich besser und direkter einwirken als auf jedes andere Ziel. Im Einzelnen sind die folgenden Ziele von Interesse und indirekt von der Wirtschaftspolitik zu beeinflussen:

1. Das Ziel der Wohlstandssteigerung impliziert, dass der Einzelne seine **materielle Freiheit** erhöht. Die materielle Freiheit ist zu unterscheiden von der formalen Freiheit. Bei der formalen Freiheit geht es um Gleich-

heit der einzelnen Bürger vor dem Gesetz, als Schutz vor staatlicher Willkür. Materielle Freiheit heißt, im Rahmen der formalen Freiheit und unter Beachtung der Gesetze und der „guten Sitten" (Treu und Glauben) die von den Bürgern selbst gesteckten Ziele verwirklichen zu können. Dies ist Handlungsfreiheit im Sinne individueller Verfügungsmöglichkeiten nach Artikel 2, Absatz 1, Grundgesetz. Nur bei materieller Freiheit hat der Einzelne Alternativen. Wer in einem armen Land lebt, ist trotz aller formalen Freiheiten, die er haben mag, im ökonomischen Sinn unfrei. Wer arbeitslos wird und von der Arbeitslosenhilfe (Sozialhilfe) abhängt, weil er zuvor kein Vermögen bilden konnte oder wollte, ist ebenfalls materiell relativ unfrei. Daher erhöht eine Wirtschaftspolitik, die wirtschaftliche Dynamik und einen hohen Beschäftigungsrad ermöglicht, die materielle Freiheit des Einzelnen. Dies lässt sich daran erkennen, dass bei Vollbeschäftigung die Arbeitgeber um die Gunst der Arbeitnehmer konkurrieren, diese also den aus ihrer Sicht interessantesten Arbeitsplatz auswählen können. Umgekehrt verschlechtern sich die individuellen Wahlchancen, verringert sich gleichsam die materielle Freiheit, wenn die Wirtschaftspolitik es nicht zu verhindern vermag, dass die Volkswirtschaft eine hohe Arbeitslosigkeit verzeichnet.

2. Wohlstandssteigerung beschert dem Einzelnen und der Gesellschaft als Ganzes ein Mehr an **Sicherheit** gegenüber den Wechselfällen des Lebens und in Bezug auf die Versorgung im Alter. Gemeint ist die Absicherung von unvorhersehbaren Einkommensrisiken in Verbindung mit Krankheit, Pflegebedürftigkeit, Unfällen, vorzeitiger Erwerbsunfähigkeit und Arbeitslosigkeit als auch die Verwirklichung eines angemessenen Lebensstandards nach dem Ausscheiden aus dem Erwerbsleben. Die zentralen Ordnungsprinzipien des Sozialstaates – das Solidarprinzip (kollektive Versorgung) sowie das Subsidiaritätsprinzip (Eigenverantwortung und Selbstvorsorge) – können bei steigendem Wohlstand in eine Balance gebracht werden, bei der ein System der sozialen Sicherung, das sich nach dem Umlageverfahren finanziert, auf Dauer funktionstüchtig ist. Dies gilt selbst dann, wenn sich, wie zum Ende des 20. Jahrhunderts, das wirtschaftliche Umfeld für das Umlageverfahren verschlechtert, was sich in einer geringen Wachstumsdynamik, hoher Dauerarbeitslosigkeit, zunehmender Lebenserwartung der Bevölkerung sowie Veränderungen im Erwerbsverhalten ausdrückt.

3. Mit zunehmendem Wohlstand erhöht sich auch der absolute **soziale Status** des Einzelnen. Soziologisch gesehen wird der soziale Status durch vier Faktoren definiert: (1) Einkommen bzw. Vermögen, (2) Ausbildung, (3) Sozialprestige der beruflichen Betätigung, (4) Autorität und Kompe-

tenz. Das Streben nach sozialem Status ist gesamtwirtschaftlich betrachtet eine wichtige Triebkraft dafür, dass Menschen arbeiten wollen und wirtschaftliche Risiken eingehen. In der Geschichte kann man dies häufig verstärkt bei Zuwanderern erkennen – auch zum Zwecke der besseren Integration in der Gesellschaft des Einwanderungslandes.

4. Das Ziel der Wohlstandssteigerung dient dem Bemühen, mehr **soziale Gerechtigkeit** in der Gesellschaft zu erreichen.[1] Umverteilungsziele – bezogen auf die personelle Einkommensverteilung – werden aus der Erkenntnis heraus begründet, dass in einer freien, arbeitsteiligen Wettbewerbswirtschaft der Markt die Einkommen unter den Individuen nicht nach den Bedürfnissen verteilt, sondern nach der Leistung, die der Einzelne im Produktionsprozess erbringt und dem Wert, den die Nachfrager ihm beimessen. Die gesellschaftlichen Vorstellungen von Gerechtigkeit können davon abweichen. In Deutschland wird aus diesem Grund die Wirtschaftsordnung als Soziale Marktwirtschaft gewollt. Wichtige Ansatzpunkte für mehr Verteilungsgerechtigkeit bietet die gesetzliche Sozialversicherung, insbesondere der Familienlastenausgleich innerhalb der Gesetzlichen Krankenversicherung. Darüber hinaus gibt es direkte Transfers (z.B. Sozialhilfe, Wohngeld, Kindergeld), kostenlose Studienplätze im Rahmen des Bildungswesens, Leistungen zur Vermögensbildung in Arbeitnehmerhand oder die Subventionierung des Wohnungsangebots innerhalb des Sozialen Wohnungsbaus in Verbindung mit einer Mietenregulierung für einkommensschwache Haushalte. In Deutschland beläuft sich das Sozialbudget – es enthält alle staatlichen Sozialleistungen plus die sozialen Leistungen der Arbeitgeber an ihre jeweiligen Beschäftigten wie die Entgeltfortzahlung im Krankheitsfall und die Betriebliche Altersversorgung – auf rund 1,3 Billion DM, dies entspricht einem knappen Drittel des Bruttoinlandsprodukts. Eine derartige Umverteilung muss finanziert werden; durch Steuern, besonders die progressive Einkommensteuer, und durch Abgaben, namentlich die Beiträge von Arbeitnehmern und Arbeitgebern zu den einzelnen Zweigen der gesetzlichen Sozialversicherung. Steuern sind das Mittel, mit dem der Staat für Zwecke der Umverteilung Ansprüche der Privaten an das gesamtwirtschaftliche Produktionspotential zurückdrängt und seine eigenen Ansprüche – durch die gesellschaftlichen Präferenzen gedeckt – durchsetzt. Es ist stets darauf zu achten, dass die Steuer- und Abgabenlast die Anreize für individuelle Leistung und private Investitionen möglichst wenig beeinträchtigt. Bei zu hohen Steuern und Abgaben würden die Antriebskräfte der Wirtschaft erlahmen.

[1] Vgl. zum Thema Sozialpolitik Eekhoff (1998).

Dies wäre dem Ziel der sozialen Gerechtigkeit abträglich, denn das zu Verteilende muss ja erst entstehen. Bei steigenden Einkommen ist das leichter zu verwirklichen als bei stagnierenden oder gar fallenden Einkommen. Diese Überlegungen gelten auch, wenn es um Gerechtigkeit innerhalb der Europäischen Union (z.B. Strukturfonds) oder in der Weltwirtschaft (z.B. Entwicklungshilfe) geht. Was dies auch immer an öffentlichen Ausgaben verursachen mag, zu finanzieren sind sie vom Steuerzahler.

Gerade an der Frage der Verteilungsgerechtigkeit zeigt sich deutlich, dass wir es in der Ökonomie mit Knappheiten zu tun haben, die Wirtschaftspolitik also einer Budgetrestriktion unterliegt. Die Naivität und Bedenkenlosigkeit, mit der viele Bürger von den Politikern die Ausweitung sozialer Leistungen im nationalen oder internationalen Rahmen fordern, und die Bereitschaft vieler Politiker, solchem Drängen nachzugeben, ohne sich Rechenschaft darüber abzulegen, welche anderen öffentlichen oder privaten Leistungen dafür wegfallen sollen, ist Ausdruck der Irrationalität kollektiver Entscheidungen. Wenn die Einkommen nicht angemessen steigen und die Haushaltskassen leer sind, wird das Dilemma offenkundig: Dann müssen die politischen Entscheidungsträger bestimmte Ausgaben kürzen. Nicht zuletzt die Auswahl der Ausgabenkürzungen entscheidet darüber, ob die Ziele des Wirtschaftens in Zukunft besser erreicht werden können oder nicht.

5. Schließlich ist die Steigerung des Pro-Kopf-Einkommens ein Mittel, um den **Umweltschutz** und damit auch die Qualität bzw. „Nachhaltigkeit" des wirtschaftlichen Wachstums zu erhöhen. Der Umweltschutz verursacht Kosten, weil er Arbeit und Kapital bindet, damit Altschäden an Boden und Gewässern beseitigt, Schadstoffemissionen reduziert, umweltschonende Verfahren entwickelt und angewendet sowie wirksame Vorsorge gegenüber neuen Schädigungen getroffen werden. Der Gegenposten sind die Kostenentlastungen, die sich daraus ergeben, das künftige Umweltschäden vermieden worden sind. Aber auch nach dieser Gegenrechnung bleibt für den Zugewinn an Umweltqualität eine Zusatzbelastung, die den Menschen einen Verzicht auf Realeinkommen abverlangen. Ein Beispiel ist die Verteuerung der Energienutzung durch eine Ökosteuer, die im Inland erhoben wird. Wehren sich die Bürger z.B. durch zusätzliche Lohnsteigerungen, die den ökosteuerbedingten Preisanstieg kompensieren sollen, so tragen sie die Zusatzbelastung in Form von Arbeitslosigkeit. Da Kapital international mobil ist, jedenfalls mobiler als Arbeit, kann es sich der Steuerlast entziehen, jedenfalls solange, wie es keine internationale Koordinierung der Umweltpolitik gibt. Deshalb bleibt der größte Teil der Traglast beim Produktionsfaktor Arbeit, denn

nicht die Umwelt zahlt die Ökosteuern, sondern die Menschen, die die Umwelt beanspruchen. In einer wachsenden Wirtschaft fällt diese Traglast weniger ins Gewicht.
Das Gleiche gilt im Falle einer von außen auferlegten Verteuerung umweltintensiver Güter, z.B. bei einer Erhöhung der Rohölpreise durch das OPEC-Kartell. Dem daraus resultierenden negativen Terms-of-Trade-Effekt entsprechen Realeinkommenseinbußen bei der inländischen Bevölkerung, die nicht ungeschehen gemacht werden können, aber weniger fühlbar sind, wenn insgesamt die Einkommensentwicklung günstig verläuft.

Das Ziel der Wohlstandssteigerung als das oberste Ziel der Wirtschaftspolitik ist sehr unscharf und muss zunächst mit Leben gefüllt werden.[2] In der praktischen Wirtschaftspolitik haben wir es stets mit mehreren Zielen zu tun, die zugleich angestrebt werden. Es gibt also ein **Zielbündel**, was die sehr interessante und wirtschaftspolitisch relevante Frage aufwirft, wie sich die Einzelziele eines solchen wirtschaftspolitischen Zielbündels zueinander verhalten. In der Literatur werden verschiedene Formen der Zielbeziehungen unterschieden, die Manfred Streit (2000, S. 282 ff.) wie folgt auf den Punkt gebracht hat (vgl. Abbildung I.1):

Identitätsbeziehung: Gleiche Sachverhalte werden nur mit unterschiedlichen Terminologien belegt, was sich in der wirtschaftspolitischen Debatte je nach Adressat gut nutzen lässt, z.B. um eigentlich gleiche Standpunkte taktisch zu differenzieren. Ökonomisch stellt eine Identitätsbeziehung eine Tautologie dar. Ein Beispiel findet sich in der Geldpolitik: Das Ziel der Geldwertstabilität ist das gleiche wie Vermeidung von Inflation oder Deflation. Während der erste Begriff technisch ist, verbinden die Menschen mit den beiden anderen Begriffen Assoziationen, die in der Regel negativ sind.

Antinomische Beziehung: Hier herrscht eine Unvereinbarkeit von Zielen, d.h. das eine Ziel ist die totale Negation des anderen. Eine Antinomie liegt vor, wenn die Regierung Autarkie zur Vermeidung von außenwirtschaftlichen Abhängigkeiten anstrebt und zugleich das Ziel verfolgt, Vorteile aus der internationalen Arbeitsteilung ziehen zu wollen. Man muss auf eines der beiden Ziele verzichten. Beide dürften in einem wirtschaftspolitischen Programm nicht gleichzeitig auftauchen.

---

[2] An dieser Stelle sei darauf hingewiesen, dass die Problematik der Definition, Messung und Verwirklichung von Wohlfahrt hier bewusst noch offen gelassen wird. Wohlfahrtsfunktionen, die die Bedingungen des Wohlfahrtsoptimismus (Marginalbedingungen, Totalbedingungen) berücksichtigen, Probleme des Bestmöglichen (second-best, Kompensationskriterien) und die Implikationen von Konstellationen, in denen der Markt versagt, werden später ausführlich behandelt (s. die Kapitel II und III).

Konfligierende Beziehung (Zielkonkurrenz): Mit Zielkonflikten muss sich die praktische Wirtschaftspolitik täglich herumschlagen. Die Wissenschaft kann erklären, ob überhaupt und gegebenenfalls unter welchen Bedingungen sich solche Zielkonflikte mildern oder gar beheben lassen. In der praktischen Wirtschaftspolitik ergibt sich die Notwendigkeit, von Vornherein Prioritäten zu setzen. Zudecken lassen sich Zielkonflikte allenfalls zeitweilig, dann allerdings mit der Gefahr, dass es früher oder später zu gesamtwirtschaftlichen Fehlentwicklungen kommt, die dann zu beheben hohe Kosten verursacht. Immer wiederkehrende Beispiele für Zielkonflikte betreffen die Beziehung zwischen dem Ziel der Geldwertstabilität und dem Ziel eines hohen Beschäftigungsstands (Phillips-Kurven-Problematik) und, in einem System flexibler Wechselkurse, das Verhältnis zwischen dem Ziel eines stabilen Binnenwertes der Währung (Preisniveau) und dem Ziel eines stabilen Außenwerts derselben (Wechselkurs).

Abbildung I.1: Arten der Zielbeziehungen in der Wirtschaftspolitik

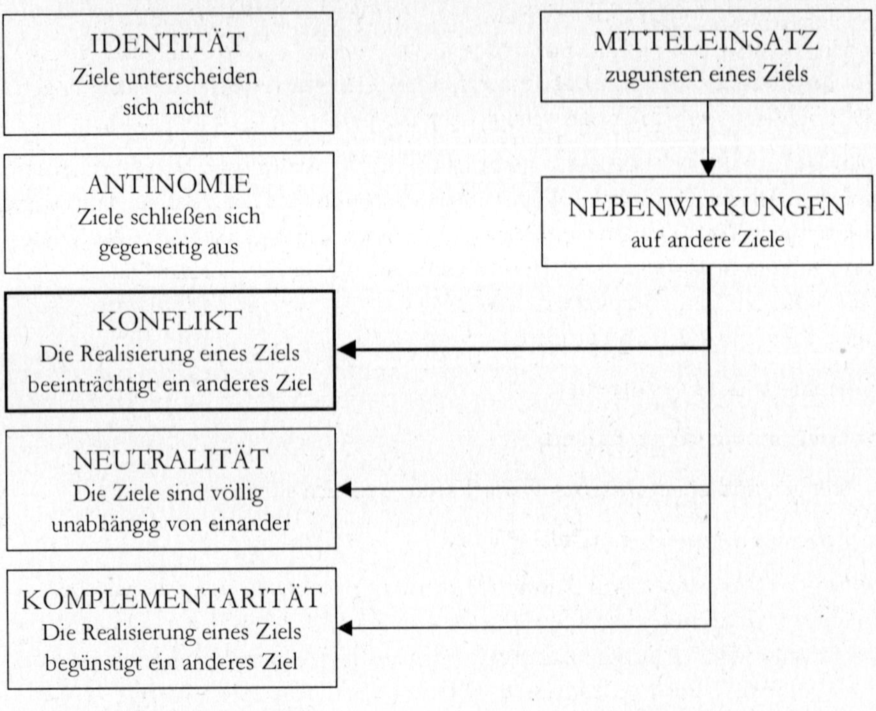

Quelle: Streit (2000, S. 283).

Neutrale Beziehung (Zielindifferenz): Manche Ziele sind, abgesehen von etwaigen kleineren Nebenwirkungen, unabhängig voneinander und werfen wirtschaftspolitisch keine besonderen Probleme auf. So kann beispielsweise das Ziel der angemessenen Versorgung mit Infrastruktur unabhängig vom Ziel der Außenhandelsliberalisierung verwirklicht werden; der Erfolg oder Misserfolg bei der Verwirklichung eines der beiden Ziele hat keinen Einfluss auf die Erreichung des anderen.

Komplementäre Beziehung (Zielharmonie): Die Verwirklichung eines Ziels bringt die Wirtschaftspolitik gleichzeitig einem oder mehreren anderen näher. Als Beispiel hierfür kann das Verhältnis zwischen dem Beschäftigungsziel und dem Wachstumsziel dienen. Der Abbau von Arbeitslosigkeit geht normalerweise einher mit einem Anstieg des Produktionsvolumens und des Realeinkommens pro Kopf der Bevölkerung. Es findet simultan eine Annäherung an beide Ziele statt.

Wie schnell einsichtig wird, ist der **für die Wirtschaftspolitik zentrale Fall derjenige der Zielkonkurrenz**. Eine Identitätsbeziehung ist eher ein semantisches denn ein tatsächliches Problem. Antinomie zwischen zwei Zielen ist sehr schnell zu identifizieren und mit entsprechenden Maßnahmen zu beheben. Neutralität und Zielharmonie stellen ebenfalls keine Herausforderungen für die Wirtschaftspolitik dar. Überdies sind diese vier Zielbeziehungen nicht häufig in der Wirtschaftspolitik anzutreffen.

Zielkonflikte treten hingegen sehr häufig auf. Das kommt bereits im wirtschaftspolitischen Zielkatalog der Bundesrepublik Deutschland, dem sog. **magischen Viereck**, zum Ausdruck. Die einschlägigen Gesetze sind: Sachverständigenratsgesetz von 1963; Stabilitäts- und Wachstumsgesetz von 1967. Dabei sollen gleichzeitig, im Rahmen der marktwirtschaftlichen Ordnung, folgende vier Ziele erreicht werden:

- Stabilität des Preisniveaus,
- hoher Beschäftigungsstand,
- stetiges und angemessenes Wirtschaftswachstum sowie
- außenwirtschaftliches Gleichgewicht.

Um in der Wirtschaftspolitik eine Orientierung zu haben, liegt es nahe, diese Ziele zu quantifizieren. Eindeutige, wissenschaftlich begründete Ableitungen sind zwar nicht möglich, aber ihren Zweck erfüllt die Quantifizierung nur, wenn strenge Maßstäbe zugrunde liegen; einen Zielwert großzügig zu definieren, nur damit er leichter erreicht werden kann, ist nicht hilfreich. Für das Ziel der Geldwertstabilität wird man eine sehr niedrige Inflationsrate angeben, für das Ziel eines hohen Beschäftigungsstands eine sehr niedrige Arbeitslosenquote beziffern.

Tabelle I.1: Wirtschaftspolitische Eckdaten für Deutschland

(1950-90: früheres Bundesgebiet)

	1950-60	1960-70	1970-80	1980-90	1991-99
Verbraucherpreise[1]	1,9	2,5	5,1	2,6	2,3
Arbeitslosenquote[2]	5,7	0,8	2,5	6,7	9,6
Produktionspotential[1]	(8,0)	4,5	2,8	2,3	2,3[3]
Leistungsbilanz/BIP[2]	+2,2	+0,9	+0,6	+2,5	-0,6

[1] Jahresdurchschnittliche Veränderungsrate in vH; [2] Periodendurchschnitt in vH; [3] 1991-98.

Quelle: Statistisches Bundesamt, Statistisches Jahrbuch, laufender Jahrgang.

Schwieriger tut man sich bei der Quantifizierung des Wachstumsziels, besonders in Bezug darauf, wann das Wachstum angemessen ist. In der Marktwirtschaft ist die Entwicklung der gesamtwirtschaftlichen Produktion das Ergebnis der Präferenzen und Anstrengungen der Menschen. Neben der Bereitschaft, zu arbeiten und Geld zu verdienen, sind Wünsche nach mehr oder weniger Freizeit im Spiel; neben dem Streben nach Neuerungen bei Waren und Dienstleistungen gibt es die Sorge um die langfristige Sicherung der natürlichen Lebensgrundlagen. Es kann in einer Marktwirtschaft mithin kein von oben angeordnetes Wachstumsziel geben (wie es in den Mehrjahresplänen von Zentralverwaltungswirtschaften geschieht). Die in die öffentliche Diskussion eingebrachten quantitativen Zuwachsraten des Produktionspotentials oder des Bruttoinlandsprodukts haben in erster Linie die Funktion, die entsprechenden Rahmenbedingungen für die wirtschaftliche Betätigung zu schaffen.

Ähnliches gilt für die Quantifizierung des Ziels des außenwirtschaftlichen Gleichgewichts. Auch hier gibt es zwar Erfahrungswerte, wie hoch die Salden von Leistungsbilanz und Kapitalbilanz in Industrieländern üblicherweise sind, die man auch normativ begründen kann.[3] Aber wiederum gilt, dass die Wirtschaftspolitik die Rahmenbedingungen für den internationalen Kapitalverkehr und den Außenhandel setzt. Die Individuen im Inland und im Ausland mit ihren einzelwirtschaftlichen Plänen sind es, die letztlich die Salden „verursachen".

Da die vier großen makroökonomischen Ziele gleichzeitig erreicht werden sollen, sind sie grundsätzlich gleichrangig. In der praktischen Wirtschaftspolitik wird jenen Zielen die größte Aufmerksamkeit zugewandt, die in der jeweiligen gesamtwirtschaftlichen Situation und in der absehbaren Entwicklung am wenigsten verwirklicht bzw. am stärksten verfehlt sind.

Die Erfahrung in Deutschland lehrt, dass Ziele und Wirklichkeit häufig auseinander klaffen (vgl. Tabelle I.1). Am besten ist das Land noch mit dem Ziel der Geldwertstabilität gefahren. Aber in den nahezu 50 Jahren ihrer Existenz hat die D-Mark einen beträchtlichen Wertschwund erlitten: Im Zeitraum 1950-98 lag die jahresdurchschnittliche Preissteigerungsrate bei 3 vH; rein rechnerisch hat sich damit die Kaufkraft der D-Mark um drei Viertel verringert, d.h. 1 D-Mark des Jahres 1950 war im Jahre 1998 noch 24 Pf. wert. Für diesen Geldwertschwund waren verschiedene Faktoren verantwortlich, binnenwirtschaftliche (z.B. Nachfrageboom, steigende Lohnstückkosten, Erhöhung administrierter Preise) und außenwirtschaftliche (z.B. Inflationsimport bei festen Wechselkursen, abwertungsbedingte Verteuerung von Importgütern bei flexiblen Wechselkursen, Ölpreisexplosionen). In dem Geldsystem eines Papierstandards sind inflatorische Prozesse schon deshalb wahrscheinlich, weil es, anders etwa als beim einstigen Goldstandard, keinen Automatismus gibt, der die umlaufende Geldmenge knapp hält. Dank der im Grunde stabilitätsorientierten Geldpolitik der Deutschen Bundesbank war die Inflationsrate hierzulande niedriger als in vielen anderen Ländern. Das hat die D-Mark, an ihrem Außenwert gemessen, zu einer Hartwährung, der wichtigsten Währung in Europa, und der zweitwichtigsten in der Welt nach dem US-Dollar, gemacht. An den Devisenmärkten ist tendenziell die D-Mark aufgewertet worden: Ende 1998, vor dem Übergang zur Europäischen Währungsunion mit dem Euro als neue Währung, belief sich der DM/Dollarkurs auf 1,66:1; gestartet war die D-Mark bei der Währungsreform von 1948 mit einem vorläufigen Dollarkurs von 3,33:1, einem danach überhöhten Kurs, der

3 Angesichts hoher relativer Kapitalknappheit in den Entwicklungsländern spricht viel dafür, dass Industrieländer ein Defizit in der Kapitalbilanz aufweisen, also der Welt Ersparnisse zur Verfügung stellen. Dieses bewirkt dann regelmäßig einen Leistungsbilanzüberschuss. Die ideale Höhe dieser Teilsalden der Zahlungsbilanz kann nicht theoretisch abgeleitet werden; allgemein geht man von 1-1,5 vH des Bruttoinlandsprodukt aus.

deshalb im September 1948 korrigiert und auf 4,20:1 festgesetzt wurde (und bis zum März 1961 auf diesem Niveau blieb).

Am hartnäckigsten ist die Zielverfehlung beim Beschäftigungsgrad. Aus der Vollbeschäftigungsökonomie von einst – bis in das Jahr 1972 bedurfte es im früheren Bundesgebiet eines kräftigen Gastarbeiterzustromes in die Bundesrepublik – ist eine Unterbeschäftigungsökonomie geworden. Von Konjunkturzyklus zu Konjunkturzyklus ist die Sockelarbeitslosigkeit gestiegen. Im Jahre 2000 waren in Westdeutschland 2,5 Millionen Personen als arbeitslos registriert, in Ostdeutschland 1,4 Millionen, was einer Arbeitslosenquote von insgesamt 9,6 vH entspricht. Die Gründe sind vielfältig: Zentral ist die Verteuerung des Produktionsfaktors Arbeit durch überzogene Tariflohnsteigerungen und den Anstieg der gesetzlichen Lohnnebenkosten (besonders der Beiträge zur Sozialversicherung), durch eine unzureichende Lohndifferenzierung in qualifikatorischer und regionaler Hinsicht und durch übermäßige Regulierungen des Arbeitsmarktes, die zudem die notwendigen Anpassungen an den strukturellen Wandel in der Volkswirtschaft erschweren. Eine beschäftigungsorientierte Lohnpolitik und Flexibilität auf dem Arbeitsmarkt sind notwendige Bedingungen, um das Ziel eines hohen Beschäftigungsstandes zu erreichen. Hinzu kommen muss eine ausreichende Wachstumsdynamik, aus der heraus sich eine steigende Arbeitsnachfrage speist.

Beim Wachstumsziel ist man in den letzen Jahren bescheidener geworden. Im Trend sind die Wachstumsraten des Produktionspotentials – sowie die Zuwachsraten des realen Bruttoinlandsprodukts – gesunken. Bestimmt wird der Wachstumsspielraum einer Volkswirtschaft durch die Investitionen und deren Produktivität (marginaler Kapitalkoeffizient), durch das Arbeitsvolumen (Erwerbstätigkeit, Arbeitszeit, Arbeitsproduktivität) und durch das Maß der Inanspruchnahme natürlicher Energiequellen (Nachhaltigkeit). Konflikte mit den anderen großen Zielen sind hier weniger wahrscheinlich, aber in der öffentlichen wirtschaftspolitischen Diskussion werden immer wieder Thesen vorgetragen wie diejenigen, dass übermäßige Anstrengungen beim Preisniveauziel Wachstumseinbußen hervorrufen („Stabilisierungsrezession") oder dass das durch technischen Fortschritt getriebene Wachstum Arbeitsplatzverluste verursacht ("jobless growth").

Seit dem Ende der 1990er Jahre gibt es jedoch das Paradigma der Neuen Ökonomie. Dabei geht es darum, dass sich eine auf digitalen Netzen basierende Querschnittstechnologie etabliert, die es den Marktteilnehmern erlaubt, ohne zeitliche und räumliche Restriktionen und zu extrem niedrigen Kosten vielfältige gewerbliche Transaktionen abzuwickeln. Es geht nicht nur um den Informations- und Kommunikationssektor. Auch in der traditionellen Industrie und in den klassischen Dienstleistungsbereichen werden sich die Produktionsweisen und Arbeitsformen fundamental verändern. Möglicherweise führt das informationsbasierte und informationsgetriebene Wirtschaften zu einem neuen langgezogenen Wachstumszyklus vom Kondratieff-Typ (40 Jahre), es wäre der sechste seit der Industriellen Revolution Ende des 18. Jahrhunderts. In den Vereinigten Staaten hat sich im Zeitraum 1996-2000 angedeutet, was die Neue Ökonomie verheißt: einen höheren Wachstumspfad und einen geringeren Inflationsdruck (als sonst), das Ganze bei Vollbeschäftigung (Council of Economic Advisors 2001). Was allerdings die Neue Ökonomik nicht verheißt, ist ein von Unwägbarkeiten und Risiken befreites Wirtschaften. Weder werden uns künftig konjunkturelle Schwankungen und das Auf und Ab der Wechselkurse und Realzinsen erspart bleiben, noch darf man sich der Illusion hingeben, am Neuen Markt der Börse könnten die Aktienkurse nur steigen und nicht auch kräftig sinken. Gerade bei neuen wirtschaftlichen Aktivitäten gibt es auch Flops, und es braucht seine Zeit, bis der Markt die Spreu von dem Weizen trennt; spätere Generationen werden dann nur die Erfolgsgeschichten lesen, so wie wir heute das auch tun hinsichtlich neuer wirtschaftlicher und technischer Entwicklungen, die irgendwann einmal in der Vergangenheit stattgefunden und sich erfolgreich Bahn gebrochen haben. Die Chancen, die die Neue Ökonomie eröffnet, fallen nicht vom Himmel, sondern müssen von den Unternehmern und Arbeitnehmern erarbeitet werden: durch Investitionen, Innovationen, Qualifizierung. Aber nicht nur von ihnen. Auch die für die Wirtschaftspolitik Verantwortlichen stehen vor der Herausforderung, die nötigen Rahmenbedingungen konsequent herzustellen (Sachverständigenrat, JG 2000/01, Ziff. 207ff. und 328ff.).

Das Ziel des außenwirtschaftlichen Gleichgewichts ist ebenfalls nicht leicht zu verwirklichen. So waren in Deutschland die Leistungsbilanzüberschüsse in den achtziger Jahren sehr hoch, zeitweilig bis zu über 4 vH des Bruttoinlandsprodukts. Hinter hohen Leistungsbilanzüberschüssen kann sich ein Zuwenig an inländischer Sachkapitalbildung verbergen, was sich in der Zahlungsbilanz in Nettokapitalexporten niederschlägt. Insoweit sind hohe Leistungsbilanzüberschüsse Ausdruck einer Wachstumsschwäche im Inland, und stellen für die Wirtschaftspolitik die Herausforderung dar, die allgemeinen Rahmenbedingungen für unternehmerische Investitionen zu verbessern. Politiker, die nur auf die Leistungsbilanz blicken und bei einem großen Aktivsaldo „Deutschland als Exportweltmeister" preisen, werden dieser Herausforderung nicht gerecht und tragen damit Verantwortung für Zielverfehlungen beim Wirtschaftswachstum und der Beschäftigungsentwicklung.

Wenn umgekehrt Leistungsbilanzdefizite auftreten, und zwar nicht vorübergehend, sondern auf Dauer, so bedeutet das nicht zwingend, dass die Menschen in dieser Volkswirtschaft zu viel konsumieren und ihren hohen Konsumbedarf über den Import von Waren und Dienstleistungen befriedigen, gleichsam „über ihren Verhältnissen leben". In diesem Fall wäre das außenwirtschaftliche Ungleichgewicht bedenklich. Es kann auch sein, dass der Passivsaldo der Leistungsbilanz einen investiven Absorptionsbedarf in der Volkswirtschaft widerspiegelt. Die Leistungsbilanzdefizite in Deutschland seit 1991, d.h. nach der deutschen Vereinigung, sind zum Teil so zu erklären. Der Gegenposten sind Nettokapitalimporte, besonders im Zusammenhang mit der Finanzierung des Transformationsprozesses in den neuen Bundesländern. Wenn solche Nettokapitalimporte stattfinden, ohne dass die inländischen Zinsen im Vergleich zum Ausland steigen, ist das außenwirtschaftliche Ungleichgewicht unbedenklich. Wiederum ist freilich die Wirtschaftspolitik gefordert. Sie muss dafür sorgen, dass das Vertrauen der Kapitalmärkte in das Wachstumspotential der inländischen Volkswirtschaft hoch bleibt. Fehler in der Wirtschaftspolitik, die dieses Vertrauen erschüttern, haben zur Folge, dass die erforderlichen Kapitalimporte nur zu steigenden Zinsen, d.h. mit einer Risikoprämie zu haben sind.

Diese Überlegungen gelten mutatis mutandis für den Euro-Währungsraum, dem Deutschland angehört. Das Ziel des außenwirtschaftlichen Gleichgewichts verliert aus der Sicht eines Mitgliedslandes an Bedeutung, so wie auch zuvor, innerhalb des D-Mark-Währungsgebiets, für die einzelnen Bundesländer, deren „Zahlungsbilanzen" in der Wirtschaftspolitik keine Rolle spielen. Außenwirtschaftliche Ungleichgewichte werden gleichsam zu regionalen Ungleichgewichten. Diese zeigen sich darin, dass das Wachstumstempo und der Beschäftigungsstand zwischen den Teilregionen (den Mitgliedsländern) des Euro-Raums unterschiedlich sind und Transferzahlungen von den dynamischen Volkswirtschaften an die weniger dynamischen fließen.

Wegen der Konkurrenzbeziehungen bei den wirtschaftspolitischen Zielen, aber auch bei Komplementarität, ist stets darauf zu achten, dass das Ziel-Mittel-System sachgerecht ist. Das hat einige grundsätzliche Implikationen: Für jedes unabhängige Ziel muss zumindest ein Mittel verfügbar sein, das für kein anderes Ziel benötigt wird. Diese Regel wird als **Tinbergen-Prinzip** bezeichnet (Tinbergen 1952). Bei Verletzung dieses Prinzips entstehen oft erst Zielkonflikte. So bringt die Entscheidung für einen festen Wechselkurs die Geldpolitik in die unangenehme Lage, entscheiden zu müssen, ob sie diesen Wechselkurs verteidigt und dann u.U. eine reale Aufwertung der Währung als Folge einer höheren Inflationsrate im Inland in Kauf nimmt. Durch eine reale Aufwertung entfernt sich die Wirtschaftspolitik vom Beschäftigungsziel und vom Wachstumsziel. Verteidigt sie den Wechselkurs nicht und statt dessen den Binnenwert der Währung, gibt es eine reale Abwertung der

Währung als Folge des Stabilitätsvorsprungs gegenüber dem Ausland. In diesem Fall entfernt sich die Politik vom Ziel des außenwirtschaftlichen Gleichgewichts, bis es dann doch über den internationalen Preiszusammenhang im Inland zu einer Anpassungsinflation kommt.

Für ein und dasselbe Ziel lassen sich durchaus zwei oder mehrere Mittel einsetzen. Das kann zweckmäßig sein, wenn sonst ein Mittel zu stark dosiert werden müsste, unerwünschte Nebenwirkungen hätte oder politische Widerstände auslösen würde. Denkbar ist vor allem eine Kombination von Geldpolitik und Finanzpolitik. Wenn mehrere oder alle vier genannten Ziele gleichzeitig erreicht werden sollen, müssen auch die entsprechenden Mittel aufeinander abgestimmt und gleichzeitig ergriffen werden. In der Praxis der Wirtschaftspolitik erweist sich dies als schwierig. Die Neigung ist groß, die wirtschaftspolitischen Aufgaben nacheinander, statt nebeneinander zu sehen, die Maßnahmen jeweils für sich (ceteris paribus) zu betrachten, statt in ihrer Interdependenz (mutatis mutandis), und Maßnahmebündel, die als Ganzes zur Bewältigung der anstehenden Aufgaben präsentiert werden, aufzuschnüren und nur das zu entnehmen, was populär erscheint.

3. Akteure der Wirtschaftspolitik und Aufgabenzuordnung

A. Träger der Wirtschaftspolitik

Inwieweit die wirtschaftspolitischen Ziele realisiert und Zielkonflikte entschärft werden können, hängt aufs Engste damit zusammen, wie die Akteure der Wirtschaftspolitik ihre Aufgaben wahrnehmen. Um dies genauer zu untersuchen, werden zunächst die Akteure – oder Träger – der Wirtschaftspolitik am Beispiel der deutschen Wirtschaftspolitik kurz vorgestellt.[4] Zu unterscheiden sind generell politische und private Institutionen (vgl. Abbildung I.2). Während früher ausschließlich nationale, politische Institutionen wirtschaftspolitisch tätig wurden, sind heute nationale, supranationale und internationale Institutionen die Träger der Wirtschaftspolitik. Die nationalen Institutionen, insbesondere die Zentralbank, aber auch andere Bürokratien, haben Kompetenzen an die Europäische Union als supranationale Organisation abgetreten (siehe auch Kapitel VI). Daneben existieren supranationale Institutionen wie die Gruppe der wichtigsten Industrieländer (G8) oder der Internationale Währungsfonds (IWF), die hauptsächlich indirekt in die inländische Wirtschaftspolitik eingreifen. Die Welthandelsorganisation (WTO) gibt

---

[4] Ihre jeweiligen Aufgaben werden im Verlauf des Buches im Detail diskutiert.

Regeln für die Außenhandelspolitik vor, die im europäischen Fall nicht mehr in der Zuständigkeit nationaler Behörden liegt.

Abbildung I.2: Träger der Wirtschaftspolitik

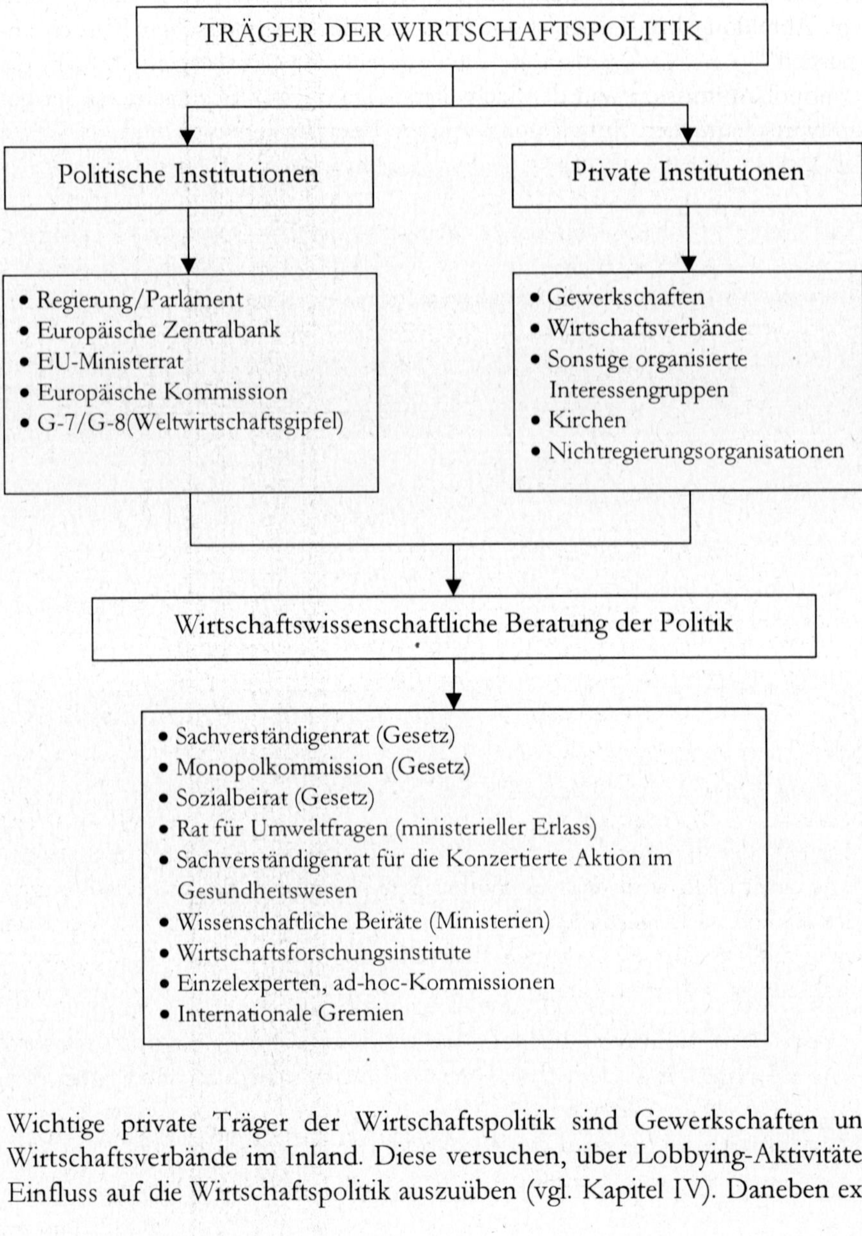

Wichtige private Träger der Wirtschaftspolitik sind Gewerkschaften und Wirtschaftsverbände im Inland. Diese versuchen, über Lobbying-Aktivitäten Einfluss auf die Wirtschaftspolitik auszuüben (vgl. Kapitel IV). Daneben existieren eine sehr große Anzahl sog. Nichtregierungsorganisationen (NGOs), die sich für unterschiedlichste Ziele, z.B. Umweltziele, Entwicklungsziele usw. engagieren. Die privaten Institutionen sind ebenfalls nicht mehr ausschließlich auf der nationalen Ebene aktiv, sondern haben sich ebenfalls europaweit oder sogar global organisiert.

Die staatlichen und privaten Akteure fragen ökonomische Beratung nach (vgl. Abbildung I.2). Diese ist auf unterschiedlichen politischen Ebenen angesiedelt. So gibt es Gremien, für die es gesetzliche Grundlagen gibt, z.B. die Monopolkommission und der Sachverständigenrat zur Begutachtung der gesamtwirtschaftlichen Entwicklung. Andere Beratungsgremien sind per Erlass begründet worden, z.B. der Sachverständigenrat für die Konzertierte Aktion im Gesundheitswesen und der Rat von Sachverständigen für Umweltfragen, oder dienen als Wissenschaftliche Beiräte einzelnen Bundesministerien als Ratgeber. Daneben existieren sechs große Wirtschaftsforschungsinstitute, die gemeinsam mit mehreren kleineren, spezialisierten Instituten in der Arbeitsgemeinschaft deutscher wirtschafts-wissenschaftlicher Forschungsinstitute e.V. (ARGE) zusammengeschlossen sind, und unabhängige Experten beraten, entweder allein oder in nationalen und internationalen informellen Gremien zusammen.

B. Ökonomische Heilslehren vs. Assignment

Damit die Träger der Wirtschaftspolitik die möglichen Zielkonflikte erkennen und tatsächlich lösen können, müssen sie erstens eine klare Vorstellung von ihren Aufgaben und zweitens genau abgegrenzte Kompetenzen dazu haben. Dies ist in der Wirtschaftspolitik, vor allem aber in der öffentlichen Diskussion, nicht immer der Fall. Zielkonflikten versucht man dadurch auszuweichen, dass von Seiten einiger Interessierter (z.B. Politiker, Journalisten, führende Repräsentanten von Wirtschaftsverbänden und Gewerkschaften, Vertreter der Kirchen, sonstige öffentlichkeitsrelevante Persönlichkeiten) etwas empfohlen wird, was ökonomischen Zusammenhängen, Erfahrungen oder schlicht dem gesunden Menschenverstand zuwiderläuft. Besonders in Bezug auf das Ziel eines hohen Beschäftigungsstandes sind **ökonomische Heilslehren** verbreitet. Einige Beispiele:

- „Der Protektionismus dient der Sicherung von Arbeitsplätzen." Es wird nicht erkannt, dass der Schutz einer Industrie zu Lasten anderer Sektoren geht (so schon Haberler 1933, S. 190-201) Die Kerzenmacherfabel von Frédéric Bastiat aus dem 19. Jahrhundert macht den Denkfehler anschaulich: Es geht darum, den Staat zu veranlassen, zum Schutz der inländischen Kerzenmacher und deren Beschäftigten die „ausländische" Konkurrenz mit billigen Lichtquellen (Sonnenlicht) zurückzudrängen; etwa durch ein Gesetz, das vorschreibt, Fenster und andere Öffnungen, durch das Tageslicht in Gebäude gelangt, zuzumauern, weil dies Nachfrage nach künstlichem Licht, also Kerzen, schaffe, und somit Produktion und Arbeitsplätze sichere. Eine geniale Idee, scheint doch das in der Ökonomie allgegenwärtige Knappheitsproblem überwunden und ein gesamtwirtschaftlicher Nutzen erreichbar, ohne dass Kosten entstehen (die Sonne scheint mit gleicher Intensität weiter). Und doch ist es ein Trugbild. Denn es verdeckt den simplen Tatbestand, dass für eine bisher frei verfügbare, kostenlose Ressource, nämlich das Tageslicht, nunmehr Produktionsfaktoren eingesetzt werden müssen, um künstliche Beleuchtungsquellen herzustellen. Die Produzenten von Kerzen und deren Beschäftigte werden einen Einkommenszuwachs verzeichnen, für die Gesellschaft als Ganzes hingegen sinkt der Wohlstand, weil die Kerzenproduktion nicht die gesamtwirtschaftlich produktivste Aktivität darstellt (wäre es anders, bedürfte es ja nicht des staatlichen Schutzes). Die meisten Protektionsargumente sind von dieser Art: Die Begründung ist die Sicherung bestehender Arbeitsplätze in bestimmten Unternehmen oder Branchen, die in wirtschaftlichen Schwierigkeiten stecken; keine Rede ist davon, wer dafür bezahlt: erstens die Konsumenten in Form höherer Preise, zweitens die Gesamtheit der Erwerbstätigen wegen der Verlangsamung des wachstumsnotwendigen Strukturwandels und damit der Beeinträchtigung ihrer Erwerbschancen (Beschränkung von Alternativen im Sinne der materiellen Freiheit) und drittens das Ausland wegen verringerter Exportmöglichkeiten und der dadurch schrumpfenden Importkapazität, wiederum mit negativer Rückwirkung auf die heimische Produktion und Beschäftigung im Protektionsland.

- „Mit hohen staatlichen Ausgaben oder gar mit Schulden lässt sich ein hoher Beschäftigungsgrad erreichen". Der Staat soll dazu bewogen werden, selbst Nachfrage zu entfalten und dementsprechend Aufträge an die Wirtschaft zu erteilen, auf dass die Investitionstätigkeit und die Produktion der Unternehmen umfangreicher und somit mehr Arbeitsplätze vorhanden sind (als sonst). Ginge es darum, die Volkswirtschaft aus einer keynesianischen Situation der Nachfrageschwäche herauszuführen, wäre eine expansive Fiskalpolitik, die über kreditfinanzierte Ausgabenprogramme positive Nachfrageimpulse in den Wirtschaftsprozess hineingibt, im Prinzip nicht verkehrt (vgl. Kapitel V). Aber problematisch wird das Argument, wenn verstärkte öffentliche Ausgaben per se als wohltuend angesehen werden. Denn allzu leicht geraten die Haushaltsdefizite außer Kontrolle mit der Folge, dass der Staat früher oder später genötigt ist,

Ausgaben fühlbar zu kürzen und/oder Steuern fühlbar zu erhöhen. Das antizipieren die Wirtschaftssubjekte und reagieren mit Zurückhaltung beim privaten Konsum und den Investitionen. Beschäftigungspolitisch ist dann wenig erreicht worden.

- „Lohnsteigerungen zur Erhöhung von Massenkaufkraft schaffen Beschäftigung". Hier wird unterstellt, es herrsche Arbeitslosigkeit, weil es den Arbeitnehmern an Geld fehlte und darunter zwangsläufig die Ausgabenneigung leide. Darüber hinaus wird angenommen, dieser Geldmangel könnte durch die Arbeitgeber behoben werden. Die so genannte „Kaufkrafttheorie des Lohnes" ist die vulgärste Form, in der dieses Argument vertreten wird. Wenn das so einfach wäre, muss man sich wundern, wieso in Tariflohnverhandlungen sich die Arbeitgeber nicht großzügig zeigen; sie könnten sich doch den Absatz ihrer Produkte sichern! Das Argument ist falsch, weil es nur den Einkommenseffekt von Lohnsteigerungen fokussiert und den entscheidenden Punkt ausblendet, dass die Unternehmen die gezahlten Löhne am Markt erwirtschaften müssen. Lohnsteigerungen haben neben dem Einkommenseffekt einen Kosteneffekt. Sind die Löhne im Vergleich zum Wertgrenzprodukt der Beschäftigten, d.h. die Arbeitskosten zu hoch, so haben die Unternehmen unter Wettbewerbsbedingungen drei Optionen: den Betrieb schließen, überteuerte Arbeitskräfte durch preiswerte Maschinen zu ersetzen (Arbeitsplätze wegrationalisieren) oder die Produktion in kostengünstigere Standorte im Ausland zu verlagern. In jedem Fall zahlen die Arbeitnehmer die Zeche. Dies um so mehr, als der Kosteneffekt sofort wirkt, der Einkommenseffekt hingegen erst mit Verzögerungen und dann in seinem Ausmaß auch noch unbestimmt, denn Teile des erhöhten Einkommens gehen in die Importnachfrage, darunter Auslandstourismus, und in die Ersparnis.
- „Mehr Beschäftigung entsteht durch eine gerechtere Verteilung von Arbeit". Wer so argumentiert, geht davon aus, dass in einer Volkswirtschaft das Arbeitsvolumen eine vorgegebene, feste Größe ist, und hält es für ein Gebot sozialer Gerechtigkeit, dass bei anhaltender Unterbeschäftigung die vorhandene Arbeit umverteilt wird. Als geeignete Ansatzpunkte gelten die kollektive Arbeitszeitverkürzung, die Ausweitung der Teilzeitarbeit, die Begrenzung von Überstunden sowie staatlich subventionierte Frühverrentungsmodelle nach der Devise „Alte raus, Junge rein". Hier ist viel Dreisatzrechnen im Spiel oder Bewunderung für den Baron von Münchhausen, der sich am eigenen Schopf aus dem Sumpf zieht. Der Denkfehler bei der für notwendig gehaltenen Rationierung des Arbeitsangebots liegt darin, nicht zu erkennen, dass in einer offenen Volkswirtschaft, in der die Menschen nach höherem Lebensstandard streben, Arbeit niemals

knapp ist. Knapp ist nur die Arbeit, die wegen zu hoher Löhne oder übermäßiger Regulierungen am Arbeitsmarkt zu teuer ist und für die es daher keine Nachfrage gibt. Im Übrigen sind die Rationierungsmodelle in der Regel nicht kostenneutral; besonders bei der allgemeinen Arbeitszeitverkürzung haben die Gewerkschaften einen zumindest teilweisen Lohnausgleich durchgesetzt. Dass Arbeit oft auch gar nicht sinnvoll teilbar ist, macht den Denkfehler perfekt.

- „Es ist besser Arbeit zu finanzieren als Arbeitslosigkeit". Damit werden vor allem Arbeitsbeschaffungsmaßnahmen unter Einsatz öffentlicher Mittel begründet. Es klingt gut, dass der Staat einen „zweiten Arbeitsmarkt" schaffen soll, um damit Arbeitsuchende, die auf dem regulären Arbeitsmarkt keinen Job finden, anderweitig zu beschäftigen. Und doch ist das Argument irreführend. Denn für die Tätigkeiten im Rahmen von Arbeitsbeschaffungsmaßnahmen wird faktisch mehr bezahlt, als sie am Markt wert sind: neben dem Lohn an die dort Beschäftigten den Subventionsbetrag, für den die Beitragszahler zur Arbeitslosenversicherung und die Steuerzahler gerade stehen müssen. Außerdem kann es zu einem typischem Crowding Out führen: Die subventioniert Beschäftigten verdrängen Beschäftigte vom regulären Arbeitsmarkt.

- „Umweltschutz schafft Arbeitsplätze." Die Einführung einer Ökosteuer wird, so die Botschaft, dazu führen, dass neue, umweltfreundliche Techniken entwickelt werden und darauf gründende Produktinnovationen zustande kommen, die auch die Exportmöglichkeiten vergrößern; die Ökosteuer erscheint wie ein Segen: sie führt zu einer besseren Umwelt und zugleich zu mehr Beschäftigung („doppelte Dividende"). Wer wird das nicht gutheißen! Aber in Wirklichkeit kann sich diese schöne Botschaft als eine Schimäre entpuppen, dann nämlich, wenn nicht gleichzeitig andere Steuern und Abgaben gesenkt werden, wenn die Substitutionselastizität zwischen Umweltressourcen (Energie) und dem Produktionsfaktor Arbeit klein ist, wenn andere Länder bei der Ökosteuer nicht mitziehen und dadurch einen Wettbewerbsvorsprung auf den Gütermärkten (beim Export und gegenüber Importen) und auf den Faktormärkten (bei der Anziehung des international mobilen Kapitals) haben und wenn die inländischen Arbeitskräfte nicht ihre Lohnansprüche nach Maßgabe des durch die umweltpolitische Maßnahme verminderten Produktivitäts- und Wachstumspfads vermindern. Die positiven Beschäftigungswirkungen eines verbesserten Umweltschutzes sind recht unbestimmt.

Diese Liste ließe sich beliebig verlängern. Allen Heilslehren ist gemeinsam, dass sie so plausibel, ja geradezu banal sind. Niemand muss sich in seinen Ansprüchen an das gesamtwirtschaftliche Produktionspotential zurücknehmen, und allen geht es besser ("free lunch"). Das Prinzip der Knappheit ist außer Kraft gesetzt. Somit sind drei fundamentale Schwächen zu erkennen: Erstens werden Opportunitätskosten ignoriert, zweitens wird die außenwirtschaftliche Dimension nicht beachtet, und drittens herrscht Kurzfristdenken statt Langfristdenken.

Abbildung I.3: Zuordnung von Politikbereichen für gesamtwirtschaftliche Ziele (Assignment)

Ziel	Hauptverantwortung	Mitverantwortung
Geldwertstabilität	Geldpolitik (Zentralbank)	Staat: • Indirekte Steuern • Administrative Preisanhebungen Tarifvertragsparteien: • Tariflohnsteigerungen (Lohnstückkosten)
Beschäftigungsgrad	Lohnpolitik (Tarifvertragsparteien) bei Tarifautonomie	Notenbank: • Inflation (Reallohn) Staat: • Beiträge zur Sozialversicherung und sonstige gesetzliche Lohnnebenkosten (Produzentenlohn) • Institutionelle Regelungen am Arbeitsmarkt • Steuern auf Investitionen in Sach- und Humankapital
Wirtschaftswachstum	Finanzpolitik (Staat) Allgemeine Rahmenbedingungen bezüglich Steuern und Abgaben, Kreditfinanzierung und Staatsausgabenquote	Notenbank: • Geldmengenentwicklung/Zinsen • Inflation Tarifvertragsparteien: • Lohnstückkosten • Regulierungen

Darüber hinaus wird nicht ersichtlich, welcher der Entscheidungsträger der Wirtschaftspolitik in deren einzelnen Teilgebieten in der Führungsrolle ist. Die hier diskutierten Heilslehren dienten sämtlich zur Erhöhung der Beschäftigung. Als Akteure der Beschäftigungspolitik sind die für Außenhandel Zuständigen, der Staat als Nachfrager, der Staat als Regulierer, die für Umweltschutz Zuständigen und die Tarifparteien genannt. Es ist leicht vorstellbar, dass – über die ökonomische Unsinnigkeit der Thesen hinaus – derartig überlappende Zuständigkeiten zu konterkarierenden Maßnahmen führen können. Es muss jedoch sichergestellt sein, dass es für jeden Teilbereich der Wirtschaftspolitik eine federführende Institution gibt. Damit ist das sog. **Assignment-Problem** beschrieben. Es geht darum, eine klare Arbeitsteilung zwischen den Akteuren herzustellen und die Voraussetzungen für das Zusammenwirken der Entscheidungsträger zu schaffen. Jedem Ziel wird ein Mittel zugeordnet, um Zielkonflikte und Redundanzen zu vermeiden.[5] Außerdem ist für jedes wirtschaftspolitisches Ziel ein Träger zuständig.

Hier wird das neoklassische Assignment zugrunde gelegt, das sich in der Wirtschaftswissenschaft gegenüber dem keynesianischen Assignment durchgesetzt hat. Die wichtigsten Zuordnungen zwischen Trägern der Wirtschaftspolitik und den gesamtwirtschaftlichen Zielen sind demnach die folgenden (vgl. Abbildung I.3): Der Staat, d.h. die Regierung und das Parlament, jeweils auf Bundesebene und auf Länderebene, sind zuständig für die Rahmenbedingungen zur Erreichung eines angemessenen und stetigen Wirtschaftswachstums, wobei die Finanzpolitik eine Schlüsselrolle spielt. Die Zentralbank ist für die Stabilität des Preisniveaus hauptverantwortlich; seit dem 1. Januar 1999 ist diese Verantwortlichkeit in Deutschland auf das Europäische System der Zentralbanken (Eurosystem), dem neben der Europäischen Zentralbank (EZB) die Notenbanken der Mitgliedsländer der Europäischen Währungsunion (EWU) angehören, übergegangen. Der Präsident der Deutschen Bundesbank hat eine Stimme im nunmehr obersten Beschlussorgan für die gemeinsame Geldpolitik, dem EZB-Rat. Für den Beschäftigungsstand sind – bei Tarifautonomie – in erster Linie die Tarifvertragsparteien in der Pflicht. Jede dieser Institutionen soll das machen, was sie jeweils am besten mit ihren Mitteln tatsächlich machen und verantworten kann. Keine von ihnen soll damit rechnen können, dass Fehler in ihrem Verantwortungsbereich durch Maßnahmen in den anderen Bereichen ausgeglichen werden; z.B. überzogene Lohnsteigerungen oder übermäßige Staatsschulden durch eine laxe Geldpolitik. Es geht nicht um Schuldzuweisungen, aber es soll, auch in der Öffentlichkeit, klar sein, wer im Falle einer gesamtwirtschaftlichen Störung, d.h. einer Zielverfehlung, in der Pflicht ist, sein Verhalten zu korrigieren und für Fehlentwicklungen Remedur zu schaffen. Eine direkte Sanktion bei Fehlverhalten gibt es in der Regel nicht, aber öffentlicher Druck kann

---

[5] Tinbergen (1952) selbst sah die Wirtschaftspolitik idealtypisch als ein Gleichungssystem, das weder über- noch unterdeterminiert sein dürfte. Dass dies nicht so einfach ist, steht wohl heute außer Frage.

helfen, die einzelnen Politikbereiche zielgerecht zu gestalten und widerspruchsfrei aufeinander abzustimmen.

Der nächste Schritt im wirtschaftspolitischen Entscheidungsprozess ist der Instrumenteneinsatz. Die Lösung des Assignment-Problems ist hierzu nur eine notwendige Bedingung. Für die Rationalität der Wirtschaftspolitik sind verschiedene Bedingungen zu erfüllen: Gebraucht wird eine klare und in sich konsistente **Konzeption**, z.B. eine angebotsorientierte oder eine nachfrageorientierte Wirtschaftspolitik (vgl. Kapitel V). Man muss die Wirkungsweisen der angewandten Instrumente kennen, vor allem in Bezug auf die Ziele, und auf Nebenwirkungen. Die Beachtung von Wirkungsverzögerungen ist ebenfalls wichtig, um die richtige Dosierung der Instrumente vornehmen zu können. Außerdem müssen mögliche Ausweichreaktionen der Wirtschaftssubjekte mitbedacht werden. Überlegungen hierzu werden weiter unten, vor allem im Kapitel V angestellt. Für die Wahl der richtigen Instrumente kann es allerdings hilfreich sein, Rat bei Dritten, z.B. bei Wirtschaftswissenschaftlern, zu suchen.

C. Wissenschaftliche Beratung der Politik

Wirtschaftspolitische Maßnahmen betreffen jeden (private Haushalte, Unternehmen, Arbeitnehmer, Rentner, Studierende usw.). Deshalb werden die jeweils Betroffenen versuchen, Einfluss zu nehmen, um bestimmte Vorteile zu erreichen und Besitzstände zu verteidigen. Dies ist völlig legitim in einer pluralistischen Gesellschaft. Die Kehrseite dieses Prozesses besteht darin, dass die Wirtschaftspolitik stets Gefahr läuft oder der Versuchung ausgesetzt ist, in den Sog von Gruppeninteressen zu geraten und das Gesamtinteresse (Gemeinwohl) aus den Augen zu verlieren. Beispiele dafür sind gruppenspezifische Subventionen, Regulierungen, Sozialtransfers, Importprotektion usw. Damit die Wirtschaftspolitik trotzdem in der Lage ist, sich und anderen über die Konsequenzen ihres Tuns oder Unterlassens Rechenschaft abzulegen, und damit sie für die Wirtschaft berechenbar und verlässlich ist, braucht sie die wissenschaftliche Beratung. Aus dieser Perspektive kann der Beratung zwei Funktionen zukommen. Sie gibt der Regierung erstens Argumente, sich über Gruppeninteressen oder kurzfristig attraktive, langfristig aber schädliche Versuchungen hinwegzusetzen. Unabhängige wissenschaftliche Politikberatung kann damit, wenn sie gewichtig ist, eine Sündenbockfunktion für die Regierung übernehmen. Außerdem dreht die Beweislast um; nicht die Öffentlichkeit muss beweisen, dass eine Regulierung für einen bestimmten Sektor schädlich ist, sondern dieser Sektor steht dann unter Druck, die (weitere) Notwendigkeit der Regulierung zu belegen. Zweitens erleichtert wissenschaftliche Beratung auch die Urteilsbildung in der Öffentlichkeit, die damit eine „Kontrolle" über die Qualität der Wirtschaftspolitik ausüben kann.

Im Wesentlichen gibt es Leitvorstellungen für die Politikberatung in zwei Richtungen: Erstens müssen durch theoretisch fundierte und empirisch untermauerte Analysen die Auswirkungen bestimmter wirtschaftspolitischer Maßnahmen offengelegt werden. Dabei sollten kurzfristige wie auch langfristige Wirkungen untersucht werden, und es sollte ein internationaler Bezug hergestellt werden. Zweitens muss die Wirtschaftspolitik daraufhin überprüft werden, ob sie in sich schlüssig, zielgerecht und mit ordnungspolitischen Normen konsistent ist oder ob sie gesamtwirtschaftlichen Fehlentwicklungen Vorschub leistet. Solche Fehlentwicklungen wären aufzuzeigen.

Dabei sind **hohe Anforderungen an die Beratungstätigkeit** zu stellen, damit wissenschaftliche Beratung glaubwürdig und deren Aussagen in Politik und Wissenschaft respektiert werden.[6] Zum Einen ist die Unabhängigkeit vom politischen Prozess und damit die Distanz zu den Entscheidungsträgern in der Wirtschaftspolitik sehr wichtig. Praktisch bedeutet dies, dass Gefälligkeitsgutachten unterbleiben, dass keine Rücksicht auf Wahltermine oder spezifische Interessen genommen wird, dass die Berater ein hohes Maß an Robustheit gegenüber Vereinnahmungsversuchen oder ehrabschneiderischer Kritik seitens der Politik aufbringen und dass die Gutachten veröffentlicht werden, idealerweise in wissenschaftlichen Zeitschriften oder Monographien. Gerade Letzteres bietet eine interne Kontrolle der Ergebnisse durch die Wissenschaft, denn nur wenn ein solches Gutachten wissenschaftlichen Standards genügt, wird es zur Publikation angenommen. Was die politische Unabhängigkeit anbelangt, so ist sie am besten gesetzlich geregelt (wie beim Sachverständigenrat zur die Begutachtung der gesamtwirtschaftlichen Entwicklung). Dann ist auch den politisch Verantwortlichen der Weg versperrt, wissenschaftliche Beratungsgremien einfach aufzulösen oder personell neu zu besetzen, um sich diese „gefügig" zu machen.

Zum Zweiten – und eng mit dem ersten Punkt verwandt – muss eine hohe Qualität der Beratungsarbeit gewährleistet sein. Die Arbeit muss theoriegeleitet sein, konzeptionell Kontinuität aufweisen und – wie es wissenschaftlichem Denken entspricht – offen sein für neue Einsichten. Idealerweise kann man sich die ökonomische Beratung als letzte Stufe eines dreistufigen Produktionsprozesses, bestehend aus theoretischen Überlegungen, empirischer

---

[6] Im Übrigen gelten die Ausführungen zur politischen Ökomik der Wirtschaftspolitik (s. Kapitel IV) sicherlich auch für manche Politikberater (Kirchgässner 1999). Dixit (1996, S. 152ff.) weist darauf hin, dass Politikberater sowohl rein positve Analysen alternativer Politikszenarien unternehmen als auch explizit normativ Stellung nehmen (vgl. auch Abschnitt I.4)

Überprüfung und Beratungstätigkeit, vorstellen (Freytag 1998). Kontroverse wissenschaftliche Positionen innerhalb eines Beratungsgremiums sollen nicht übertüncht werden, sondern durch abweichende Voten zum Ausdruck kommen. Darüber hinaus sollten Schnellschüsse und Sensationshascherei aus dem Tagesgeschehen heraus unterbleiben. Zurückhaltung bei „Mode"-Themen, Demut und Bescheidenheit bei Problemlagen, für die es keine klaren und eindeutigen Antworten gibt, sind weitere Gebote an den Politikberater. Direkte Empfehlungen zu geben, ist zu unterlassen. Statt dessen sollten unterschiedliche Politikoptionen in ihren möglichen Wirkungen verglichen werden. Eine wichtige Voraussetzung für hohe Qualität ist, dass in die Beratungsgremien wissenschaftlich ausgewiesene Fachleute berufen werden, sind diese doch in der Regel um die Aufrechterhaltung ihres Renommees bemüht.

Drittens gibt es in der wissenschaftlichen Politikberatung eine Gratwanderung zwischen der in der Wissenschaft üblichen Darstellung – formalisierte Methoden und die eigene Fachsprache – und der Notwendigkeit, sich so auszudrücken, dass man auch außerhalb der Wissenschaft verstanden wird. Dies ist von zentraler Bedeutung, damit die den wirtschaftspolitisch Verantwortlichen unterbreiteten Vorschläge einen breiten Widerhall finden. Auch dies verlangt Beratern Einiges ab, sie müssen mitunter über ihren eigenen Schatten springen um komplexe Zusammenhänge, soweit vertretbar, zu vereinfachen.

Viertens ist die Frage zu klären, ob die ökonomische Politikberatung auf die **unmittelbare politische Durchsetzbarkeit von wirtschaftspolitischen Optionen** Rücksicht nehmen sollte. Darüber gibt es auch unter Wissenschaftlern eine grundsätzliche Diskussion (Dixit 1996, S. 149ff.), denn die explizite Berücksichtigung politischer Durchsetzbarkeit erhöht die kurzfristigen Möglichkeiten von Ratschlägen, während solche Ratschläge, die sich nicht danach richten, wenn überhaupt nur langfristig umgesetzt werden können. Während einige die politische Durchsetzbarkeit für beachtenswert für die Beratenden halten (z.B. Franz 2000),[7] wird hier eine andere Auffassung vertreten. Die Antwort auf die Frage ergibt sich im Grunde aus der Warnung vor der expliziten Politikempfehlung. Politikberatung sollte grundsätzlich darauf verzichten, die politische Durchsetzbarkeit der Optionen in das Kalkül einzubeziehen, um vermeintlich unrealistische Optionen dann nicht wei-

[7] Pies (2000, S. 301ff.) fordert die Beachtung des Status Quo als Alternative. Sein Argument lautet, dass der Berater sich nicht auf die Suche nach erstbesten Lösungen für ökonomische Probleme machen sollte, sondern dabei helfen sollte, den – Pies zufolge nur scheinbaren – Interessenkonflikt, der die Probleme erst verursacht hat, aufzulösen. Unter dieser Maxime kann eine allokationstheoretische Analyse nur bedingt erfolgreich sein.

ter zu verfolgen. Dafür sprechen zwei Gründe: Zum Ersten ist es nicht die Aufgabe von Wissenschaftlern, politische Entscheidungen der Gesellschaft vorwegzunehmen. Dafür sind gewählte Volksvertreter zuständig. Insofern läge eine Verletzung des Assignment vor.[8] Zweitens kann man heute nicht wissen, ob eine wirtschaftspolitische Option, die heute keine politische Mehrheit findet, nicht morgen doch durchsetzbar sein wird. Schließt ein Berater dies aus, maßt er sich Wissen darüber an (v. Hayek 1990). Schon Keynes hat in der Schlusspassage seiner "General Theory" (1936, S. 383f.) die These vertreten, dass Ideen von Ökonomen Ideologien von Politikern überleben werden (v. Weizsäcker 2000). Mit anderen Worten: Theoretisch fundierte, empirisch abgesicherte und von Kenntnis der institutionellen Umstände durchdrungene ökonomische Beratung hat gute Chancen, im Zeitablauf politisch verwertbar zu werden.

Es gibt unterschiedliche Modelle der Politikberatung. Abweichend von der traditionellen Unterscheidung dreier Modelle, nämlich dem technokratischen, dem dezisionistischen und dem pragmatischen Modell (Habermas 1964), wird hier zunächst zwischen Politikberatung und Politikerberatung unterschieden, bevor dann kurz einige Charakteristika der praktischen Organisation der wissenschaftlichen Politikberatung durch Ökonomen aufgezeigt werden. Politikberatung richtet sich eher an eine breite Öffentlichkeit; auch dann, wenn sie durch die Regierung oder ein Ministerium in Auftrag gegeben und finanziert wird. Sie fließt in Publikationen – sowohl in Fachzeitschriften als auch in Tageszeitungen oder Wochenzeitschriften – ein. Damit ist sie kontrollierbar. Politikerberatung hingegen wendet sich direkt an bestimmte Politiker. Sie ist nicht durch die Öffentlichkeit und die Fachkollegen der Berater kontrollierbar, und sie erfüllt nicht die Bedingung der Unabhängigkeit der Berater. Politikberatung ist die überlegene Form, wenigstens gemessen an den oben aufgestellten Grundsätzen. Organisiert ist die praktische Politikberatung in Deutschland in verschiedener Form. Aus einer Reihe von denkbaren Formen sind fünf dabei führend:

1. Zunächst ist die Auftragsforschung zu nennen, zumeist in Form von Forschungsgutachten durch die Wirtschaftsforschungsinstitute. Der Beratungsgegenstand wird direkt vom Kanzleramt, einem Ministerium, einer sonstigen Behörde (übrigens auch einer internationalen wie EU-Kommission, OECD, Weltbank oder IWF) oder privaten Auftraggebern (Verbänden, Unternehmen) definiert. Hier muss der Berater aufpassen, dass er nicht vom Auftraggeber „vereinnahmt" wird.

---

[8] Berg et al. (1999, S. 270) sprechen von der Dichotomie von Erkenntnis und Entscheidung.

2. Die Wissenschaftlichen Beiräte bei den Bundesministerien (insbesondere das Bundesministerium für Wirtschaft und Technologie und das Bundesministerium für Finanzen) äußern sich gutachterlich zu Einzelfragen der Wirtschaftspolitik. Sie wählen in der Regel die Themen selbst, häufig aus aktuellem Anlass.

3. Zusätzlich existieren spezielle Expertenkommissionen. Sie werden von der Bundesregierung oder vom Bundestag ad hoc für einen begrenzten Zeitraum eingesetzt. Für die Arbeit wird ein klares Mandat vorgegeben, konkrete Empfehlungen sind geradezu erwünscht. Beispiele in der jüngeren Vergangenheit sind: Regierungskommission Fernmeldewesen, Regierungskommission Bahn, Kohlekommission, Deregulierungskommission, Sachverständigenrat Schlanker Staat, Enquete-Kommission Demographischer Wandel, Enquete-Kommission Schutz der Erdatmosphäre, Kommissionen für Reformen des Steuersystems, der Gesetzlichen Rentenversicherung oder des Gesundheitswesens.

4. Außerdem finden Anhörungen durch Ausschüsse des Deutschen Bundestages statt, zu denen einzelne Experten eingeladen werden. In der Regel werden vorab schriftliche Stellungnahmen zu Einzelfragen erbeten.

5. Schließlich ist die institutionalisierte Beratung zu nennen. Die prominentesten Beispiele sind der Sachverständigenrat zur Begutachtung der gesamtwirtschaftlichen Entwicklung seit 1964, die Monopolkommission seit 1976 und der Rat von Sachverständigen für Umweltfragen seit 1971. Diese legen in regelmäßigen Abständen Gutachten in der Öffentlichkeit vor, in denen die dem Mandat entsprechenden Themen analysiert und häufig auch ausgewählte Spezialthemen bearbeitet werden; Sondergutachten werden auf Wunsch der Bundesregierung erstattet wenn ein konkreter Beratungsbedarf vorliegt, oder die Beratungsgremien werden aus eigenem Entschluss tätig, weil sich nach ihrer Auffassung Fehlentwicklungen abzeichnen und der Politik Wege aufgezeigt werden sollen, diese zu beheben. Die Bundesregierung nimmt zu den Gutachten offiziell Stellung, z.B. zu den Jahresgutachten des Sachverständigenrates im Rahmen ihres Jahreswirtschaftsberichts.

Die Wirkungen der Politikberatung sind umstritten. Im Tagesgeschäft ist die Wirkung eher gering; größer sind die Chancen, wenn es um konzeptionelle Weichenstellungen geht. Aber auch hier gibt es zahlreiche Beispiele nicht nur für Erfolge, sondern auch für Fehlschläge. Zu den **Erfolgen** der jüngeren Vergangenheit zählen die Einführung flexibler Wechselkurse nach Aufgabe des Systems von Bretton-Woods, die Beachtung der Geldmengenregel in der Geldpolitik, der breite Wechsel zu angebotsorientierter Wirtschaftspolitik zu Beginn der 1980er Jahre, die zunehmende Produktivitätsorientierung der

Lohnpolitik, der Stabilitäts- und Wachstumspakt in der EWU, die fortschreitende Liberalisierung des Außenhandels und des internationalen Kapitalverkehrs, die Deregulierung auf Gütermärkten und die weltweit stattfindende Privatisierung öffentlicher Unternehmen – und zwar solcher öffentlicher Unternehmen, die keine öffentlichen Güter herstellten (vgl. Kapitel IV). Daneben gibt es zahlreiche **Fehlschläge** der Politikberatung. So haben die wiederholten Vorschläge, die Arbeitsmarktordnung zu flexibilisieren, die Subventionen abzubauen, die Gemeinsame Agrarpolitik der EU marktkonform zu reformieren, die sozialen Leistungen auf ein tragfähiges Maß zu beschränken oder das Bildungswesen zu modernisieren, in der Politik wenig oder gar kein Gehör gefunden.

Es wäre unangemessen, in den Erfolgen das Ergebnis guter Beratungstätigkeit und in den Fehlschlägen mangelnde Bereitschaft oder Fähigkeit der Politik zu Reformen zu sehen. Vielfach gelingt es der Politikberatung nicht, die oben genannten Anforderung im Hinblick auf die angemessene Ausdrucksweise oder bezüglich der Zurückhaltung zu expliziten Empfehlungen zu erfüllen.[9] Allerdings gibt es für die Aufnahmefähigkeit der Politik von wissenschaftlichem Rat auch **systemimmanente Grenzen**: Zum Beispiel führt der Mangel an volkswirtschaftlichen Fachkenntnissen bei den Empfängern dazu, dass Ratschläge als „reine Lehre" aus dem Elfenbeinturm abqualifiziert werden. Außerdem kann etwas vorliegen, was Psychologen als kognitive Dissonanz beschreiben; danach neigt der Mensch, und damit auch der Politiker, dazu, sein Tun oder Unterlassen mit dem konsistent zu halten, was er für richtig hält (v. Weizsäcker 1998). Auf die Politik angewendet, lässt sich etwa folgendes Muster erkennen: Politiker sind an raschen Erfolgen interessiert, nicht aber unbedingt an einer Strategie, die zwar auf Dauer gesehen die gesamtwirtschaftlich angemessene wäre, zunächst aber Wirkungen zeigt, die unpopulär sind. Ein weiterer Grund für fehlgeschlagene Politikberatung ist darin zu sehen, dass der wirtschaftspolitische Entscheidungsprozess sehr kompliziert ist. Er findet unter Beteiligung mehrerer Ministerien statt, wobei innerhalb der Ministerien lange Verwaltungswege vom Referenten bis zum Staatssekretär bestehen. Im Falle von Mehrparteienregierung muss ein Koalitionsausschuss hinzugezogen werden. All dies führt bei kontroversen Themen häufig zu einem Kompromiss auf dem kleinsten gemeinsamen Nenner, bei dem wissenschaftliche Erkenntnisse hintangestellt werden.

---

[9] Wenig hilfreich ist auch eine Arroganz des Fachmannes, der den Aussagen von Nicht-Ökonomen herablassend begegnet. Wer aber die zahlreichen von Nicht-Ökonomen verfassten Bücher zur Globalisierung gelesen hat, hat eine Vorstellung von der Schwierigkeit, sachlich zu reagieren.

Das Fazit dieses Abschnitts fällt dementsprechend unscharf aus: Ökonomen dürfen sich zwar keine allzu großen Illusionen über die Einwirkungsmöglichkeiten in der Wirtschaftspolitik machen. Aber zu resignieren brauchen sie auch nicht. Die indirekten Wirkungen sind beachtlich. Man muss bedenken, dass die öffentliche Diskussion, zumal die internationale, und nicht zuletzt auch der Systemwettbewerb gute wirtschaftspolitische Ratschläge immer wieder an den Tag fördert. Die wissenschaftlichen Berater müssen freilich einen langen Atem haben und immer wieder nachstoßen. Auf jeden Fall müssen die konzeptionellen Arbeiten geleistet sein, wenn aus Sicht der Politik die Zeit für eine bestimmte Maßnahme reif ist. Das war z.B. der Fall beim Zusammenbruch des Bretton-Woods-Systems fester Wechselkurse Anfang der 1970er Jahre; so hatte der Sachverständigenrat bereits einige Jahre zuvor in seinem ersten Jahresgutachten die Bedeutung flexibler Wechselkurse für eine wirksame Politik der Preisniveaustabilität ausführlich dargelegt (Sachverständigenrat, JG 1964/65, S. 131ff. u. S. 157ff.). Keine wirksame Vorarbeit hatte die wissenschaftliche Politikberatung hingegen geleistet, als Ende 1989 in Deutschland die Mauer fiel und der Weg zur deutsch-deutschen Vereinigung beschritten wurde; entsprechend schwer tat sich die Politik, für diesen historisch beispiellosen Vorgang, namentlich die Transformation einer Planwirtschaft (der damaligen DDR) in eine marktwirtschaftliche Ordnung (die der alten Bundesrepublik Deutschland), eine kohärente Strategie zu entwerfen und in die Tat umzusetzen.

4. Normative versus positive Analysen

A. Die Bedeutung von Werturteilen

Nachdem im vorherigen Abschnitt die Rolle des wissenschaftlichen Beraters in der Wirtschaftspolitik diskutiert wurde, macht es Sinn, die Analysemethoden des Wissenschaftlers, ob in beratender Funktion oder nicht tätig, sowie die Bedeutung von Werturteilen in der Ökonomik zu diskutieren. Die Frage nach der **Werturteilsfreiheit von Wissenschaft** wurde in den 1960ern und 1970ern innerhalb der Sozialwissenschaft sehr kontrovers diskutiert (Berg und Cassel 1985, S. 170ff.).[10] Dabei haben sich zwei Grundpositionen herausgebildet, die ein sehr unterschiedliches wissenschaftliches Selbstverständnis deutlich machen: Auf der einen Seite steht die Position des kritischen Ra-

[10] Die Tatsache, dass die lesenswerte Übersicht über die Kontroverse aus der zweiten Auflage des Artikels im Band 2 von Vahlens Kompendium der Wirtschaftstheorie und Wirtschaftspolitik von 1985 in späteren Auflagen nicht mehr vorhanden ist, zeigt die schwindende Bedeutung der Kontroverse.

tionalismus, wie sie von Max Weber, Karl Popper u.a. formuliert worden ist und die inhaltliche Werturteile streng ablehnt. Auf der anderen Seite steht die dialektische Position nach Jürgen Habermas, Theodor Adorno u.a., die sowohl die Möglichkeit, Werturteile und kognitive, d.h. nach Erkenntnis strebende Aussagen zu trennen, verneint als auch ein Ziel der Wissenschaft darin sieht, die Welt zugunsten der von den Wissenschaftlern für richtig gehaltenen Position zu ändern. Die meisten Ökonomen vertreten eine Position, die der erstgenannten sehr nahe steht. Danach ist es legitim, Werturteile zu äußern, sofern sie als solche kenntlich gemacht werden (Giersch 1961, S. 46ff.).

Die Beachtung von Werturteilen ist für die Ökonomik im Ganzen wichtig, besitzt aber in der Wirtschaftspolitik eine besondere Relevanz wegen des möglichen oder tatsächlichen Einflusses von:

- Vorurteilen und unreflektierten Meinungen (z.B. „Einwanderer belasten die Volkswirtschaft", „Arbeitslose sind Faulenzer", „Banken sind Halsabschneider");
- Ideologien als Ausdruck politischer Zielsetzungen (diese gründen auf weltanschaulichen oder interessenbedingten Wunschvorstellungen, ohne Scheu vor inneren Widersprüchen oder vor Abweichungen von der gesellschaftlichen und ökonomischen Wirklichkeit);
- Theoriefeindlichkeit bei - akademisch nicht geschulten – Politikern und Praktikern in der Wirtschaft, bei den Gewerkschaften sowie in den Medien und den Kirchen (an die Stelle wirtschaftswissenschaftlicher Erkenntnis treten spezielle Erfahrungen, die dann unzulässigerweise generalisiert werden).

Die Idealvorstellung in der Theorie der Wirtschaftspolitik ist, dass der Ökonom erklärt, was ist, vorhersagt, was sein wird, und für jede Situation verschiedene politische Optionen mit ihren ökonomischen Wirkungen benennen kann. Ein Wissenschaftler äußert sich aber nicht dazu, was getan werden soll. Dies zu entscheiden, ist – wie erwähnt – die Aufgabe der gewählten Politiker. Der Wissenschaftler betreibt somit **positive Ökonomik**. Die Schwierigkeit aber liegt darin begründet,

- dass die Ökonomik keine exakte Wissenschaft ist und schon deshalb Interpretationsspielräume bei der Diagnose der wirtschaftlichen Prozesse und bei der Therapie für die Verwirklichung von wirtschaftspolitischen Zielen oder für die Korrektur von Fehlentwicklungen bestehen;
- dass es unterschiedliche methodologische Richtungen der Ökonomik gibt, die bereits einen unterschiedlichen Zugang zu ökonomischen Problemen haben und dementsprechend zu abweichenden Ergebnissen hin-

sichtlich der Problemlösungen führen. Allein in der Makroökonomik kann man eine Reihe von Ansätzen benennen: Klassik, Neoklassik, Keynesianismus, Neue Klassische Makroökonomik nach Lucas mit rationalen Erwartungen, Neue Keynesianische Makroökonomik à la Malinvaud mit der expliziten Modellierung von temporären Ungleichgewichten bei Mengenrationierungen auf der Nachfrageseite oder der Angebotsseite, Post-Keynesianismus (Felderer und Homburg 1999).

Dennoch wird die Theorie der Wirtschaftspolitik nicht ohne Werturteile auskommen. Der Ökonom befasst sich auch mit dem, was sein soll, d.h. er betreibt auch **normative Ökonomik**. Der Grund dafür liegt darin, dass man ohne einen Referenzmaßstab nicht auskommt, wenn man wirtschaftspolitische Probleme analysiert. Ohne einen solchen Maßstab ist die Güte unterschiedlicher wirtschaftspolitischer Optionen nicht erkennbar. Im Kapitel II wird mit der Ableitung von Marginalbedingungen und Totalbedingungen der gängige allokationstheoretische Maßstab vorgestellt, gewürdigt und um dynamische Elemente ergänzt. Auf jeden Fall kann und muss man stringente Anforderungen an normative Analysen stellen:

- Es ist im Rahmen konsistenter Zielsysteme zu argumentieren.
- Es ist die Analyse auf in sich schlüssige, zielkonforme Instrumente zu fokussieren.
- Es sind gründliche und umfassende Diagnosen auszuarbeiten. Dabei sind selektive Darstellungen möglichst zu vermeiden, und wenn das aus Gründen der Raum- und Zeitersparnis nicht geht, muss die Selektivität kenntlich gemacht werden.
- Die Bedingungen, unter denen zukunftsorientierte Aussagen zur Wirtschaftspolitik gemacht werden (Prognosen), sind zu spezifizieren. Der Wissenschaftler muss sich dabei immer der Ungewissheit der Zukunft bewusst sein.
- Vermutungen (Vor-Urteile) und persönliche Einschätzungen (Werturteile) sind als solche zu kennzeichnen.

B. Auf der Suche nach Gesetzmäßigkeiten

Im wirtschaftlichen Geschehen gibt es so etwas wie Gesetzmäßigkeiten. Diese können natürlich nicht so stringent sein wie mathematisch-naturwissenschaftliche Zusammenhänge. Denn Wirtschaften hat immer zu tun mit menschlichen Entscheidungen und Erwartungen sowie mit exogenen Schocks, ökonomischen (z.B. technische Durchbrüche, Rohölpreisexplosionen, Finanzkrisen) und nicht-ökonomischen (wie Mißernten, Naturkatastrophen, BSE-Krise). Es sind auch keine „kontrollierten Experimente“ möglich, bei denen man durch Datenänderungen testen könnte, ob man mit einer Erklärung richtig liegt. Aber zumindest vereinzelt kann die Wirtschaftspolitik, dank der empirischen Forschung, auf gewisse statistische Regelmäßigkeiten zurückgreifen. Sie beschreiben Zusammenhänge zwischen Angebot oder Nachfrage und Preisen, Preisrelationen oder Einkommen. Beispiele:

- Das „Engelsche Gesetz“: Bei steigenden Einkommen der privaten Haushalte steigen die Nahrungsmittelausgaben unterproportional; die Einkommenselastizität der Nachfrage ist kleiner als eins. Damit sieht sich die Landwirtschaft einem negativen Terms-of-Trade-Effekt gegenüber mit der Folge des Schrumpfens dieses Sektors, wenigstens solange seine Mitglieder im Zeitablauf – im Verhältnis zu anderen Sektoren - gleichbleibende oder steigende Einkommen erzielen wollen.

- Die „Drei-Sektoren-Hypothese“ zum gesamtwirtschaftlichen Strukturwandel: Im wirtschaftlichen Wachstum schrumpft zunächst für die Landwirtschaft der relative Anteil am Bruttoinlandsprodukt, ab einem bestimmten Pro-Kopf-Einkommen auch der der Industrie zugunsten der Dienstleistungen. Man erkennt einen engen Zusammenhang mit dem „Engelschen Gesetz“.

- Die „Quantitätstheorie des Geldes“ ($M \cdot v = Y \cdot P$): Es besteht eine Stabilität der Geldnachfrage (1/v) in Abhängigkeit vom Einkommen (positiv) und vom Zins (negativ). Dann kann man in der Geldpolitik eine Geldmengenregel anwenden, um wirtschaftliches Wachstum bei stabilem Geldwert, d.h. inflationsfrei zu ermöglichen.

Solche statistischen Regelmäßigkeiten sind nicht endgültig. Sie gelten nur so lange, bis sie widerlegt worden sind (**Popper-Kriterium**). Diese zunächst tautologisch klingende Aussage ist für die Wirtschaftswissenschaft generell bedeutsam, für die Wirtschaftspolitik aber besonders wichtig. Denn derartigen Gesetzmäßigkeiten liegen Verhaltensweisen der Menschen zugrunde. Sie können sich von Land zu Land unterscheiden und im Laufe der Zeit verändern. Deshalb können empirisch gehaltvolle Aussagen nur eine „raum-zeitbedingte“ Gültigkeit (Giersch 1961, S. 29) beanspruchen, und deshalb müssen die Aussagen zu konkreten Fragen der Wirtschaftspolitik, auch und gerade zu statistischen Regelmäßigkeiten, immer wieder überprüft werden. Dies geschieht zweckmäßigerweise unter Zuhilfenahme der jeweils modernsten ökonometrischen Methoden, so dass methodisch bedingte Ungenauigkeiten im Zeitablauf an Bedeutung verlieren. Wenn nötig, müssen die Aussagen über statistische Regelmäßigkeiten modifiziert werden. Ein aktuelles Beispiel betrifft die Stabilität der Euro-Geldnachfrage, die sich nicht so einfach aus den aggregierten Geldnachfragen der elf Gründungsmitglieder der Europäischen Währungsunion (EWU) ablesen ließ. Möglicherweise hat das neue Geld zu einer veränderten Geldnachfrage geführt, wofür z.B. von Land zu Land unterschiedliche Zahlungsgewohnheiten oder eine im Durchschnitt geänderte Inflationserwartung beigetragen haben könnten.

Damit ist ein besonderes Problem angesprochen, nämlich die Art der **Erwartungsbildung** bei den Wirtschaftssubjekten. Es wird zwischen **rationalen, adaptiven und statischen Erwartungen** unterschieden. Bei rationalen Erwartungen ist die Erwartungsbildung der Wirtschaftssubjekte vorwärtsorientiert: Es werden alle zukunftsrelevanten Informationen einschließlich der theoretischen Modellaussagen über die Auswirkungen zentraler Politikmaßnahmen auf der Grundlage struktureller Lernprozesse verarbeitet (Muth 1961, Sheffrin 1983). Bei adaptiven Erwartungen hingegen ist die Erwartungsbildung rückwärtsorientiert, die Wirtschaftssubjekte nehmen an, die in der Vergangenheit beobachteten Veränderungen lassen sich in die Zukunft fortschreiben. Die Menschen lernen nur mechanistisch, d.h. nur aus historischen Erfahrungen oder aus Irrtümern, niemals aber aus theoretischer Einsicht. Bei der Existenz von statischen Erwartungen wird sogar angenommen, die Zukunft werde so wie die Gegenwart; ein sehr einleuchtendes Beispiel ist die naive Wetterprognose, die zu dem Schluss kommt, das morgige Wetter werde so sein wie das heutige. Diese letztgenannte Erwartungsbildungshypothese ist für die Wirtschaftspolitik irrelevant.

Für die Wirtschaftspolitik bedeuten die beiden ersten Erwartungsbildungshypothesen folgendes: Bei Vorliegen adaptiver Erwartungen hat die Regierung mehr Möglichkeiten zu diskretionärer Wirtschaftspolitik mit kurzfristig positiven, langfristig jedoch unsicheren oder gar schädlichen Wirkungen als bei rationalen Erwartungen. Im ersten Fall, bei adaptiven Erwartungen, sind die Wirtschaftssubjekte ökonomisch „ungebildet" und können getäuscht werden. So könnte z.B. eine Beschäftigungspolitik gemäß dem Phillips-Kurven-Theorem betrieben werden, indem mit expansiver Geldpolitik die Güternachfrage unter Inkaufnahme von Preisniveausteigerungen stimuliert wird. Zu mehr Beschäftigung kommt es, weil die Menschen die Senkung des Reallohnes durch Inflation nicht erkennen, also ihre Geldillusion ausgebeutet werden kann. Im zweiten Fall, bei rationalen Erwartungen, sind die Wirtschaftssubjekte ökonomisch „gebildet" und lassen sich nicht täuschen. Damit laufen geldpolitische Maßnahmen zur Beeinflussung der Konjunktur einschließlich Beschäftigung ins Leere: Bei einer übermäßig expansiven Geldpolitik werden die Inflationswirkungen antizipiert, was zu höheren Forderungen bei den Nominallöhnen und den Nominalzinsen führt. Dadurch wird die beabsichtigte Konjunkturstimulierung konterkariert, der Beschäftigungsstand bleibt unverändert oder sinkt.

Bei rationalen Erwartungen ist die wirtschaftspolitische Diagnose auf der Grundlage makroökonometrischer Modelle[11] problematisch. Dies ist Gegenstand der sog. Lucas-Kritik (Belke und Vollmer 1995). Die zugrundeliegende These lautet folgendermaßen: „Da die Struktur eines ökonometrischen Modells optimale Entscheidungsregeln der Wirtschaftssubjekte umfaßt und da optimale Entscheidungsregeln sich systematisch mit den für die Wirtschaftspolitik relevanten Zeitreihendaten ändern, wird jede Änderung der Wirtschaftspolitik die Struktur des ökonometrischen Modells ändern“ (Lucas 1977, eigene Übersetzung). Derartige, als Strukturbrüche bezeichnete Änderungen untergraben auch die erwähnten statistischen Regelmäßigkeiten. In ähnlicher Form hat dies Charles Goodhart auf die Geldpolitik bezogen beschrieben. Sein Gesetz (Goodhart‘s Law) lautet in Kürze: „Eine beobachtete statistische Regelmäßigkeit wird tendenziell instabil, sobald die Wirtschaftspolitik sich danach richtet und über die Einflussgrößen einzuwirken versucht“ (Goodhart 1975, eigene Übersetzung). Beim Übergang zur Europäischen Währungsunion haben die Lucas-Kritik und Goodhart's Law viel Diskussionsstoff geliefert. Es ging um die Frage nach der angemessenen Konzeption für die europäische Geldpolitik. Von verschiedenen Seiten wurde der Europäischen Zentralbank empfohlen, nicht die geldpolitische Konzeption der Deutschen Bundesbank zu übernehmen, weil bei rationalen Erwartungen der Wirtschaftssubjekte nicht davon ausgegangenen werden dürfe, jedenfalls in der Anfangsphase der Währungsunion nicht, dass die früheren, stabilen Strukturbeziehungen weiterhin stabil bleiben würden.

Ein weiteres Problem der Theorie der Wirtschaftspolitik liegt darin, dass sich die für Individuen theoretisch schlüssige und empirisch beobachtbare Zusammenhänge (Mikroebene) nicht ohne weiteres auf die Wirtschaftspolitik (Makroebene) übertragen lassen. Die Gefahr besteht in einem „Trugschluss der Übertragung“ (fallacy of composition) (Samuelson und Nordhaus 1985, S. 8f.). Im Bereich der Spieltheorie sind die Ökonomen geneigt, diesem Irrtum zu unterliegen, wenn sie Wirtschaftspolitik als ein Spiel zwischen einer Regierung und der Öffentlichkeit modellieren. Das Problem besteht in diesem Fall darin, dass normalerweise ein Spiel auf der Mikroebene zwischen zwei formal gleichwertigen und mit ähnlichen Fähigkeiten zur Strategiefindung ausgestatteten Individuen stattfindet, die auf die Aktionen des jeweils

---

[11] Darunter werden ökonometrische Schätzmodelle zur empirischen Überprüfung theoretischer Aussagen verstanden, die auf Modellen der makroökonomischen Theorie basieren.

anderen reagieren können. In der Wirtschaftspolitik kann hingegen nur die Regierung eine klare Strategie entwickeln, die Öffentlichkeit aber nicht. Sie kann nicht als Ganzes auf regierungsamtliches Handeln reagieren. Damit ist der Anwendung der Spieltheorie in der Wirtschaftspolitik keineswegs eine Absage erteilt; man muss die Grenzen erkennen.

Konkrete wirtschaftspolitische Fragen müssen letztlich mit Fakten beantwortet werden, es gilt der Satz: "no argument without a number". Die ökonomische Theorie gibt Auskunft darüber, worauf es ankommt. Allerdings ermöglicht sie aber auch verschiedene Antworten. Deshalb gibt es ja verschiedene Konjunkturtheorien, Arbeitsmarkttheorien, Inflationstheorien, Wachstumstheorien, Außenhandelstheorien, Wechselkurstheorien usw. Zur Überprüfung unterschiedlicher Theorien muss die Theorie im Bereich der wirtschaftspolitischen Analyse „instrumentalisiert" werden, in Form von Hypothesen, die mit den Fakten konfrontiert werden können. Zu unterscheiden ist zwischen Hypothesen, die prinzipiell unwiderlegbar sind, und Hypothesen, die falsifizierbar sind (Popper-Kriterium). Hypothesen, die gar nicht widerlegbar sind – man denke an sog. Bauernregeln – sind für die Wirtschaftspolitik unbrauchbar. Sind Hypothesen hingegen falsifizierbar, so dass die a-priori vermuteten Zusammenhänge nach und nach verworfen werden können, kann man um so sicherer sein, ein wirtschaftspolitisches Problem wirklich zu erklären, was ja die unabdingbare Voraussetzung dafür ist, dass man es lösen kann.. Damit kommt der **empirischen Wirtschaftsforschung** aus Sicht der Wirtschaftspolitik eine große Bedeutung zu. Dies ist auch in der Wissenschaft so gesehen worden: Die ökonometrischen Methoden sind in den letzten zwei Jahrzehnten sehr stark verbessert worden. Für den empirischen Wirtschaftsforscher ist es allerdings unumgänglich, diese Methoden mit der Theorie zu verbinden. Denn die ökonomische Theorie zwingt zum logischen Denken und ist eine Art Wegweiser durch die Fülle der statistischen Informationen. Wird eine empirische Überprüfung theoretisch schlecht vorbereitet, nützt sie der praktischen Wirtschaftspolitik nichts; im Gegenteil, sie richtet unter Umständen nur Verwirrung an.

Allzu viel Optimismus ist bei der Nutzung von Fakten allerdings nicht angebracht. Trotz des Einsatzes modernster Technologien sind die verfügbaren Daten über das Wirtschaftsleben keineswegs vollständig oder genau.[12] Ein sehr einprägsames Beispiel hierfür sind die aggregierten Daten über die Zahlungsbilanz aller Länder der Erde. Die „Weltzahlungsbilanz" kann in al-

[12] Natürlich gibt es Unterschiede: So ist davon auszugehen, dass die Daten in den OECD-Ländern eine höhere Genauigkeit aufweisen als in vielen Entwicklungsländern. Die amtliche Statistik in Deutschland hat ein qualitativ sehr hohes Niveau.

len Teilbilanzen nur ausgeglichen sein; die Summe aller Kapitalexporte muss anderswo importiert werden; sämtliche Exporte müssen mit sämtlichen Importen übereinstimmen. Dies ist eine saldenmechanische Identität ohne theoretischen Gehalt. Die „Welthandelsbilanz" ist allerdings mitnichten ausgeglichen, sondern die Welt als Ganzes weist aufgrund von statistischen Fehlern regelmäßig ein kollektives Defizit in der Handelsbilanz von mehren hundert Milliarden US-Dollar aus. Nun wird eine solche Information keinen Wirtschaftspolitiker veranlassen, protektionistische Forderungen (z.B. gegen den Planeten Mars) zu erheben. Die Möglichkeit wirtschaftspolitischer Fehlentscheidungen aufgrund ungenauer und irreführender Daten ist aber nicht von der Hand zu weisen. Dies gilt um so mehr, als dass die Daten regelmäßig angepasst, d.h. geändert werden. Sollte z.B. die Inflationsrate eines Landes einige Jahre lang systematisch unterschätzt werden, kann die Geldmengenexpansion über Jahre zu hoch ausfallen. Inflationspotenzial für die Zukunft wird geschaffen. Eine abrupte Anpassung der Geldpolitik an die korrigierten Daten kann dann eine Rezession zur Folge haben.

Zwar ist Wirtschaftspolitik, die im Hinblick auf bestimmte Ziele betrieben wird, ohne Kenntnis über empirische Zusammenhänge nicht denkbar. Es muss jedoch den Verantwortlichen klar sein, dass die verfügbaren Daten und empirischen Methoden nicht perfekt sind. Aus wirtschaftspolitischer Perspektive kann an dieser Stelle bereits ein kleines Zwischenfazit gezogen werden. Weil es keine endgültigen Wahrheiten gibt, tut die Wirtschaftspolitik gut daran, sich nicht zuviel zuzutrauen oder sich gar Wissen anzumaßen (v. Hayek 1975), das sie faktisch nicht haben kann. Praktisch bedeutet dies, dass die Wirtschaftspolitik komparative Vorteile in der Setzung von Regeln gegenüber direkten Eingriffen in das Wirtschaftsgeschehen zu haben scheint. Im weiteren Verlauf des Buches wird dies noch deutlicher gezeigt.

C. Prognosen und Projektionen

Nach der gleichen Methode muss man bei **wirtschaftlichen Prognosen** vorgehen. Das Prognostizieren ist für die Wirtschaftspolitik sehr wichtig, denn es zwingt zu vorausschauendem Denken, vor allem Langfristdenken, ohne das eine rationale Wirtschaftspolitik gar nicht möglich ist. Man muss die wirtschaftspolitischen Aufgaben rechtzeitig erkennen, um Fehlentwicklungen – z.B. eine Konjunkturabschwächung oder eine Inflationsbeschleunigung – frühzeitig, unter Beachtung der typischen Wirkungsverzögerungen der eingesetzten Instrumente, zu bekämpfen.

Beim Prognostizieren ist man auf einem schwierigen Terrain. Es gibt ein zentrales Informationsproblem: Zum Zeitpunkt, in dem die Prognose erstellt wird, sind nicht alle, vielleicht noch nicht einmal die meisten, relevanten Ereignisse bekannt, die im Laufe des Prognosezeitraums ökonomische Wirkungen auslösen können und die die Wirtschaftspolitik zu sachgerechtem Handeln veranlassen müssten. Ein deutliches Beispiel liefern die Entwicklungen an den Finanzmärkten, die mitunter sehr volatil verlaufen. Außerdem ist die künftige wirtschaftliche Entwicklung Gegenstand des Gestaltungswillens der Menschen, und sie wird von freien Entschlüssen politischer Instanzen und wirtschaftlicher Gruppen im In- und Ausland mitbestimmt. Was da im Einzelnen geschehen wird, das weiß niemand im voraus. Im Übrigen kommt auch bei Prognosen die erwähnte Lucas-Kritik ins Spiel.

Diese Ungewissheit führt dazu, dass Prognosen zweckmäßigerweise **bedingte Prognosen** sind. Es handelt sich um Wahrscheinlichkeitsaussagen unter der Annahme bestimmter Rahmenbedingungen. Die Eintrittswahrscheinlichkeit einer Prognose braucht dabei nicht hoch zu sein. Um als Orientierungslinie für eine rationale Wirtschaftspolitik zu dienen, reicht es, dass sie höher ist als diejenige von alternativen Voraussagen. Der Prognostiker weiß natürlich, dass es auch anders kommen kann. Er versucht nur, die Ungewissheit, unter der rationale wirtschaftspolitische Entscheidungen gefällt werden müssen, möglichst einzugrenzen. Dazu bedient er sich aller verfügbaren Techniken, z.B. Frühindikatoren, Befragungen und ökonometrischer Modelle.

In der Praxis arbeitet man vor allem mit der **Status-quo-Prognose**. Man nimmt die zum Prognosezeitraum bekannten wirtschaftspolitischen Maßnahmen – auch die fest für die Zukunft angekündigten – als Datum und leitet daraus Aussagen über die künftige wirtschaftliche Entwicklung ab. Solche Daten sind z.B. Haushaltsplanentwürfe der Gebietskörperschaften, feststehende Veränderungen im Steuer- und Sozialrecht, zinspolitische Maßnahmen und abgeschlossene Lohntarifverträge. Voraussetzung dafür ist natürlich, dass der wirtschaftspolitische Status Quo erkennbar ist. Dies ist nicht der Fall, wenn der Kurs der Wirtschaftspolitik unklar wird, weil auf offizielle Ankündigungen recht schnell ein Widerruf folgt und weil eine wiederholte Richtungsänderung ein Signal für Interessengruppen bildet, Nachbesserungen von wirtschaftspolitischen Maßnahmen zu verlangen. Wo überhaupt keine Informationen vorliegen, muss man mit Annahmen oder sog. „Setzungen" arbeiten. Darunter fallen z.B. der künftige Wechselkurs oder der künftige Kapitalmarktzins. Für die Wirtschaftspolitik bedeutet dies, dass sie sich auf der Grundlage einer Prognose nicht definitiv auf einen bestimmten wirtschaftspolitischen Kurs festlegen kann; sie muss reagieren, wenn die Prognose im Lichte neuer Informationen revidiert wird, was sehr häufig geschieht. Unter Umständen muss der wirtschaftspolitische Kurs dann geändert werden. Dies gilt insbesondere bei stärkeren Veränderungen der Rahmenbedingungen für die Wirtschaftspolitik, z.B. bei einem Rohstoffpreisschock oder bei plötzlich ausbrechenden internationalen Finanzkrisen.

Bei Prognosen muss man stets mitbedenken, dass die vorausgesagten Entwicklungen von der Prognose selbst beeinflusst werden können. Es geht um die sog. **Rückkoppelungseffekte**. Die wirtschaftspolitischen Entscheidungsträger, deren Verhalten in der Status-quo-Prognose ja mit prognostiziert wird, könnten versuchen, die Prognoseergebnisse in ihren Planungen vorwegzunehmen, was der Prognostiker aber nicht erfährt. Dann können sich im Nachhinein Prognosen selbst bestätigen oder widerlegen. Dies lässt sich wirtschaftspolitisch in einer Weise nutzen, die bedenklich wäre: für Zweckprognosen nämlich, z.B. vor Wahlterminen.

Prognosefehler sind angesichts der Ungewissheit über die Zukunft „normal". Mitunter liegt der Prognostiker nur durch Zufall richtig oder deshalb, weil sich Fehler gegenseitig neutralisieren. Dies kann z.B. leicht bei der Prognose der Verwendungsaggregate des Bruttoinlandsprodukts geschehen. Besonders unangenehm für die Wirtschaftspolitik ist es, wenn man bei der Prognose von konjunkturellen Wendepunkten daneben liegt. Leider geschieht dies oft, und zwar zumeist aus folgenden, kaum zu vermeidenden Gründen:

- Die Statistiken hinken hinter der realen wirtschaftlichen Entwicklung her. Insoweit müssen zum Zeitpunkt der Prognose auch wirtschaftliche Vorgänge prognostiziert werden, die schon längst stattfinden, nur eben statistisch noch nicht erfasst sind und damit für den Außenstehenden noch im Dunkeln liegen.

- Unternehmensbefragungen über die Zukunftserwartungen, wie sie z.B. in Deutschland das Ifo-Institut für Wirtschaftsforschung und der Deutsche Industrie- und Handelstag durchführen, liefern nur qualitative Antworten („besser", „schlechter", „gleichbleibend"); darüber hinaus sind diese nicht unabhängig von der allgemeinen, auch politisch gefärbten Stimmung im Land, die von der tatsächlichen Lage erheblich nach oben oder unten abweichen kann.

- Gelegentlich wird ein konjunkturelles Umschwenken von Politikern, Analysten oder den Medien herbeigeredet.

- Auch kann es zahlreiche exogene Schocks geben, z. B. eine internationale Finanzkrise oder eine Ölpreisexplosion, die Prognosen über die Fortsetzung eines Konjunkturaufschwungs jäh ungültig machen können.

Die zahlreichen Konjunkturtheorien helfen nicht weiter, weil sie stets nur einzelne Aspekte fokussieren. In der Praxis versucht man es mit der Erstellung eines „Frühindikatoren"-Systems, das einschlägige, üblicherweise vorauseilende Informationen verarbeitet und zusammenfasst. Darunter fallen z.B. Auftragseingänge, Baugenehmigungen, die Umlaufrendite langfristiger Anleihen, die Aktienindizes, das Geldmengenwachstum, offene Stellen am Arbeitsmarkt. Anschließend kontrolliert man regelmäßig, ob die nachhinkenden Informationen über z.B. Produktion, Beschäftigung und Inflationsrate diese Signale bestätigen oder widerlegen.

Kritik an Fehlprognosen, die gerne unter dem Schutz neuen Wissens nachträglich geübt wird, ist beliebt und wird von interessierter Seite mitunter genutzt, um die wissenschaftliche Dignität der Institutionen, die die Prognosearbeit leisten, ins Zwielicht zu ziehen. Allerdings ist solche Kritik nicht immer sachgerecht. Sie scheint oft eher Ausdruck von Ignoranz oder von dem – eigentlich unsinnigen – Wunsch nach sicheren Prognosen zu sein. In diesem Zusammenhang muss man beachten, dass es keine frei wählbaren Handlungsmöglichkeiten gäbe, könnte man die Zukunft exakt voraussagen. Man muss daher mit der Bedingtheit der Prognosen leben; sie sind als Handlungsgrundlage allemal besser als Prophetien.

Kritik an Prognosen, somit natürlich auch an Fehlprognosen, ist dann gerechtfertigt, wenn ihre Verfasser es an der gebotenen Zurückhaltung beim Rückgriff auf Werturteile fehlen lassen. Denn anderenfalls würde die Prognose nicht auf objektiv nachprüfbaren wirtschaftspolitischen Maßnahmen bzw. „Setzungen" basieren, sondern auf dem, was der Prognostiker persönlich für wünschenswert hält.

Von den Prognosen zu unterscheiden sind die **Zielprojektionen**, in die Werturteile einfließen, allerdings auch kenntlich gemacht werden sollten. Hierbei geht es um normative Aussagen darüber, wie die wirtschaftliche Lage oder Entwicklung sein sollte und sein könnte.

Quantitative Zielprojektion werden von Regierungen – in Deutschland bis 1998 vom Bundesministerium für Wirtschaft, seit 1999 unter der Zuständigkeit des Bundesministeriums der Finanzen, nachdem die Grundsatzabteilung des Bundeswirtschaftsministeriums dorthin verlagert wurde[13] – und interna-

[13] Strenggenommen liegt hierbei eine Verletzung des Assignments vor, da der Grundsatzabteilung des Bundeswirtschaftsministeriums für die Wirtschaftspolitik die Aufgabe obliegt, das Handeln der Bundsregierung auf ordnungspolitische Konsistenz (s. Kapitel V) zu prüfen. Es stellt sich die Frage, inwieweit diese Funktion unter der Verantwortung der Finanzpolitik noch gewährleistet werden kann, da nicht auszuschließen ist, dass haushaltspolitische Zwänge die ordnungspolitische Konsistenz einzelner Maßnahmen beeinträchtigen.

tionalen Organisationen – so von der Europäischen Kommission, dem Internationalen Währungsfonds, der Weltbank - formuliert. Sie sind mittel- und langfristiger Natur und beziehen sich in der Regel auf das Bruttoinlandsprodukt, den Beschäftigungsgrad und die Inflationsrate (die drei großen wirtschaftspolitischen Ziele) sowie auf die Produktionsstruktur und die Beschäftigungsstruktur und deren Wandlungen. Zu den projizierten Sachverhalten gehören meist auch der Energieverbrauch, der Bedarf an Wohnungen und die Verkehrsinfrastruktur sowie die Studentenzahlen und der Bedarf an Hochschulen. Die im Maastricht-Vertrag formulierten Konvergenzkriterien für die Beitrittsfähigkeit der einzelnen EU-Mitgliedstaaten in die Europäische Währungsunion – und das im europäischen Stabilitäts- und Wachstumspakt formulierte Defizitkriterium für eine auf Dauer tragbare Finanzlage der öffentlichen Hand – können ebenfalls als Zielprojektionen interpretiert werden. Ausdruck rationaler Wirtschaftspolitik sind nur Zielprojektionen die „realistisch“ sind, was Ehrgeiz der Wirtschaftspolitik nicht ausschließt, wohl aber Übertreibungen.

Zielprojektionen, sofern realistisch formuliert, sind eine wichtige Grundlage für wirtschaftspolitische Entscheidungen, die weit in die Zukunft reichen. Sie befördern das Langfristdenken und bewahren vor einer zu optimistischen oder zu pessimistischen Einschätzung der aktuellen Entwicklung. Mit (kollektiver) Planwirtschaft oder Kommandowirtschaft alten sowjetischen Typs hat das nichts gemein. Denn in westlichen Industriegesellschaften kann man davon ausgehen, dass sich die Regierung zur Verwirklichung ihrer Zielprojektion prinzipiell marktkonformer Mittel bedient und auf die Wirtschaftssubjekte keinen Zwang zu bestimmten Verhaltensweisen ausübt. Das gilt auch für korporatistische Ansätze, wie „konzertierte Aktionen“ oder „Bündnisse für Arbeit“, d.h. Gesprächsrunden zwischen Bundesregierung, den Gewerkschaften und den großen Wirtschaftsverbänden; vor dem Hintergrund einzelner Zielprojektionen, z.B. die nachhaltige Rückführung einer hohen Arbeitslosigkeit innerhalb eines bestimmten Zeitraums, findet ein gegenseitiger Informationsaustausch statt, auch eine Aussprache über geeignete Strategien und konkrete Einzelmaßnahmen, aber verpflichtet wird niemand zu nichts.

In der folgenden Tabelle I.2 werden die Prognosen des Sachverständigenrates und der großen Wirtschaftsforschungsinstitute (Gemeinschaftsdiagnose, GD) sowie die Zielprojektion der Bundesregierung, wie sie in ihrem Jahreswirtschaftsbericht (JWB) formuliert wird, mit der Realität verglichen. Dabei zeigt sich, dass die Konjunkturforscher relativ gut liegen, zumindest, was den Trend anbelangt.

Tabelle I.2: Voraussagen und Ergebnisse für das reale Bruttoinlandsprodukt [1)]

(in vH)

Institution	1991	1992	1993	1994	1995	1996	1997	1998	1999	2000	2001
Prognosen											
Sachverständigenrat (JG)	3,5	2,3	0,1	0	3,2	2,1	2,4	2,9	1,9	2,7	2,8
Wirtschaftsforschungs-institute (GD, Oktober)	3,0	2,0	0,5	1,0	2,5	2,4	2,5	2,8	2,3	2,7	2,7
Projektionen											
Bundesregierung (JWB)	3/3,5	1,5	0/-1	0,5/1	3,0	1,5	2,5	2,5/3	2,0	2,5	2,75
Ist-Werte											
Statistisches Bundesamt											
alt	5,0	1,8	0	2,2	1,2	1,3	2,2	2,8			
neu [2)]	-	2,2	-1,1	2,3	1,7	0,8	1,5	2,2	1,4	3,0	

[1)] 1991-94: Früheres Bundesgebiet; ab 1995: ganz Deutschland.

[2)] Im Jahre 1999 auf das "Europäische System Volkswirtschaftlicher Gesamtrechnungen 1995" umgestellt und bis 1991 zurückgerechnet.

Eine besondere Art von Zielprojektionen sind die sog. **Strukturprojektionen**. Es geht um die Frage

- nach dem Strukturwandel in der Wirtschaft in der mittelfristigen Zukunft;
- nach den Determinanten dieses Strukturwandels (Nachfrage, Außenwirtschaft, technische Fortschritt, Bevölkerungsentwicklung);
- nach den Möglichkeiten der Wirtschaftspolitik, den Strukturwandel zu steuern, um Friktionen zu vermeiden und zugleich Anpassungslasten zu minimieren.

Mitunter wird die Meinung – und Hoffnung – geäußert, Strukturprojektionen seien ein Ersatz für fehlende Terminmärkte. Sie lieferten die Zukunftsinformationen, um vorausschauende Anpassungen zu befördern. Dies ist eher zweifelhaft. In einer Welt unvollkommenen Wissens kann man nicht im Vorhinein die optimale Produktionsstruktur eines Landes in der mittelfristigen Zukunft definieren; es läge ein Fall der „Anmaßung von Wissen" (v. Hayek 1975) vor. In diesem Zusammenhang besteht ein großes Problem darin, dass der Staat, wenn er eigenständig Strukturprojektionen erstellt, in der Mithaftung ist, falls Private dementsprechend ihre Investitionen planen und durchführen und dann dabei schlecht fahren.

Unbedenklich sind dagegen Arbeiten von unabhängigen Institutionen, die in Verbindung mit empirischen Analysen unverbindlich über wahrscheinliche

Muster des Strukturwandels informieren, zumal im Wettbewerb miteinander. So hat es in Deutschland zwischen den Jahren 1978 und 2000 die Strukturberichterstattung der großen Wirtschaftsforschungsinstitute gegeben, bei der die Determinanten und Auswirkungen des strukturellen Wandels gründlich untersucht und daraufhin die Aufgaben der Wirtschaftspolitik analysiert wurden. Die Regierung kann den dabei implizit abfallenden Strukturprojektionen beitreten oder sich davon distanzieren. Jedenfalls entsteht für sie keine Verantwortlichkeit gegenüber privaten Investoren. Aus der empirischen Strukturforschung lassen sich allerdings nur Investitionswarnungen ableiten. Dies geschieht z.B. durch Hinweise auf Industrialisierungsanstrengungen in Entwicklungsländern, die zu Veränderungen der komparativen Vorteile nach dem Heckscher-Ohlin-Samuelson-Modell (Markusen et al. 1995, S. 98-126) führen können. Positive Investitionshinweise sind in Industrieländern, die an der Spitze der weltwirtschaftlichen Entwicklung stehen, nicht möglich (Giersch 1986). Denn das Neue kennt man nicht, und was man nicht kennt, lässt sich nicht in die Zukunft projizieren. Noch vor wenigen Jahren konnte niemand die Bedeutung der Internet-Ökonomie zu Beginn des 21. Jahrhunderts angemessen thematisieren.

D. Die Wirtschaftspolitik als Kunstlehre

Somit kann man unterschiedliche Funktionen positiver und normativer Ökonomik identifizieren. Während mittels der positiven Ökonomik das „Sein" erklärt wird – Giersch (1961, S. 27f.) spricht von einer nachträglichen Vorhersage –, dient die normative Ökonomik der Formulierung des „Seinsollens", d.h. eines möglichst hohen materiellen Wohlstands zur Erhöhung der materiellen Freiheit. Es kann als gesichert gelten, dass zwischen beiden eine Diskrepanz besteht. Das „Seinsollen" ist dem „Sein" überlegen. Gäbe es diese Diskrepanz nicht, wäre die Wirtschaftspolitik überflüssig: Sie dient also der Überwindung des „Seins" und der Verwirklichung des „Seinsollens". Sie nimmt dabei die Probleme der positiven und der normativen Ökonomik als Daten hin.

Die Lehre von der Wirtschaftspolitik ist insofern eine Kunstlehre (Giersch 1961, S. 27). Sie lässt sich generell auf zwei Ebenen betreiben: auf der Regelebene und auf der Prozessebene. Auf der Regelebene werden die Rahmenbedingungen für die wirtschaftlichen Aktivitäten der Menschen gesetzt. Sie entspricht der Ordnungspolitik (vgl. Kapitel V). Allerdings ist es sehr schwierig, die als optimal (Seinsollen) angesehenen Rahmenbedingungen in der

Realität zu schaffen.[14] Für die Schaffung von Rahmenbedingungen ist in der Regel eine parlamentarische Mehrheit notwendig. Im Grunde geht es bei der Kunstlehre für diese Form staatlicher Aktivität auch darum, Bedingungen für die Durchsetzbarkeit von wirtschaftspolitischen Reformen zu identifizieren. In Abschnitt IV.5 wird dieses Thema genauer analysiert.

Auf der Prozessebene geht es darum, die Ergebnisse, die der wirtschaftliche Prozess hervorbringen soll (Seinsollen), mit der Realität (Sein) zu vergleichen. Als Norm kann man die Marginalbedingungen der Allokationstheorie betrachten, was im Allgemeinen auch geschieht (vgl. Kapitel II). Abweichungen von der Norm rufen staatliche Maßnahmen hervor – allerdings nicht auf der Regelebene. Vielmehr wird die Rolle des Staates weniger als Regelsetzer, sondern vielmehr als Mitspieler analysiert. Der Staat greift vor allem in die Preise ein, z.B. durch Subventionen oder die Festlegung des Diskontsatzes bzw. von Höchstmieten. Er kann aber auch als Marktteilnehmer tätig sein, wenn er nämlich Offenmarktgeschäfte tätigt oder Nachfrageprogramme betreibt und öffentliche Infrastruktur bereitstellt, die von privaten Unternehmen produziert wird. Dies ist die Prozesspolitik. Die Kunstlehre für diese Form staatlichen Handelns ist bereits sehr weit entwickelt, nämlich als eine Art Interventionslehre, mittels derer die richtige Form der Intervention bei Markversagen oder bei konjunkturellen Krisen gewählt wird. Grundsätzlich kann man davon ausgehen, dass die Kenntnisse darüber in der Theorie sehr hoch sind, genau wie allerdings auch die Schwierigkeiten bei der praktischen Umsetzung (vgl. Kapitel V).

Diese zunächst schwierig scheinenden Zusammenhänge lassen sich einfach in einer Abbildung verdeutlichen, mit der auch der weitere Gang dieses Buches plausibel wird. Die Abbildung I.4 liest sich folgendermaßen: Die normative Analyse auf der Regelebene wird durch die Ordnungsökonomik vorgenommen, auf der Prozessebene durch die Allokationstheorie. Mit der Norm wird die Realität bzw. werden Abweichungen von der Norm verglichen. Auf der Regelebene wird die Frage nach dem Staatsversagen gestellt, d.h. es wird eine positive Analyse staatlichen Handelns durchgeführt. Die Grundfrage lautet: Wieso ist die Wirtschaftspolitik nicht in der Lage, einen Ordnungsrahmen zu schaffen, der auf der Prozessebene zur Einhaltung der Norm, d.h. konkret zur Erfüllung der Marginalbedingungen führt. Auf der Prozessebene wird Marktversagen analysiert, d.h. es werden Gründe im Prozess (nicht im Ordnungsrahmen) gesucht, die die Erfüllung der Marginalbe-

[14] Nach Ansicht von Voigt (1996, S. 158ff.) besteht für die Kunstlehre auf der Regelebene nach wie vor ein Defizit, das weder durch die Ordnungsökonomik nach Eucken (1952) noch durch neuere Ansätze, z.B. die konstitutionelle Ökonomik, beseitigt wird. Die ökonomische Theorie der Reform (s. Abschnitt IV.5) stellt einen Ansatz dar.

dingungen nicht erlauben. Insofern ist Marktversagen durchaus als ein technisches Phänomen zu betrachten. Es sei jetzt schon darauf hingewiesen, dass die Grenzen zwischen Marktversagen und Staatsversagen fließend sind, auch in Abhängigkeit der gewählten Analysemethode.[15] Die Kunstlehre wird dann benötigt, um Staatsversagen bzw. Marktversagen zu heilen.

Abbildung I.4: Wirtschaftspolitik als Kunstlehre zur Approximation des „Seins" an das „Seinsollen"

	Normative Analyse (Seinsollen)	Positive Analyse (Sein)	Kunstlehre (Wirtschaftspolitik)
Regelebene	Ordnungsökonomik (Abschnitt I.5)	Internationale Ordnung (Kapitel VI) Staatsversagen? (Kapitel IV)	Ordnungspolitik (Kapitel V) Angebotspolitik (Kapitel V) Ökonomik der Reform (Abschnitt IV.5)
Prozessebene	Allokationstheorie (Kapitel II)	Marktversagen? (Kapitel III)	Prozesspolitik (Kapitel V) Nachfragepolitik (Kapitel V)

Quelle: Eigene Darstellung nach Voigt (1996, S. 159).

[15] Ein Beispiel: Mit Hilfe der Neoklassik wird das Umweltproblem regelmäßig als Marktversagen analysiert, während es in der neuen Institutionenökonomik eher als Staatsversagen gilt.

5. Konstitutive und regulierende Prinzipien der marktwirtschaftlichen Ordnung

In diesem Abschnitt werden einige normative Überlegungen zu Form und Ausgestaltung einer marktwirtschaftlichen Ordnung angestellt. Es geht mithin um das „Seinsollen“ auf der Regelebene. Die Frage nach der Rationalität des wirtschaftspolitischen Handelns steht auch im Zusammenhang mit der Art und Weise, wie das Koordinationsproblem einzelwirtschaftlicher Aktivitäten und Pläne gelöst wird. Letztlich ist die Allokationsaufgabe angesprochen, die zur Sicherung des Wohlstandsmaximums so beantwortet werden muss, dass sie mit den im einzelnen noch zu besprechenden Marginalbedingungen übereinstimmt. Die beiden Extremformen sind

- Koordination durch staatliche Anweisung (reine Planwirtschaft);
- Koordination durch freiwillige Vereinbarungen über den Markt (reine Marktwirtschaft).

Dazwischen liegen andere Ordnungstypen, die auch realitätsnäher sind, z.B. die zentralgelenkte Wirtschaft im „real existierenden Sozialismus“ der einstigen DDR auf der einen – der Planwirtschaft zugeneigten – Seite sowie die soziale Marktwirtschaft in der Bundesrepublik Deutschland und anderen EU-Staaten, die eher als Wettbewerbswirtschaft organisiert sind, auf der anderen Seite. Im diesem Lehrbuch wird als Ordnungsrahmen für die Wirtschaftspolitik die **marktwirtschaftliche Ordnung** zugrunde gelegt. Hinter der Fokussierung auf eine marktwirtschaftliche Ordnung steht in der Tat ein Werturteil, jenes nämlich, dass die individuelle Freiheit, etwas zu tun oder zu unterlassen, einen hohen Wert an sich darstellt. Damit diese Freiheit ermöglicht wird, bedarf es einiger Prinzipien. Nach Walter Eucken („Grundsätze der Wirtschaftspolitik“, erschienen 1952) unterscheidet man zwischen konstitutiven und regulierenden Prinzipien (vgl. Abbildung I.5).

Konstitutive Prinzipien betreffen jedermann und sind für die Funktionstüchtigkeit eines rechtsstaatlichen Gemeinwesens mit garantierten wirtschaftlichen Freiheiten unabdingbar. Es handelt sich gleichsam um allgemeine Spielregeln des „protektiven Staates“.

Regulierende Prinzipien umreißen die Aufgaben, die die Wirtschaftspolitik im Rahmen der marktwirtschaftlichen Ordnung wahrzunehmen hat, gleichzeitig auch um diese Ordnung zu sichern. Insofern beschränken diese Prinzipien die individuelle Freiheit an manchen Stellen, damit sie an anderen um so sicherer verankert wird.

Diese Prinzipien sind auf Dauer angelegt und haben zwei grundlegende Implikationen:

- Sie schaffen Anreize für das Verhalten der Wirtschaftssubjekte, setzen ihnen zugleich aber auch Grenzen.
- Sie stecken den Rahmen für die wirtschaftspolitischen Entscheidungsträger ab. Das heißt, dass die Wirtschaftspolitik die Grenzen staatlicher Tätigkeit beachten muss und insbesondere den Regelmechanismus des Marktes nicht durch unbedachte Interventionen stören darf.

Abbildung I.5: Konstitutive und regulierende Prinzipien der marktwirtschaftlichen Ordnung

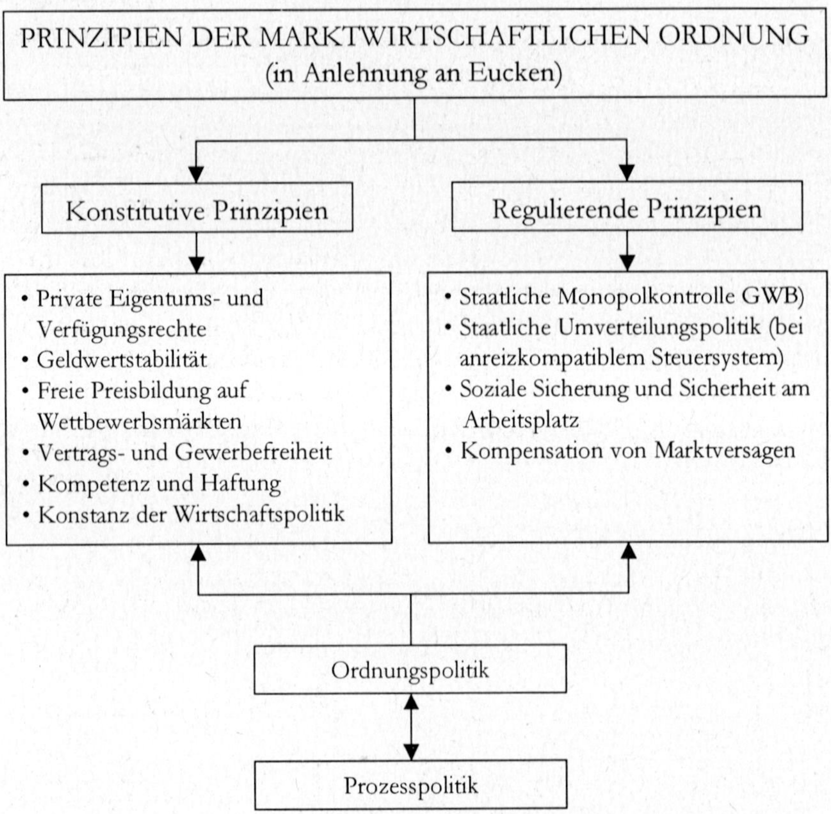

A. Konstitutive Prinzipien als Gerüst

Betrachten wir zunächst die konstitutiven Prinzipien. Eucken (1952, S. 254-291) stellte sieben konstitutive Prinzipien auf, die auch gegenwärtig unverändert aktuell sind. Hier werden unter Berücksichtigung der Erfahrungen dieser Zeit sechs Prinzipien daraus.

1. Die **privaten Eigentums- und Verfügungsrechte** sind das A und O einer funktionstüchtigen marktwirtschaftlichen Ordnung. In dieser Ordnung wird auf Eigennutz im wohlverstandenen Sinne gesetzt. Vor über 200 Jahren schrieb Adam Smith: „Nicht vom Wohlwollen des Metzgers, Bauers und Bäckers erwarten wir das, was wir zum Essen brauchen, sondern davon, dass sie ihre eigenen Interessen wahrnehmen. Wir wenden uns nicht an ihre Menschenliebe, sondern an ihre Eigenliebe, und wir erwähnen nicht die eigenen Bedürfnisse, sondern sprechen von ihrem Vorteil." (Smith 1776, Buch I, Kapitel 2, eigene Übersetzung). Damit die Wirtschaftssubjekte eigennützlich handeln, brauchen sie Eigentums- und Verfügungsrechte; dazu passt auch der ethische Grundsatz: „Du sollst nicht stehlen". Diese im Englischen "property rights" genannten Rechte müssen eindeutig, dauerhaft und verlässlich zugeordnet sein. „Eindeutigkeit" ist notwendig, damit die Wirtschaftssubjekte mit der Knappheit der Güter, dem zentralen ökonomischen Problem also, in geeigneter Weise umgehen; „Dauerhaftigkeit" ist erforderlich, um auch über die Zeit hinweg, gleichsam intertemporal, den effizienten Einsatz der Produktionsfaktoren und die effiziente Nutzung der Güter zu erreichen; „Verlässlichkeit" ist geboten, damit wirtschaftliche Aktivitäten, für die langfristige Entscheidungen getroffen werden müssen, nicht unter zusätzliche Zukunftsrisiken geraten, sozusagen größere Unsicherheiten gewärtigen müssen als ohnehin schon vorhanden, mit der Folge, dass solche Aktivitäten eingeschränkt werden oder ganz unterbleiben und damit das Wirtschaftswachstum und die Beschäftigung niedriger sind, als es sein könnte.

2. Die **Geldwertstabilität** stellt eine weitere zentrale Voraussetzung für eine funktionierende Marktwirtschaft dar, weshalb Eucken sogar ein Primat der Währungspolitik sah. Zunächst gilt natürlich, dass stabiles (gutes) Geld am besten die elementaren Geldfunktionen erfüllt, d.h. als allgemeines Zahlungsmittel, Wertaufbewahrungsmittel und Rechnungseinheit im Wirtschaftsverkehr von den Wirtschaftssubjekten benutzt wird. Bei inflationsträchtigem (schlechtem) Geld weichen die Wirtschaftssubjekte in eine Parallelwährung aus, was in der Literatur als „Dollarisierung" bezeichnet wird. Außerdem gilt, dass stabiles Geld umfassend zum Ausdruck bringt, dass ein Land dauerhaft in der Lage ist, die in dem Geld geltend gemachten wirtschaftlichen Ansprüche an das Produktionspotential eini-

germaßen widerspruchsfrei aufeinander abzustimmen. Damit das gelingt, muss Geld knapp gehalten werden. Insbesondere darf es keine Monetisierung von Haushaltsdefiziten durch die Notenpresse sowie keine monetäre Alimentierung überzogener Lohnerhöhungen durch zusätzliche Geldvermehrung geben. Und nicht zuletzt gilt, dass nur bei stabilem Geld die Güter- und Faktorpreise Veränderungen der Knappheitsrelationen korrekt anzeigen und ihre Lenkungsfunktion, d.h. ihre Allokationsfunktion (vgl. Kapitel II) erfüllen können.

Es darf also weder Inflation noch Deflation im Sinne eines dauerhaften Anstiegs bzw. Absinkens des allgemeinen Preisniveaus – gemessen als Preisindex für den privaten Verbrauch oder Deflator des Bruttoinlandsprodukts – geben. Es ist außerordentlich wichtig, zwischen der Entwicklung des Preisniveaus und der Entwicklung von einzelnen Preisen zu unterscheiden. Die Veränderung von Einzelpreisen bei bestimmten Waren, z.B. Rohstoffen, bestimmten Dienstleistungen, z.B. Telekommunikation, oder bestimmten Vermögenswerten, z.B. Aktien, sind für sich genommen weder ein Inflationsindikator (bei Verteuerungen), noch ein Deflationsindikator (bei Verbilligungen). Das Gleiche gilt bei Veränderungen der staatlich administrierten Preise, z.B. Verkehrstarife, Rundfunk- und Fernsehgebühren, Eintrittspreise für Theater oder Hallenbäder. Im Wirtschaftsprozess sind Veränderungen der relativen Preise ein normaler Vorgang, denn sie zeigen veränderte Knappheiten an und senden damit Signale an Produzenten und Konsumenten, sich mit ihren Plänen darauf einzustellen und gegebenenfalls anzupassen.

3. **Freie Preisbildung** ist als Allokationsmechanismus unabdingbar. Indem sich auf möglichst vielen Märkten die Preise nach Angebot und Nachfrage bestimmen, können sich alle Wirtschaftssubjekte ein Bild über die aktuellen Marktverhältnisse (Käufermarkt, Verkäufermarkt) und die sich abzeichnenden Strukturwandlungen machen; die Produzenten erfahren, wo Entwicklungschancen winken, wo Überkapazitäten drohen, und können die adäquaten Anpassungen vornehmen (z.B. zusätzliche Investitionen, Stillegung von Sachkapazitäten, Kostensenkungen, Umstellung der Produktion); die Produktionsfaktoren werden in die gesamtwirtschaftlich produktivsten Verwendungen gelenkt; die Nachfrager disponieren gemäß ihren wahren Präferenzen, die in ihrer Zahlungsbereitschaft zum Ausruck kommen. Bei staatlich fixierten Preisen kommt es in aller Regel zu Allokationsverzerrungen und damit Wohlfahrtsverlusten.

4. Eng damit verbunden ist die **Gewerbe- und Vertragsfreiheit**: Dies schließt neben der freien Preisbildung den freien Marktzugang – auch aus dem Ausland – sowie den freien Marktaustritt ein. Nur dann gibt es den

Wettbewerb mit seinen wohltuenden Funktionen: Kostenkontrollfunktion, Stabilisierungsfunktion, Förderung des Strukturwandels, spontane Kontrolle privater wirtschaftlicher Macht. Ein besonderes Problem liegt im Falle von **Marktversagen** vor, weil dann die Freiheit wirtschaftlicher Betätigung nicht zu effizienten Ergebnissen führt (vgl. Kapitel III). In solchen Situationen besteht Bedarf an **speziellen Regulierungen**. Die Wirtschaftspolitik steht dabei vor der schwierigen Aufgabe, in jedem Einzelfall zu klären, ob tatsächlich ein Marktversagen vorliegt oder ein solches lediglich vorgeschoben wird, z.B. von partikulare Interessengruppen, die auf an sich funktionstüchtigen Märkten nur den Wettbewerbsdruck verringern oder ganz beseitigen wollen.

5. **Kompetenz und Haftung**: Dieses Prinzip besagt zum Einen, dass derjenige, der etwas tut, darauf rechnen darf, dass der Erfolg (Gewinn) ihm zufällt. Die Erhebung von Steuern ist damit vereinbar, vorausgesetzt natürlich, der Fiskus agiert nicht konfiskatorisch. Zum Anderen muss jeder einen Misserfolg (Verlust) selbst tragen, zumindest in zumutbaren Grenzen. Auf diesem Grundsatz beruht der Motor für wirtschaftliches Wachstum. Wie bereits erwähnt, kennt die marktwirtschaftliche Ordnung kein isoliertes Wachstumsziel; sie ist vielmehr darauf angelegt, dass möglichst viele Individuen viel Spielraum haben, selbständig zu entscheiden, was sie tun wollen und mit welcher Intensität, Kreativität und Wagnisbereitschaft. Das Kompetenzprinzip entspricht dem Ziel der Gewinnmaximierung und ist insofern die direkte Antriebskraft für wirtschaftliche Handlungen. Das Haftungsprinzip soll dafür sorgen, dass die Unternehmen – und soweit betroffen auch die Arbeitnehmer – auf Veränderungen der Preisrelationen durch Anpassung reagieren und auf diese Weise die Anforderungen des Strukturwandels meistern. Tun sie es nämlich nicht, erleiden sie Verluste und müssen schlimmstenfalls aus dem Markt ausscheiden. Außerdem müssen geplante Investitionen sorgfältig auf ihre Rentabilitätsaussichten hin geprüft werden: Dadurch werden Fehlinvestitionen und die damit verbundene Kapitalverschwendung vermieden. Gesellschaftspolitisch betrachtet zielt das Prinzip von Kompetenz und Haftung auf Verantwortungsethik und steht im Gegensatz zu der so weit verbreiteten Gesinnungsethik, bei der gute Absichten und Motive mehr zählen als konkrete Resultate individueller Aktionen.

6. Schließlich bedarf es einer **Konstanz der Wirtschaftspolitik**. Denn einzelwirtschaftliche Risiken, die aus unvorhersehbaren wirtschaftspolitischen Handlungen resultieren, sollen möglichst vermieden werden. Der Staat hat die Informationen über sein künftiges Handeln und sollte diese allen zugänglich machen. Dabei muss die Wirtschaftspolitik umfassend und langfristig angelegt sein. „Umfassend" heißt, dass die einzelnen Poli-

tikbereiche widerspruchsfrei aufeinander abgestimmt sind (Assignment);. „Langfristorientierung" heißt, dass bei gegenwärtigen Maßnahmen stets deren Vereinbarkeit mit Erfordernissen der Zukunft mitbedacht wird. Es sollen also nicht die Primäreffekte von Maßnahmen in den Vordergrund gestellt werden, sondern auch die Folgewirkungen in den Blick genommen werden. Die Wirtschaftssubjekte sollen dadurch in die Lage versetzt werden, stabile Erwartungen über eine verlässliche Wirtschaftspolitik für die Zukunft zu bilden. Dieses Prinzip in der Realität umzusetzen, scheint sehr schwierig zu sein, insbesondere in demokratisch verfassten Gesellschaften mit regelmäßigen Wahlterminen (vgl. Kapitel IV).

B. Regulierende Prinzipien als Ergänzung

Die Notwendigkeit, regulierend in das Marktgeschehen einzugreifen, ist auch bei der Befolgung dieser konstitutiven Prinzipien einer marktwirtschaftlichen Ordnung nicht von der Hand zu weisen. Derartige Eingriffe sollten allerdings nicht wahllos und willkürlich vorgenommen werden; es sollten die sog. **regulierenden Prinzipien** beachtet werden. Diese sind nach Eucken (1952, S. 291-304) die Existenz einer Monopolkontrolle, einer Einkommenspolitik inklusive Mindestlöhnen und – weniger bedeutsam im Kontext dieses Buches – die Verpflichtung zur Wirtschaftsrechnung.

1. **Staatliche Monopolkontrolle:** Unternehmen mögen nicht (immer) den Wettbewerb. Es gibt latent stets eine Neigung zur Bildung von Kartellen und zu Fusionen, um Marktmacht erlangen zu können. Zum Ende der 1990er Jahre begann eine Welle von Fusionen zwischen großen Unternehmen unterschiedlicher nationaler Herkunft, sog. Megafusionen. Deshalb bedarf es der Monopolkontrolle einschließlich der Fusionskontrolle. Ideal im Sinne des Assignments wäre es, wenn institutionelle Trennung und Unabhängigkeit der Monopolkontrolle von politischen Einflüssen gewährleistet ist. In der Praxis gibt es in der Regel aber politische Einflussnahme. In der Bundesrepublik Deutschland kann der Bundeswirtschaftsminister eine Fusion, die von der hiesigen Monopolkontrolle, dem Bundeskartellamt, nicht genehmigt wurde, nachträglich zugelassen werden. Dies nennt man den „Ministervorbehalt".

   Eine besondere Bedeutung hat die Monopolkontrolle im Zusammenhang mit der Deregulierung von Märkten, die zuvor als sog. wettbewerbliche Ausnahmebereiche monopolistisch oder oligopolistisch organisiert waren. Besonders augenfällige Beispiele sind die Telekommunikation und die Stromwirtschaft. Das Problem ist, dass die einstigen Monopolunternehmen eine so starke Marktposition haben, dass eine Deregulierung nicht von selbst zu einem funktionstüchtigen Wettbewerb führt. "Sunk costs" und andere Marktzutrittsbarrieren (vgl. Kapitel III) wirken wie eine natürliche Marktzutrittsbarriere für neue Anbieter. Hier muss der Staat im Vorhinein (ex-ante) regulieren, und zwar notfalls asymmetrisch das etablierte Unternehmen, damit neue Anbieter ihre Chancen nutzen können. In Deutschland ist aus solchen Gründen im Jahre 1996 mit der Regulierungsbehörde für Post und Telekommunikation (RegTP) eine spezielle Regulierungsinstanz gegründet worden, die zuständig ist für die Regulierung der Preise, für den Zugang zu der Teilnehmeranschlussleitung der Deutschen Telekom AG im Ortsnetz, für die Zusammenschaltung von Mobilfunknetz und dem Festnetz (Interconnection) und deren Entgelte, für das Inkasso u.dgl.m. – alles mit dem Zweck, einen funktionsfähigen Wettbewerb herbeizuführen.

2. **Staatliche Umverteilungspolitik**: Der Wettbewerb bringt nicht immer Ergebnisse hervor, die eine demokratisch verfasste Gesellschaft ohne weiteres zu akzeptieren bereit ist. Es gibt Menschen, die – aus welchen Gründen auch immer – nicht in der Lage sind, für sich selbst zu sorgen. Viel kann für diese Menschen durch Angehörige und Freunde getan werden, aber nicht alles und nicht in jedem Fall. Dann beauftragt die Gesellschaft den Staat, diesen Menschen mittels Sozialpolitik zu helfen. Dabei geht es darum, das Solidarprinzip (kollektive Vorsorge) und das Subsidiaritätsprinzip (individuelle Eigenvorsorge) so aufeinander abzustimmen, dass der Sozialstaat ökonomisch möglichst effizient (kostengünstig) ist, zugleich aber auch effektiv, d.h. die solidarisch finanzierte Hilfe soll die wirklich Bedürftigen erreichen. Für die Sozialpolitik geht es mithin darum, immer die Anreizwirkungen mitzubedenken.

   Deshalb ist die Ausgestaltung der Sozialpolitik eine heftig umstrittene, sensible und sehr komplizierte Aufgabe. In Deutschland wird bereits seit langem darum gestritten, wobei die Rationalität der Argumente oftmals zu wünschen übrig lässt. Vielfach haben die Argumente die Form von Vorurteilen gegenüber den Empfängern von Sozialleistungen oder gegenüber denen, die mehr Effizienz und Effektivität der Sozialpolitik einfordern. Fest steht, dass die Sozialpolitik ordnungskonform zu sein hat. Einen Beitrag zur Steigerung der Rationalität der Sozialpolitik haben vor einigen Jahren Homann und Pies (1996) mit ihrem Vorschlag gemacht, Sozialpolitik als einen gesellschaftlichen Versicherungsvertrag zu begreifen. Damit stehen weniger die Nettobeiträge, die jeder Bürger im Laufe eines Lebens in die Sozialversicherungssysteme einzahlt, im Mittelpunkt der Überlegungen als vielmehr der Aspekt der Risikovorsorge. Eine solche Sicht auf die staatliche Umverteilungspolitik kann die Argumentationsblockaden auflösen helfen.

Die Wirtschaftsordnung eines Landes besteht aus verschiedenen Elementen. Die wichtigsten dieser Ordnungselemente oder Teilordnungen sind die Geldordnung, die Arbeitsmarktordnung, die Wettbewerbsordnung, die Außenwirtschaftsordnung sowie die Sozialordnung. In jeder dieser Teilordnungen müssen die genannten Prinzipien beachtet werden. Es versteht sich im Grunde von selbst und ergibt sich aus dem bisher in diesem Kapitel Gesagten, dass die einzelnen Elemente der Wirtschaftsordnung aufeinander abgestimmt zu sein haben.

II. Wirtschaftspolitische Bewertungskriterien als normative Grundlage

1. *Zentrale Merkmale des allokationstheoretischen Ansatzes*

Im Folgenden geht es um die Entwicklung eines **theoretischen Rasters,** mit dessen Hilfe ökonomische Situationen und wirtschaftspolitische Maßnahmen bewertet werden können. Das **Hauptanalyseinstrument** ist die **Allokationstheorie**, auch Wohlfahrtstheorie genannt. Der Begriff der wirtschaftlichen Wohlfahrt ist direkt aus dem Englischen (welfare) übersetzt und darf in diesem Zusammenhang nicht im allgemein üblichen Sprachgebrauch für beispielsweise Wohlfahrtsverbände oder Wohlfahrtsstaat verwendet werden. Egon Sohmen (1992, S. 1) hat deshalb den Begriff Wohlfahrtsökonomik durch den Begriff Allokationstheorie ersetzt, ein Vorgehen, dem hier weitgehend gefolgt wird.[1] In der Allokationstheorie geht es darum, die in einer Volkswirtschaft (und weltwirtschaftlich) verfügbaren Produktionsfaktoren in den jeweils produktivsten Verwendungen einzusetzen; die Produktionsfaktoren stehen nicht in beliebiger Menge zur Verfügung, sondern sind, gemessen an den Bedürfnissen der privaten Haushalte und Unternehmen sowie des Staates, knapp. Die Allokationstheorie formuliert die Bedingungen für einen gesamtwirtschaftlich optimalen – effizienten – Faktoreinsatz in der Produktion im Einklang mit den Konsumentenpräferenzen.

Bevor die Allokationskriterien im Einzelnen erläutert werden, werden drei zentrale Merkmale des allokationstheoretischen Ansatzes besprochen, so dass die Möglichkeiten und Grenzen dieses Ansatzes für die Wirtschaftspolitik deutlich werden. Bei den drei Merkmalen handelt es sich um:

- die Annahmen über das Verhalten der Individuen,
- die Werturteilsgebundenheit der Analyse,
- die Präzisierung des Allokationsproblems unter Vernachlässigkeit der Verteilungsfragen.

---

[1] Dennoch taucht der Begriff “Wohlfahrt” immer wieder auf, zumindest im Zusammenhang mit der “Sozialen Wohlfahrtsfunktion (s.u.).

A. Restriktive Verhaltensannahmen

Zunächst müssen Annahmen darüber getroffen werden, wie sich Individuen verhalten, wenn der Staat wirtschaftspolitische Maßnahmen ergreift (z.B. Steuern erhöht oder Subventionen gewährt). Diese Annahmen sind sehr strikt und wirken etwas künstlich, doch sie sind didaktisch sehr hilfreich.

- **Individuelle Rationalität:** Es gibt eine Präferenzordnung, die durch eine Schar von Indifferenzkurven abgebildet werden kann.[2] Eine Präferenzordnung ist gekennzeichnet durch vier formale Axiome und zwei inhaltliche Axiome: **Vollständigkeit**, **Transitivität**, **Reflexivität** und **Stetigkeit** einerseits sowie **strenge Konvexität** und **Nichtsättigung** andererseits. Wir beginnen mit den formalen Axiomen:

  1. Axiom: Vollständigkeit heißt, dass bei einem Vergleich von zwei Alternativen (z.B. die Güterbündel X_1 und X_2)[3] zweifelsfrei angegeben werden kann, ob die eine Alternative besser, schlechter oder gleich gut ist: $X_1 > X_2$ oder $X_1 < X_2$ oder $X_1 \approx X_2$.

  2. Axiom: Transitivität heißt: wenn eine Alternative X_1 für besser bewertet wird als eine Alternative X_2 und X_2 wiederum wird X_3 vorgezogen, dann muss X_1 auch besser als X_3 bewertet werden. Technisch heißt dies: Wenn $X_1 > X_2$ und $X_2 > X_3$, dann muss $X_1 > X_3$ sein.

  3. Axiom: Reflexivität heißt, dass es mindestens ein Güterbündel gibt, das das Individuum als genauso gut bewertet wie Güterbündel X_1, nämlich Güterbündel X_1 selbst: $X_1 \approx X_1$. Die inhaltliche Aussage dieses Axioms ist trivial.

  4. Axiom: Stetigkeit bedeutet, dass sich Bewertungen über Güterbündel nicht sprunghaft ändern, sondern dass es zu jedem Güterbündel eines gibt, das sehr ähnlich bewertet wird. Vor allem für die Differenzierbarkeit der Nutzenfunktion ist Stetigkeit der Präferenzordnung von Bedeutung.

  Anschließend werden die beiden inhaltlichen Axiome vorgestellt.

  5. Axiom: Strenge Konvexität bedeutet, dass das Individuum eine Linearkombination aus zwei Güterbündeln X_1 und X_2, denen gegen-

---

2 Diese Ausführungen sind nur als Wiederholung gedacht. Für eine detaillierte Ableitung siehe Varian (1999, Kapitel 3) sowie Herberg (1985, S. 69-83).

3 Unter einem Güterbündel X_k wird in diesem Zusammenhang eine beliebig teilbare, vom Individuum eindeutig mit Nutzen belegbare Teilmenge des in der Volkswirtschaft verfügbaren Güterbündels X verstanden.

über es indifferent ist, jedem dieser Güterbündel vorzieht. Die Indifferenzkurve ist nach unten gewölbt.

6. Axiom: Nichtsättigung heißt, dass das Individuum eine größere Menge eines Gutes bzw. Güterbündels einer kleineren Menge immer vorzieht, unabhängig davon, wie viel es bereits davon konsumiert hat.

Daraus leitet sich eine Nutzenfunktionen *U* mit den folgenden Eigenschaften ab:

- **Konvexe Präferenzen**: $\frac{\partial U}{\partial x} > 0, \frac{\partial^2 U}{\partial x^2} < 0$. Der Grenznutzen des Konsums des Güterbündels ist positiv, aber abnehmend. Dies führt zu konvexen Indifferenzkurven zwischen zwei Güterbündeln, die Grenzrate der Substitution nimmt also ab. Je mehr das Individuum bereits von X_1 konsumiert hat, desto weniger Einheiten von X_2 ist es bereit, für eine Einheit von X_1 herzugeben. Anders ausgedrückt: Für gleichbleibende Einbußen von X_2 muss es mit steigenden Mengen von X_1 entschädigt werden.

- Der Nutzen der Individuen ist **nur ordinal, nicht kardinal messbar**. Ordinale Nutzenmessung bedeutet, dass bei einem Vergleich zweier Alternativen nur angegeben werden kann, ob der Nutzen aus einer Alternative höher, niedriger oder genauso hoch ist wie derjenige einer anderen Alternative, nicht aber, um wie viel der Nutzen höher oder niedriger ist. Die Abstände zwischen Indifferenzkurven spielen keine Rolle. Ein kardinaler Nutzenvergleich wäre dann möglich, wenn ein Individuum eindeutig angeben könnte, um welchen Betrag der Nutzen der einen Alternative größer oder kleiner ist als der Nutzen einer anderen Alternative. Bislang sind sämtliche Versuche von Ökonomen, die kardinale Nutzenmessung zu ermöglichen, fehlgeschlagen.

- **Keine Nutzeninterdependenzen:** Die Nutzeneinschätzungen der Individuen sind unabhängig voneinander. Neid oder demonstrativer Konsum werden ebenso ausgeschlossen wie Altruismus dergestalt, dass der Mehrkonsum eines Individuums ein anderes Individuum besser stellt. Der individuelle Nutzen des Individuums i (U^i)ist ausschließlich von den selber nachgefragten Gütern abhängig: $U^i = U^i(x^i, y^i)$ mit x^i und y^i als nachgefragten Gütern. Die Individuen werden als rationale Personen angesehen, die sich über die Tauschbeziehungen hinaus nicht als Mitglied einer Gruppe begreifen.

B. Werturteilsgebundenheit: schwache Werturteile

Normativen Aussagen liegen immer Werturteile zugrunde, die explizit genannt werden müssen (Abschnitt I.4). Um das bereits angesprochene Werturteilsproblem in Grenzen zu halten, werden relativ **schwache Werturteile zugrunde gelegt**. „Schwach" bedeutet, dass die Werturteile unverfänglich sind und von dem **Großteil der Bevölkerung** geteilt werden können. Dann sind die Schlussfolgerungen, die aus der wirtschaftspolitischen Analyse gezogen werden, weitgehend **unabhängig von der ideologischen Position des Betrachters**. Wir unterscheiden dabei zwischen dem individualistischen Werturteil und dem paretianischen Werturteil. Zunächst zum **individualistischen Werturteil**, das sich analytisch wiederum dreiteilen lässt.

- **Methodologischer Individualismus:** Die Existenz einer gesellschaftlichen oder sozialen Wohlfahrt an sich wird abgelehnt. Die Gesellschaft ist keine handelnde Person. Dies ist methodisch sehr wichtig und keineswegs jedem klar, der sich in der Öffentlichkeit zur Wirtschaftspolitik äußert. Ein Beispiel dient zur Klärung: Wenn vom Außenhandel Deutschlands mit den Vereinigten Staaten die Rede ist, kann nur der Außenhandel deutscher mit US-amerikanischen Individuen gemeint sein. Denn der Handel wird dezentral organisiert und abgewickelt. Nur in der Zahlungsbilanzstatistik taucht er als Aggregat auf. Wenn wir im Folgenden also von sozialer Wohlfahrt sprechen, meinen wir immer die aggregierte Wohlfahrt der Individuen, die in dieser Gesellschaft leben.[4] Damit steht das Gerüst für die **normative Analyse**: Die Wohlfahrt der Gesellschaftsmitglieder ist der strategische Ansatzpunkt unserer Analyse. Die **soziale Wohlfahrtsfunktion** sieht also wie folgt aus:

  $$SWF = SWF(U^1, U^2, ..., U^n).$$

  Die soziale Wohlfahrtsfunktion wird damit ausschließlich durch die Nutzenniveaus der n Individuen U^1 bis U^n bestimmt. So etwas wie ein **gesellschaftlicher Wille** kommt in diesem Konzept nicht vor, weil es diesen, dem Werturteil zufolge, **nicht geben kann**. Die soziale Wohlfahrtsfunktion muss folgerichtig individualistisch konzipiert sein. Nur dann kann sie für alle Mitglieder der Gesellschaft akzeptabel sein.

- **Konsumentensouveränität:** Unter Konsumentensouveränität wird allgemein verstanden, dass die Konsumenten unter den angebotenen Gütern frei wählen können und auf diese Weise dazu beitragen, dass die

[4] Der Mechanismus der Aggregation, z.B. durch Addition oder Multiplikation, ist dadurch noch nicht bestimmt.

Produktionsstruktur den Präferenzen der Nachfrager entspricht. Nur wenn die Menschen ihren Konsum frei wählen können, kommt es zu einer präferenzgerechten Produktionsstruktur. Zu berücksichtigen ist, dass nicht sämtliche Präferenzen zum Zuge kommen werden; vielmehr werden die Präferenzen mit Hilfe der relativen (und absoluten) Preise selektiert. Zur Realisierung der Konsumentensouveränität bedarf es der **Faktoranbietersouveränität:** Die Anbieter der Produktionsfaktoren dürfen selber entscheiden, ob und welche Menge an Faktorleistungen sie bereit sind, zu dem gegebenen Faktorpreis anzubieten. Dabei gilt selbstverständlich das Verbot der Sklavenarbeit und der Kinderarbeit. Streng genommen impliziert dieses Prinzip auch die freie Entscheidung über die Dauer der Arbeitszeit (sowie deren Lage, besonders bei Teilzeitarbeit) und der Ladenöffnungszeiten sowie die freie Wahl des Berufes und des Arbeitsplatzes. Nur dann können die Faktoranbieter angemessen auf die Nachfrage der Konsumenten reagieren.

- **Paternalismusverbot:** Präferenzen sind grundsätzlich gegeben und stehen nicht zur Disposition. Niemand redet den Individuen hinein, schon gar nicht der Staat. Ob Eingriffe überhaupt in extremen Fällen erlaubt sind oder nicht, ist umstritten. Dies ist Gegenstand der Debatte um die Meritorisierung, d.h. der staatlichen Eingriffe mit dem Ziel, bestimmtes Verhalten zu verhindern, z.B. den Drogenkonsum, und anderes zu erzwingen, z.B. den Schulbesuch oder die Versicherung gegen Wechselfälle des Lebens (Krankheit, Arbeitslosigkeit) und für ein angemessenes Versorgungsniveau im Alter (Rente). Der Staat traut den Bürgern in derartigen Fällen nicht zu, für sich selbst die besten Alternativen zu wählen.

Der zweite Typ von Werturteil ist das sog. **paretianische Werturteil**. Die soziale Wohlfahrtsfunktion ist danach positiv abhängig vom Nutzen jedes einzelnen Individuums; der individuelle Nutzen U^i hängt wiederum annahmegemäß positiv von der Menge des Konsums des in der Volkswirtschaft verfügbaren Güterbündels X ab. Die soziale Wohlfahrt steigt, wenn die Wohlfahrt eines Individuums steigt, selbst wenn diejenige aller anderen konstant bleibt.

$$\frac{\partial SWF}{\partial U^i} > 0 \text{ mit } U^i = U^i(\underset{+}{X}),\ i = 1,\dots,n.$$

Analytisch steht hinter diesem paretianischen Werturteil das **Pareto-Kriterium.** Danach ist eine Faktorallokation dann als optimal anzusehen, wenn sich durch eine Umlenkung von Produktionsfaktoren niemand besser stellt, ohne dass jemand anderes schlechter gestellt wird (vgl. Unterabschnitt II.3.A). Anderenfalls wären noch Effizienzspielräume auszunutzen. Damit wird automatisch jede Ausgangsverteilung anerkannt, wie an einem extremen Beispiel verdeutlicht werden kann: Man stelle sich einmal vor, es gebe ein Konsumgut in der Volkswirtschaft. Sämtliche Individuen bis auf eines (Individuum *j*) besitzen im Ausgangszustand nichts, das besagte Individuum *j* besitzt alle Einheiten des Konsumgutes. Die gesellschaftliche Wohlfahrt steigt nach diesem Ansatz auch dann, wenn durch eine Reallokation der Produktionsfaktoren mehr produziert werden kann und wenn Individuum *j* diese Mehrproduktion vollständig zugeteilt bekommt.[5] Die neue Situation ist im Vergleich zur alten **pareto-superior**. Nicht wohlfahrtssteigernd in diesem Sinne wäre es hingegen, wenn Individuum *j* zu Gunsten aller anderen etwas abgeben müsste. Dann wäre sein Nutzen geringer als zuvor und die soziale Wohlfahrt sänke. Gegenüber der Ausgangssituation ist die Situation **pareto-inferior**.

Diese beispielhafte Verteilung und auch die Bewertung ihrer Veränderung entspricht sicherlich nicht den allgemein üblichen Gerechtigkeitsvorstellungen. Dennoch ist das hier beschriebene Pareto-Kriterium theoretisch und vor allem für die Beurteilung einer wirtschaftspolitischen Maßnahme gut brauchbar, weil es deutlich macht, wie schwer wirtschaftspolitische Maßnahmen, die den individuellen Nutzen einzelner Bürger einschränken, politisch durchzusetzen sind – und dies zu Recht. Denn jede Aussage über Gerechtigkeit im hier geschilderten Sinne ist ein **starkes Werturteil**, das keineswegs von jedem geteilt werden kann oder muss.

C. Nur Teilantworten auf die Grundfragen

Nach Streit (2000, S. 5f.) gibt es sechs Dimensionen der ökonomischen Knappheit:

- **Sachlich:** Die knappen Produktionsmittel müssen so eingesetzt werden, dass zum Einen möglichst viel produziert werden kann, zum Anderen sich eine Produktionsstruktur ergibt, die sich mit den Bedürfnissen der Menschen deckt. Produktions- und Nachfragestruktur müssen indes in einer offenen Volkswirtschaft nicht zusammenfallen, weil Abweichungen durch Außenhandel (Exporte oder Importe oder beides) ausgeglichen werden können. In einer offenen Volkswirtschaft werden die inländische

[5] Über den Allokationsmechanismus kann an dieser Stelle noch nichts gesagt werden. Deshalb bleiben wir hier so allgemein. Die Einzelheiten kommen später in diesem Kapitel.

Produktionsstruktur und die Konsumstruktur vermutlich dauerhaft voneinander abweichen.

- **Organisatorisch:** Diese Dimension bezieht sich auf die Frage, wie die Arbeitsteilung organisiert werden soll. Darunter fällt z.B. die Frage, ob die Koordination der Produktionsaktivitäten über den Markt oder etwa innerhalb eines Unternehmens vorgenommen werden soll. Diese Frage wird anhand eines Vergleichs der entstehenden Kosten beantwortet.

- **Technisch:** Dabei geht es nicht nur um die Frage, mit welcher Technik am besten produziert wird, sondern auch darum, welche Techniken entwickelt werden sollten und welche Art von technischem Fortschritt wünschenswert ist. Nicht alles, was technisch möglich ist, muss auch wirtschaftlich sinnvoll sein. (Eine ganz andere Frage, die nicht Gegenstand der Allokationstheorie ist, lautet: Soll für alles, was wirtschaftlich sinnvoll ist, die entsprechende Technik entwickelt werden?)

- **Räumlich:** Die Raumüberwindung verursacht Kosten (Informations- und Kommunikationskosten, Transportkosten) und damit den Einsatz von Produktionsmitteln. Gefragt ist nach der optimalen Verteilung der Produktionsfaktoren auf die verschiedenen nationalen und internationalen Standorte.

- **Zeitlich:** Wirtschaftliches Wachstum erfordert Investitionen und damit den Verzicht auf Gegenwartskonsum, um die für die Finanzierung der Investitionen notwendige Ersparnisbildung zu ermöglichen. Zu klären ist mithin, in welchem Maße Kapital akkumuliert werden soll, um Investitionen vornehmen zu können.

- **Persönlich:** Die Verteilung des Produktionsergebnisses muss so auf die Individuen vorgenommen werden, dass jeder entsprechend seinen Präferenzen das bekommt, was er auch gerne erhalten möchte. Zudem sollte die Verteilung möglichst gerecht sein, wobei Gerechtigkeit etwas mit Gleichheit zu tun hat. Dies zu beurteilen ist mit dem hier vorgestellten Instrumentarium allerdings nicht möglich, denn es bedarf eines starken Werturteils.

Deshalb steht im Mittelpunkt der Analyse die optimale Produktions- und Nachfragestruktur. Die Beantwortung der Verteilungsfrage, d.h. der Frage danach, wer welchen Teil der Produktion erhält, ist in der Tat unbefriedigend.

Die Überwindung der Knappheit wird analytisch in drei Schritte unterteilt:

- Identifikation des Wohlfahrtsoptimums. Dieses wird im Rahmen dieses Buches als das Pareto-Optimum definiert (vgl. Abschnitt II.3). Es findet allerdings keine vollständige Ordnung aller sozialen Zustände statt, denn dies würde den Wirtschaftspolitiker vollständig überfordern. Immerhin aber kann man mit Hilfe des Pareto-Kriteriums und der darauf aufbauenden Allokationskriterien ineffiziente Zustände von effizienten Zuständen unterscheiden.

- Bedingungen für ein Wohlfahrtsoptimum. Das zweite Lösungselement besteht in der Beschreibung der Bedingungen, die vorliegen müssen, damit ein Wohlfahrtsoptimum gegeben ist. Auch hier gibt es zwei Varianten: Der Schwerpunkt der Analyse wird auf den Bedingungen erster Ordnung, den Marginalbedingungen liegen. Anhand der Marginalbedingungen lässt sich zeigen, ob ein Zustand ökonomisch optimal ist oder nicht. Deutlich wird, dass diese Bedingungen alleine nicht ausreichen. Daher sind sie um die Totalbedingungen, d.h. die Bedingungen für ein totales Optimum, zu ergänzen. Allerdings können wir diese Bedingungen nicht so benennen, wie es bei den Marginalbedingungen der Fall ist (vgl. Abschnitt II.4).

- Beziehung zwischen Marktallokation und dem Wohlfahrtsoptimum. Wir werden drittens sehen, dass es eine enge Beziehung zwischen dem Wohlfahrtsoptimum und dem Ergebnis gibt, das sich auf Wettbewerbsmärkten einstellt (vgl. ebenfalls Abschnitt II.4). Diese Beziehung wird durch die beiden **Hauptsätze der Wohlfahrtstheorie** ausgedrückt, wie sie Rudolf Richter (1963, S. 137ff.) formuliert hat:

  1. Jedes Marktgleichgewicht ist pareto-effizient. Jedes Ergebnis, das auf einem funktionierenden Markt zustande kommt, impliziert eine optimale Allokation. Man braucht also kein kompliziertes Verfahren zur Ermittlung des Wohlfahrtsoptimums, sondern es reicht, einen funktionstüchtigen Markt herzustellen.

  2. Jede pareto-effiziente Allokation ist ein Marktgleichgewicht. Dies bedeutet, dass allokative und distributive Überlegungen getrennt angestellt werden müssen, denn nicht jedes Marktgleichgewicht ist automatisch mit den Gerechtigkeitsvorstellungen der Gesellschaft vereinbar.

Diese Sätze scheinen zunächst sehr einfach, aber dahinter stehen bedeutsame Aussagen, vor allem für die Wirtschaftspolitik. Denn es zeigt sich, dass staatliche Eingriffe in die freie Preisbildung aus sozialpolitischen Erwägungen heraus zu pareto-inferioren Ergebnissen führen und den Spielraum für Sozialpolitik (wie für andere Ziele auch) verringern. Für die Wirtschaftspolitik kann dies im Grundsatz nur heißen, dass zunächst ein allokatives Optimum angestrebt werden sollte und daran anschließend verteilungspolitische Ziele mit anderen Mechanismen (z.B. Steuern und Transfers) anvisiert werden.

2. Zur Messung der Wohlfahrt in einer Volkswirtschaft

A. Theoretische Ansätze zur Ermittlung einer sozialen Wohlfahrtsfunktion

Eine objektive Messung der gesellschaftlichen Wohlfahrt ist weder notwendig noch wünschenswert. Gemäß dem individualistischen Werturteil ist der strategische Ansatzpunkt der Analyse nicht die Gesellschaft an sich, sondern die Wohlfahrt der Individuen. Diese besitzen, wie bereits erwähnt, keine kardinale, sondern nur eine ordinale Präferenzordnung. Damit ist zugleich klar, dass auch die gesellschaftliche Wohlfahrt sinnvoll nur ordinal gemessen werden kann. Aus wohlfahrtstheoretischer Sicht besteht der zweckmäßige Ansatz daher darin, eine **soziale Wohlfahrtsfunktion (SWF)** zu konstruieren, mit deren Hilfe unterschiedliche Zustände in eine **ordinale Reihung** gebracht werden können.[6] Sie soll die Determinanten der gesellschaftlichen Wohlfahrt erfassen. Dabei wird davon ausgegangen, dass die Maximierung der Wohlfahrt oberstes Ziel der Wirtschaftspolitik ist. Es gibt theoretisch **zwei Formen**, die gesellschaftliche Wohlfahrtsfunktion zu konzipieren, d.h. die individuellen Nutzenniveaus zu aggregieren.

- Auf **kollektivistische Weise**: Die gesellschaftliche Wohlfahrt wird – letztlich ohne Rücksicht auf individuelle Präferenzen – von einem zentralen Planer, allgemein als wohlmeinender Diktator bezeichnet, definiert. Dies ist der **Bergson-Samuelson-Ansatz** (Bergson 1938, Samuelson 1947).

- Auf **individualistische Weise**: Die Aggregation wird durch eine Abstimmungsregel herbeigeführt. Die gesellschaftliche Wohlfahrt (*W*) ist eine Funktion der individuellen Wohlfahrt (*U*) der Wirtschaftssubjekte (*1...n*): $W = W[f^1(U^1), f^2(U^2),..., f^n(U^n)]$. Dies ist der **Arrow-Ansatz** (Arrow 1963).

Das Ziel des **Bergson-Samuelson-Ansatzes** ist es, aus den ordinalen individuellen Nutzenfunktionen eine ordinale Präferenzstruktur zu entwickeln, die mit Hilfe von gesellschaftlichen Indifferenzkurven dargestellt werden

---

[6] Siehe zu sozialen Wohlfahrtsfunktionen auch Luckenbach (2000, S. 78-89); Mueller (1989, S. 173-206) sowie Sohmen (1976, Kapitel 10).

kann. Entlang einer solchen Indifferenzkurve gilt: $dW = \frac{\partial W}{\partial U^1} dU^1 + \frac{\partial W}{\partial U^2} dU^2 + ... \frac{\partial W}{\partial U^n} dU^n = 0$, d.h. das Wohlfahrtsniveau ändert sich nicht. In der traditionellen Variante gilt für zwei Individuen: $\frac{dU^i}{dU^j} = -\frac{\partial W / \partial U^j}{\partial W / \partial U^i} (< 0)$, d.h. die gesellschaftliche Indifferenzkurve weist eine negative Steigung im Nutzenraum auf. Der Wirtschaftspolitiker, dem man diese Wohlfahrtsfunktion an die Hand gibt, weiß immer noch nicht, was er tun soll. Wie soll er die Nutzen gewichten? Um etwas über die Krümmung der Indifferenzkurve im Nutzenraum zu sagen, muss der wohlmeinende Diktator Werturteile hinsichtlich der Wohlfahrtsgewichte $\frac{\partial W}{\partial U^i}$ verwenden.

Außer der üblichen zum Ursprung konvexen Form der Nutzenfunktion sind zwei extreme Grundvarianten (vgl. Abbildung II.1) denkbar.

- Die **utilitaristische Variante** von Jeremy Bentham (1748-1832), der „das größte Glück der größten Zahl" anstrebte. Die soziale Wohlfahrtsfunktion hat die Form: $W = U^1 + U^2 + ... + U^n$, d.h. möglichst vielen Menschen soll es möglichst gut gehen, jedes Individuum trägt zur Wohlfahrt bei, und jedes tut es in gleicher Weise. Implizit liegt dieser Nutzenfunktion die Annahme des gleichen Grenznutzens zugrunde, was nicht unproblematisch ist: $\frac{dU^i}{dU^j} = -1$.

- Die **Rawlsche Variante** (Rawls 1971): Die gesellschaftliche Wohlfahrt wird vom Nutzen ihrer ärmsten Mitglieder bestimmt. Dahinter steht die Vorstellung einer egalitären Gesellschaft. Man spricht deshalb von einer Maximin-Wohlfahrtsfunktion: $W = \min(U^1, U^2)$. Diese müsste der zentrale Planer maximieren.

Der Bergson-Samuelson-Ansatz birgt einige Probleme, die im Folgenden kurz angesprochen werden. Zum Einen liegt ihm ein kardinales Nutzenkonzept zugrunde, zum Zweiten werden interpersonelle Nutzenvergleiche gezogen.

Die soziale Wohlfahrtsfunktion ist nur dann eindeutig, wenn **individuelle kardinale Nutzenfunktionen** zugrunde gelegt werden, die invariant gegenüber monotonen Transformationen sind. Der Beweis wird folgendermaßen geführt (Mueller 1989, S.176ff.), wobei angenommen wird, dass es sechs Einheiten des Gutes x gibt, die auf die beiden Individuen alloziiert werden.

$$W = U^1(x^1) + U^2(x^2)$$

$$x^1 + x^2 = 6$$

Abbildung II.1: Formen der sozialen Wohlfahrtsfunktion

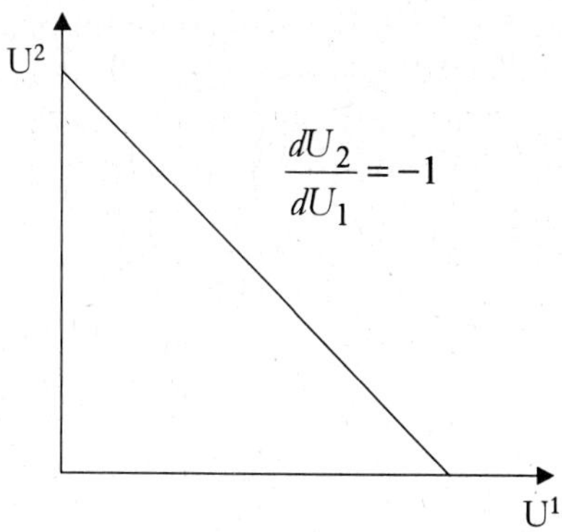

Utilitaristische SWF

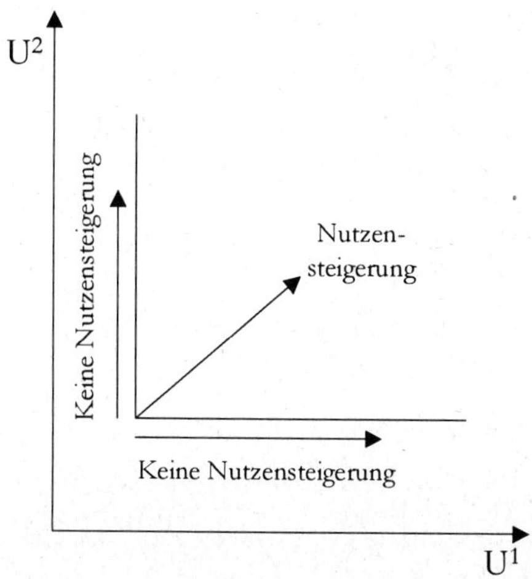

Rawls'sche SWF

Abbildung II.1 (Fortsetzung): Formen der Nutzenfunktion

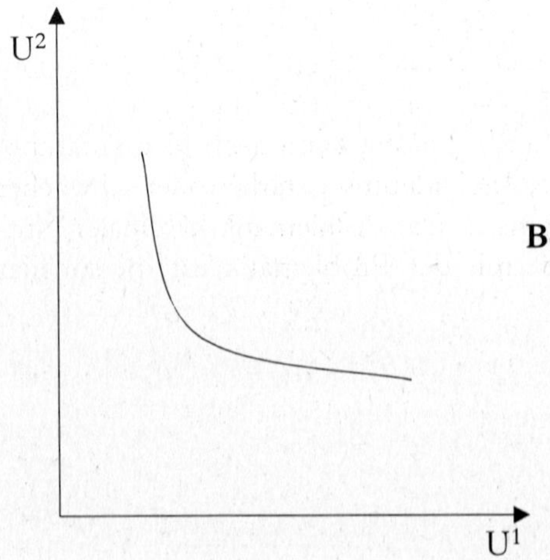

Die Frage lautet dann: Kann eine ordinale soziale Wohlfahrtsfunktion konstruiert werden, so dass immer gilt, dass

$$U^1(3)+U^2(3)>U^1(4)+U^2(2)?$$

Die Antwort ist nein, denn die Multiplikation der Nutzenfunktion des Individuums 1 mit einer beliebigen Konstante *k* und Umformung der Gleichung führt zu:

$$U^2(3)-U^2(2)>U^2(4)*k-U^2(3)*k.$$

Wenn *k* sehr hoch gewählt wird, dann wird der rechte Term größer sein als der linke, vorausgesetzt, dass gilt, dass das Individuum 1 einen positiven Grenznutzen aus dem Konsum der vierten Einheit des Gutes besitzt. Sofern die Nutzenfunktion der Individuen mithin gegenüber monotonen Transformationen nicht invariant ist, ist eine ordinale soziale Wohlfahrtsfunktion nicht konstruierbar. Deshalb setzt eine soziale Wohlfahrtsfunktion diesen Typs kardinale individuelle Präferenzen voraus. Bergson (1938) war sich dieses Problems durchaus bewusst. Daher ist er davon ausgegangen, dass nicht der Nutzen der Individuen, sondern die konsumierten Mengen der Individuen die Argumente der sozialen Wohlfahrtsfunktion sein sollen, denn diese sind kardinal messbar, spiegeln aber nicht notwendigerweise die Präferenzen wider. Ob die soziale Wohlfahrtsfunktion vom Bergson-Samuelson-Typ daher tatsächlich kardinalen Nutzen voraussetzt, ist Gegenstand wissenschaftlicher Kontroverse gewesen. Inzwischen besteht jedoch Einigkeit, dass diese soziale Wohlfahrtsfunktion tatsächlich ein kardinales Nutzenkonzept voraussetzt.

Der zentrale Planer muss bei der Festlegung der Wohlfahrtsgewichte entscheiden, um wie viel der Nutzen der Individuen steigt oder fällt. Dies setzt **interpersonelle Nutzenvergleiche** voraus: Wenn aber Individuum 1 nicht sagen kann, um wie viel sich sein Nutzen erhöht, kann auch nichts darüber gesagt werden, ob sich der Nutzen des Individuums 1 stärker oder schwächer erhöht als der Nutzen des Individuums 2. Die Problematik kardinaler Nutzenmessung ist daher eng verwandt mit der Problematik interpersoneller Nutzenvergleiche.

Die Skepsis gegenüber interpersonellen Nutzenvergleichen ist allerdings noch größer als gegenüber der Frage nach kardinalen Nutzenmaßstäben. Denn theoretisch wäre es eventuell möglich, durch Befragungen eines Individuums eine Intervallskala zu entwickeln, um so zu einer kardinalen Einschätzung zu gelangen.[7] Um aber interpersonelle Nutzenvergleiche durchführen zu können, müsste eine für alle Gesellschaftsmitglieder gleiche Verhältnisskala entwickelt werden, was noch strengeren Anforderungen ausgesetzt ist.

Die Grundaussage einer **individualistisch konzipierten sozialen Wohlfahrtsfunktion nach Arrow** (1963) lautet, dass die einzelnen Wirtschaftssubjekte selbst am besten beurteilen können, welche Wohlfahrt sie haben bzw. erstreben. Um diese soziale Wohlfahrtsfunktion für die Wirtschaftspolitik nutzbar zu machen, braucht man eine **Abstimmungsregel**, nach der die individuellen Präferenzen vollständig und konsistent aggregiert werden können. Diese Regel basiert nach Arrow auf **fünf Axiomen**, die alle gleichzeitig erfüllt sein müssen:

- **Erstes Axiom**: Es muss ein „**unbeschränkter Definitionsbereich**" in dem Sinne bestehen, dass alle individuellen Präferenzen, unabhängig von ihrer Art, so in der gesellschaftlichen Wohlfahrtsfunktion erfasst werden, dass sich eine eindeutige Rangordnung aller Optionen ergibt, die der Gesellschaft offen stehen. Anders gewendet: Die Präferenzen der Individuen sind gegeben und so zu akzeptieren. Diese Argumentation fußt auf dem methodologischen Individualismus.
- **Zweites Axiom**: Die individuellen und gesellschaftlichen Bewertungen der verschiedenen Wohlfahrtszustände müssen positiv korreliert sein. Die soziale Wohlfahrtsfunktion folgt somit der **Pareto-Regel**: Wenn die

[7] Bruno S. Frey versucht seit einiger Zeit, kardinale Nutzenmessungen durchzuführen (Frey und Stutzer 2000).

Wohlfahrt eines Wirtschaftssubjekts ceteris paribus steigt und die der aller anderen zumindest konstant bleibt, muss die soziale Ordnung dies hervorbringen und eine Steigerung der kollektiven Wohlfahrt anzeigen.

- **Drittes Axiom**: Die gesellschaftliche Rangordnung von zwei Wohlfahrtszuständen muss unverändert bleiben, solange die individuelle Rangordnung dieser beiden Alternativen sich nicht ändert. Änderungen von Rangordnungen zwischen **anderen** Alternativen sind dabei irrelevant. Dies wird als „Unabhängigkeit von irrelevanten Alternativen" bezeichnet. Sohmen (1992, S. 347f.) nennt dies „paarweise Rangordnungsregel".

- **Viertes Axiom**: Die gesellschaftliche Wohlfahrtsfunktion darf nicht oktroyiert sein. Sie darf nicht zwingend der Rangordnung der Optionen entsprechen, die ein Einzelner (Diktator) der Gesellschaft auferlegt. Sohmen (ebenda) nennt dies die **Demokratie-Regel**. Man spricht auch vom Prinzip der Bürgersouveränität.

- **Fünftes Axiom**: Die soziale Präferenzordnung muss vollständig und transitiv sein (**logische Konsistenz**). Diese Anforderung gilt auch für individuelle Nutzenfunktionen (vgl. Unterabschnitt II.1.A).

Es gibt kein Abstimmungsverfahren, das alle diese Axiome gleichzeitig erfüllt. Das tatsächliche Ergebnis hängt von der Art des Abstimmungsverfahrens ab, d.h. von der Art, in der individuelle Nutzen aggregiert werden.[8] Arrow hat dies mit dem von ihm so bezeichneten „**Unmöglichkeitstheorem**" auf den Punkt gebracht (für einen formalen Beweis in der Literatur vgl. Lenk und Teichmann 1999).

Das wesentliche Problem besteht in der Existenz von zyklischen Mehrheiten, die dann auftreten, wenn die Aggregation der individuellen Abstimmungen über bestimmte Alternativen zu keinem eindeutigen Ergebnis führen. Dadurch wird insbesondere die Lösung von Verteilungsfragen beeinträchtigt. Durch die Beschränkung der zulässigen Präferenzordnungen auf sog. eingipflige Präferenzen könnte man das Problem zyklischer Mehrheiten lösen. Eine derartige Beschränkung würde den Arrow'schen Forderungen nach einem unbeschränkten Definitionsbereich jedoch widersprechen.

---

[8] Ein sehr anschauliches Anwendungsbeispiel ist die Entscheidung über die Hauptstadtfrage zwischen Bonn und Berlin im Jahre 1991 (Leininger 1993). Dort werden zahlreiche Abstimmungsverfahren näher erläutert.

B. Empirische Ansätze der Wohlfahrtsmessung

Die empirische Messung der Wohlfahrt bzw. des Wohlstandes einer Gesellschaft ist ebenfalls viel komplizierter, als es die allokationstheoretische Analyse, obgleich formal recht einfach, vermuten lässt. Gesucht wird ein Indikator, mit dem die Wohlfahrt der Gesellschaft einigermaßen zuverlässig abgebildet werden kann.

Abbildung II: Empirische Ansätze zur Wohlfahrtsmessung

Monetäre Wohlfahrtsmaße	Soziale Indikatoren
• **Pro-Kopf-Einkommen** • Bruttosozialprodukt zu Marktpreisen • Nettosozialprodukt zu Faktorkosten • **Bruttosozialprodukt-Korrekturen** • Alternativvorschläge (Nordhaus und Tobin 1973) • Ergänzungsvorschläge (Folgekostenrechnung)	• **Standard of Living Index** (UNRISED 1966)[1] • **Lebensstandardindex** (Hauser und Lörcher 1973) • **Index of Sustainable Economic Welfare** (Cobb 1991) • **Lebensqualitätsatlas** (Korczak 1995)

[1]: United Nations Research Institute for Social Development (zitiert nach von der Lippe 1996)

Ein solcher Indikator wird als Orientierungsgröße für die Wirtschaftspolitik gebraucht, da mit dessen Hilfe wirtschaftspolitische Maßnahmen bewertet bzw. beurteilt oder internationale Wohlfahrtsvergleiche durchgeführt werden können (von der Lippe 1996). Man unterscheidet zwei Arten von Indikatoren (vgl. Abbildung II.2):

- monetäre Indikatoren und
- soziale Indikatoren.

Zu den monetären Indikatoren: Die am häufigsten verwendete Größe ist das **Pro-Kopf-Einkommen**, definiert als ein Einkommensbegriff aus den Volkswirtschaftlichen Gesamtrechnungen, bezogen auf die Wohnbevölkerung in der Bundesrepublik (ca. 82 Millionen Einwohner).

Allerdings gibt es in der Volkswirtschaftlichen Gesamtrechnung viele Einkommensbegriffe. Welcher kommt in Frage? Zunächst ist das **Bruttosozialprodukt** relevant, das den Wert aller Produkte und Dienstleistungen nach Abzug aller Vorleistungen misst, die in einer Volkswirtschaft in einem bestimmten Zeitraum produziert bzw. erbracht werden. Zieht man den Saldo der Erwerbs- und Vermögenseinkommen mit dem Ausland hinzu, erhält man das **Bruttonationaleinkommen**[9] (bis 1999: Bruttosozialprodukt zu Marktpreisen). Das **Bruttoinlandsprodukt** (BIP) kann man entweder über die **Verwendungsseite** ($Y = C + I + G + X - M$) oder über die **Entstehungsseite** (Löhne, Gehälter, Unternehmensgewinne, Mieten, Pachten etc., also über die Bruttowertschöpfung aller Wirtschaftsbereiche) berechnen. Damit Entstehungsseite und Verwendungsseite sich entsprechen, zieht man bei ersterem die Gütersubventionen ab und addiert die Gütersteuern hinzu. Das Bruttonationaleinkommen enthält noch die **Ersatzinvestitionen**. Mit Blick auf die künftige Güterversorgung will man aber nur den Zuwachs zum vorhandenen Kapitalbestand einrechnen. Daher muss man die **Abschreibungen** abziehen, so dass man das **Nettonationaleinkommen** (bis 1999: Nettosozialprodukt zu Faktorkosten) erhält. Subtrahiert man die Produktions- und Importausgaben an den Staat und addiert die vom Staat gewährten Subventionen, ergibt sich das **Volkseinkommen**, das im allgemeinen als der – mit Blick auf die Wohlfahrt – geeigneteste Einkommensbegriff angesehen wird.

Üblich war es, das (frühere) Nettosozialprodukt, bezogen auf die Bevölkerung als Pro-Kopf-Einkommen und als Wohlfahrtsindikator, zu verwenden. Zugrunde liegt eine individualistische, nach der die Wohlfahrt – hier: das Einkommen – des Einzelnen von Bedeutung ist. Überdies sollte das reale Pro-Kopf-Einkommen herangezogen werden, da nominale Einkommenssteigerungen, die nur die Preissteigerungen der Vergangenheit widerspiegeln,

---

[9] Im Zusammenhang mit der Ingangsetzung der Europäischen Währungsunion sind die Volkswirtschaftlichen Gesamtrechnungen der EU-Mitgliedstaaten auf eine neue, vereinheitlichte Methodik umgestellt worden, das Europäische System Volkswirtschaftliche Gesamtrechnungen (ESVG 95). Die Einzelheiten hat das Statistische Bundesamt ausführlich in Wirtschaft und Statistik (April 1999, S. 257ff.; Juni 1999, S. 449ff.) dargelegt. In Deutschland wurde die Umstellung Ende April 1999 vollzogen.

kein Zeichen einer sich mehrenden Wohlfahrt sind. Inflation ist nicht wohlfahrtssteigernd.

Abbildung II.3: Entwicklung des Pro-Kopf-Einkommens in der Bundesrepublik Deutschland

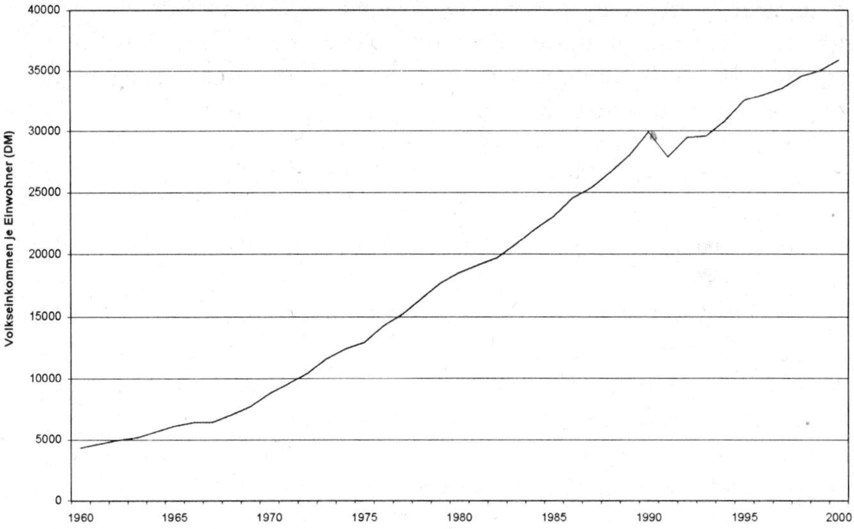

Quelle: Statistisches Bundesamt, Statistisches Jahrbuch für die Bundesrepublik Deutschland, lfd. Jg.

Die Entwicklung des Pro-Kopf-Einkommens in Deutschland im Zeitraum zwischen 1960 und 2000 zeigt die Abbildung II.3. Das Pro-Kopf-Einkommen hat sich in diesem Zeitraum nominal verachtfacht und real verdreifacht. Hat sich dadurch unsere Wohlfahrt ebenfalls verdreifacht? Es gibt drei große Probleme, die zumindest dagegen sprechen, dass das Pro-Kopf-Einkommen ein sinnvoller Wohlfahrtsindikator ist:

- **Eindimensionalität**: Erfasst werden nur Güter, die durch Geld bewertet werden können und nach Maßgabe der amtlichen Statistik erfasst werden. Vieles andere bleibt unberücksichtigt, obwohl es ökonomisch auch einen Wert darstellt. Darunter fällt unentgeltliche Hausarbeit und Schwarzarbeit, deren Bedeutung in der Bundesrepublik in den letzten 20 Jahren außerordentlich gestiegen ist (Schneider und Enste 2000). Außerdem vernachlässigt dieser Index Verteilungsfragen oder institutionelle Regelungen, wie z.B. das Ladenschlussgesetz, die die Entscheidungsfreiheit des Einzelnen einschränken.

- **Faktoranbietersouveränität**: Nicht jeder kann als Faktoranbieter das tun, was er für geeignet – und damit für sich als wohlfahrtssteigernd – ansieht. So reduziert unfreiwillige Arbeitslosigkeit das Nettonationaleinkommen und damit die durchschnittliche Wohlfahrt. Hingegen reduziert eine höhere Präferenz für Freizeit ebenfalls das Nettonationaleinkommen, das kann aber trotzdem die Wohlfahrt steigen lassen.
- **Externe Effekte:** Wirtschaftliche Aktivitäten können die Umwelt belasten. Die anschließenden Ausgaben für die Beseitigung von Umweltschäden mindern das Nettonationaleinkommen. Aber selbst wenn die Umweltschäden in die Berechnung des heutigen Nettonationaleinkommens nicht einfließen – und möglicherweise erst zukünftigen Generationen angelastet oder nie beseitigt werden –, vermindert sich die Wohlfahrt dadurch, dass die Artenvielfalt zurückgeht oder dass die Gewässer- oder Luftqualität sich verschlechtert. Dies wird vom monetären Einkommensindikator nicht erfasst.[10]

Diese Probleme haben zu Versuchen geführt, alternative monetäre Wohlfahrtskonzepte zu entwickeln. Darunter fallen die sog. **Korrekturansätze**, die man in zwei Gruppen einteilen kann:

- Zum Einen die **Alternativvorschläge**, deren Ziel es ist, hier das (einst als solches ermittelte) Nettosozialprodukt durch einen anderen Wohlfahrtsindikator zu ersetzen. Der berühmteste Vorschlag stammt von Nordhaus und Tobin (1973), die den "Measure of Economic Welfare" (MEW) entwickelten, den die Autoren durch das Konzept der **"Net Economic Welfare" (NEW)** ersetzt haben. Danach werden dem Bruttoinlandsprodukt die in den privaten Haushalten und in der Schattenwirtschaft erbrachten Leistungen hinzugerechnet, allerdings nur eigentlich legale Tätigkeiten, die zur Umgehung von Steuern und Abgaben im Schatten durchgeführt werden. Illegale Tätigkeiten wie Drogenkonsum und Prostitution werden nicht berücksichtigt. Außerdem werden die Kosten für Umweltschäden sowie Agglomerationskosten abgezogen (Samuelson und Nordhaus 1985, S. 117ff.). Private Werbungskosten müssten ebenfalls zum Abzug kommen, da sie mindernd auf die individuelle Wohlfahrt einwirken. Obwohl das Konzept auf den ersten Blick sehr einleuchtet, ist diese Art der Wohlfahrtsberechnung ebenfalls nicht ohne Tücken. Zum Einen ist die **Werturteilsproblematik** nicht vernachlässigbar: Einige Bei-

---

[10] Siehe auch Abschnitt III.2.

spiele verdeutlichen dies: Ist Hausarbeit wohlfahrtssteigernd oder im Sinne von privaten Werbungskosten eher wohlfahrtsmindernd? Leiden die Menschen unter der Verstädterung oder haben sie einen Nutzen daraus, z.B. in Form eines höheren Kulturangebots? Sind Ausgaben für öffentliche Sicherheit beklagenswerte Notwendigkeiten oder ein Aktivposten im Sinne von Infrastruktur, die unser subjektives Sicherheitsgefühl erhöhen? Zusätzlich entsteht die **Bewertungsproblematik**: Wie hoch ist der Nutzen aus Freizeit, wie hoch ist der Schaden aus steigender Umweltbelastung usw.? Man kann vieles eben nicht empirisch erfassen.

- Zum Anderen die **Ergänzungsvorschläge** bzw. **gesellschaftlichen Folgekostenrechnungen**. Hier geht es vor allem darum, die Kosten bestimmter gesellschaftlicher Veränderungen zu erfassen, die nicht im Bruttoinlandsprodukt erfasst werden. Praktisch ist dieses Vorgehen sehr schwierig. Hier verzichtet man darauf, das Bruttoinlandsprodukt durch einen alternativen Wohlfahrtsindikator zu ersetzen. Statt dessen wird versucht, bestimmte wohlfahrtsmindernde Externalitäten zu quantifizieren, zumeist mit dem Ziel, die Menschen darauf hinzuweisen, dass sie einer Illusion unterliegen, wenn sie glauben, dass das wirtschaftliche Wachstum in den letzten Jahrzehnten zu einer Verbesserung der sozialen Wohlfahrt geführt hätte. Folgekostenrechnungen werden für alle möglichen externe Effekte durchgeführt, so beispielsweise als

  - Folgekosten der Luftverschmutzung;
  - Folgekosten im Verkehrsbereich;
  - Folgekosten im Energieverbrauch.

  Das Hauptproblem besteht darin, dass das **Denken in Opportunitätskosten** vernachlässigt wird. So werden in der öffentlichen Diskussion gelegentlich die Kosten des Kfz-Verkehrs auf 120-170 Mrd. DM veranschlagt. Suggeriert wird mit solchen Zahlen, dass dieser Betrag zur freien Disposition steht. Anders formuliert: Wenn man auf das Autofahren verzichten würde, dann könnten diese 170 Mrd. DM anderen, sinnvolleren Verwendungszwecken zugeführt werden. Vernachlässigt wird, dass der Verzicht auf das Autofahren zu erheblichen Wohlfahrtseinbußen in Form mangelnder Mobilität führen würde. Solange diese Opportunitätskosten nicht berücksichtigt werden, ist der Betrag von 170 Mrd. DM überhaupt nicht aussagekräftig.

Zu den sozialen Indikatoren: Der zweite große Ansatz zur Messung der gesellschaftlichen Wohlfahrt sind die sog. sozialen Indikatoren. Deren Ziel besteht in der Vermeidung der Bewertungsprobleme, die mit eindimensionalen Wohlfahrtsmaßen verbunden sind. Anstatt verschiedene Wohlfahrtsdimensionen einheitlich zu bewerten, wird bewusst auf ein Nebeneinander verschiedener Indikatoren abgestellt, die in unterschiedlichen Maßeinheiten gemessen werden. Für jeden Aspekt werden Skalen definiert und Punkte vergeben. Anschließend werden diese Punkte zu einem Index aufaddiert. Der Indexwert kann z.B. zu internationalen Vergleichen des Lebensstandards herangezogen werden. Ein Beispiel für einen Index ist der Lebensqualität-Atlas von Dieter Korczak (1995), der in der Tabelle II.1 zusammengefasst ist. Insgesamt 34 Einzelindikatoren fließen gleichgewichtet in den Index der Lebensqualität ein.

Tabelle II.1: Statistische Wohlfahrtsindikatoren – Die Messung des Lebensstandards (Einzelindikatoren des Lebensqualität-Atlas)

Bereich		Einzelindikatoren (gleichgewichtet)	
1	Umwelt	8	Siedlungs- und Verkehrs-, Wald-, Wasserfläche, SO_2- und NO_2-Immissionen, Ozon, Staub, Trinkwasserbelastung
2	Wohlstand	3	Lohn- und Gehaltssumme, Arbeitslosigkeit, Baulandpreise
3	Kultur	5	Erholungsfläche, Kinos, Theater, Bibliotheken, Museen
4	Sicherheit	5	Verkehrsunfälle, Verkehrstote, Straftaten gegen das Leben, Straftaten gegen die sexuelle Selbstbestimmung, Rohheitsdelikte
5	Versorgung	6	Arztdichte, Krankenhäuser, Kindergartenplätze, Altenheimplätze, Beratungsstellen für Ehe, Familie, Soziales, Schuldnerberatungsstellen
6	Gesundheit	7	Sterblichkeitsrate (m/w), Todesfälle durch bösartige Neubildungen (m/w), Kreislauferkrankungen (m/w), Atemwegserkrankung (m/w)
	Summe	**34**	

Quelle: Korczak (1995).

Auch dieser Ansatz ist nicht ohne Probleme:

- **Werturteilsprobleme**: Die Auswahl der Indikatoren dürfte stark durch den Zeitgeist geprägt sein, so dass eine intertemporale Vergleichbarkeit nur schwer möglich ist. Außerdem ist die Bewertung der Indikatoren nicht werturteilsfrei möglich. Dies hängt damit zusammen, dass die Ursache-Wirkungs-Beziehungen zwischen einzelnen Indikatoren und der Lebensqualität nicht eindeutig sind. So mindern im Index von Korczak hohe Baulandpreise die Wohlfahrt; sie sind dort mithin eine Ursache für geringe Lebensqualität. Als Ökonom würde man aber vermuten, dass dort, wo Bauen relativ teuer ist, viele Leute bauen wollen, und die hohen Preise eher als ein Indikator für eine hohe Lebensqualität anzusehen sind. Hiernach wäre die hohe Lebensqualität die Ursache der hohen Baulandpreise.

- Die **Operationalisierung** der Indikatoren ist zumeist nicht befriedigend möglich. Das gilt insbesondere bei den Indikatoren für Umwelt und Versorgung.
- **Aggregationsproblem**: Die verschiedenen Indikatoren haben unterschiedliche Dimensionen. Daher ist es streng genommen nicht zulässig, sie zu aggregieren. Ergebnisse können nicht zufriedenstellend interpretiert werden. Allerdings ist dies ein Problem, das bei jeder Art von Indexbildung auftritt.

Das ernüchternde Fazit aus der Diskussion der empirischen Ansätze lautet daher: Es ist nicht möglich, die Wohlfahrt eines Landes objektiv zu messen. Das Bruttoinlandsprodukt scheint noch der geeigneteste Indikator zu sein, weil hier wenigstens die Konstruktion und die Mängel bekannt sind.

C. Zwischenfazit

Fasst man das bisher Gesagte zur Messung der gesellschaftlichen Wohlfahrt zusammen, so bleibt aus wirtschaftspolitischer Perspektive wenig Konkretes. Sowohl die empirische Messung als auch die theoretische Ableitung der gesellschaftlichen Wohlfahrt ist nahezu unmöglich. Der Sozialen Wohlfahrtsfunktion von Bergson und Samuelson liegt zwar ein ordinales gesellschaftliches Nutzenkonzept zugrunde, aber implizit wird von kardinalen individuellen Nutzenfunktionen ausgegangen. Zudem erfordert die Aggregation der Präferenzen wegen der interpersonellen Nutzenvergleiche zusätzliche Werturteile, was die Akzeptanz dieses Funktionstyps seitens aller Individuen erschwert. Die individualistische Form der Präferenzaggregation wiederum scheitert deswegen, weil die logischen Anforderungen daran von keinem bekannten Abstimmungsmechanismus erfüllt werden.

Das Konzept der Sozialen Wohlfahrtsfunktion – in welcher Form auch immer – ist daher keine sinnvolle Grundlage, um gesellschaftlich wünschenswerte Zustände zu definieren. Gesucht sind im Folgenden Bewertungskriterien, die auf interpersonelle Nutzenvergleiche verzichten und die eine Ordnung sozialer Zustände unter der Nebenbedingung größtmöglicher gesellschaftlicher Akzeptanz ermöglichen. Solche Bewertungskriterien sind die Allokationskriterien.

3. Allokationskriterien

Die Wirtschaftspolitik steht ständig vor Entscheidungen, die für einige Wirtschaftssubjekte zu Wohlfahrtsverbesserungen und für andere zu Wohlfahrtsverschlechterungen führen. Da eine Regierung es vermeiden sollte, willkürliche Entscheidungen zu fällen, ist es notwendig, Bewertungskriterien zu erarbeiten, mit deren Hilfe solche Entscheidungen konsistent und widerspruchsfrei gefällt werden können. In diesem Abschnitt werden Kriterien dargestellt, die eine ordinale Reihung der Zustände ermöglichen, zugleich aber auf interpersonelle Nutzenvergleiche und auf zusätzliche Werturteile verzichten. Unterschieden werden generell traditionelle und neuere Allokationskriterien. Traditionelle Allokationskriterien sind das Pareto-Kriterium und die Kompensationskriterien. Unter neueren Allokationskriterien werden zum Einen die Quasi-Pareto-Optimalität und zum Anderen die These der Generalkompensation verstanden.

A. Traditionelle Allokationskriterien

Nach dem **Pareto-Kriterium** erhöht sich die soziale Wohlfahrt dann, wenn nach einer wirtschaftspolitischen Maßnahme, z.B. der Einführung einer Steuer, der Nutzen mindestens eines Individuums zunimmt, ohne dass sich der Nutzen eines anderen Individuums verringert. Es reicht dabei nicht aus, individuelle Gewinne und Verluste zu verrechnen und bei einem positiven Saldo auf eine Verbesserung der sozialen Wohlfahrt zu schließen. Vielmehr ist explizit gefordert, dass kein Individuum durch irgendeine wirtschaftspolitische Maßnahme schlechter gestellt wird. Als **pareto-optimal** wird eine Situation bezeichnet, in der niemand besser gestellt werden kann, ohne dass ein anderer sich schlechter stellt.

Die graphische Darstellung des Pareto-Kriteriums in Abbildung II.4, zeigt, dass ausgehend vom Punkt A nur im Quadranten IV, der sog. Pareto-Region, das Pareto-Kriterium greift. In Quadrant II sind beide Individuen schlechter gestellt, in Quadrant I verliert das Individuum I, und in Quadrant III sinkt der Nutzen des Individuums II. Das Problem in der Realität ist, dass es kaum wirtschaftspolitische Maßnahmen gibt, die nicht jemanden schlechter stellen, d.h. die nicht in den Quadranten I und III angesiedelt sind. Eine Maßnahme, die in Quadrant IV führt, ist relativ leicht zu begründen und dann auch einfach politisch umsetzbar, weil generell zustimmungsfähig. Ist dies nicht der Fall[11] und gibt es Gewinner und Verlierer der wirtschaftspolitischen Maßnahme, so kann diese nach dem Pareto-Kriterium nicht beurteilt werden.

Abbildung II.4: Das Pareto-Kriterium

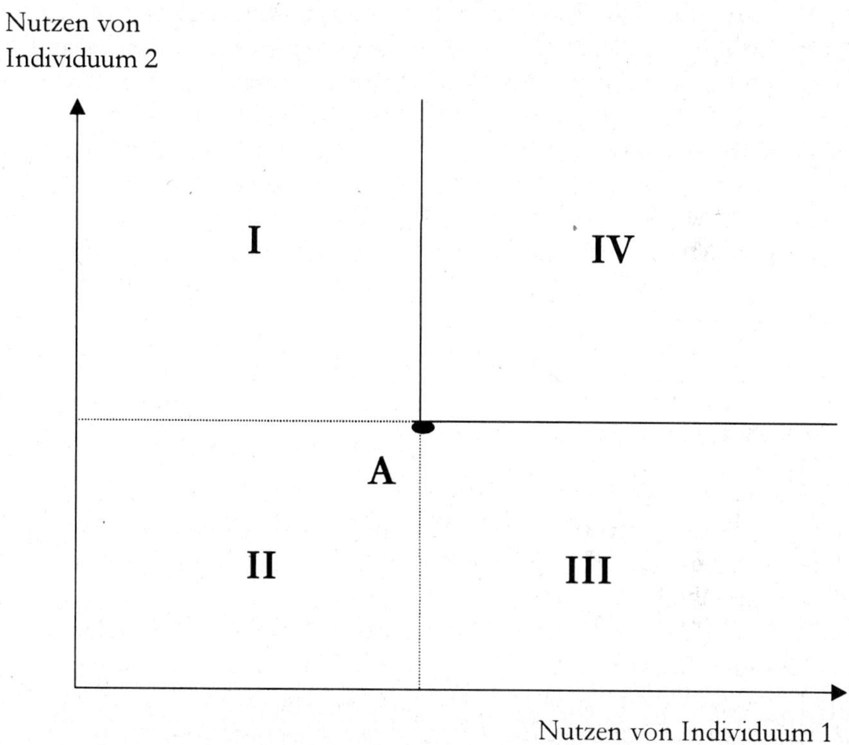

Deshalb braucht man in der Wirtschaftspolitik zusätzliche Maßstäbe. Diese werden als Kompensationskriterien bezeichnet. Das mit ihrer Hilfe verfolgte Ziel besteht in der Vergrößerung des Anwendungsbereiches des Pareto-Kriteriums bei gegenläufigen Nutzenänderungen. Denn wirtschaftspolitische Maßnahmen beeinflussen die soziale Wohlfahrt und die Einkommens-

[11] Eine wirtschaftspolitische Maßnahme, die eine Bewegung in den II. Quadranten bewirkt, wird hier ausgeschlossen.

verteilung in einer Weise, dass das Bruttoinlandsprodukt zwar steigt, die Einkommensverteilung sich aber verändert, d.h. es gibt Gewinner und Verlierer. Das hat zwei Implikationen:

- Man entfernt sich von der pareto-optimalen Allokation.
- Die Benachteiligten organisieren den Widerstand und erschweren oder verhindern die Durchsetzung der Maßnahme.

Der Grundgedanke der Kompensation besteht darin, die Wohlfahrtsgewinne der Gewinner mit den Wohlfahrtsverlusten der Verlierer gegeneinander aufzurechnen. Ein positiver sozialer Wohlfahrtseffekt tritt demnach dann ein, wenn die Gewinner einer wirtschaftspolitischen Maßnahme die Verlierer kompensieren können und ihnen danach noch ein Nettovorteil verbleibt. Die Kompensation kann tatsächlich vorgenommen werden oder hypothetisch sein. Entsprechend unterscheidet man traditionell zwischen zwei Varianten:

- Tatsächlich: **Paretianische Kompensation**.
- Hypothetisch: **Kaldor-Hicks-Kriterium** (ergänzt um das Scitovsky-Kriterium und das Little-Kriterium).

Wie sind diese Kriterien zu beurteilen? Für eine positive **Beurteilung der Paretianischen, tatsächlichen Kompensation** spricht ihre **Konsensfähigkeit**. Der ursprüngliche paretianische Gedanke bleibt erhalten. Niemand wird schlechter gestellt, aber einige besser. Daher findet die Maßnahme einstimmige Zustimmung. Die politische Durchsetzbarkeit bestimmter Maßnahmen wird erhöht. Es gibt zahlreiche denkbare Beispiele für die paretianische Kompensation. Besonders deutlich wird dieser Gedanke im Außenhandel: Nach einer Marktöffnung kann man beobachten, dass im internationalen Wettbewerb Unternehmen und ganze Branchen vom Strukturwandel bedroht werden. Der Regimewechsel stellt diese Unternehmen schlechter. Statt wiederum Importzölle zum Schutz bedrängter Sektoren zu erheben, könnte man den Markt offen halten und Anpassungssubventionen einschließlich höherer Arbeitslosenhilfe für die vom Importdruck verdrängten Arbeitnehmer zahlen. Dadurch wird es allen besser gehen als mit der protektionistischen Alternative.

Allerdings gibt es auch Gegenargumente. So entstehen erhebliche Redistributionskosten durch eine tatsächliche Kompensation. Diese bestehen zum Einen in administrativen Kosten, nämlich Ressourcen, die von der umverteilenden Bürokratie für Informationseinholung, Koordination und Überwachung aufgewendet werden müssen (Transaktionskosten) sowie darin, dass diese Bürokratie nicht unbedingt effizient arbeiten muss (vgl. Kapitel IV). Zum Zweiten gibt es negative Anreizwirkungen, die von der Wohlfahrtstheorie üblicherweise ausgeblendet werden. Es wird nämlich angenommen, dass die Umverteilung durch Pauschaltransfers bewerkstelligt wird, die keine Verhaltensänderungen bei den Individuen hervorrufen. In der Realität sind solche Pauschaltransfers aus unterschiedlichen Gründen nicht möglich. Daher entstehen typischerweise negative Anreizeffekte: So haben die Verlierer weniger Anreize, sich anzustrengen und Selbstverantwortung zu übernehmen. Für die Gewinner bestehen weniger Anreize, innovativ tätig zu werden, weil nicht die gesamten Vorteile aus den eigenen Anstrengungen abgeschöpft werden können. Zum Dritten ist eine gesellschaftliche Erstarrung nicht auszuschließen, weil die Aussicht auf Veränderungen langwierige Verhandlungen über die Höhe möglicher Kompensationen und den Empfängerkreis auslösen wird.

Als Fazit aus diesen Überlegungen bleibt festzuhalten, dass es einen Konsens darüber gibt, die Kompensation nicht in jedem Einzelfall stattfinden zu lassen. Dies schließt nicht aus, dass in bestimmten Fällen auf Kompensation zurückgegriffen wird, um z.B. die politische Durchsetzbarkeit bestimmter Maßnahmen zu erhöhen. Allerdings gibt es dann ein Gerechtigkeitsproblem, weil entschieden werden muss, warum in diesem speziellen Einzelfall Kompensation gewährt wird. Hier liegt wiederum ein Werturteil vor.

Wie könnte man das paretianische Kompensationskriterium „retten"? Häufig wird gegen Kompensation vorgebracht, dass interpersonelle Nutzenvergleiche erforderlich seien und daher ein kardinales Nutzenkonzept unterstellt werden würde (Luckenbach-Kritik). Eine Möglichkeit wäre, die Individuen zu befragen, wie hoch die Entschädigung sein müsste, damit ihr Nutzenniveau konstant bliebe. Doch in diesem Fall stellt sich das Problem, dass Anreize für die Verlierer und Gewinner bestehen, ihre Präferenzen zu verschleiern. Dieses Problem tritt vor allem bei öffentlichen Gütern (vgl. Unterabschnitt III.2.B) auf. Deshalb muss man prüfen, ob eine gesamtwirtschaftliche Nettoveränderung bewertet werden kann, ohne interpersonelle Nutzenvergleiche anstellen zu müssen. Zwei Wege sind denkbar:

1. Weg: Man geht vom Optimalzustand aus: Pareto-Optimalität wird als ein Zustand definiert, in dem der soziale Überschuss maximal und durch die später zu behandelnden Marginalbedingungen zu charakterisieren ist. Solange man sich noch nicht in einem pareto-optimalen Zustand befindet (die Marginalbedingungen also verletzt sind), ist es immer möglich, durch Reallokationen einen sozialen Nettoüberschuss zu erzielen, so dass Kompensation prinzipiell möglich wäre. Mit anderen Worten: Jede wirtschaftspolitische Maßnahme wird als pareto-verbessernd interpretiert.

2. Weg: Es existieren Maße, um den Schaden bzw. den Nutzen, der durch eine Änderung der ökonomischen Situation entsteht, numerisch abzuschät-

zen. Beispiele hierfür sind die **kompensatorische und die äquivalente Einkommensvariation** (vgl. Abbildung II.5). Dazu wird beispielhaft angenommen, der Staat erhöht eine Steuer.

Bei der kompensatorischen Variation wird danach gefragt, wie viel Geld man dem Konsumenten geben muss bzw. wie viel er fordern würde, um für die Steuer entschädigt zu sein (**"willingness to accept"**). Er fordert mindestens den Betrag KV ein. In Form der kompensatorischen Variation kann somit der geldwerte Vorteil bzw. Nachteil, der aus einem bestimmten Projekt entsteht, abgeschätzt werden, sofern die Präferenzen der Individuen bekannt sind. Im Falle der äquivalenten Variation wird danach gefragt, wie viel Geld der Konsument bereit wäre zu bezahlen, um die Steuer zu vermeiden (**"willingness to pay"**). Er würde mindestens den Betrag ÄV zahlen. In der Literatur gelten zwar beide monetären Variationen als gleichermaßen befriedigend. Aber beide Variationsmaße sind aufwendig zu schätzen, und sie weichen zum Teil erheblich voneinander ab. Schon am Schaubild ist zu erkennen, dass die kompensatorische Variation größer ist als die äquivalente.

Nach der tatsächlichen wird nun die **hypothetische Kompensation einer kritischen Beurteilung** unterzogen. Gefordert ist jetzt nur, dass die durch eine wirtschaftspolitische Maßnahme Begünstigten diejenigen, die benachteiligt sind, entschädigen „könnten", und ihnen noch ein Nettovorteil verbliebe. Der Charme des Kaldor-Hicks-Kriteriums liegt darin, dass die Verteilungsfrage offengelassen wird. Anders ausgedrückt: Die Verteilungsfrage wird von der Effizienzfrage getrennt. Die Verteilungswirkungen von wirtschaftspolitischen Maßnahmen sind völlig irrelevant, entscheidend ist allein, dass ein sozialer Überschuss entsteht. Der zentrale Vorteil dieser Sicht besteht in dem im Vergleich zur paretianischen Kompensation erheblich vergrößerten Anwendungsbereich bei zugleich fehlenden Transaktionskosten. Mehr potentiell wohlfahrtssteigernde Projekte können durchgeführt werden, wodurch zu erwarten ist, dass bei strikter Anwendung des Kaldor-Hicks-Kriteriums das Pro-Kopf-Einkommen größer ist als bei strikter Anwendung der Paretianischen Kompensation.

Abbildung II.5: Kompensatorische und äquivalente Einkommensvariation

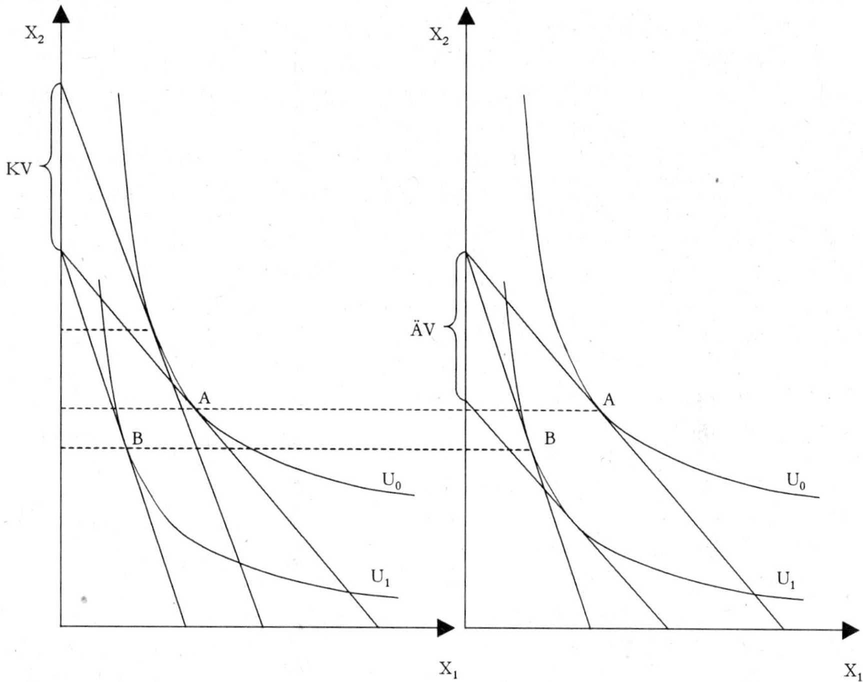

Kompensatorische Variation

Wieviel Geld muß man dem Konsumenten zahlen, um ihn für die Preisänderung zu entschädigen?

→ **Willingness To Accept (WTA)**

Äquivalente Variation

Wieviel Geld wäre der Konsument bereit zu zahlen, um die Preisänderung zu vermeiden?

→ **Willingness To Pay (WTP)**

Aber auch bei der hypothetischen Kompensation gibt es Probleme. Im Gegensatz zur paretianischen Kompensation fehlt hier regelmäßig die Konsistenz: Das Kaldor-Hicks-Kriterium liefert nur dann konsistente Bewertungen, wenn die Nutzenmöglichkeitskurven, d.h. Kurven gleichen Nutzens für zwei Individuen[12] (vgl. Abbildung II.6) sich nicht schneiden. In diesem Fall ist der sog. Scitovsky-Doppeltest erfüllt: Der Übergang von B nach C ist

---

[12] Es wird in den theoretischen Arbeiten immer mit zwei Individuen argumentiert, da eine graphische Darstellung anders nicht möglich ist.

wohlfahrtserhöhend, weil Individuum 1 kompensiert werden kann, z.B. durch die Bewegung nach D. Umgekehrt wäre der Übergang von C nach B wohlfahrtsverringernd, weil Individuum 2 nicht für den damit verbundenen Nutzenverlust kompensiert werden könnte. Eine Maßnahme wirkt dann wohlfahrtssteigernd, wenn die Nutzenmöglichkeitskurve der neuen Situation überall rechts von derjenigen der Ausgangssituation liegt.

Abbildung II.6: Das Scitovsky-Kriterium

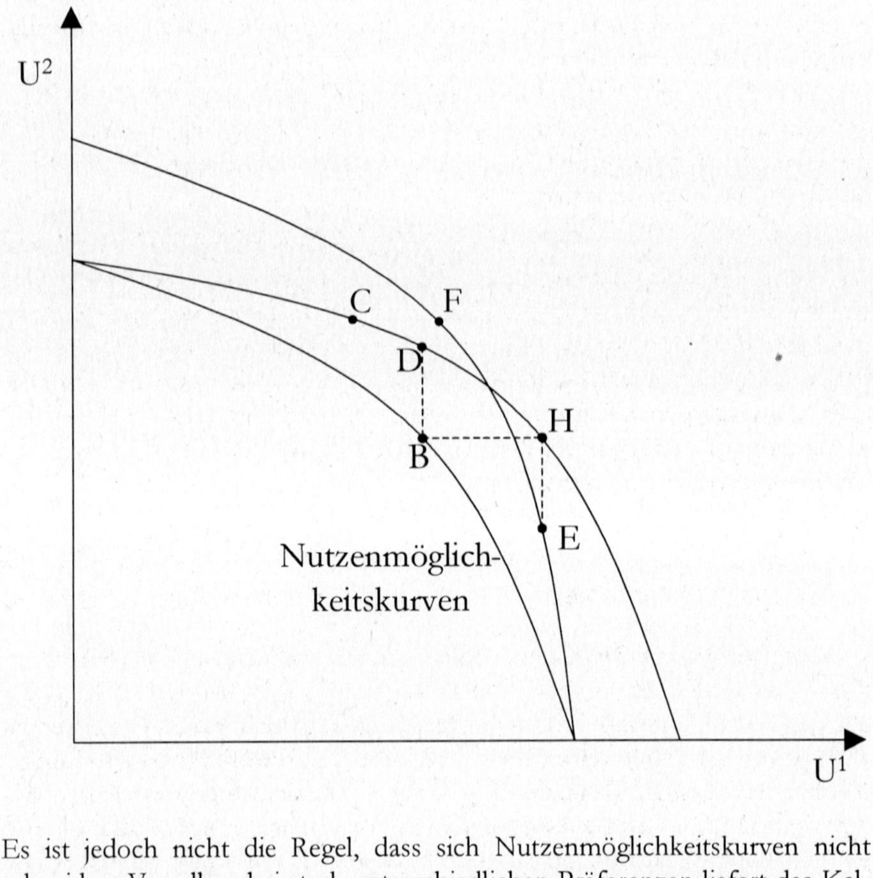

Es ist jedoch nicht die Regel, dass sich Nutzenmöglichkeitskurven nicht schneiden. Vor allem bei stark unterschiedlichen Präferenzen liefert das Kaldor-Hicks-Kriterium keine eindeutige Lösung, der sog. Scitovsky-Test ist damit nicht erfüllt: Denn sowohl der Übergang von D nach E als auch derjenige von E nach D erfüllen das Kaldor-Hicks-Kriterium. Im Übergang von Punkt D zu Punkt E ist Individuum 2 der potentielle Verlierer. Es ist aber Entschädigung möglich, indem Punkt F realisiert wird, der auf der neuen

Nutzenmöglichkeitskurve liegt. Im Übergang von Punkt E nach Punkt D ist Individuum I der Verlierer. Hier ist ebenfalls eine Entschädigung möglich, indem die Allokation im Punkt H realisiert wird. Auf diese Weise können durch wiederholte Kompensationen beide Individuen sowohl besser als auch schlechter gestellt werden. Es fehlt jedoch an Konsistenz.

Ein zweiter Kritikpunkt besteht in der Vernachlässigung der Verteilungsproblematik. Das Kaldor-Hicks-Kriterium liefert keinen Maßstab für die Beurteilung der Vor- und Nachteile von Veränderungen in der Verteilungsstruktur. Sohmen (1992, S. 309) weist darauf hin, dass sich hinter dem Kaldor-Hicks-Kriterium das Werturteil verbirgt, dass nur die Gesamtmengen der produzierten Güter, nicht jedoch ihre Verteilung auf die Individuen für das erreichte Wohlfahrtsniveau relevant seien. Das Little-Kriterium fordert daher, dass das Kaldor-Hicks-Kriterium um eine Verteilungs- bzw. Gerechtigkeitsnorm erweitert wird. Beispielsweise könnten die Benachteiligten nicht nur einen Ausgleich erhalten, sondern würden auch anteilig an der Erhöhung des Bruttoinlandsprodukts beteiligt.

Dennoch spricht einiges für die Anwendung des Kaldor-Hicks-Kriteriums. Auf seiner Grundlage können mehr potentiell wohlfahrtssteigernde Projekte durchgeführt werden, so dass sich auf mittlere bis lange Sicht ein größerer Produktivitätsfortschritt ergibt als im Falle tatsächlicher Kompensation. Von diesem Produktivitätszuwachs haben über kurz oder lang alle soziale Schichten etwas. Es bietet sich daher an, die Anwendung des Kaldor-Hicks-Kriteriums als **Effizienzregime** und die tatsächliche Kompensation als **Verteilungsregime** zu bezeichnen.

B. Exkurs: Konsumentenrente und Produzentenrente

Wirtschaftspolitische Maßnahmen, insbesondere Veränderungen der Steuern, Subventionen und Zölle, haben Wohlfahrtswirkungen, die sich anhand der aus der Mikroökonomik bekannten Konzepte abbilden lassen. Dort werden Veränderungen der Konsumentenrente und der Produzentenrente aufgerechnet. Auf diese Weise lässt sich feststellen, ob nach einer wirtschaftspolitischen Maßnahme netto ein echter Wohlfahrtsgewinn verbleibt, oder ob sich ein Wohlfahrtsverlust ergibt. Darüber hinaus erfährt der Staat eine Veränderung der Zahlungsströme, wenn die Steuern, Zölle oder Subventionen verändert werden. Außerdem entsteht eine Veränderung der gesellschaftlichen Wohlfahrt, und zwar in Abhängigkeit der Richtung der Maßnahme, wie am Beispiel der Außenhandelsliberalisierung eines einzelnen Sektors aufgezeigt wird (vgl. Abbildung II.7).

Die Außenhandelsliberalisierung führt zu gegenläufigen Nutzenänderungen: Die Konsumenten verzeichnen Rentenzuwächse (LFIM), während den Produzenten Renteneinbußen entstehen (LFGA'). Der Nettoeffekt auf die gesamtwirtschaftliche Wohlfahrt ist positiv. Der sog. "excess burden" oder die Zusatzlast der Protektion wird abgebaut (die Dreiecke A'GH und MJI in Abbildung II.7). Der Staat verliert die Zolleinnahmen (HGIJ), die wie der Abbau des "excess burden" vollständig in die Konsumentenrente einfließen. Auf Grundlage des reinen Pareto-Kriteriums kann jedoch keine Bewertung vorgenommen werden, anders jedoch auf Grundlage des Kompensationsgedankens. Gemäß dem Kaldor-Hicks-Kriterium ist eine tatsächliche Kompensation nicht erforderlich.

Abbildung II.7: Wohlfahrtseffekte einer Handelsliberalisierung

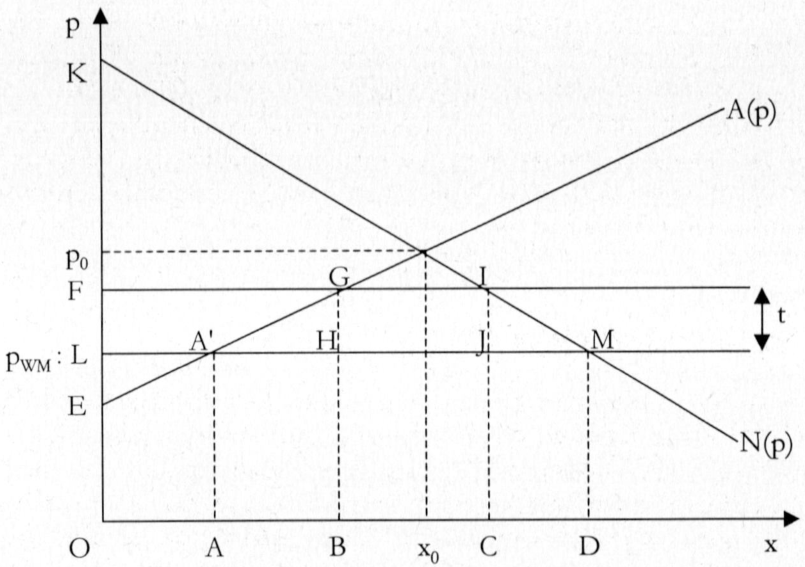

Auf Grundlage des schwächeren Pareto-Kriteriums wird dieser Kompensationsverzicht auch nicht notgedrungen durch ein Mehr an Verteilungsungerechtigkeit erkauft. Dies wird durch den partialanalytischen Charakter des Beispiels der Außenhandelsliberalisierung eines Sektors deutlich. Statt einer Kompensation der Produzenten in diesem Sektor kann durch entsprechende Maßnahmen in anderen Sektoren dort die gesamtwirtschaftliche Wohlfahrt – durch Abbau des "excess burden" – erhöht werden. Somit kann gezeigt werden, dass auch die Verlierer dieser speziellen Liberalisierungsmaßnahme durch zeitgleiche Liberalisierungsmaßnahmen in anderen Sektoren entschädigt werden können. In einem solchen Fall erfahren sie ebenfalls einen Zuwachs an Konsumentenrente durch niedrigere Preise für andere Konsumgüter und Zwischenprodukte. Neben diesen statischen Effekten hat die Liberalisierung auch dynamische Folgewirkungen, wenn überall die Einkommen steigen. Dies kann sich in höheren Faktorentgelten durch die gestiegene Leistungsfähigkeit der Volkswirtschaft, größerem technischem Fortschritt usw. ausdrücken.

Das Konzept der Konsumenten- und Produzentenrente hat allerdings nicht nur Vorteile. Problematisch an seiner schematischen Anwendung ist vor allem zweierlei:

- keine explizite Berücksichtigung von Nutzenfunktionen,
- nur anwendbar für ein Gut, d.h. es handelt sich um eine Partialanalyse.

Dennoch kann das Konzept als eine Ergänzung zu anderen Kriterien durchaus dazu beitragen, die Rationalität der Wirtschaftspolitik hoch zu halten bzw. zu erhöhen. Denn obwohl die Grenzen der Partialanalyse sehr deutlich werden, ist nicht zu übersehen, dass eine Kette derartiger Liberalisierungsmaßnahmen das Kompensationsproblem zu lösen helfen. In Abschnitt IV.5 werden wir sehen, dass diese Logik bereits einigen Wirtschaftsreformen zum Durchbruch verholfen hat.

C. Erweiterungen: Neuere Wohlfahrtskriterien

Das Kaldor-Hicks-Kriterium begründet die Trennung zwischen Effizienz und Verteilungsfragen bei der Bewertung unterschiedlicher gesellschaftlicher Zustände. Die Vernachlässigung der Verteilungsdimension kann dadurch gerechtfertigt werden, dass auf mittlere Sicht in einem Kaldor-Hicks-Regime (Effizienzregime) mehr wohlfahrtssteigernde Projekte durchgeführt werden, als in einem Regime der paretianischen Kompensation (Verteilungsregime). Das daraus resultierende höhere Wirtschaftswachstum kommt langfristig allen zugute.

Dieser Gedanke ist explizit von Carl-Christian v. Weizsäcker (1984 und 1998) fortgeführt worden. Er hat das Kriterium der Quasi-Pareto-Optimalität mit dem Ziel der Integration der Verteilungs- und Effizienzproblematik eingeführt. Die zentrale These lautet: Ein Effizienzregime führt nicht nur zu einer höheren Wohlfahrt z.B. in Form eines höheren Pro-Kopf-Einkommens als ein Verteilungsregime bzw. ein Regime der Einzelfallkompensation, sondern es ist zudem auch verteilungsgerechter. Anders ausgedrückt: Das Effizienzregime ist gegenüber dem Regime der Einzelfallkompensation quasi-pareto-überlegen. Das Kriterium der Quasi-Pareto-Überlegenheit stellt sich in zwei unterschiedlichen Varianten dar, nämlich als

- Kriterium der Quasi-Pareto-Optimalität im engeren Sinne und als
- Kriterium der Quasi-Pareto-Überlegenheit im weiteren Sinne.

Beim Kriterium der **Quasi-Pareto-Optimalität im engeren Sinne** wird eine einzelne wirtschaftspolitische Maßnahme betrachtet, anhand derer zwei Situationen, vor und nach der Maßnahme, verglichen werden. Zentral in diesem Konzept ist die Entpersönlichung der Bewertungsfrage: Statt Individuen werden nunmehr Einkommens- bzw. Wohlfahrtsperzentile betrachtet. Angenommen wird also, dass jedem Wohlfahrtsniveau eine bestimmte Wohlfahrtsverteilung zugeordnet werden kann. Das Konzept der Quasi-Pareto-Optimalität setzt ebenfalls kardinale Nutzenmessung voraus und steht daher nicht mehr auf dem Boden der ordinalen Nutzentheorie. Das modifizierte (im Sinne von entpersönlichte) Pareto-Kriterium lautet dann:

> **Stellen sich alle Wohlfahrtsperzentile in einem Zustand B der Volkswirtschaft besser als in einem Zustand A, dann wird der Zustand B gesellschaftlich vorgezogen.**

Es ist somit durchaus möglich, dass einzelne Mitglieder des jeweiligen Wohlfahrtsperzentils sich im Zustand B schlechter stellen als im Zustand A. Wichtig ist hier, dass in Aggregaten argumentiert wird. Praktisch ist diese Einschränkung unverzichtbar, da die Berücksichtigung der individuellen Lage jedes Gesellschaftsmitgliedes zur Zementierung des Status-Quo führt. Mit diesem Kriterium hat die Wirtschaftspolitik eine Methode zur Hand, um konkrete Maßnahmen zeitgleich allokationstheoretisch und verteilungspolitisch zu bewerten.

Das Kriterium der **Quasi-Pareto-Überlegenheit im weiteren Sinne** verallgemeinert diese Aussage von Zuständen auf Regime:

> **Zeigt sich für alle Wohlfahrts- bzw. Einkommensperzentile in einem Regime B eine bessere Situation als in einem Regime A, dann wird Regime B gesellschaftlich vorgezogen.**

Entscheidend sind bei diesem Kriterium nicht mehr die Verteilungswirkungen einzelner Maßnahmen, sondern statt dessen die Summe aller Maßnahmen, die in einem Regime ergriffen werden. Eine einzelne Maßnahme kann dazu führen, dass eine bestimmte Gruppe von Wirtschaftssubjekten (Wohlfahrtsklasse) sich schlechter stellt. Somit ist für die Bewertungsfrage wichtig, ob die Verlierer durch den kumulativen Effekt aller Maßnahmen, die mit einem bestimmten Regime verbunden sind, entschädigt werden (vgl. Unterabschnitt II.3.B). Abbildung II.8 zeigt die Veränderung der Wohlfahrt der einzelnen Perzentilen zugeordneten Bevölkerungsgruppen beim Übergang von A nach B. Das Kriterium der Quasi-Pareto-Überlegenheit im weiteren Sinne enthält somit implizit die ökonomische Begründung für ein **Kriterium der Generalkompensation**. Unter Generalkompensation wird der Ausgleich der negativen Auswirkungen einer Maßnahme für ein gesamtes Perzentil durch eine andere Maßnahme, die dieses Perzentil als Ganzes besser stellt, verstanden. Dies bedeutet, dass eine wirtschaftspolitische Maßnahme auch dann befürwortet werden kann, wenn sich hierdurch einzelne Bevölkerungskreise schlechter stellen, sofern diese durch den kumulativen positiven Wohlfahrtseffekt anderer Projekte, die in diesem Regime durchgeführt werden, kompensiert werden.[13]

Abbildung II.8: Kriterium der Quasi-Pareto-Optimalität

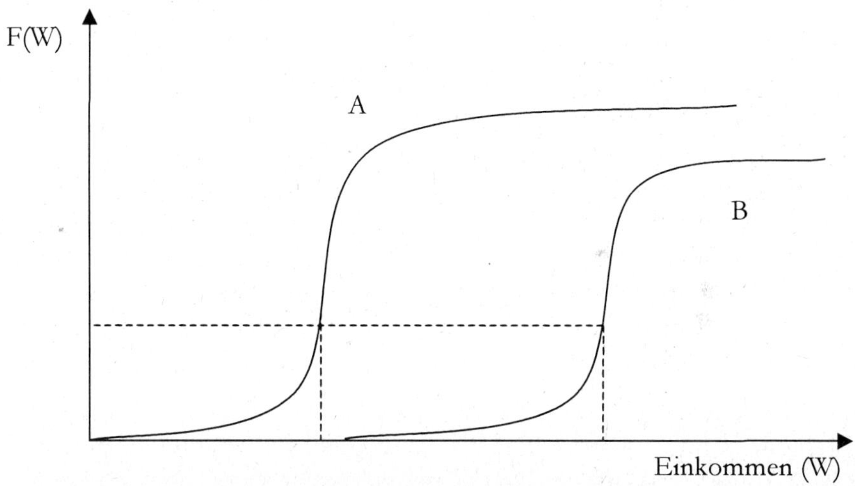

F(W)=Anteil der Personen mit Wohlstand bzw. Einkommen < W

A, B: Verteilungskurven in den Situationen A und B

Gibt es eine normative Begründung für eine Generalkompensation? Die Frage lässt sich dadurch beantworten, dass zwei Regime miteinander verglichen

[13] Ähnlich ist das Argument für eine Berücksichtigung von Produzenten- und Konsumentenrente im Falle der Handelspolitik im vorigen Abschnitt gelagert.

werden: ein Regime der Einzelfallkompensation (Verteilungsregime), d.h. in dem die Verlierer permanent entschädigt werden, mit einem Effizienzregime, in dem wirtschaftspolitische Maßnahmen auf der Grundlage von sozialen Nutzen-Kosten-Analysen durchgeführt werden, ohne dass bei jedem Projekt ein bestimmtes Verteilungsziel verwirklicht werden muss. Die These von v. Weizsäcker (1998) lautet dann, dass das Effizienzregime (Kurve B) dem Verteilungsregime (Kurve A, Regime mit Einzelfallkompensation) aufgrund der Existenz einer Generalkompensation quasi-pareto-überlegen ist. Die These von der Überlegenheit der Generalkompensation kann folgendermaßen begründet werden:

- **Differentielle Gesamtwirkung aller Projekte**: In dem Effizienzregime werden mehr effiziente Projekte durchgeführt als in einem Regime der Einzelfallkompensation. Ein einzelnes Individuum bzw. Perzentil mag negativ betroffen sein von einem Projekt, gewinnt aber gleichzeitig von vielen anderen effizienten Projekten. Die Summe aller effizient durchgeführten Projekte stellt daher jedes Einkommensperzentil besser.
- **Lebenseinkommensbetrachtung**: Bei der Betrachtung über die gesamte Lebensdauer ist der summierte Effekt jeweils kleiner Vorteile aus effizienten Projekten größer als die negativen Effekte einzelner Projekte.
- **Wohlfahrtskomplementarität**: Da die durchschnittliche Wohlfahrt in dem Effizienzregime größer ist, steigt vermutlich auch die Wohlfahrt jedes einzelnen Perzentils.

D. Kritische Anmerkungen zu den Allokationskriterien: Die konstitutionenökomische Alternative

Eine zentrale Aussage dieses Abschnitts (II.3) über Allokationskriterien lautet somit, dass der Verzicht auf Einzelfallkompensation nicht zwangsläufig Verteilungsungerechtigkeit bedeutet. Statt dessen kann eine an der gesamtwirtschaftlichen Effizienz orientierte Wirtschaftspolitik zu mehr Verteilungsgerechtigkeit führen als eine am Status-Quo orientierte Politik. Ohnehin ist die Bedeutung der Allokationskriterien in der Theorie der Wirtschaftspolitik nicht einhellig akzeptiert worden. Gerade in jüngerer Zeit hat es Ansätze gegeben, das wirtschaftspolitisch so bedeutsame Problem der Kompensation von Verlierern wirtschaftspolitischer Maßnahmen neu zu strukturieren und alternative Lösungen vorzuschlagen.

Ein wirtschaftspolitisch interessanter Ansatz basiert auf konstitutionenökonomischen Überlegungen. Die **Konstitutionenökonomik** (constitutional economics), wie sie führend James M. Buchanan (1954) vertritt, hat eine relevante Kritik an der Wohlfahrtsökonomik formuliert. Die Anwendung eines individualistischen Konzepts, namentlich des Nutzenkonzepts, auf eine ganze Volkswirtschaft sei methodisch sehr bedenklich und führe zu verfehlten Ergebnissen und darauf aufbauend verfehlten Politikempfehlungen. Die Volkswirtschaft als Ganzes sei nämlich nicht mit einem Einzelnen vergleichbar. Wird das Pareto-Kriterium zur Beurteilung einer wirtschaftspolitischen Entscheidung herangezogen, verkomme das Individuum zur „Station der Nutzenmessung" (Vanberg 2000, S. 257); sein Wesen als Souverän (vgl. Kapitel IV) würde nicht berücksichtigt. Somit kritisiert die Konstitutionenökonomik die Frage nach den Gewinnern und Verlierern von Wirtschaftspolitik auch als eine grundsätzlich falsch gestellte Frage. Sie analysiert die Ökonomik nicht vom Ergebnis her, sondern als einen Prozess, der bestimmten Regeln unterworfen ist.

Wie in der Ordnungsökonomik wird in der Konstitutionenökonomik somit zunächst grundsätzlich zwischen der Regelebene und der Prozessebene (Abschnitt I.4) unterschieden. Auf der Regelebene werden die Spielregeln festgelegt, auf der Prozessebene die Spielzüge durchgeführt. Dabei wird angenommen, man könne sich auf der Regelebene einstimmig auf eine Verfassung einigen. Hier liegt dann auch die Schwäche der Konstitutionenökonomik als Grundlage der Wirtschaftspolitik: Es ist unmöglich, für jedes zur Entscheidung anstehende wirtschaftspolitische Problem Einstimmigkeit zu erzielen. Karl Homann (1988) spricht deshalb auch von einem fiktiven Konsens, weil man nicht davon ausgehen kann, dass sich die Gesamtheit der Gesellschaftsmitglieder tatsächlich auf einen Konsens einigen kann. Jeder akzeptiert die Spielregeln, die unter anderem vorsehen, dass unterhalb der Verfassungsebene Gesetze formuliert werden, die diesen (fiktiven) Konsens aller nicht benötigen. Somit können aus konstitutionenökonomischer Perspektive auch Verlierer die (wirtschaftspolitische) Maßnahme akzeptieren, solange die verfassungsmäßigen Spielregeln eingehalten werden.[14] Die wirtschaftspolitischen Maßnahmen stellen somit in diesem Bild die Spielzüge dar. Sofern die Wirtschaftspolitik also verfassungskonform ist, ist eine Kompensation der Verlierer einer Maßnahme durch die Gewinner nicht nötig, da sie auch von den Verlierern nicht eingeklagt werden kann.

Im Ergebnis zeigt sich eine große Nähe zu der These der Generalkompensation nach Carl-Christian v. Weizsäcker (s.o.). Bei einer hinreichend großen

[14] Hier liegt der Vergleich zu einem sportlichen Wettkampf nahe, dessen Regeln eindeutig sind und dessen Ausgang sowohl vom Gewinner als auch vom Verlierer anerkannt wird, wenn regelkonform gespielt wurde.

Anzahl von wirtschaftspolitischen Maßnahmen unter der allgemein akzeptierten Verfassung werden sämtliche Mitglieder der Gesellschaft regelmäßig sowohl zu den Gewinnern als auch zu den Verlierer zählen. Dies ist ein Resultat sowohl des konstitutionenökonomischen Ansatzes als auch der These der Generalkompensation. Nur auf den ersten Blick bleibt im Übrigen offen, welche Anreize die Regierung dem konstitutionenökonomischen Ansatz zufolge zu allokativ superiorer Wirtschaftspolitik hat. Sollte eine Regierung bei zu vielen wirtschaftspolitischen Maßnahmen überwiegend Verlierer hinterlassen, muss sie bei der kommenden Wahl mit einer Niederlage rechnen. Der demokratische Prozess sorgt nach dieser Interpretation vermutlich auf Dauer und im Durchschnitt für eine Ausgewogenheit und, zumindest der Richtung nach, für eine allokative Effizienz der Maßnahmen.

Die ökonomische Ratio für die Akzeptanz der Spielregeln auf einem hohen Abstraktionsniveau – auf Verfassungsebene – liegt darin, dass im Vorhinein, also bei Festlegung der Verfassung der Regeln, die Gesellschaftsmitglieder weder ihre zukünftigen Interessen noch die zu beschließenden wirtschaftspolitischen Maßnahmen kennen. Nach Geoffrey Brennan und James M. Buchanan (1985/1993, S. 37ff.) liegt ein **Schleier der Unsicherheit** über der Entscheidung über die allgemeinen Regeln. Deshalb halten es die Vertreter dieses Ansatzes für verfehlt, bei wirtschaftspolitischen Maßnahmen überhaupt von Gewinnern und Verlierern zu sprechen. Eine Einzelfallkompensation scheidet – wie auch aus Sicht der traditionellen Kriterien – vollständig aus.

Ein Beispiel für diese konstitutionenökonmische Perspektive auf wirtschaftspolitische Maßnahmen ist die Interpretation der Sozialpolitik als gesellschaftlichen Vertrag (Homann und Pies 1996). Dieser Vertrag funktioniert im Prinzip wie eine Versicherung, die ja generell ebenfalls eine erhebliche Umverteilungskomponente enthält. Diejenigen, die mittels Steuern und Prämien das System finanzieren, wissen, dass sie im Falle der eigenen Bedürftigkeit Leistungen aus dem System erhalten. Außerdem wird mit dem Vertrag der soziale Frieden gesichert, da der Verlust des Markteinkommens nicht zu persönlicher Not der Betroffenen führt. Des Weiteren, und dies ist aus allokativer Perspektive besonders interessant, kann mit einem solchen Vertrag die persönliche Risikobereitschaft aller Gesellschaftsmitglieder erhöht werden. Das Scheitern ökonomischer Aktivitäten führt ebenfalls nicht zu persönlicher Not. Der Grund für die allgemeine Akzeptanz des Vertrages ist wiederum die Unsicherheit über zukünftige Zustände. Da im Vorhinein niemand weiß, ob er in der Zukunft ein Sozialfall wird, werden alle dem Vertrag zustimmen.

E. Zwischenfazit: Einzelfallkompensation zementiert den Status Quo

Die Ausführungen haben deutlich gemacht, wie schwer die Verteilungswirkungen wirtschaftspolitischer Maßnahmen wiegen. Diese Schwierigkeiten tragen somit bereits theoretisch – und noch mehr in der tatsächlichen Wirtschaftspolitik – ganz entscheidend zu dem Problem bei, wirtschaftspolitische Maßnahmen eindeutig beurteilen zu können. Aus allokationstheoretischer Sicht ist dies um so bedenklicher, als dass derartige Verteilungswirkungen in der Praxis regelmäßig zu einem wirtschaftspolitischen Attentismus führen: Selbst kleine Reformschritte werden unterlassen, weil sie eindeutig zu identifizierende Verlierer hinterlassen könnten. Allerdings kann die durch die paretianische Wohlfahrtsökonomik bedingte Unsicherheit auch zu wirtschaftspolitischer Konstanz im Sinne der konstitutiven Prinzipien Walter Euckens (vgl. Abschnitt I.5) führen. Diskretionäre Interventionen sind demnach abzulehnen.

Dies bedeutet allerdings nicht, dass das Kriterium der tatsächlichen Einzelfallkompensation in der wirtschaftspolitischen Anwendung leichter zu handhaben ist. Wenn sämtliche Verlierer einer wirtschaftspolitischen Maßnahme kompensiert werden sollen, so ist wegen der Redistributionskosten nicht damit zu rechnen, dass die Maßnahme tatsächlich ergriffen wird. Das Kaldor-Hicks-Kriterium der hypothetischen Kompensation ist aufgrund der Vernachlässigung der Verteilungsproblematik in einer demokratisch verfassten Gesellschaft politisch noch weniger attraktiv. Ähnlich wie das partialanalytische Konzept der Produzenten- und Konsumentenrente zeigt die These der Generalkompensation einen Ausweg auf. Der Verzicht auf Einzelfallkompensation kann unter Zuhilfenahme des Pareto-Konzeptes in seiner abgeschwächten Form der Quasi-Pareto-Optimalität und im Vertrauen auf die zwischen den Individuen ausgleichende Wirkung von wirtschaftspolitischen Maßnahmen im Zeitablauf begründet werden.

Der Vorteil einer konstitutionenökonomischen Analyse besteht darin, dass man weitgehend auf Werturteile verzichten kann. Selbst das paretianische Werturteil (vgl. Unterabschnitt II.1.B) ist nicht nötig, weil man davon ausgeht, dass durch den (fiktiven) Konsens auf der Regelebene jede sich anschließend ergebende Verteilung präferenzgerecht ist. Der Nachteil liegt auf der Hand: Jede Verteilung – nicht nur jede Ausgangsverteilung – ist als optimal anzusehen, weil sie als den Präferenzen entsprechend angenommen wird. Damit beraubt sich diese Methodik in dieser einfachen Form jeder Möglichkeit zur Beurteilung einer wirtschaftspolitischen Situation. Um wirtschaftspolitisch relevant zu werden, muss auch die Konstitutionenökonomik Aussagen über das Seinsollen treffen (Voigt 1996). Dies kann z.B. geschehen, indem eine Verfassung normativ beurteilt wird. Bislang allerdings hat die Konstitutionenökonomik in dieser Hinsicht keine ernsthafte Alternative zur Allokationstheorie liefern können.

Damit steht fest, dass die Wirtschaftspolitik, die ja Aussagen über die Güte bestimmter ökonomischer Situationen benötigt, eine allokationstheoretische Analyse trotz aller Mängel braucht. Hier gilt im Grunde das zu Werturteilen Gesagte analog: Wer auf die Schwächen des Pareto-Konzeptes und seiner verschiedenen Ausprägungen verweist, darf sich ihrer bedienen, solange es nichts Besseres gibt. Deshalb fahren wir fort, indem wir im Folgenden Abschnitt das wohlfahrtsökonomische Optimum ableiten.

4. Das Wohlfahrtsoptimum: Effizienzaspekte

A. Einführung: Die Analyseschritte im Überblick

Entwickelt werden soll ein Referenzmaßstab für die Beurteilung sowohl des allokativen Optimums als auch der Abweichungen von der optimalen Allokation, die nicht durch den Markt behoben werden können, weil ein Marktversagen vorliegt; in diesem Fall sind Regulierungen notwendig, um effiziente Ergebnisse zu erzielen (vgl. Kapitel III). Die Frage, die hier beantwortet werden soll, lautet erst einmal: Welche Bedingungen müssen vorliegen, damit ein Wohlfahrtsoptimum im Sinne einer größtmöglichen allokativen Effizienz erreicht wird? Es geht um die Lösung des Allokationsproblems. Die Analyse findet auf hohem Abstraktionsniveau statt und wird unter restriktiven Annahmen durchgeführt. Sie wird üblicherweise in drei Schritten vorgenommen: In einem ersten Schritt werden die **Marginalbedingungen** behandelt. Die Marginalbedingungen sind nicht einheitlich in der Literatur definiert, was daran liegt, dass das Maximierungsproblem unterschiedlich gestellt wird. Herbert Giersch (1961, S. 109ff.) unterscheidet acht Marginalbedingungen und weist darauf hin, dass die Entwicklung zusätzlicher Marginalbedingungen möglich wäre. Helga Luckenbach (2000, S.38ff.) thematisiert sieben Marginalbedingungen. Ausgegangen wird von einem **wohlmeinenden Diktator**, der unter Beachtung des Pareto-Kriteriums die Wohlfahrt der Gesellschaft maximiert. In einem zweiten Schritt wird die **Realisierung der Marginalbedingungen durch den Marktmechanismus** diskutiert, so dass der wohlmeinende Diktator nicht länger benötigt wird. Wir werden die ersten beiden Schritte zusammenfassen. In einem dritten Schritt werden die **Totalbedingungen für ein Allokationsoptimum** (Giersch 1961, S. 122ff.) analysiert.

Die Darstellung der Marginalbedingungen wird zweckmäßigerweise in fünf Schritte unterteilt:

- Erster Schritt: **Analyse des Tauschoptimums im Tauschmodell (zwei Güter, zwei Individuen)**. Dabei wird das **Faktorangebot** als **gegeben** angesehen. Die Allokationsprobleme im Bereich der Produktion werden als gelöst angesehen. Zu verteilen sind hier die beiden Güter X und Y, deren Menge fixiert ist, auf die beiden Individuen. Der **Gütervorrat** ist **konstant**. Die Frage ist, wann sich Tausch lohnt und wann alle Tauschmöglichkeiten ausgeschöpft sind.

- Zweiter Schritt: **Analyse des Produktionsoptimums im Produktionsmodell**. Das Faktorangebot wird weiterhin als exogen angenommen. Der Konsumsektor bleibt unberücksichtigt. Hier geht es im Wesentlichen darum, den gegebenen Bestand an Produktionsfaktoren so auf die beiden Verwendungszwecke aufzuteilen, dass möglichst viel von einem Gut – gegeben die Menge des anderen Gutes – produziert werden kann.

- Dritter Schritt: **Analyse der optimalen Produktionsstruktur**. Hier werden das Produktionsmodell und das Tauschmodell zusammengeführt. Die Bedingung für globale Effizienz wird herausgearbeitet. Auch hier bleibt das Faktorangebot außer Betracht.

- Vierter Schritt: **Analyse des optimalen Faktorangebots** und der **optimalen Abstimmung zwischen Faktorangebot und der güterwirtschaftlichen Nachfrage**. Es geht um die Abwägung zwischen dem negativen Nutzen, den ein Individuum durch das Faktorangebot erhält, und dem positiven Nutzen, den ein Individuum aus dem Konsum der beiden Konsumgüter zieht. Die Intuition, die hinter dieser Marginalbedingung steht, ist etwas schwieriger zu verstehen, weshalb sie relativ selten in Lehrbüchern diskutiert wird. In einem weiteren Schritt, der hier nicht ausgeführt wird, wird eine **Analyse des Faktor-Produkt-Optimums** vorgenommen.

- Fünfter Schritt: **Analyse der intertemporalen Effizienz**. Hier geht es um die optimale Akkumulationsrate. Es wird danach gefragt, unter welchen Bedingungen das Individuum zwischen Gegenwarts- und Zukunftskonsum indifferent ist.

Die Ableitung der Marginalbedingungen geschieht, wie bereits erwähnt, unter Marktbedingungen. Der Markt wird nach dem Modell vollständiger Konkurrenz in einer statischen Analyse für eine geschlossene Volkswirtschaft abgebildet. Folgende Annahmen (Fritsch, Wein und Ewers 1999, S. 34) liegen diesem Modell zugrunde:

- Gegebene Ressourcenausstattung;
- Gegebene Produktionsfunktion und konstante Produktpalette;
- Gegebene, zeitlich konstante Präferenzen;
- Formale Wahlfreiheit zwischen Alternativen;
- Homogene Güter;
- Atomistische Marktstruktur;
- Vollständige Markttransparenz;
- Vollständige, unbegrenzte Mobilität der Produktionsfaktoren und Güter;
- Unbegrenzte Teilbarkeit sämtlicher Produktionsfaktoren und Güter;
- Unendliche Reaktionsgeschwindigkeit; sowie
- Nur freiwillige Austauschbeziehungen.

Diese Annahmen gelten in allen der fünf Schritte. Die Annahme der vollkommenen Konkurrenz ist als didaktisches Hilfsmittel zu verstehen. Die Relevanz der abzuleitenden Marginalbedingungen geht nicht dadurch verloren, dass in der Realität vollkommene Konkurrenz selten vorkommt. Soweit überhaupt Preiswettbewerb herrscht, lässt sich zumindest die Annäherung an eine optimale Ressourcenallokation in der Volkswirtschaft erreichen. Mit Hilfe dieser Annahmen ist zudem die Ableitung der beiden Hauptsätze der Wohlfahrtstheorie (vgl. Abschnitt II.1) möglich. Die Analyse ist aus didaktischen Gründen auf zwei Dimension beschränkt, was auch ihre graphische Darstellung ermöglicht. Die herzuleitenden Bedingungen gelten auch für eine Situation mit vielen Individuen, Produzenten und Gütern. Insoweit sind sie bei der Gestaltung der Wirtschaftspolitik von Belang.

Darüber hinaus ist zu bedenken, dass es uns hier im Wesentlichen auf die Intuition der Marginalbedingungen ankommt. Dies erfordert zum Einen eine ausführliche Darstellung ihres ökonomischen Gehalts und zum Anderen ihre formale Herleitung. Beides wird sehr intensiv am Beispiel des Tauschoptimums erarbeitet, so dass die Darstellung dann für die anderen Schritte relativ knapp ausfallen kann. Anschließend werden die Totalbedingungen für das allokative Optimum diskutiert, denn die Marginalbedingungen zeigen nur lokale Optima an, nicht aber eine Wohlfahrtsgrenze für die gesamte Volkswirtschaft.[15]

---

[15] Es sei an dieser Stelle auf vier vertiefende Bücher hingewiesen, die bei der Durcharbeitung des Stoffes nützliche Hilfe leisten können. Wellisch (2000, S. 12ff.) und Luckenbach (2000, S. 38ff.) zeichnen sich durch eine gelungene formale Herleitung der Marginalbedingungen aus. Zwei ältere, aber nach wie vor sehr eingängige Darstellungen finden sich in Boadway und Wildasin (1984, S. 13ff.) und, wie gesagt, Giersch (1960, S. 106ff.).

B. Das Tauschoptimum

Für die Ermittlung des Tauschoptimums wird zunächst eine Darstellung ohne Marktbeziehungen zwischen den Individuen gewählt. Das Marktgeschehen sowie die absoluten Preise werden anschließend eingeführt. Außerdem werden alle allokativen Probleme auf der Produktionsseite ausgeblendet.[16] Es wird angenommen – im Sinne einer „Robinson Crusoe-Volkswirtschaft" –, dass es zwei Güter und zwei Individuen gibt.

- Zwei Güter: $x^1 + x^2 = X; \quad y^1 + y^2 = Y$.
- Zwei Individuen mit den folgenden Nutzenfunktionen: $U^1(x^1, y^1)$ bzw. $U^2(x^2, y^2)$ mit positiven und abnehmendem Grenznutzen GN_x bzw. GN_y. Die Indifferenzkurven verlaufen konvex.
- Es besteht eine Ausgangsallokation der Güter C: (x_0^1, y_0^1) bzw. (x_0^2, y_0^2). Ausgehend davon können beide Individuen miteinander tauschen.

Beide Individuen maximieren ihre Nutzenfunktionen unter Nebenbedingungen.

$$MAX: \quad U^1, U^2$$

$$NB: U^j(\cdot) = U_0^j$$

$$NB: X = x^1 + x^2$$

$$NB: Y = y^1 + y^2$$

Die hier zu beantwortende Frage lautet: Wann sind alle **freiwilligen Tauschmöglichkeiten** ausgeschöpft? Freiwilliger Tausch ist letztlich immer eine Anwendung des Pareto-Kriteriums. Niemand wird freiwillig in einen Tauschvorgang einwilligen, wenn er sich nicht hierdurch mindestens genauso gut stellt, wie er in der Ausgangssituation war. Die Frage nach dem Tauschoptimum kann folglich auch alternativ gestellt werden: **Warum tauschen Menschen bzw. wann lohnt sich Tausch**? Grundsätzlich können Tauschgewinne auf zwei Ursachen zurückgeführt werden: auf unterschiedliche Präferenzen der Individuen und/oder auf eine unterschiedliche Anfangsausstattung mit Gütern (vgl. Abbildung II.9).

---

[16] Es wäre somit auch nicht von Belang, gälten dort die Annahmen der vollständigen Konkurrenz nicht.

Abbildung II.9: Determinanten des Tausches

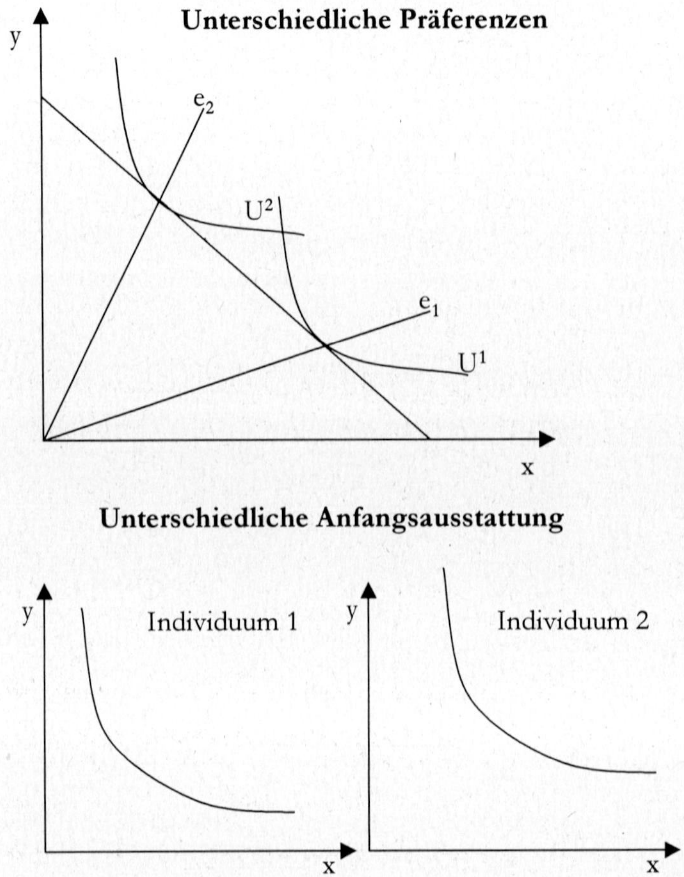

- **Unterschiedliche Präferenzen**: Es ist denkbar, dass beide Individuen sehr unterschiedliche Präferenzen in Bezug auf die Güter x und y haben. Ohne Einschränkung der Allgemeingültigkeit soll im folgenden Beispiel angenommen werden, dass Individuum 1 eine relativ ausgeprägte Präferenz für Gut x besitzt; "relativ" bedeutet hier im Verhältnis zu Gut y. Umgekehrt ist vorstellbar, dass Individuum 2 eine starke Präferenz für Gut y hat. Wenn beide Individuen in der Ausgangsallokation die gleiche Menge von x und y besitzen, ergeben sich naturgemäß wohlfahrtssteigernde Tauschgewinne.

- **Unterschiedliche Anfangsausstattung**: Vorstellbar wäre zudem, dass beide Individuen ähnliche oder gleiche Präferenzen für die Güter x und y haben, aber vor dem Tauschvorgang unterschiedlich mit diesen Gütern ausgestattet sind. So könnte Individuum 1 relativ viel y und Individuum 2 relativ viel von x besitzen. In diesem Fall ist Individuum 1 relativ reichlich mit y ausgestattet, während Individuum 2 relativ viel von dem Gut x hat.

Im Folgenden werden wir den Fall unterschiedlicher Präferenzen untersuchen. Ob Tauschgewinne realisiert werden können bzw. ob Tauschmöglichkeiten bestehen, wird in der Mikroökonomie mit Hilfe des Konzepts der **Grenzrate der Gütersubstitution (GRGS)** signalisiert. Die GRGS wird aus der Indifferenzkurve abgeleitet und ist wie folgt definiert:

$$GRGS = \left|\frac{-dy}{dx}\right| = \frac{GNx}{GNy}.$$

Was ist die ökonomische Interpretation der GRGS? Sie spiegelt die relativen **Knappheitsverhältnisse** im Konsumsektor durch die Steigung der Indifferenzkurve wider. Anders ausgedrückt werden die Opportunitätskosten des Konsums des Gutes x in Einheiten des Gutes y dargestellt.

An einem Beispiel wird dies deutlich. Annahmegemäß hat Individuum 1 eine hohe GRGS:

$$\left|\frac{-dy}{dx}\right|^1 = \left(\frac{GNx}{GNy}\right)^1 = 3.$$

Das Gut x ist im Verhältnis zum Gut y relativ knapp, d.h. der Grenznutzen aus dem Konsum einer zusätzlichen Einheit von x ist relativ groß im Vergleich zu dem Grenznutzen, den der Konsum einer zusätzlichen Einheit von y stiftet. Mit anderen Worten: Das Individuum ist bereit, relativ viel von y abzugeben (3 Einheiten) für eine zusätzliche Einheit von x. Noch einmal anders formuliert. Die marginalen Opportunitätskosten des Verzichts auf eine Einheit von x betragen drei Einheiten y.

Im Gegensatz dazu hat das Individuum 2 eine sehr niedrige GRGS:

$$\left|\frac{-dy}{dx}\right|^2 = \left(\frac{GNx}{GNy}\right)^2 = \frac{1}{3}.$$

Das Gut y wird von Individuum 2 als relativ knapp empfunden. Somit besteht eine hohe Bereitschaft, Gut x durch Gut y zu substituieren. Die marginalen Opportunitätskosten des Gutes x für das Individuum sind hier relativ gering: Individuum 2 wäre bereit, im Tausch gegen eine Einheit y auf drei Einheiten x zu verzichten.

Unterschiedliche GRGS deuten darauf hin, dass die beiden Individuen Tauschgewinne realisieren können. Im obigen Beispiel würde ein Tausch im Verhältnis von eins zu eins beide besser stellen, denn Individuum 1 gibt eine Einheit vom Gut y weg und erhält eine Einheit x, wäre aber bereit gewesen, drei Einheiten von y abzugeben, um gegenüber der Ausgangssituation indifferent zu sein. Individuum 1 gewinnt durch den Tausch. Für Individuum 2 gilt das Gleiche, denn es wäre bereit gewesen, drei Einheiten x für eine Einheit y zu tauschen, aber muss tatsächlich nur eine Einheit x abgeben. Die Situation ist noch nicht optimal, sondern kann verbessert werden, und zwar solange, wie sich die GRGS noch unterscheiden. Durch den Tauschvorgang nähern sich die GRGS einander an:

$$GRGS^1 = \frac{GN_x^1 \downarrow}{GN_y^1 \uparrow} \Downarrow \text{ und}$$

$$GRGS^2 = \frac{GN_x^2 \uparrow}{GN_y^2 \downarrow} \Uparrow .$$

Dieser Tauschvorgang kann solange wiederholt werden, bis die GRGS der beiden Individuen übereinstimmen. Somit lautet die erste Marginalbedingung wie folgt:

Erste Marginalbedingung: Die Grenzrate der Substitution im Konsum zwischen zwei beliebigen Gütern muss für alle Individuen gleich sein, die diese Güter konsumieren.

Technisch formuliert lautet die erste Marginalbedingung: $GRGS^1 = GRGS^2$. Diese Marginalbedingung kann man graphisch am einfachsten in der sog. **Edgeworth-Box** darstellen (vgl. Abbildung II.10). Das Tauschoptimum muss sich in der Pareto-Region befinden. Der genaue geometrische Ort lässt sich allerdings nicht vorhersagen. Es gibt unendlich viele Tauschoptima. Jedem Tauschoptimum liegt eine andere Güterverteilung zwischen den Individuen zugrunde. Die Extremlösungen liegen genau auf den Tangentialpunkten auf einer der beiden Seiten der Linse. In diesem Fall würde der gesamte Tauschvorteil dem jeweils anderen Individuum zugute kommen. Die sog. Kontraktkurve $\overline{0^1 0^2}$ gibt alle Tauschoptima an.

Abbildung II.10: Die Edgeworth-Box

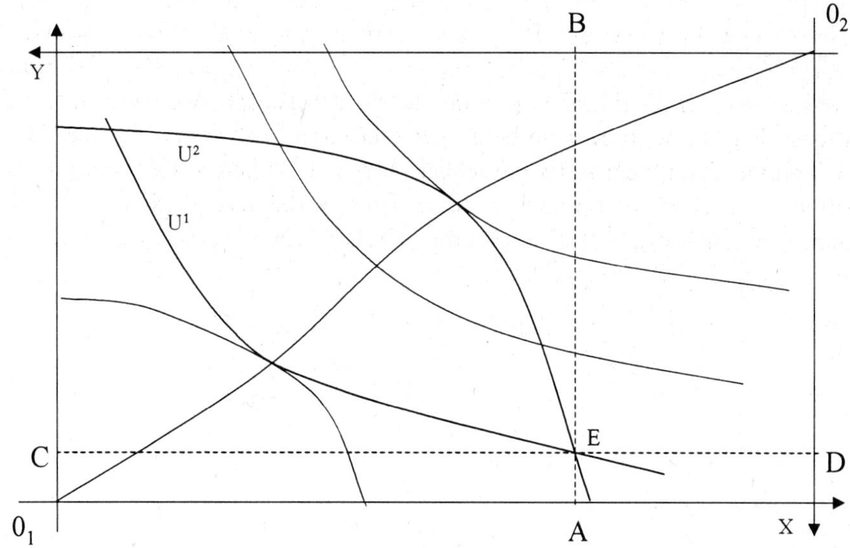

Bislang ist die Wahl des **Allokationsmechanismus** nicht diskutiert worden. Der wohlmeinende Diktator hat die beiden Individuen zusammengeführt. Im Folgenden wird der **Preismechanismus des Marktes** eingeführt, mit dessen Hilfe das Tauschoptimum ebenfalls erreicht werden kann. Dazu werden einige alternative und zusätzliche Annahmen getroffen:

- Es besteht ein gegebenes Einkommen E.
- Die Güterpreise p_x und p_y sind gegeben. Die Individuen verhalten sich als Preisnehmer (vgl. Unterabschnitt II.4.A).

Jedes Individuum *i* maximiert seinen Nutzen U^i unter der Nebenbedingung:

$$p_x x^i + p_y y^i = E^i$$

Dies geschieht mittels des sog. Lagrange Ansatzes:

$$L = U^i(x^i, y^i) - \lambda(p_x x^i + p_y y^i - E^i).$$

Exemplarisch wird nun das Tauschoptimum ermittelt, indem zunächst die Suche nach der optimalen Konsumstruktur für das Individuum 1 betrachtet wird. Die erste Ableitung nach beiden Gütern für Individuum 1:

$$GN_x - \lambda p_x = 0.$$

$GN_y - \lambda p_y = 0.$

Die Gleichungen sind nach λ aufzulösen und anschließend gleichzusetzen, so dass die Marginalbedingung um den relativen Preis, d.h. das Preisverhältnis beider Güter, erweitert werden kann. Nachdem diese Berechnung analog für Individuum 2 durchgeführt worden ist, ergibt sich:

$$GRGS^1 = \frac{GN_x^1}{GN_y^1} = \frac{p_x}{p_y} = \frac{GN_x^2}{GN_y^2} = GRGS^2.$$

Da die Güterpreise konstant sind und für beide Individuen gelten, ist die erste Marginalbedingung erfüllt. Die Grenzraten der Gütersubstitution für beide Individuen sind gleich und entsprechen dem Verhältnis der Preise.

C. Das Produktionsoptimum

Analog zur Herleitung des Tauschoptimums werden bei der Analyse des Produktionsoptimums Marktbeziehungen zunächst nicht betrachtet. Außerdem werden alle allokativen Probleme auf der Konsumseite ausgeblendet. Es wird angenommen, dass es zwei gegebene Produktionsfaktoren und zwei Sektoren gibt.

- Zwei Produktionsfaktoren $A = a_x + a_y$; $K = k_x + k_y$.
- Zwei Sektoren mit den Produktionsfunktionen: $X = X(a_x, k_x)$ bzw. $Y = Y(a_y, k_y)$ mit positiven und abnehmenden Grenzproduktivitäten, d.h. die Transformationskurve verläuft konkav zum Ursprung.

Die Analyse basiert auf drei zentralen Konzepten, dem Konzept der **Grenzproduktivität GP**, dem Konzept der **Grenzrate der technischen Substitution GRTS** und dem Konzept der **Grenzrate der Transformation GRT**.

- Mit dem GP-Konzept wird die **zweite Marginalbedingung** (optimaler Faktoreinsatz) bestimmt. Die Grenzproduktivität ist definiert als die Zunahme der Produktion nach einer marginalen Zunahme des Einsatzes eines Produktionsfaktors ohne gleichzeitige Veränderung des Einsatzes des anderen Faktors. Technisch ist es die partielle Ableitung der Produktionsfunktion nach diesem Faktor.
- Mit dem GRTS-Konzept wird die **dritte Marginalbedingung** (optimale Faktorallokation) bestimmt. Die Grenzrate der technischen Substitution ist das Verhältnis der Grenzproduktivitäten beider Faktoren bei der Pro-

duktion eines Gutes. Sie zeigt an, in welchem Verhältnis die beiden Produktionsfaktoren gegeneinander substituiert werden, ohne dass der Output sich ändert.

- Mit dem GRT-Konzept wird die **vierte Marginalbedingung** (optimale Arbeitsteilung) bestimmt. Die Grenzrate der Transformation entspricht dem Verhältnis der Grenzproduktivität eines Produktionsfaktors in beiden Sektoren. Sie gibt Auskunft darüber, wie lange sich die Reallokation des (gegebenen) Produktionsfaktors zwischen den Sektoren lohnt.

Wir gehen in Teilschritten vor:

1. Teilschritt: Optimaler Faktoreinsatz. Die Optimierungsaufgabe lautet: Maximiere die Produktion von einem Gut bei gegebener Menge des anderen Gutes und unter der Nebenbedingung der Vollbeschäftigung bzw. Vollauslastung der Sachkapazitäten.

$$MAX\ : X = F(a_x, k_x)$$

$$NB : Y(a_y, k_y) = \overline{Y}(\cdot)$$

$$NB : A = a_x + a_y$$

$$NB : K = k_x + k_y$$

Zunächst wird der optimale Faktoreinsatz bestimmt. Dieser Analyse liegt das Konzept der Grenzproduktivität zugrunde. **Die Grenzproduktivität ist ein zentrales Konzept in der Allokationstheorie**, denn sie sagt etwas darüber aus, wie ein Produktionsfaktor **innerhalb eines Sektors** auf die Unternehmen, die dieses Gut produzieren, verteilt werden sollte. Am einfachsten lässt sich dieser Zusammenhang an einem Beispiel erläutern. Man stelle sich zwei Unternehmen eines Sektors vor, die das Gut x mit unterschiedlichen Produktionsweisen herstellen. Betrachtet wird der Produktionsfaktor Arbeit, dessen Grenzproduktivität GPA in beiden Unternehmen unterschiedlich hoch ist:

$GPA_x^I = 3$ bzw. $GPA_x^{II} = 1$.

Es ist leicht einzusehen, warum diese Situation nicht optimal ist. Denn wenn eine Einheit Arbeit aus Unternehmen II abgezogen und Unternehmen I zur Verfügung gestellt wird, dann sinkt die **Produktion von Unternehmen II** um eine Einheit:

$$\Delta X^I = -1.$$

Die **Produktion in Unternehmen I** hingegen steigt um 3 Einheiten:

$$\Delta X^{II} = +3.$$

Somit entsteht ein Gewinn, d.h. ein sozialer Überschuss, in Höhe von 2 Einheiten des Gutes *x*. Durch die Reallokation von Arbeit von Unternehmen II in Unternehmen I nähern sich die GPA in beiden Unternehmen einander an. Die GPA von Unternehmen I sinkt, und die GPA von Unternehmen II steigt. Der Optimalzustand ist erst dann erreicht, wenn beide Grenzproduktivitäten gleich hoch sind, d.h. $GPA^{I} = GPA^{II}$. Eine analoge Analyse gilt für den Produktionsfaktor Kapital. Die zweite Marginalbedingung lässt sich dann folgendermaßen formulieren:

Zweite Marginalbedingung: Der Faktoreinsatz in einem Sektor ist dann optimal, wenn das Grenzprodukt eines Produktionsfaktors für alle Unternehmen übereinstimmt, die diesen Faktor zur Erzeugung des gleichen Gutes verwenden.

Technisch formuliert lautet die zweite Marginalbedingung: für den Faktor Arbeit $GPA_{x}^{I} = GPA_{x}^{II}$ bzw. für den Faktor Kapital $GPK_{x}^{I} = GPK_{x}^{II}$. Die Realisierung dieser zweiten Marginalbedingung durch den **Marktmechanismus** wird dann möglich, wenn die Unternehmen auf den Güter- und Faktormärkten Mengenanpasser sind, d.h. alle Preise als gegeben nehmen, und sich gewinnmaximierend verhalten. In diesem Fall lautet die Gewinngleichung für ein repräsentatives Unternehmen *m* im X-Sektor:

$$\pi_{x}^{m}(a_{x}, k_{x}) = p_{x}x - wa_{x} - rk_{x}.$$

Die Gewinnmaximierungsbedingungen 1. Ordnung lauten für jedes Unternehmen:

$$\frac{\partial \pi_{x}^{m}}{\partial a_{x}^{m}} = p_{x}GPA - w = 0 \text{ bzw. } \frac{\partial \pi_{x}^{m}}{\partial k_{x}^{m}} = p_{x}GPK - r = 0.$$

Mit anderen Worten: Die Produktionsfaktoren werden entsprechend ihrer Wertgrenzproduktivität entlohnt. Dies bedeutet, dass die Unternehmen solange Arbeit nachfragen, bis der Grenzerlös aus dem Einsatz einer zusätzlichen Menge an Arbeit $(GPA \cdot p_{x})$ den damit verbundenen Grenzkosten, d.h. dem Lohn *w*, entspricht. Dadurch wird die zweite Marginalbedingung realisiert, weil der Faktorpreis für alle Unternehmen gleich ist und weil alle Unternehmen im X-Sektor einen einheitlichen Preis auf dem Absatzmarkt verlangen müssen. Folglich muss im stationären Gleichgewicht die Grenzproduktivität eines Produktionsfaktors für alle Unternehmen gleich sein, die diesen Produktionsfaktor zur Erzeugung dieses Gutes nachfragen:

$GPA^I = w / p = GPA^{II}$ bzw. $GPK^I = r / p = GPK^{II}$. Dies ist gleichbedeutend mit der zweiten Marginalbedingung. Die zentralen Punkte dabei sind:

- Der Marktmechanismus sorgt dafür, dass die Produktionsfaktoren dort eingesetzt werden, wo ihre Grenzproduktivität am höchsten ist.
- Die Entlohnung des Produktionsfaktors Arbeit hängt von der Einsatzmenge der komplementären Produktionsfaktoren Sachkapital (und Humankapital, hier nicht betrachtet) ab.

2. Teilschritt: Optimale Faktorallokation. Die Analyse wird nun auf zwei Sektoren ausgeweitet zwecks Beantwortung der Frage, wie die optimale Allokation der Produktionsfaktoren zwischen mehreren Sektoren aussieht. Zugrunde gelegt wird das Konzept der **Grenzrate der technischen Substitution (GRTS)**. Die Ableitung der optimalen Faktorallokation kann analog zum Konsummodell vorgenommen werden. Dort spiegelt, wie erwähnt, die **GRGS**, d.h. die Steigung der Indifferenzkurve, die Güterknappheitsverhältnisse im Konsumbereich wider. Im Produktionsmodell spiegelt die **GRTS**, d.h. die Steigung der Isoquante, die Faktorknappheitsverhältnisse im Produktionsbereich wider.

- Eine **hohe GRTS**, z.B. $\frac{dk_x}{da_x} = \frac{GPA_x}{GPK_x} = 3$, bedeutet, dass der Faktor Arbeit in der Produktion von Gut x im Verhältnis zur Produktion von Gut y und relativ zum Kapitaleinsatz knapp ist: Wird eine zusätzliche Einheit Arbeit hinzugefügt, dann kann eine größere Outputsteigerung erzielt werden, als wenn eine zusätzliche Einheit Kapital hinzugefügt wird.
- Eine **niedrige GRTS**, z.B. $\frac{dk_y}{da_y} = \frac{GPA_y}{GPK_y} = 1$, im Y-Sektor bedeutet, dass Kapital im Verhältnis zu Arbeit im Produktionsprozess (relativ zum X-Sektor) knapp ist. Die Grenzproduktivität des Kapitals ist im Verhältnis zur Arbeit relativ groß. Eine Steigerung des Kapitaleinsatzes steigert den Output um mehr als eine vergleichbare Steigerung des Arbeitseinsatzes.

Fährt man mit der Analogie zum Konsummodell fort, so gilt: Dort können Pareto-Verbesserungen in Form von Tauschgewinnen realisiert werden, solange sich die GRGS zwischen zwei Individuen unterscheiden. Im Produktionsmodell können Pareto-Verbesserungen in Form von Spezialisierungsgewinnen realisiert werden, solange sich die GRTS zwischen zwei Sektoren unterscheidet. Damit gelangt man zur dritten Marginalbedingung:

Dritte Marginalbedingung: Die optimale Faktorallokation wird erreicht, wenn das Verhältnis der physischen Grenzprodukte zwischen zwei beliebigen Produktionsfaktoren (die Grenzrate der technischen Substitution) bei der Erzeugung eines Gutes für alle Unternehmen gleich ist, die mit Hilfe dieser Faktoren dieses Gut herstellen.

Technisch formuliert lautet die dritte Marginalbedingung $GRTS_x = GRTS_y$. In dem obigen Rechenbeispiel lohnt sich gesamtwirtschaftlich eine Reallokation. Tauschen der X-Sektor und der Y-Sektor Arbeit und Kapital im Verhältnis 1:1, d.h. gibt der X-Sektor eine Einheit Kapital an den Y-Sektor ab und erhält dafür eine Einheit Arbeit, kann er bei einer GRTS von 3 etwas weniger als 3 Einheiten des Gutes *x* zusätzlich produzieren,[17] während die Produktion im Y-Sektor konstant bleibt.

Worin besteht das eigentliche Kernproblem für den zentralen Planer bei der Realisierung der optimalen Faktorallokation? Anders gefragt: Warum kann man den gegebenen Bestand an A und K nicht gleichmäßig auf die beiden Verwendungszwecke aufteilen? Der Grund liegt in **unterschiedlichen Faktorintensitäten**: Bei einem gegebenen Faktorpreisverhältnis ist die Produktion von Gut *y* kapitalintensiver als die Produktion von Gut *x*. Eine Gleichverteilung der Faktoren würde damit suboptimal, solange die Grenzraten der technischen Substitution in den Sektoren noch unterschiedlich ist.

Unterschiedliche Faktorintensitäten sind ein Zeichen dafür, dass die verschiedenen Produktionsfaktoren unterschiedlich gut für die Produktion einzelner Güter geeignet sind. Dies gilt unbeschadet der Tatsache, dass in substitutionalen Produktionsfunktionen vom Cobb-Douglas Typ[18], wie sie im Modell der vollständigen Konkurrenz regelmäßig unterstellt werden, mit jeder Faktorkombination jedes Produkt hergestellt werden kann. Ausschlaggebend für die Wahl der Faktorkombination sind die Kosten, d.h. die Faktorpreise. Man kann auch für die Realisierung der dritten Marginalbedingung eine Begründung aus dem **Marktmodell** ableiten. Das Ziel der Gewinnmaximierung – im Folgenden für den X-Sektor gezeigt – beinhaltet, dass die angebotene Produktionsmenge zu minimalen Kosten produziert wird:

---

[17] Es sind deshalb nicht exakt drei Einheiten, weil die Abgabe von einer Einheit Kapital die Produktion um 0,33 Einheiten des Gutes *X* sinken lässt, während die Zunahme an Arbeit die Produktion um 3 Einheiten steigen lässt.

[18] Siehe zu diesen Produktionsfunktionen z.B. Herberg (1985, S. 143ff.)

$$w \cdot a_x + r + k_x \rightarrow Min!$$

$$NB: x(a_x, k_x) = \bar{x}$$

Die Minimalkostenkombination ist dann gegeben durch:

$GRTS_l^m = \dfrac{GPA_l^m}{GPK_l^m} = \dfrac{w}{r}$; mit m= I, II (Unternehmen) und l = *X*, *Y* (Sektoren). Jedes am Markt operierende Unternehmen kombiniert den Faktoreinsatz so, dass das Verhältnis der Grenzproduktivitäten dem gegebenem Faktorpreisverhältnis angepasst wird. Da alle Unternehmen dem gleichen Faktorpreisen gegenüberstehen, wird die dritte Marginalbedingung realisiert.

Aus der Minimalkostenkombination folgt, dass im Gewinnmaximum die partiellen **Faktorgrenzkosten** gleich sind. Die partiellen Grenzkosten für den Produktionsfaktor Arbeit sind die zusätzlichen Kosten, die entstehen, wenn die Produktion des Gutes x um eine Einheit erhöht wird, indem vermehrt Arbeit eingesetzt wird:

$$w \times \frac{1}{GPA}.$$

Analog sind die partiellen Grenzkosten für den Produktionsfaktor Kapital definiert. Wird die zusätzliche Einheit von x durch den Produktionsfaktor Kapital produziert, dann betragen die Grenzkosten:

$$r \times \frac{1}{GPK}.$$

Im Gewinnmaximum gilt daher, dass $\dfrac{w}{GPA} = \dfrac{r}{GPK}$, d.h. die Faktorgrenzkosten sind ausgeglichen. Der Ausgleich der Faktorgrenzkosten bedeutet, dass es unerheblich ist, ob eine zusätzliche Einheit z.B. von x produziert wird, indem Arbeit oder Kapital vermehrt eingesetzt wird. Die Faktorgrenzkosten stimmen daher mit den gesamten Grenzkosten überein:

$$\left(\frac{w}{GPA}\right)_x = GK_x = \left(\frac{r}{GPK}\right)_x \text{ bzw. } \left(\frac{w}{GPA}\right)_y = GK_y = \left(\frac{r}{GPK}\right)_y.$$

3. Teilschritt: Optimale Arbeitsteilung. Die nächste Frage ist, ob es sinnvoll ist, dass sich die Unternehmen spezialisieren, und wenn ja, wie. Um diese Frage zu beantworten, muss man die Produktionsmöglichkeitenkurve (**Transformationskurve**) herleiten und auf die **Grenzrate der Transformation (GRT)** zurückgreifen. Es wird angenommen, dass die Volkswirtschaft aus zwei Unternehmen besteht, die jeweils beide Güter herstellen. Aus der Kontraktkurve kann man die Transformationskurve ableiten.

Die **Transformationskurve** gibt an, wie viel maximal von einem Gut produziert werden kann, gegeben die Menge des anderen Gutes. Bei **unterschiedlichen Faktorintensitäten** – und abnehmenden Skalenerträgen bei mindestens einem Gut – muss die Transformationskurve konkav sein. Dies kann wie folgt interpretiert werden: Je größer die Produktion von Gut x bereits ist, um so mehr muss die Produktion von Gut y eingeschränkt werden, um eine weitere Einheit von Gut x zu produzieren. Der konkave Verlauf zeigt außerdem, dass es nie optimal ist, wenn die Produkte in gleichem Faktoreinsatzverhältnis produziert werden, wie dies in Abbildung II.11 im Schnittpunkt der beiden Transformationskurven der Fall ist. Die Höhe der Spezialisierungsgewinne, die dadurch erreicht werden könnten, indem die Produktionsfaktoren nach Maßgabe ihres Preisverhältnisses eingesetzt werden, wird durch den Abstand signalisiert, der zwischen der Transformationskurve und der Geraden besteht. Je stärker die Transformationskurve gewölbt ist, um so unsinniger wäre ein gleiches Faktoreinsatzverhältnis. Wichtig in diesem Zusammenhang ist die in dieser Definition enthaltene implizite Annahme, dass für jeden Punkt auf der Transformationskurve **die dritte Marginalbedingung erfüllt ist**, d.h. die Faktorallokation optimal ist.

Während die GRGS die marginalen Opportunitätskosten im Konsumbereich misst, spiegelt die GRT die **marginalen Opportunitätskosten** im Produktionsbereich wider. Sie ist definiert als: $GRT = -\frac{dy}{dx}$. Laut dieser Definition misst die GRT die marginalen Opportunitätskosten von Gut X in Einheiten des Gutes y. Wie viel muss vom Gut y weniger produziert werden, um eine zusätzliche Einheit des Gutes x herstellen zu können. Hat die GRT z.B. den Wert -2, dann kann eine Einheit von Gut x nur erzeugt werden, wenn auf die Produktion von 2 Einheiten y verzichtet wird. Umgekehrt erlaubt der Verzicht auf eine Einheit x die Mehrproduktion von zwei Einheiten y.

Interessant ist auch die Beziehung zwischen der GRT und der GRTS. Nehmen wir an, man zieht eine Einheit Arbeit aus der Produktion von Gut y ab und verwendet sie für die Produktion von Gut x: Die Produktion von Gut y sinkt dann, während die Produktion von Gut x steigt. Für die GRT folgt dann:

$$-\frac{dy}{dx} = \frac{GPA_y}{GPA_x}.$$

Ein ähnliches Gedankenexperiment kann für den Produktionsfaktor Kapital durchgeführt werden. Das Ergebnis ist:

$$-\frac{dy}{dx}=\frac{GPK_y}{GPK_x}.$$

Die Grenzrate der Transformation entspricht dem Verhältnis der Grenzproduktivität eines Produktionsfaktors in seinen beiden alternativen Verwendungen. Außerdem gilt:

$$-\frac{dy}{dx}=\frac{GPA_y}{GPA_x}=\frac{GPK_y}{GPK_x}.\text{ Daraus folgt }\frac{GPA_y}{GPK_y}=\frac{GPA_x}{GPK_x}.$$

Womit gezeigt wird, dass für Bewegungen entlang der Transformationskurve die dritte Marginalbedingung erfüllt ist.

Abbildung II.11: Suboptimale Faktorallokation

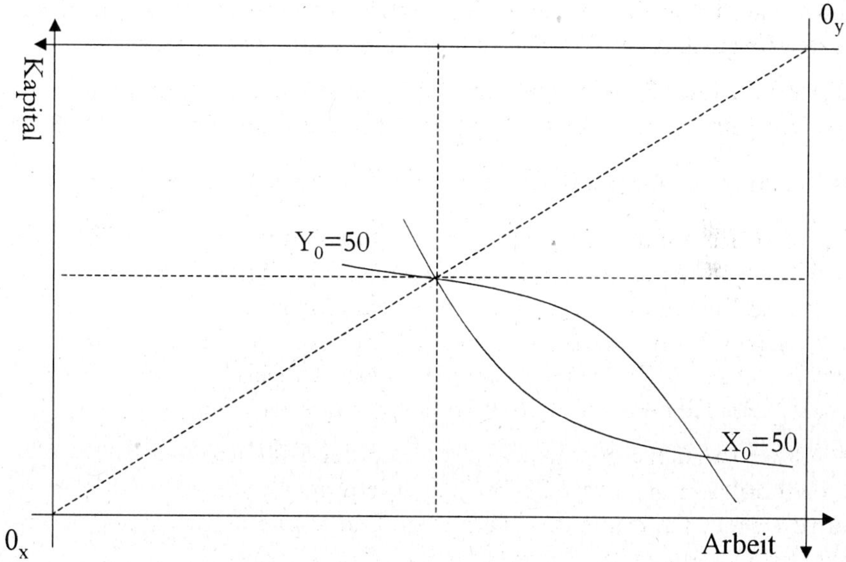

In Abbildung II.11 wird gezeigt, wie eine suboptimale Allokation aussehen kann. Dabei bedienen wir uns wieder des Konzepts der Edgeworth-Box (Abbildung II.10): Auf der Winkelhalbierenden der Abbildung II.11 schneiden sich die beiden Isoquanten, d.h. die Kurven gleicher Produktion für ein

Gut. Es zeigt sich, dass die Gleichverteilung der Faktoren auf beide Güter zwar eine gleich Ausbringunsmenge ($Y = X = 50$) bewirkt, nicht jedoch die optimal mögliche, die wiederum in der Linse beider Isoquanten zu finden ist. Eine Verbesserung der Faktorallokation ist noch möglich.

Mit Hilfe der Grenzrate der Transformation kann nun die **vierte Marginalbedingung** definiert werden als der optimale Spezialisierungsgrad oder die optimale Arbeitsteilung zwischen Unternehmen bzw. Volkswirtschaften. Die Volkswirtschaft besteht annahmegemäß aus zwei Unternehmen, die beide sowohl Gut *x* als auch Gut *y* herstellen. Beiden Unternehmen steht zu Beginn der Betrachtung gleich viel Arbeit und Kapital zur Verfügung. Nur wenn die Produktionsfunktion genau identisch ist, ist es nicht effizient, wenn beide Unternehmen gleich viel von Gut *x* und von Gut *y* produzieren. Allerdings besitzt Unternehmen I annahmegemäß einen absoluten Vorteil bei der Produktion von Gut *x*, Unternehmen II hingegen besitzt einen absoluten Vorteil bei der Produktion von Gut *y*. Die marginalen Opportunitätskosten der Produktion von Gut *x* sind bei Unternehmen I niedriger, als bei Unternehmen II. Für das Gut *y* gilt analog das Gegenteil: Die marginalen Opportunitätskosten in der Produktion von Gut *y* sind im Unternehmen I größer als im Unternehmen II. Im Ausgangszustand unterscheiden sich die GRT deutlich. Unternehmen I sollte sich auf die Produktion von Gut *x* konzentrieren und Unternehmen II auf die Produktion von Gut *y*. Im Punkt der Gleichverteilung gilt: $GRT^{I} < GRT^{II}$. Daraus leitet sich die vierte Marginalbedingung ab:

> **Vierte Marginalbedingung**: Die optimale Arbeitsteilung oder der optimale Spezialisierungsgrad zwischen zwei Mehrproduktunternehmen ist dann optimal, wenn ihre Grenzrate der Transformation zwischen beiden Unternehmen übereinstimmt. Diese Bedingung lässt sich entsprechend auf die optimale Arbeitsteilung zwischen Volkswirtschaften (im internationalen Handel) übertragen.

Technisch formuliert lautet die vierte Marginalbedingung $GRT^{I} = GRT^{II}$. Sie ergibt sich übrigens unmittelbar aus der zweiten Marginalbedingung zum optimalen Faktoreinsatz, z.B. der Arbeit. Denn wenn gilt, dass:

$GPA_y^{I} = GPA_y^{II}$ bzw. $GPA_x^{I} = GPA_x^{II}$, dann gilt auch $\dfrac{GPA_y^{I}}{GPA_x^{I}} = \dfrac{GPA_y^{II}}{GPA_x^{II}}$.

Wichtig ist außerdem die Unterscheidung zwischen **absoluten und komparativen Kostenvorteilen**, die wir hier einführen. Bei der Realisierung des optimalen Spezialisierungsgrads kommt es nicht auf die absoluten, sondern auf die komparativen Vorteile an. Selbst wenn ein Unternehmen in der Produktion beider Güter einen absoluten Vorteil besäße, d.h. wenn die Grenzproduktivitäten beider Faktoren bei der Herstellung beider Güter höher wären als beim anderen Unternehmen, lohnt sich die Arbeitsteilung doch, solange die Produktivitätsunterschiede jeweils differieren. Die Größe, auf die es hier ankommt, ist das Verhältnis der Grenzproduktivitäten der Faktoren bei der Herstellung eines Gutes, also die GRT. Ein Beispiel möge dies verdeutlichen:

Unternehmen II hat einen absoluten Vorteil bei der Herstellung beider Güter. Aber der Leistungs- bzw. Produktivitätsunterschied zwischen beiden Unternehmen ist bei der Herstellung des Gutes y sehr viel größer als bei der Herstellung von Gut x. Mit anderen Worten: Unternehmen I hat zwar einen absoluten Nachteil, jedoch einen komparativen Vorteil bei der Produktion von Gut x. Umgekehrt hat Unternehmen II einen komparativen Vorteil bei der Produktion von Gut y.

Auch dieser Fall wird durch das Konzept unterschiedlicher GRT erfasst. Im Beispiel ist die GRT von Unternehmen II größer (weil die Tangente steiler ist) als in Unternehmen I. Mit anderen Worten: Die marginalen Opportunitätskosten in der Produktion von Gut x sind in Unternehmen I kleiner als in Unternehmen II. Damit werden gesamtwirtschaftliche Spezialisierungsvorteile realisierbar, wenn Unternehmen I sich auf die Produktion von Gut x und Unternehmen II sich auf die Produktion von Gut y spezialisiert.

Die Intuition der vierten Marginalbedingung kann von Unternehmen sowohl auf Individuen als auch auf gesamte Volkswirtschaften übertragen werden. Menschen spezialisieren sich gemäß komparativer Kostenvorteile (so schon Lösch 1938) ; jeder macht das, was er im Vergleich zu anderen am besten kann. Auch die internationale Arbeitsteilung zwischen Ländern basiert darauf, wobei man im Blick behalten sollte, dass Länder aus vielen Individuen bestehen, die sich spezialisieren und die ihre Arbeitsteilung nicht auf ihr Land beschränken. Unterschiedliche GRT in der Autarkiesituation werden in der Außenhandelsliteratur vor allem auf zwei Ursachen zurückgeführt:

- Zum Einen auf Produktivitätsunterschied; dies ist die sog. Ricardo-Hypothese.

- Zum Anderen auf Unterschiede in den Faktorproportionen; dies ist die sog. Heckscher-Ohlin-Hypothese.[19]

An dieser Stelle müssten wir noch erläutern, wie es im Marktmodell zur Realisierung der vierten Marginalbedingung kommt. Dies verschieben wir einen Moment, um zunächst noch die fünfte Marginalbedingung abzuleiten.

D. Die optimale Produktionsstruktur

Bislang wurden Tauschvorgänge und der Produktionssektor separat betrachtet. Diese Trennung wird jetzt aufgegeben. Im Folgenden begeben wir uns auf die Suche nach dem gesamtwirtschaftlichen Produktionsoptimum – „globale Effizienz" – unter der Annahme eines gegebenen Faktorangebots. Es ist dazu notwendig, dass Tauschoptimum und Produktionsoptimum simultan erfüllt sind, weil es:

- nicht optimal sein kann, wenn Individuen Güter tauschen, die ineffizient produziert wurden, und
- nicht wünschenswert sein kann, wenn in der Produktion Spezialisierungsvorteile für Güter ausgeschöpft werden, die von den Konsumenten nicht nachgefragt werden.

Die Annahmen sind die mittlerweile bekannten. Es gibt zwei Individuen (1,2), zwei Güter (X,Y), zwei Unternehmen (I,II) sowie einen fixen Faktorbestand (A, K). In den Abbildungen II.12a und II.12b werden ein ineffizienter Zustand und ein effizienter Zustand verglichen.

Im ineffizienten Zustand unterscheiden sich die GRGS und die GRT (GRGS > GRT), im effizienten Zustand stimmen beide Grenzraten überein. Fügt man das Produktions- und Tauschmodell zusammen, erhält man unmittelbar die fünfte Marginalbedingung:

Fünfte Marginalbedingung. Die Produktionsstruktur ist dann optimal, wenn die Grenzrate der Gütersubstitution für alle Konsumenten gleich ist, wenn zugleich diese Grenzrate der Gütersubstitution mit der gesamtwirtschaftlichen Grenzrate der Transformation übereinstimmt.

[19] Vgl. zu den Ursachen für internationale Arbeitsteilung z.B. Rose und Sauernheimer (1999, S. 383-390).

Abbildung II.12: Globale Ineffizienz und Effizienz

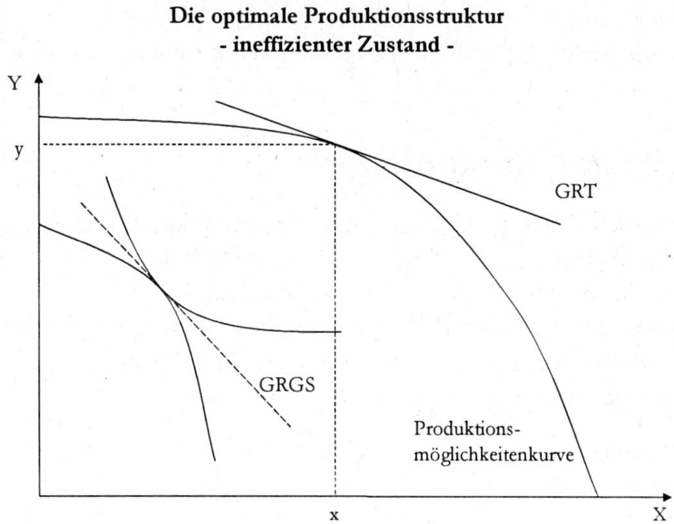

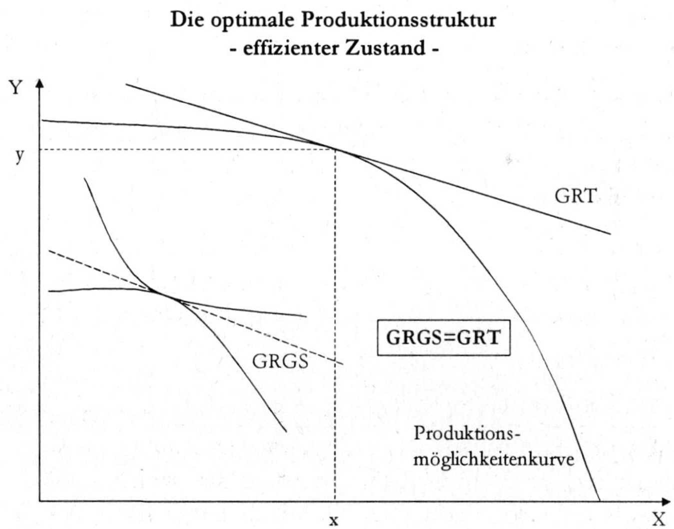

Wiederum technisch formuliert, kann man sämtliche bisherigen Marginalbedingungen zusammenfassen: $GRGS = GRTS_x = GRTS_y = GRT$.

Abbildung II.13: Die offene Volkswirtschaft

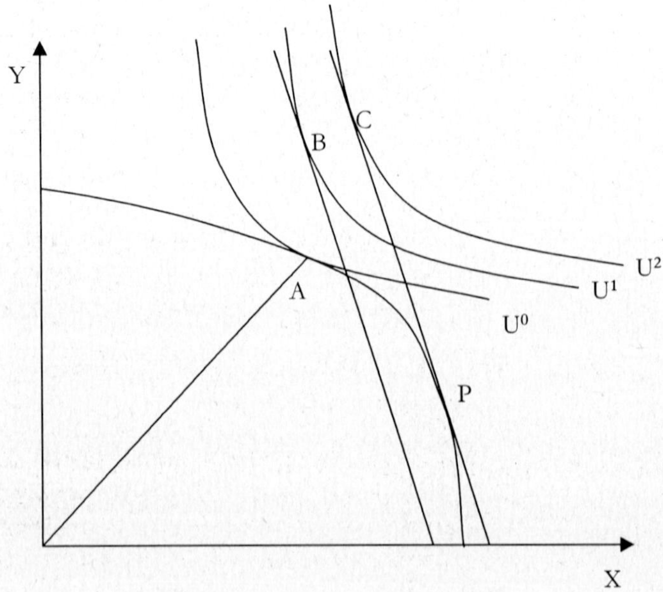

Vergleicht man das gesamtwirtschaftliche Optimum in einer geschlossenen Volkswirtschaft mit dem in einer kleinen offenen Volkswirtschaft (vgl. Abbildung II.13), so fällt auf, dass Produktions- und Konsumpunkt in der geschlossenen Volkswirtschaft zusammenfallen. Dies muss so sein, weil in diese Betrachtung bereits sämtliche potentiellen Tauschpartner eingeschlossen sind. Es handelt sich um Punkt A der Abbildung. Dort ist die fünfte Marginalbedingung erfüllt. In der offenen Volkswirtschaft gibt es hingegen noch zahlreiche potentielle Tauschpartner. Charakteristisch für das gesamtwirtschaftliche Optimum in einer offenen Volkswirtschaft ist somit, dass Konsum- und Produktionspunkt auseinanderfallen. Produziert wird in Punkt P, konsumiert in Punkt C der Abbildung. Auch hier gilt die fünfte Marginalbedingung, allerdings mit dem Unterschied, dass die GRGS, GRTS und GRT größer sind als im Falle der geschlossenen Volkswirtschaft, d.h. bei Autarkie. Die kleine offene Volkswirtschaft übernimmt GRGS, GRTS und GRT vom Weltmarkt und spezialisiert sich dann entsprechend ihrer komparativen Kostenvorteile auf die Produktion des Gutes x. Die gesamtwirtschaftliche Wohlfahrt ist höher als im Falle der Autarkie. Die Gewinne durch Handel können gedanklich in zwei Teilkomponenten zerlegt werden: zum Einen in die Gewinne durch Tausch, d.h. durch Gewinne, die durch Handel realisiert werden können, wenn die Produktion im Autarkiezustand fixiert wäre, zum

Anderen in die Gewinne durch Spezialisierung entsprechend den komparativen Vorteilen.

Nun gilt es noch, die Realisierung der vierten und fünften Marginalbedingung **durch den Markt**, zunächst bei Autarkie, darzustellen. Auf einem vollkommenen Markt dehnen die Produzenten ihr Angebot solange aus, bis die Grenzkosten gleich dem Preis sind: $GK_x = p_x$ bzw. $GK_y = p_y$. Daher muss das Verhältnis der Grenzkosten dem Verhältnis der Güterpreise entsprechen: $\frac{p_x}{p_y} = \frac{GK_x}{GK_y}$. Analog gilt für die Konsumenten, dass das Verhältnis der Grenznutzen dem Verhältnis der Güterpreise entsprechen muss: $\frac{p_x}{p_y} = \frac{GN_x}{GN_y} = GRGS$. Passen sich Unternehmen und Konsumenten auf dem Gütermarkt an das gleiche Preisverhältnis an, dann wird die Produktionsstruktur im Gleichgewichtszustand optimal im Sinne der fünften Marginalbedingung sein: $\frac{GN_x}{GN_y} = \frac{p_x}{p_y} = \frac{GK_x}{GK_y}$

Auch für eine kleine offene Volkswirtschaft können diese Marginalbedingungen im Marktmodell abgeleitet werden. Die Weltmarktpreise sind für alle Länder gegeben. Passen sich die Unternehmen in allen Ländern bei Abwesenheit von Handelshemmnissen und Transportkosten und bei unverzerrten Wechselkursen an das gleiche Preisverhältnis an, dann muss das Verhältnis der Grenzkosten in jeweils zwei – und damit in allen – Ländern gleich sein. Folglich gleicht sich die GRT zwischen allen Ländern aus. Dies ist die vierte Marginalbedingung. Effizienzgewinne, die durch eine Spezialisierung entsprechend den komparativen Vorteilen entstehen, werden ausgeschöpft. Zudem gilt unter den getroffenen Annahmen, dass auch die GRGS zwischen zwei Ländern gleich sein und der GRT entsprechen muss. Damit gilt im globalen Optimum, dass auch alle freiwilligen Tauschmöglichkeiten ausgeschöpft werden.

E. Das optimale Faktorangebot

Die Annahme des konstanten und exogenen Angebots an Produktionsfaktoren wird im Folgenden aufgegeben. Jetzt geht es um den Fall, dass das **Faktorangebot endogen** ist. Der Anbieter des Produktionsfaktors Arbeit wägt ab, wie viel von seiner Zeit er für das Arbeiten, wie viel für Freizeit einsetzen will. Der Produktionsfaktor Kapital kann ebenfalls mit unterschiedlicher Intensität eingesetzt werden. Ein Beispiel dafür sind Maschinenlaufzeiten, die von der Nachfrage abhängen können. Hier soll die Marginalbedingung auf das Angebot von Arbeit bezogen werden.

Das Problem, das in der Volkswirtschaft zu lösen ist, betrifft die Entscheidung zwischen Verwendung und Nichtverwendung eines Produktionsfaktors. **Bezogen auf den Produktionsfaktor Arbeit** lautet das Problem konkret: Es muss eine optimale Abstimmung zwischen dem Grenznutzen aus dem Konsum und dem Grenzleid der Arbeit, mit deren Einsatz das Konsumgut hergestellt wird, gefunden werden. Die Lösung hängt von zwei Elementen ab:

- den Präferenzen des Individuums, die durch eine Schar steigender Indifferenzkurven ausgedrückt werden, sowie
- der Produktionsfunktion.

Somit gilt für die sechste Marginalbedingung, die wir nicht ableiten:

Sechste Marginalbedingung. Das Faktorangebot ist optimal, wenn die Grenzrate der Substitution zwischen einem Produktionsfaktor und einem Konsumgut der Grenzproduktivität dieses Produktionsfaktors entsprechen.

F. Die intertemporale Effizienz (die optimale Akkumulationsrate)

Bisher wurde das Allokationsproblem zu **einem bestimmten Zeitpunkt** gelöst. Die Allokationsaufgabe besteht jetzt darin, die **unterschiedlichen Zeitpräferenzen von Investoren und Konsumenten** zu optimieren. Das Gut x entspräche dann dem Gegenwartskonsum C_1, und K sei das Kapitalangebot, d.h. der Verzicht auf Gegenwartskonsum zugunsten von Zukunftskonsum (C_2). Dieser entspräche dem bisherigen Gut y. Die Grenzrate der Substitution lässt sich dann als Grenzrate der intertemporalen Substitution zwischen Gegenwartskonsum und Zukunftskonsum (GRIS) uminterpretieren. Dies führt zur siebten Marginalbedingung:

Siebte Marginalbedingung: Das Verhältnis der Grenznutzen von zwei Gütern, die zu verschiedenen Zeitpunkten verfügbar sind, sind bei allen gleich, die diese Güter nachfragen.

Die Optimalbedingung lautet dann technisch formuliert, dass die intertemporale Grenzrate der Substitution gleich der Grenzproduktivität des Kapitals, d.h. seiner Verzinsung, sein muss: $\frac{dU^i}{dC_1} / \frac{dU^i}{dC_2} = \frac{1}{1+r}$.

G. Zur wirtschaftspolitischen Bedeutung der Marginalbedingungen

In diesem Abschnitt werden die Marginalbedingungen noch einmal zusammengefasst und auf einen Blick dargestellt. Anschließend werden noch einige ihrer Eigenschaften kritisch diskutiert, und wirtschaftspolitische Schlussfolgerungen werden gezogen.

1. **Tauschoptimum**: Das Verhältnis der Grenznutzen, d.h. die Grenzrate der Substitution, zwischen zwei beliebigen Gütern ist für alle Wirtschaftssubjekte gleich, die diese Güter verbrauchen. In einer graphischen Darstellung tangieren sich die Indifferenzkurven zweier Wirtschaftssubjekte. Für jeden Konsumenten ist die Grenzrate der Substitution zwischen zwei Gütern gleich dem reziproken Verhältnis der Preise dieser Güter. Durch weitere Tauschakte kann keiner der Marktpartner mehr einen Vorteil erreichen, ohne dass der andere einen Nachteil erleidet. Die allgemeine Wohlfahrt lässt sich nicht mehr vergrößern.

2. **Optimaler Faktoreinsatz**: Das Grenzprodukt eines Produktionsfaktors stimmt für alle Produzenten überein, die diesen Faktor bei der Erzeugung des gleichen Gutes einsetzen. Durch Umlenkung des Faktors, z.B. durch Arbeitsplatzwechsel, kann die Produktion nicht weiter gesteigert werden.

3. **Optimale Faktorallokation**: Das Verhältnis der physischen Grenzprodukte, d.h. der Grenzrate der Substitution zwischen zwei beliebigen Produktionsfaktoren bei der Erzeugung eines Gutes, ist für alle Unternehmen gleich, die mit Hilfe dieser Faktoren dieses Gut herstellen. In der graphischen Darstellung tangieren sich die Isoquanten der betrachteten Produktionsfunktionen. Jeder Produzent wird die Faktornachfrage solange variieren, bis für jeden eingesetzten Produktionsfaktor dessen Wertgrenzprodukt gleich dem Faktorpreis ist. Durch weitere Reallokationen der Produktionsfaktoren kann die Wohlfahrt nicht mehr gesteigert werden. Die gesamtwirtschaftlichen Durchschnittskosten erreichen ein Minimum.

4. **Optimale Arbeitsteilung** (Produktionsoptimum): Das Verhältnis der sozialen Grenzkosten zweier beliebiger Güter ist bei allen Unternehmen gleich, die diese Güter herstellen. In einer graphischen Darstellung sind

die Steigungsmaße der Transformationskurven gleich. Das Grenzkostenverhältnis der beiden Güter ist gleich dem Verhältnis ihrer Preise. Dieser Marginalbedingung entspricht das Theorem der komparativen Kostenvorteile, das von zentraler Bedeutung in der realen Außenhandelstheorie ist und bei der wirtschaftspolitischen Gestaltung der internationalen Handelsbeziehungen die unter Effizienzaspekten gewünschte Orientierung gibt.

5. **Optimale Produktionsstruktur**: Das Verhältnis der sozialen Grenznutzen ist für jedes Güterpaar gleich dem Verhältnis seiner sozialen Grenzkosten. In der graphischen Darstellung besteht ein Tangentialpunkt zwischen der Grenzrate der Substitution und der Grenzrate der Transformation.

6. **Optimales Faktorangebot**: Diese Marginalbedingung ist für den Produktionsfaktor Arbeit von besonderer Bedeutung. Hier spielt das Arbeitsleid, d.h. die entgangene Freizeit, eine maßgebliche Rolle: Bei steigendem Arbeitsangebot steigt das Grenzleid der Arbeit progressiv an; das zusätzliche Einkommen bei Mehrarbeit muss gerade ausreichen, um den Arbeiter für den Nachteil, nämlich den Verlust an Freizeit, zu entschädigen. Das Angebot des Faktors Arbeit ist optimal, wenn die Grenzrate der Substitution von Einkommen in Muße gleich dem Lohnsatz ist.

7. **Optimale Akkumulationsrate**: Diese Marginalbedingung bezieht sich auf den Kapitalmarkt, d.h. sie fokussiert die Zeitpräferenzen der Investoren und Konsumenten. In der Regel haben Investoren eine größere Zeitpräferenz als Konsumenten. Diese Unterschiede werden durch den Zinsmechanismus ausgeglichen. Im Optimum, d.h. im Zustand der intertemporalen Effizienz, ist das Verhältnis der Grenznutzen zweier Güter, die an unterschiedlichen Zeitpunkten erhältlich sind, bei allen Individuen, die diese Güter haben wollen, gleich.

Die Realisierung der Marginalbedingungen geschieht durch den Marktmechanismus, falls vollständige Konkurrenz herrscht. Das Wohlfahrtsoptimum kann durch eine Koordinierung der einzelwirtschaftlichen Wirtschaftspläne über Marktprozesse, also dezentral realisiert werden. Man braucht nicht den zentralen Planer bzw. den wohlmeinenden Diktator. Aus **allokationstheoretischer Sicht** gibt es **keinen Grund für die Wirtschaftspolitik, in die marktliche Allokation der Ressourcen einzugreifen**, solange die Annahme der vollkommenen Konkurrenz gilt. Ist diese Annahme in einem ganz bestimmten Sinne gestört, wenn nämlich Marktversagen besteht, müsste die Wirtschaftspolitik eingreifen.[20]

Das Modell des zentralen Planers bzw. des wohlmeinenden Diktators hat allerdings nichts mit einer Zentralverwaltungswirtschaft gemein. Die Allokationsaufgabe stellt sich **grundsätzlich**, also in **jeder** Wirtschaftsordnung. Der Vorteil des Marktsystems besteht darin, dass die Individuen ihr dezentral verteiltes Wissen über Präferenzen, Faktorangebote usw. einbringen können. Der Markt sammelt also das Wissen.[21] Bestünde das für die Realisierung des Wohlfahrtsoptimums notwendige Wissen zentral, könnte es auch durch staatliche Steuerung erzeugt werden. Dies ist Gegenstand der Theorie des sog. **Konkurrenzsozialismus**. Darin dürfte es allerdings auch kein privates Eigentum bzw. keine Verfügungsrechte darüber geben, wie sie von Walter Eucken als konstitutiv für eine demokratisch verfasste Marktwirtschaftsordnung angesehen wurden (vgl. Abschnitt I.5). Aber nicht nur deswegen, sondern vor allem wegen des ungelösten Wissensproblems, besteht heutzutage Einigkeit darüber, dass das Modell des Konkurrenzsozialismus keine Chance auf eine vernünftige Realisierbarkeit hat. Das Modell des zentralen Planers hat mithin nur didaktischen Wert.

Die Marginalbedingungen können ein Problem nicht lösen, das durch das Pareto-Kriterium vorgegeben ist: Im Rahmen der Marginalanalyse existieren eine **Vielzahl unterschiedlicher Allokationen, die sämtliche Marginalbedingungen erfüllen.** Es ist aber nicht bekannt, welche Allokation man wählen soll. Man bräuchte zur Klärung dieser Frage mithin eine soziale Wohlfahrtsfunktion vom Bergson-Samuelson-Typ. Die Bedingung für ein gesamtwirtschaftliches Optimum wäre dann gegeben durch die Gleichheit der Grenzrate der sozialen Nutzensubstitution zwischen Individuum 1 und 2 einerseits und der Grenzrate der Nutzentransformation, d.h. der Steigung der Wohlfahrtsgrenze andererseits (vgl. Abbildung II.14).

Dies leitet über zur Lösung des **Verteilungsproblems im Marktmodell**. Diese hängt vor allem von zwei Faktoren ab:

- von der Eigentümerschaft an Produktionsfaktoren: Markteinkommen kann nur erzielen, wer Eigentum an Produktionsfaktoren besitzt, deren Leistungsabgabe am Markt nachgefragt wird.

---

[20] Dass dies so einfach nicht ist, zeigen Überlegungen zur dynamischen Effizienz (vgl. Abschnitt II.5). Dort werden zur vollständigen Konkurrenz alternative Wettbewerbsparadigmen diskutiert.

[21] Er sammelt es nicht nur, sondern er kann das Wissen auch generieren.

- von der Produktivität: Die Höhe der Faktorentlohnung ist an die Produktivität gebunden. Die Produktivität hängt auch von der Einsatzmenge des komplementären Produktionsfaktors bzw. von der relativen Knappheit des Produktionsfaktors ab. Steht beispielsweise relativ viel Kapital pro Arbeitnehmer zur Verfügung, ist die Grenzproduktivität der Arbeit größer als im Falle geringer Kapitalintensität.

Insgesamt gilt, dass das im Markt erzielte individuelle Einkommen vom eigenen Bemühen abhängt, zugleich aber auch durch die einzelwirtschaftlichen Dispositionen einer Vielzahl anderer Wirtschaftssubjekte mitbestimmt wird. Darunter fallen jedoch keine Transfers. Diese Aussage schließt Umverteilungsmaßnahmen durch die Wirtschaftspolitik explizit aus.

Im Folgenden wird die Entwicklung der **Verteilungssituation** durch die marktlichen Beziehungen in der Bundesrepublik Deutschland beleuchtet. Es ist wichtig festzuhalten, dass hier auf die **Einkommen der Bürger vor der staatlichen Umverteilungspolitik** abgestellt wird. Im Rahmen dieser Analyse sind zwei Dimensionen der Verteilungsfrage zu unterscheiden: zum Einen die Frage nach der funktionellen Einkommensverteilung, zum Anderen die Frage nach der personellen Einkommensverteilung.

- **Funktionelle Einkommensverteilung**. Hier wird die Frage gestellt, wie das Einkommen auf die Eigentümer der Produktionsfaktoren Arbeit und Kapital verteilt wird. Relevante Verteilungsmaße sind hier:
- die Lohnquote (Lohneinkommen bezogen auf das Volkseinkommen, bereinigt um die Veränderungen der Erwerbsstruktur) und
- die Arbeitseinkommensquote (Verhältnis am Lohneinkommen je beschäftigten Arbeitnehmer zum Volkseinkommen je Erwerbstätigen, unter Berücksichtigung verschiedener Effekte, insbesondere der Veränderungen der Arbeitgeberbeiträge zur Sozialversicherung, der Produktivität, der Terms of Trade und des Deflators der inländischen Verwendung).[22]
- **Personelle Einkommensverteilung**. Die zentrale Frage hier lautet: Wie wird das am Markt erwirtschaftete Einkommen auf die Haushalte verteilt? Diese Frage ist aus wirtschaftspolitischer Sicht die eigentlich relevante, weil die Individuen bzw. die Haushalte häufig aus mehreren Quellen zugleich Einkommen beziehen. So sind Arbeitnehmer in der überwiegenden Mehrzahl auch Wertpapierbesitzer oder Hauseigentümer, die Zinsen bzw. Mieteinnahmen erzielen.

---

[22] Das Berechnungsverfahren wird in den Jahresgutachten des Sachverständigenrats (Anhang, Methodische Erläuterungen) im Einzelnen dargestellt.

Die Entwicklung der personellen Einkommensverteilung wird vom Sachverständigenrat seit dem Jahre 1998 rückwirkend für den Zeitraum ab 1983 untersucht (vgl. JG 1998/99, Ziffern 199ff.; JG 1999/2000, Ziffern 400ff.; JG 2000/01, Ziffern 498ff.). Die Datenlage ist sehr schwierig. Die benötigten Daten werden aus repräsentativen Befragungen der privaten Haushalte gewonnen und im Rahmen der Einkommens- und Verbrauchsstichprobe (EVS) des Statistischen Bundesamtes (Statistisches Bundesamt a) und des Sozio-oekonomischen Panels (SOEP) des Deutschen Instituts für Wirtschaftsforschung (DIW a) aufbereitet.

- Zum Einen wird auf Grundlage von unterschiedlichen Disparitätsmaßen untersucht, inwieweit sich im Untersuchungszeitraum die **Ungleichheit der Markteinkommen** verändert hat. Das bekannteste Disparitätsmaß ist der **Gini-Koeffizient**, der aussagt, inwieweit die tatsächliche Verteilung von der absoluten Gleichverteilung abweicht (Konzept der Lorenzkurve). Außerdem werden, wie bei empirischen Verteilungsanalysen üblich, die Theil-Koeffizienten und die Verhältniswerte aus verschiedenen Quartalsgrenzen berechnet, um ein möglichst vollständiges Bild über die Entwicklung der personellen Einkommensverteilung zeichnen zu können. Im Ergebnis unterscheiden sich die Aussagen nach der EVS und dem SOEP geringfügig. Insgesamt hat sich die personelle Einkommensverteilung in den achtziger und neunziger Jahren nur wenig gespreizt, wobei gleichzeitig die Markteinkommen im Durchschnitt aller privaten Haushalte gestiegen sind. Die gelegentlich formulierte These, es habe sich in Deutschland ein "Defizit an sozialer Gerechtigkeit" herausgebildet, wird durch die tatsächliche Entwicklung der personellen Einkommensverteilung nicht bestätigt. Die Vermögen sind allerdings ungleicher verteilt.

- Zum Anderen hat der Sachverständigenrat die **vertikale Einkommensmobilität** untersucht. Dahinter verbirgt sich die Frage, ob Möglichkeiten für Individuen bzw. Haushalte bestehen, ihre relative Einkommensposition zu verändern. Das Ergebnis ist, dass zahlreiche private Haushalte innerhalb weniger Jahre aus der unteren Einkommenspyramide herankommen und ihre materielle Lage absolut und relativ verbessern können. Die vertikale Einkommensmobilität in Deutschland ist beachtlich. Die marktliche Einkommensverteilung ist also nicht zementiert, von einer Erosion des Sozialen in der Marktwirtschaft kann trotz gegenteiliger Behauptungen nicht die Rede sein.

Für die Wirtschaftspolitik bedeutet dies in erster Linie, dass sie dem Allokationsziel die höchste Aufmerksamkeit schenken sollte, worunter Verteilungsziele aber nicht vernachlässigt zu werden brauchen. Zu beachten ist allerdings, dass sich der Staat bei Umverteilungsmaßnahmen nicht übernimmt und dadurch Allokationsverzerrungen erzeugt, die Antriebskräfte der Wirtschaft lähmt und damit letztlich das Wachstum beeinträchtigt und Verteilungsspielräume verengt. In einer dynamischen, wachsenden Wirtschaft kann das Verteilungsziel eher erreicht werden als in einer stagnierenden. Wenn überdies die Einkommensverteilung nicht zementiert ist, spricht dies dafür, dass leistungsbereite Individuen durchaus in der Lage sind, ihre Einkommen zu steigern und in der Einkommenshierarchie aufzusteigen.

H. Die Totalbedingungen: Grenzen der Marginalanalyse

Die Marginalbetrachtung beschreibt notwendige Bedingungen für ein Optimum. Bei den Marginalbedingungen geht es um **kleine Veränderungen** beim Tausch, beim Faktoreinsatz, bei der Faktorallokation oder bei der Produktion. Dabei ist unklar, was durch die Marginalbedingungen beschrieben wird: Handelt es sich um ein globales Optimum oder um ein lokales Optimum? Um diese Unterscheidung treffen zu können, müsste eine Totalbetrachtung durchgeführt werden. Zwei Problembereiche werden in diesem Zusammenhang immer genannt:

- **Nicht-Konvexitäten in der Produktion**: Steigende Skalenerträge in der Produktion eines Gutes, z.B. wegen Unteilbarkeiten, können dazu führen, dass die Transformationskurve abschnittsweise konvex verläuft. Das Problem besteht dann in der möglichen Existenz multipler Gleichgewichte, die mit Hilfe der Marginalbedingungen nicht bewertet werden können. Es ist überdies nicht ausgeschlossen, dass man dann ein niedrigeres als optimales Wohlfahrtsniveau realisiert.

- **Niveauveränderungen**: Nicht-marginale Veränderungsmöglichkeiten können ebenfalls mit Hilfe der Marginalbedingungen bewertet werden. Beispiele für nicht-marginale Veränderungen bzw. Sprünge sind die Einführung neuer Produktionstechnologien oder die Entwicklung neuer Produkte. Im Rahmen der Marginalbetrachtungen wird daher der Eindruck erweckt, die Wohlfahrt könne nur durch die Reallokation von bereits Vorhandenem geändert werden, nicht jedoch durch Verfahrensinnovationen und Produktinnovationen.

Herbert Giersch (1961, S. 122ff.) hat daher vorgeschlagen, die Marginalbedingungen durch **Totalbedingungen** zu ergänzen, um auch solchen Niveauveränderungen Rechnung tragen zu können. Giersch zufolge ist ein **totales Optimum** dann erreicht, „...wenn es nicht mehr möglich sein darf, den Wohlstand zu erhöhen, indem ein bisher nicht erzeugtes Gut produziert, ein neuer Betrieb errichtet oder geschlossen, ein neuer Produktionsfaktor verwendet oder ein bisher nur in einigen Betrieben verwendeter Faktor auch in anderen Betrieben eingesetzt wird." (S. 122). Man könnte ergänzen: im Optimum kann auch eine neue Technologie die gesellschaftliche Wohlfahrt nicht erhöhen.

Tatsächlich müssen in der Wirtschaftspolitik freilich häufig **Entscheidungen** getroffen werden, die **struktureller Art** sind. Ein aktuelles Beispiel aus der Verkehrspolitik mag dies verdeutlichen: Der Bau des Transrapid konnte nicht kilometerweise entschieden werden. Für alle Teilstücke hätten die Marginalbedingungen erfüllt sein müssen. Dies war offenbar nicht der Fall, wenn man die Widerstände seitens zahlreicher Bürgerinitiativen, aber auch einiger Länderregierungen als Ausdruck der Abweichung von den Marginalbedingungen interpretiert. Daher braucht die Wirtschaftspolitik als Referenzmaßstab auch die Totalbedingungen. Das Problem mit den Totalbedingungen für die Wirtschaftspolitik ist jedoch, dass sie nicht so detailliert und präzise wie die Marginalbedingungen modelliert und beschrieben werden können. Das mindert aber nicht die ökonomische Bedeutung der Totalbedingungen. Die formale Eleganz der Marginalbedingungen darf nicht dazu verleiten, ihnen allein praktische Relevanz zuzusprechen.

5. Statische Effizienz und dynamischer Wettbewerb

A. Kritik am Modell der vollständigen Konkurrenz

Neben der konstitutionenökonomischen Kritik an der Allokationstheorie (Vgl. Unterabschnitt II.3.D) gibt es die Kritik, die sich so formulieren lässt: Das Modell vollständiger Konkurrenz zur Ableitung der Marginalbedingungen werde den dynamischen Aspekten des Wirtschaftslebens nicht gerecht. Konkret wird bemängelt:

- die fehlende Realitätsnähe der Annahmen sowie
- die statische Natur der Analyse.

Die Kritik am Modell vollständiger Konkurrenz wegen **fehlender Realitätsnähe der Annahmen** ist weit verbreitet. Sie wird auch unter dem Stichwort **Nirwana-Trugschluss** diskutiert. In der Realität treffen die Annahmen generell nicht zu. So ist die Mobilität der Produktionsfaktoren zwischen den Sektoren beschränkt. Wer heute an der Produktion des Gutes x beteiligt ist, wird morgen nicht mit derselben Produktivität das Gut y produzieren können; dies gilt ebenso für den Kapitalstock wie für den Faktor Arbeit. Somit ist die unendliche Reaktionsgeschwindigkeit ebenfalls in Frage zu stellen. Außerdem ist die Transparenz eingeschränkt, d.h. Informationskosten existieren. Überdies ist die Welt der vollständigen Konkurrenz institutionenlos. Unter Institutionen sind in diesem Zusammenhang vor allem Beziehungen zu verstehen, die Transaktionskosten – über die Informationskosten hinaus – verursachen. Es gibt Interessengruppen, und staatliche Stellen haben eigene Interessen. All dies sorgt dafür, dass die Marginalbedingungen in der Praxis nur selten erfüllt sind. Schließlich ist zu beachten, dass die Produkte in der Wirklichkeit nicht unbedingt homogen sind. Produktdifferenzierung findet statt, und zwar auf verschiedenen Teilmärkten in unterschiedlichem Ausmaß. Die Marktstruktur divergiert auf einzelnen Teilmärkten. Mit anderen Worten: Das Modell vollständiger Konkurrenz findet seine Grenzen in der **Komplexität** der tatsächlichen Marktstruktur.

Der zweite Kritikpunkt bezieht sich auf die **statische Natur der Analyse**. Das Modell der vollständigen Konkurrenz bildet lediglich statische Effizienz ab, **dynamische Aspekte werden nicht berücksichtigt**. So sind sämtliche relevanten Größen durch das Modell vorgegeben. Dies muss und kann aber nicht sein. Im Wettbewerb stellen sich diese Größen oftmals erst heraus:

- Gegeben sind im statischen Modell die Produktionstechnik und das Gütersortiment. In der Realität gibt es Innovation und Investitionen in neue Techniken und Produkte.
- Ebenfalls gegeben sind die Präferenzen der Wirtschaftssubjekte. In einem dynamischen Umfeld mit Strukturwandel und Innovationen ändern sich Wünsche, nicht zuletzt durch Werbung, d.h. durch Informationen, die nicht kostenlos zu haben sind.
- Die Faktorausstattung ist ebenfalls gegeben und fix. In der Realität wandelt sie sich aber. Gründe dafür sind Veränderungen im Wachstum der Erwerbsbevölkerung, Investitionen in Humankapital und in Sachkapital nach Innovationen, der durch den internationalen Güteraustausch bedingte Strukturwandel und dessen Auswirkung auf die Faktorintensitäten in der Produktion oder die Tatsache, dass viele natürliche Ressourcen endlich (erschöpfbar) sind und deshalb neue Faktorkombinationen erforderlich werden.

Dies führt zur grundlegenden Kritik an der Theorie des vollkommenen Marktes: Diese Theorie sei nicht geeignet zur Beurteilung der Funktion des Wettbewerbs, da sie den Endzustand, der durch Wettbewerb erreicht werden soll, als Ausgangspunkt annimmt. Darunter fällt z.B. das Wissen um die Kosten der Produktion, auch die der Konkurrenz, und die Präferenzen der Konsumenten. Den Prozess, durch den dieser Zustand herbeigeführt wird, blendet die Theorie aus. Somit werden per Annahme jegliche wettbewerbliche Tätigkeiten in einer Volkswirtschaft ausgeschlossen: Werbung und Produktdifferenzierung, d.h. das Ausnutzen persönlicher Präferenzen der Konsumenten, Preisunterbietung, Aufspüren neuer Produktionen und Informationsdiffusion, d.h. Meinungsbildung und Verwertung des Wissens.

Für die Verwendung des Modells der vollständigen Konkurrenz zur Beurteilung einzelner wirtschaftspolitischer Situationen spricht allerdings der Umstand, dass es der Vereinfachung dient, denn es soll und kann tatsächlich Komplexität reduzieren. Deswegen ist nichts gewonnen, wenn das Modell nun vollständig verworfen wird. Im Gegenteil, es erlaubt, Marktprozesse in Reinheit zu analysieren. Die Klarheit der Annahmen und die Einfachheit der Analyse bringt eindeutige Ergebnisse, die unter Verwendung einer komplexeren, realitätsnäheren Betrachtung so nicht zu erzielen sind. Auf dieser Grundlage lässt sich dann durch Einführung wirklichkeitsnäherer Gesichtspunkte wirtschaftspolitisch argumentieren. Im Folgenden werden die strengen Annahmen des Modells der vollständigen Konkurrenz aufgeweicht und alternative Wettbewerbskonzepte werden vorgestellt.[23]

B. Dynamische Aspekte des Wettbewerbs

In Ergänzung zum statischen Effizienzkriterium als wirtschaftspolitischem Leitbild gibt es das **Kriterium der dynamischen Effizienz**. Es handelt sich dabei im Kern um eine mehrstufige, langfristige, möglicherweise sogar unendliche Betrachtung von Handlungen am Markt. Der Wettbewerb wird vor allem im Zeitverlauf, weniger vom Ergebnis her – wie in der statischen Allokationstheorie üblich – beurteilt. Insofern finden sich in dieser Weiterentwicklung auch Elemente der konstitutionenökonomischen Alternative (vgl. Unterabschnitt II.3.D) wieder.

Das Ergebnis des Prozesses ist unklar. Bekannt ist lediglich, wie der grundsätzliche Rahmen für diese Form des Wirtschaftens aussehen muss, damit überhaupt dynamische Anpassungsprozesse vorgenommen werden und dy-

---

[23] Das Modell der vollständigen Konkurrenz wird durch die Ausbreitung der neuen Informations- und Kommunikationstechniken (Internet) sehr realitätsnah: Das Internet macht durch die vollkommene Informationsbereitstellung die Güter im Urteil der Konsumenten homogen, beseitigt persönliche und räumliche Präferenzen bei Verkäufern und Käufern von Waren und Dienstleistungen, macht die Transaktionskosten der wirtschaftlichen Aktivität sehr niedrig, erhöht die Markttransparenz enorm und stärkt die Konsumentensouveränität nachhaltig. Durch einen Mausklick entscheiden die Marktteilnehmer auf der Angebots- wie auf der Nachfrageseite rund um die Welt mit hoher Geschwindigkeit. Da es sich bei den neuen digitalen Netzen um eine Querschnittstechnologie handelt, das Internet also auch in den klassischen Wirtschaftsbereichen eingesetzt werden kann – dies geschieht bereits zunehmend -, wird sich vielfach vollständige Konkurrenz einstellen.

namische Effizienz erreicht werden kann. Es ist dabei irrelevant, ob der Wettbewerb vollkommen ist. Wichtig hingegen ist, dass es einen funktionstüchtigen bzw. wirksamen Wettbewerb gibt. In dynamischer Sicht sind die Annahmen des statischen Modells zum Teil sogar unerwünscht, um dynamische Wettbewerbsfunktionen zur sichern:

- Renten und Zeit zur Anpassung sind erforderlich, um Pioniergewinne zu sichern, so dass innovativ gehandelt wird. Es findet so eine indirekte Förderung des technischen Fortschritts zur Befriedigung der Konsumentenwünsche statt.

- Wandelnde Präferenzen und Ressourcenausstattungen sind erforderlich, um die Anpassungsflexibilität zu fördern. Es werden neue Alternativen aufgespürt, die bis dato noch nicht bekannt waren.

Wettbewerb in dieser Sicht ist kein Selbstzweck. Es gibt keine ideale Marktform, die unter allen Umständen anzustreben ist. Ebenso sind Abweichungen von den Marginalbedingungen nicht um ihrer selbst willen zu korrigieren (vgl. Kapitel III). Statt dessen werden die grundsätzlichen Funktionen der Konkurrenz angestrebt. Wir erinnern uns an das oberste wirtschaftspolitische Ziel, nämlich den allgemeinen Wohlstand bzw. die gesellschaftliche Wohlfahrt zu mehren. Deshalb wird funktionsfähiger Wettbewerb als Rahmen für die Tauschhandlung am Markt definiert. Seine unmittelbaren Ziele mit Blick auf die Wohlfahrtssteigerung sind:

- Erstellung und Verteilung des Angebots entsprechend der Präferenzen der Nachfrager,
- Verteilung des Markeinkommens nach der Marktleistung,
- Einsatz der Produktionsfaktoren in ihrer produktivsten Verwendungsmöglichkeit,
- Anpassungsflexibilität bei sich ändernden Rahmenbedingungen,
- Förderung des technischen Fortschritts.

Die Verfolgung und Erlangung dieser Ziele ist durch einen Ordnungsrahmen sicherzustellen, der unter der Annahme einer komplexen dynamischen Umwelt folgende Elemente erhält:

- exklusive Eigentumsrechte,
- individuelle Entscheidungsfreiheit,
- keine Zwangsgewalt auf Dritte,

- „spontane" Ordnungen, womit nicht Chaos gemeint ist. Das Internet ist ein Beispiel hierfür.

Es finden sich einige der Euckenschen Prinzipien, sowohl der konstitutiven als auch der regulierenden, in den Elementen der Marktordnungen wieder (vgl. Unterabschnitt I.5). In der Literatur gibt es drei Wettbewerbskonzepte bzw. Interpretationen des Wettbewerbs, die – gemeinsam – dieser Form des funktionsfähigen Wettbewerbs am ehesten entsprechen.

- **Wettbewerb als Entdeckungsverfahren** (v. Hayek 1968). Damit ist eine Funktion des Wettbewerbs zur Entdeckung neuer Produkte, Produktionsverfahren und politischer Lösungen gemeint. Herrscht Wettbewerb, bewirkt das Streben der Individuen nach Einkommensmöglichkeiten derartige Neuerungen, mit deren Hilfe Kosten gesenkt und neue Nachfrage erzeugt werden kann. Auch im politischen Leben kann diese Interpretation des Wettbewerbs angewendet werden. Gebietskörperschaften (Länder, Gemeinden) konkurrieren z.B. um mobile Produktionsfaktoren, mit deren Hilfe die immobilen Faktoren, d.h. die Menschen, Einkommen erzielen können. Im Standortwettbewerb werden neue Lösungen gesucht, um Sachkapital und Humankapital langfristig zu binden. Der Wettbewerb ist kein Selbstzweck, er hat eine klare Funktion.

- **Wettbewerb als Prozess schöpferischer Zerstörung** (Schumpeter 1942). Nicht nur Neues wird im Wettbewerb geschaffen, sondern auch Altes preisgegeben. Neue Produkte verdrängen alte, neue Verfahren ersetzen althergebrachte. Die Geschichte bietet zahllose Beispiele für diesen Prozess des Strukturwandels. Joseph A. Schumpeter sah darin die wichtigste Unternehmerfunktion. Der erfolgreiche Innovator bewirkt wiederum zahlreiche Imitationen und Versuche, auch das Neue zu verdrängen. Das Neue ist mithin nur sehr kurz neu – schnell ist es das Alte. Selbst kurzfristig auftretende Monopole sind deshalb keine Gefahr für den Wettbewerb, sie stimulieren ihn eher. Die wirtschaftspolitische Relevanz dieser Wettbewerbsfunktion liegt darin begründet, dass im Zeitablauf viele Unternehmen vom Markt verschwinden und viele Arbeitsplätze verloren gehen. Dies darf nicht dazu führen, dass die Wirtschaftspolitik diese Unternehmen vor dem Ausscheiden bewahrt und die Arbeitsplätze zu retten sucht. Im Gegenteil, im Verschwinden des Alten liegt die Chance für das Neue mit attraktiven Erwerbsmöglichkeiten für viele. Eine weitere wirtschaftspolitische Versuchung liegt darin, das Neue fördern zu wollen, weil es zukunftsfähige Arbeitsplätze verheißt. Im Zweifel führt das in die Irre. Was „neu" ist kennt der Staat im Voraus nicht, deshalb kann er auch nicht „gezielt" fördern. Versucht er es dennoch, ist die Gefahr groß, dass er auf das falsche Pferd setzt, was sich natürlich erst später herausstellt. Der Strukturwandel von morgen kann dadurch massiv behindert werden. An die Warnung vor staatlichen Strukturprojektionen (Unterabschnitt I.4.C) sei erinnert.

- **Das Konzept der bestreitbaren Märkte** (Baumol et al. 1982). Nach diesem Konzept ist die Marktform nicht ausschlaggebend für die Wirksamkeit des Wettbewerbs. Wichtig ist ausschließlich die Bestreitbarkeit des Marktes. Selbst ein Monopolist ist somit keine Gefährdung für den Wettbewerb, wenn es potentielle Konkurrenten gibt, deren Drohung des Markteintritts für den Fall der Monopolpreisbildung glaubhaft genug ist, die Preise – zumindest annähernd – den Grenzkosten anzupassen. Damit der Markt bestreitbar ist, müssen einige Bedingungen erfüllt sein, die sich aus einer statischen, allokationstheoretischen Analyse ergeben. Die wichtigste ist die Abwesenheit natürlicher Marktzutrittsbeschränkungen, zumeist in Form irreversibler Kosten (vgl. Abschnitt III.4). Bestehen Marktzutrittsbarrieren, kann der Markt versagen. Dann sind regulierende Eingriffe erforderlich.

Insbesondere bei v. Hayek und Schumpeter wird nicht nur die Dynamik betont, es werden auch Institutionen sowie Transaktionskosten berücksichtigt. Damit zeigt diese Wahrnehmung des Wettbewerbs seine Komplexität wesentlich besser auf als das Modell vollständiger Konkurrenz. Diese drei Elemente zusammen machen darüber hinaus deutlich, dass der Wettbewerb wesentlich robuster ist, als es die Beschränkung auf eine statische Effizienzanalyse im Rahmen des Modells vollständiger Konkurrenz glauben macht. Dies hat erhebliche Konsequenzen für die Wirtschaftspolitik, die sich vielfach auf Marktversagen, definiert als Verletzung der Marginalbedingungen, beruft, wenn sie in die Märkte eingreift. So sind z.B. die Ausnahmebereiche im Gesetz gegen Wettbewerbsbeschränkungen (Art. 99 GWB) sämtlich derartig mit Marktversagen begründet. Teilweise steht außer Frage, dass Marktversagen in diesen Sektoren nicht (mehr) besteht.

C. Konsequenzen für die Wirtschaftspolitik

Fasst man die Ergebnisse dieses Kapitels vor dem Hintergrund des wirtschaftspolitischen Zielkatalogs, vor allem aber des Ziels der gesellschaftlichen Wohlfahrtsmaximierung, zusammen, so zeigt sich vor allem Folgendes:

- Gesellschaftliche Wohlfahrt ist streng genommen nicht messbar. Es fehlt der geeignete Indikator (vgl. Unterabschnitt II.2.A).

- Auch eine soziale Wohlfahrtsfunktion kann aus methodischen Gründen nicht gebildet werden (vgl. Unterabschnitt II.2.B).
- Jede wirtschaftspolitische Maßnahme wird vermutlich – zumindest kurzfristig – Gewinner und Verlierer hinterlassen. Diese können nicht individuell kompensiert werden. Einen Ausweg bieten die Generalkompensation oder die konstitutionenökonomische Forderung des Konsensus über die Regeln der Wirtschaftspolitik an. Man kommt auf jeden Fall ohne ein Kriterium zur Erfassung wirtschaftspolitischer Situationen nicht aus (vgl. Abschnitt III.3).
- Die Erfüllung der Marginalbedingungen garantiert ein sozialökonomisches Optimum. Sie lassen sich im Markt erfüllen, wenn die Annahmen der vollständigen Konkurrenz gelten. Ein allokatives Optimum ist unter vielen Verteilungskonstellationen denkbar. Es ist nicht möglich, unter Zuhilfenahme der Marginalbedingungen Aussagen über eine wünschenswerte Verteilung zu treffen (Abschnitt III.4).
- Abweichungen vom allokativen Optimum, das im Marktprozess zustande kommt, werden als Marktversagen bezeichnet. Weicht man allerdings die strengen Annahmen des Modells vollständiger Konkurrenz auf, ist es nicht mehr so einfach, Marktversagen zu identifizieren. Gerade die Verletzung der Annahmen der vollständigen Konkurrenz kann in dynamischer Hinsicht eine permanente Annäherung an einen allokativen Optimalzustand erzeugen (Abschnitt III.5).

Die Kritik an der statischen Allokationstheorie und ihre dynamischen Implikationen machen die Wirtschaftspolitik zu einem sehr schwierigen Unterfangen. Denn zum Einen sind die Marginalbedingungen in der Realität nie erfüllt. Dies kann allerdings nicht heißen, dass in jedem Fall ein Marktversagen zu konstatieren ist. Auf der anderen Seite darf dieser Befund ebenso wenig zu wirtschaftspolitischem Attentismus verleiten und jede Form des wirtschaftspolitischen Eingriffs verneinen. Vielmehr ist eine sorgfältige Analyse der jeweiligen Situation erforderlich, um die richtigen wirtschaftspolitischen Schlüsse zu ziehen (Koch 2001).

Dies ist jedoch recht kompliziert. Denn es gibt nicht nur das Konzept des **Marktversagens**, sondern auch das Konzept des **Staatsversagens**. Unter Staatsversagen[24] versteht man eine verfehlte und nicht angemessene Regulierung eines Marktversagens. Die Gründe dafür sind vielfältig. Ein bedeutsa-

[24] Der Begriff Staatsversagen enthält genau wie Marktversagen keine moralische Dimension. Es ist also nicht das persönliche Versagen der wirtschaftspolitischen Akteure, das irgendwelche Schuldzuweisungen rechtfertigen könnte, gemeint.

mer Grund liegt darin, dass statische Effizienz zu leichtfertig zum Beurteilungsmaßstab erhoben wird und dynamische Aspekte vernachlässigt werden. Dies ist keineswegs nur das Problem der wirtschaftspolitischen Entscheidungsträger. Vielfach wird auch in der ökonomischen Fachliteratur die Abweichung von den Marginalbedingungen ohne weitere Prüfung dynamischer Aspekte als eine Rechtfertigung staatlicher Interventionen und Regulierungen anerkannt. Damit hat jede Regierung eine geeignete Rechtfertigung für derartiges Handeln.

Deshalb wird im folgenden Kapitel das Thema Marktversagen nicht nur in Bezug auf die statischen Marginalbedingungen diskutiert, wie es in der Ökonomik üblich ist. Wegen der wirtschaftspolitischen Bedeutung der richtig bemessenen Regulierung werden dynamische Aspekte generell ebenfalls beleuchtet. Es wird sich zeigen, dass (1) unter statischen und dynamischen Bedingungen auftretendes Marktversagen ein triftiger Grund für staatliche Regulierungen ist und dass (2) die Grenzen zwischen Marktversagen und Staatsversagen fließend und schwer auszumachen sind.

III. Marktversagen als Rechtfertigung für staatliche Einflussnahme

1. Überblick: funktionsfähiger Wettbewerb versus „versagende" Märkte

Es hat sich im bisherigen Verlauf der Analyse gezeigt, dass offene Märkte in der Regel zu einer höchstmöglichen gesellschaftlichen Wohlfahrt führen können. Die Aufgabe der Wirtschaftspolitik besteht darin, für die Funktionstüchtigkeit der Märkte zu sorgen. Sie fügt den Markt bzw. die Märkte[1] in einen Ordnungsrahmen, in dem er funktionieren kann. Dabei sind immer eine Reihe von Fragen im Blick zu halten:

- Was sind die übergeordneten Ziele der Wirtschaftspolitik?
- Wer sind die wirtschaftspolitischen Akteure?
- Welche Instrumente stehen ihnen zur Verfügung?
- Wie erfasst man wirtschaftspolitische Maßnahmen theoretisch?
- Wie wird der Markt grundsätzlich durch Wirtschaftspolitik organisiert? Wir erinnern uns an die Euckenschen Prinzipien, die sowohl **konstitutiv**, d.h. mit Blick auf die Rahmenbedingungen sind, als auch **regulierend**, d.h. mit Blick auf unerwünschte Ergebnisse, vor allem hinsichtlich der Funktionstüchtigkeit der Märkte und der Verteilungsgerechtigkeit, ausgerichtet sind.

Anhand dieser Fragen wird der erhebliche Ermessensspielraum für wirtschaftspolitische Maßnahmen ersichtlich. Dadurch werden wirtschaftspolitische Bewertungskriterien wie die Allokationskriterien und die Marginalbedingungen bei allen Schwächen, die im vorhergehenden Kapitel deutlich wurden, unverzichtbar. Sie bieten eine Hilfestellung zur Bewertung von veränderten Nutzenpositionen, die durch eine wirtschaftspolitische Maßnahme erreicht werden können. Sie bieten darüber hinaus einen Anhaltspunkt dafür an, wann der Markt nicht zur gesellschaftlichen Wohlfahrtsmaximierung führt, wann er also versagt.

Ausgangspunkt der Analyse von **Marktversagen** ist wiederum das Modell der vollständigen Konkurrenz, im Folgenden auch als vollkommener Markt bezeichnet. In der Realität sind die Bedingungen der vollständigen Konkur-

---

[1] Da Märkte für verschiedene Waren und Dienstleistungen immer interdependent sind, werden wir im Folgenden immer vom Markt sprechen.

renz nicht erfüllt, der Markt ist unvollkommen. Wie oben dargestellt, bedeutet dies nicht die Notwendigkeit permanenten staatlichen Eingreifens. In einer dynamischen Perspektive sind derartige Unvollkommenheiten zum Teil sogar allokationstheoretisch vorteilhaft. Vielfach ist die Abweichung von der vollständigen Konkurrenz geradezu ein Beleg für funktionstüchtigen Wettbewerb und einen arbeitenden Markt. Durch Unvollkommenheiten werden Anbieter ermutigt, neue Produkte bzw. neue Produktionsweisen zu schaffen. Neue Arbeitsplätze entstehen, die diejenigen ersetzen, die im Strukturwandel abgebaut werden. Dazu sind die Märkte von der Wirtschaftspolitik bestreitbar, d.h. grundsätzlich offen für Wettbewerb aus dem Inland und dem Ausland zu halten, um Markteintritt wie Marktaustritt zu gewährleisten.

Allerdings gibt es Fälle, in denen auch die Offenheit der Märkte die Wettbewerbsfunktionen nicht sichert. Weder die statischen Marginalbedingungen sind dann erfüllt, noch kommt es zu dynamischem Wettbewerb. Die wirtschaftliche Betätigung ist nicht effizient. Der Markt – oder der Wettbewerb – „versagt". Marktversagen wird dabei oftmals sehr extensiv ausgelegt, nicht selten wird schon das Nichtvorliegen von vollkommener Konkurrenz als Marktversagen definiert. Dies ist nicht korrekt, wie im vorigen Kapitel (insbesondere Abschnitt II.5) gezeigt wurde. In der Wirtschaftstheorie wird Marktversagen anders definiert. Es werden sowohl statische Marginalbedingungen verletzt als auch dynamische Effizienz verfehlt. In solchen Fällen, aber eben nur in solchen, versagt der Markt und sind staatliche Eingriffe nötig, um eine effiziente Ressourcenallokation zu erreichen.[2] Aus der empirischen Forschung wissen wir, dass die Fälle von wirklichem Marktversagen nicht so häufig sind, wie in der öffentlichen Debatte gemeint wird.

Vor dem Hintergrund dieser kritischen Betrachtung des Modells vollständiger Konkurrenz soll nun analysiert werden, wann ein Marktversagen vorliegt: Dies ist eine **positive Analyse**. Denn es wird nicht danach gefragt, was sein soll, sondern nach dem, was tatsächlich ist. Zu fragen ist nun:

- Welche Abweichungen vom Leitbild vollständiger Konkurrenz beeinträchtigen die Funktionstüchtigkeit des Wettbewerbs wirklich?
- Besteht bei jeder Abweichung von diesem Grundmodell ein wirtschaftspolitischer Handlungsbedarf?
- Welche Fehlfunktion ist gravierend genug, um eine wirtschaftspolitische Maßnahme zu rechtfertigen?

---

[2] Vgl. zum Folgenden auch das Lehrbuch von Fritsch, Wein und Ewers (1999).

Die Problematik des Ermessensspielraums wird noch einmal deutlich. Was ist gravierend? Welcher Referenzrahmen kann herangezogen werden? Im Gesetz gegen Wettbewerbsbeschränkungen beispielsweise gibt es Ausnahmebereiche, die nicht unter das Kartellverbot fallen. Sämtliche Ausnahmebereiche werden mit Marktversagen begründet. Fraglich ist aber, ob die theoretische Begründung stets greift, d.h. ob Marktversagen tatsächlich vorliegt, oder ob es sich nur um eine Behauptung handelt, um partikulare Interessen an einem beschränkten oder ganz ausgeschlossenen Wettbewerb (vgl. Kapitel IV). In diesem Fall läge **Staatsversagen** vor (s.o.).

Tabelle III.1: Überblick über verschiedene Ursachen für Marktversagen

Art	Verletzung der Annahmen des statischen Modells	Verletzung der Annahmen der dynamischen Effizienz
Externe Effekte und öffentliche Güter	Konsumentensouveränität, freiwillige Tauschbeziehungen, gegebene Ressourcenausstattung	vollständige Eigentumsrechte, keine „Zwangsgewalt"
Asymmetrische Information	Homogenität der Güter, vollständige Markttransparenz	Informationsdiffusion
Natürliche Monopole und Unteilbarkeiten	Atomistische Marktstruktur, unbegrenzte Mobilität der Produktionsfaktoren/Güter, unbegrenzte Teilbarkeit der Produktionsfaktoren/Güter	bestreitbare Märkte

Es ist im Zusammenhang mit Marktversagen sehr wichtig, ausschließlich über die Funktionsweise des Marktes nachzudenken. Verteilungspolitische Aspekte sind hingegen außer Acht zu lassen, da ihre Relevanz nicht von der Frage nach dem Marktversagen berührt wird. Nur dadurch werden ursachenadäquate Eingriffe ermöglicht. Die ökonomische Theorie hat eindeutige Kriterien für Marktversagen erarbeitet. Darunter fallen externe Effekte von Produktion und Konsum sowie öffentliche Güter, asymmetrische Information sowie das natürliche Monopol und Unteilbarkeiten (Tabelle III.1).

In den vorliegenden Fällen sind beide Effizienzkriterien verletzt, d.h. sowohl das statische als auch das dynamische. Mithin ergibt sich ein wirtschaftspolitischer Handlungsbedarf, der im Folgenden problematisiert werden soll. Wir beginnen mit der Analyse externer Effekte und öffentlicher Güter.

2. Externe Effekte und öffentliche Güter

A. Grundlagen: Was ist ein externer Effekt?

Im Markt findet ein Tausch von Waren und Dienstleistungen statt, den man auch als einen Tausch von Rechten an diesen Waren und Dienstleistungen, verbunden mit den äquivalenten Nutzen und Kosten, bezeichnen kann. Jedes Individuum muss für ein erworbenes Recht zahlen, so wie es ein Entgelt für die Abgabe eines Rechtes erhält. Wenn die Rechte eindeutig zuweisbar sind, hat die Aktivität eines Individuums keinen Einfluss auf die Kosten oder Nutzen anderer Individuen. Mit anderen Worten: Sämtliche Kosten und Nutzen einer Aktivität fallen beim Verursacher an.

Dies ist jedoch nicht immer der Fall. Es ist durchaus denkbar und häufig in der Realität der Fall, dass die ökonomische Aktivität eines Individuums eine unmittelbare Auswirkung auf die Produktions- oder Konsummöglichkeiten eines anderen Individuums hat. Es besteht dann ein direkter Zusammenhang zwischen den Nutzenfunktionen mehrerer Individuen, der nicht über den Marktmechanismus erfasst wird und entsprechend nicht über den Preis kompensiert wird. Der Markt als Allokationsmechanismus wird umgangen. Als Folge weichen nun die **privaten** Kosten bzw. Nutzen, d.h. die den Einzelnen zurechenbaren Nutzen oder Kosten, von den gesamtgesellschaftlichen, d.h. **sozialen**, Kosten bzw. Nutzen, die der Gemeinschaft zukommen bzw. entstehen, ab. Die Differenz ist der externe Effekt. Diese externen Effekte können beim Konsum oder durch Produktionsaktivitäten entstehen:

- Ein Konsument wird durch die Produktion oder den Konsum eines anderen Akteurs berührt. Seine Nutzenfunktion U_I ändert sich im Vergleich zur Situation ohne externen Effekt: $U^1 = U(x^1, y^1, Z)$. Die Variable Z beschreibt die Aktivitäten Dritter, die den Nutzen des Konsumenten beeinflussen.

- Ein Produzent des Gutes x wird in seinen Produktionsmöglichkeiten durch den Konsum oder die Produktion eines anderen Akteurs beeinflusst. Seine Produktionsfunktion Π_X ändert sich im Vergleich zur Lage ohne externen Effekt $\Pi_x = \Pi(K_x, A_x, Z)$. Die Aktivitäten Dritter werden wiederum durch Z beschrieben.

Zwei unterschiedliche Wirkungsrichtungen sind möglich. Zum Einen kann es Nutzen ohne Kosten, d.h. Rechte ohne Entgelt geben. Dann liegt ein **positiver externer Effekt** vor. Ein klassisches Beispiel ist die Tätigkeit des Imkers, dessen Bienen die Obstbäume im benachbarten Garten befruchten, ohne dass der Imker dafür einen Ausgleich erhält. Ein wirtschaftspolitisch relevantes Beispiel ist die Tätigkeit einer Gewerkschaft, die für sämtliche Beschäftigten in einem Sektor Lohnverhandlungen führt und Tarifverträge abschließt, ohne dass diese Mitglieder der Gewerkschaft sind. Die nicht gewerkschaftlich organisierten Beschäftigten kommen in den Genuss der Dienstleistung Lohnverhandlung, ohne dafür ein Entgelt zu entrichten. Hinsichtlich dynamischer Effizienz kann man zudem die Grundlagenforschung nennen, die allen zugute kommt, wenn sie durch einen oder wenige finanziert und durchgeführt wird. Auf der anderen Seite kann es den Fall der Kosten ohne Nutzen, anders ausgedrückt: Entgelt ohne Rechte, geben. Dann liegt ein **negativer externer Effekt** vor. Umweltverschmutzung ist das Beispiel schlechthin (vgl. Unterabschnitt III.2.D).

Diese Effekte werden auch **technologische externe Effekte** genannt. Sie treten durch Aktivitäten Dritter auf, die über den Markt nicht abgerechnet werden. Davon abzugrenzen sind die **pekuniären externen Effekte**, die aus den Tauschbeziehungen am Markt resultieren.[3] So verändern Innovationen Knappheiten und lösen Preissenkungen oder Preissteigerungen aus. Einige Unternehmen werden davon negativ betroffen sein und eventuell aus dem Markt ausscheiden. Pekuniäre Externalitäten sind kein Problem für die Wirtschaftspolitik. Im Gegenteil sind sie aus Effizienzüberlegungen wünschenswert, weil sie den Wettbewerb beleben und dynamische Effizienz ermöglichen.

Technologische Externalitäten hingegen verzerren durch die Diskrepanz zwischen sozialen und privaten Kosten die Allokation über einen „falschen" Preismechanismus: Denn der Einzelne berücksichtigt nur den privaten Nutzen und die privaten Kosten der Produktion bzw. des Konsums bei seinen Entscheidungen. Die Marginalbedingungen werden in Frage gestellt, da die Beziehungen zwischen individuellen Dispositionen, Preisrelationen und dem gesamtwirtschaftlichen Wohlstandsoptimum nicht mehr bestehen. Wir erinnern uns: Das Produktionsoptimum und das Tauschoptimum bringen den Marktpreis mit den (sozialen) Grenzkosten bzw. dem (sozialen) Grenznutzen in Einklang: Im Modell vollständiger Konkurrenz gilt hier auf der Produktionsseite die folgende Formel: $privateGK = sozialeGK = p$. Die fünfte Marginalbedingung implizierte sogar ein totales Optimum:

$$privateGK = sozialeGK = p = privateGN = soialeGN\ .$$

Diese Formel gilt nicht mehr bei technologischen externen Effekten. Im Falle der positiven externen Effekte wird zu wenig produziert, weil die so-

[3] Auf diese wichtige Unterscheidung bei der Definition der externen Effekte hat erstmals Tibor Scitovsky (1954) hingewiesen.

zialen Grenznutzen über dem Preis und den privaten Grenzkosten liegen. Die Gesellschaft hätte gerne zum herrschenden Preis mehr von dem Gut, als der Produzent herzustellen und zu liefern bereit ist. Bei negativen externen Effekten sinken die privaten Grenzkosten unter die sozialen Grenzkosten. Der Verursacher hat einen Anreiz, die Aktivitäten solange auszuweiten, bis die privaten Grenzkosten dem Preis entsprechen. Die sozialen Grenzkosten liegen darüber, so dass ein gesamtwirtschaftlicher Schaden entsteht. In beiden Fällen führt der Markt zu suboptimalen allokativen Ergebnissen. Der Staat muss regulierend eingreifen.

Eine besondere Form von externen Effekten sind die – positiven – **Netzwerkexternalitäten** von Waren oder Dienstleistungen (Katz und Shapiro 1985). Für das einzelne Wirtschaftssubjekt hängt der Nutzen eines Netzwerkgutes – z.B. das Telefon oder ein Textverarbeitungsprogramm – davon ab, wie viele andere Wirtschaftssubjekte ebenfalls dieses Gut besitzen. Der externe Effekt entsteht dadurch, dass der zusätzliche Kunde einer Telefongesellschaft oder eines Softwareherstellers den Nutzen aller anderen Kunden erhöht (der Personenkreis, mit dem der Einzelne kommunizieren und Geschäfte tätigen kann, wird größer), hierfür aber nicht kompensiert wird. Dieses Marktversagen hat im Prinzip drei Implikationen: Erstens könnten die Netze suboptimal dimensioniert sein, weil potentielle Neukunden wegen der fehlenden Kompensation keinen oder nur einen sehr geringen Anreiz haben, dem Netz beizutreten. Zweitens mag ein Markt erst gar nicht zustande kommen, wenn nicht eine Mindestanzahl von Nutzern mitmacht; die Kosten für die Errichtung und den Betrieb des Netzes wären unterhalb einer kritischen Masse zu hoch. Drittens ist es möglich, dass sich neue Netzwerktechnologien gegenüber etablierten Techniken, die bereits einen breiten Kundenstamm haben, nicht durchsetzen. Wenn der neue technische Standard „eigentlich" der bessere ist, aber wegen der Externalität nicht zum Zuge kommt, verlangsamt sich das Tempo des technischen Fortschritts und insoweit auch das des wirtschaftlichen Wachstums. Wie relevant Netzwerkexternalitäten im Sinne eines technologischen externen Effekts in der Realität sind, ist umstritten; es könnte sich auch um pekuniäre externe Effekte handeln (Liebowitz und Margolis 1994). Daher ist auch unklar, ob direkter Regulierungsbedarf zur Kompensation eines externen Effektes besteht oder der Staat wettbewerbspolitisch handeln sollte. Im letzteren Fall müsste ex ante gewährleistet sein, dass das Netz eines etablierten Unternehmens für Dritte geöffnet und offengehalten wird, und es müsste ex post eine wettbewerbsrechtlich strenge Missbrauchsaufsicht stattfinden, die den etablierten Anbieter eines Netzwerkgutes daran hindert, durch das Ausnutzen einer marktbeherrschenden Stellung potentiellen Konkurrenten den Markteintritt faktisch zu verbauen.[4]

B. Öffentliche Güter als Extremfall positiver externer Effekte

Im Extremfall können positive externe Effekte dazu führen, dass bestimmte Güter gar nicht mehr angeboten werden. Dies ist dann der Fall, wenn das entsprechende Gut zwei Eigenschaften hat, nämlich fehlende Rivalität im Konsum und Nichtausschließbarkeit Einzelner vom Konsum (Tabelle III.2).

- Normalerweise können Waren und Dienstleistungen nur einmal konsumiert werden. Wenn Individuum 1 ein Gut – z.B. ein dreigängiges Menü – konsumiert, ist dies für jedes andere Individuum unmöglich. Mit anderen Worten, es besteht **Rivalität im Konsum**. Es gibt jedoch auch Fälle, in denen der Konsum eines Individuums die Möglichkeiten anderer Individuen, dieselbe Ware oder Dienstleistung ebenfalls zu konsumieren, nicht einschränken. Die oben bereits erwähnten kollektiven Lohnverhandlungen sind ein Beispiel dafür, der Fernsehkonsum ein anderes. In diesem Fall besteht **Nichtrivalität im Konsum**.

- Üblicherweise kommen bei tauschwirtschaftlicher Betätigung jene Nachfrager nicht zum Zuge, deren Zahlungsbereitschaft für den Erwerb eines Produkts geringer ist als die anderer Nachfrager. Der Preis fungiert als Ausschlussmechanismus. Dies ist typisch auf dem Markt für private Güter. Es gibt aber Situationen, in denen niemand vom Konsum ausgeschlossen werden kann, weil es technisch oder rechtlich nicht möglich ist oder extrem aufwendig wäre. Dies gilt z.B. bei Maßnahmen zur Luftreinhaltung. In diesem Fall besteht **Nichtausschließbarkeit im Konsum**.

- Nichtrivalität und Nichtausschließbarkeit im Konsum machen Güter zu **öffentlichen Gütern**.

---

[4] Die Problematik wird durch das Antitrust-Verfahren gegen Microsoft veranschaulicht. Gegen dieses Unternehmen hatte 1998 u.a. das Bundesjustizministerium der Vereinigten Staaten mit dem Vorwurf geklagt, Microsoft habe mit dem Betriebssystem Windows eine Monopolstellung und benutze diese, um auch den Markt für Internetbrowser zu beherrschen und auf diese Weise Konkurrenten (z.B. Netscape) zu verdrängen. Das angerufene Gericht gab den Klägern recht und verfügte die Aufspaltung von Microsoft; das daraufhin eingeleitete Berufungsverfahren ist noch nicht abgeschlossen. Vgl. Sachverständigenrat, JG 2000/01, Ziffern 223-234.

- Daneben kann die Politik beschließen, dass bei bestimmten Gütern niemand vom Konsum ausgeschlossen werden darf. Ein Beispiel ist die Ausbildung. Hier liegt keine technologische Externalität vor, solange der gute bzw. schlechte Bildungsstand einiger Menschen keine positiven bzw. negativen Auswirkungen auf andere hat. Doch die Regierung sorgt sich, dass über den Markt das Güterangebot zu gering sein könnte, wenn allein die Konsumentensouveränität gelten würde. Also muss die Politik einspringen. In der Regel handelt es sich um sog. **meritorische Güter** (Musgrave 1959).

Tabelle III.2: Rein private vs. rein öffentliche Güter

Privates Gut	**Öffentliches Gut**
Rivalität im Konsum	
• Konsum ist auf einen bestimmten Konsumenten begrenzt und damit rivalisierend. • Der Nutzen eines Gutes ist internalisiert.	• Konsum ist nicht auf einen bestimmten Konsumenten begrenzt und damit nicht rivalisierend. • Der Nutzen eines Gutes ist externalisiert, er kommt anderen Individuen ebenfalls zugute, ohne dass dadurch der Nutzen eines anderen beeinträchtigt wird.
Ausschlussprinzip	
• Austausch am Markt geschieht durch Übertragung eines Eigentumsrechts. • Preis wirkt als Knappheitssignal. • Konsumenten ohne Zahlungsbereitschaft für ein Gut werden automatisch vom Konsum ausgeschlossen.	• Kein Markt: Übertragung eines Eigentumsrechts ohne Entgelt. • Preis kann nicht ermittelt werden. • Konsumenten ohne tatsächlich geleistete Zahlung können nicht vom Konsum ausgeschlossen werden. **a) Ausschluss nicht möglich** • Eigentumsrechte können nicht – oder nur mit sehr hohen Kosten – definiert werden. **b) Ausschluss unerwünscht** • Wegen Nichtrivalität im Konsum kann die Gesamtwohlfahrt gesteigert werden, denn ein zusätzlicher Nutzer verursacht keine Kosten: $GK = p = 0$, nachdem das Gut bereitgestellt wurde.

Somit sind **öffentliche Güter eine extreme Erscheinungsform positiver externer Effekte**. Es gibt einen hundertprozentigen externen Effekt. Die Produktion solcher Güter erscheint somit aus gesamtgesellschaftlichen Wohlfahrtsüberlegungen heraus wünschenswert. Problematisch ist allerdings, dass die einzelnen Wirtschaftssubjekte ihre Präferenzen für das öffentliche Gut nicht offenbaren. Sie werden keine freiwillige Zahlungsbereitschaft zeigen mit der Folge, dass das Gut dann möglicherweise überhaupt nicht bereitgestellt wird. Damit ist das **Trittbrettfahrerproblem** bzw. **"Free-Rider-Problem"** eingeführt. Dies kann anhand eines einfachen Beispiels verdeutlicht werden:

Eine Straßenbeleuchtung soll errichtet werden, die 5000 Euro kostet. Es würden genau 1000 Personen dadurch einen positiven Nutzen erfahren. Theoretisch beträgt die Zahlungsbereitschaft des Einzelnen 10 Euro. Diese Zahlungsbereitschaft könnte man auch als den Grenznutzen bezeichnen, wenn der Nutzen kardinal messbar wäre (vgl. Abschnitt II.1). Wenn alle freiwillig zahlen würden, müsste jeder somit 5 Euro zahlen und hätte dadurch einen Nettogewinn von 5 Euro. Die Präferenzen werden allerdings nicht offenbart, und die Begünstigten werden nicht zahlen. Eine einfache spieltheoretische Analyse zeigt die Logik auf: Zahlt z.B. nur eine Person, aber alle anderen nicht, so wird der gezahlte Betrag zu gering sein, um zur Bereitstellung des öffentlichen Gutes zu führen. Zahlt die einzelne Person nicht, jedoch alle anderen, kann sie – unter der Annahme, dass das Gut dennoch bereitgestellt wird – einen Gewinn von 10 Euro erzielen, während alle anderen jeweils etwas mehr als 5 Euro – nämlich genau 5,005 Euro – zahlen müssten, d.h. nur etwas weniger als 5 Euro Nutzen haben. Dies ist die dominante Strategie aus Sicht jedes Einzelnen. Folglich wird jeder Einzelne sich entsprechend verhalten und alle werden defektieren, was zum **Nash-Gleichgewicht** führt, in dem jedoch alle schlechter stehen, als wenn sie kooperieren würden. Die Zahlen in der Abbildung III.1 beziehen sich auf den individuellen Nettonutzen unter der Annahme, er sei kardinal messbar.

Die dominante Strategie für alle ist die Defektion. Denn jeder muss damit rechnen, dass er der einzige Zahlungswillige ist. Er zahlt 5 Euro, ohne dass die Straßenbeleuchtung errichtet wird. Sein Nettonutzen ist dann –5, sofern er die geleistet Zahlung nicht zurück erhält. Wenn alle kooperieren, haben alle den höchsten Nutzen, nämlich 5 Euro, weil die Straßenbeleuchtung gebaut wird. Somit liegt hier ein typisches **Gefangenendilemma** vor. Der Anreiz zum Trittbrettfahren steigt im Übrigen mit der Größe der Gruppe an, weil es sehr schwierig ist, jeden einzelnen zu kontrollieren.

Abbildung III.1: Nettonutzen aus der Bereitstellung eines öffentlichen Gutes

	Alle anderen	
Der Einzelne	kooperieren (zahlen)	defektieren (zahlen nicht)
kooperiert (zahlt)	**5 / 5**	**-5 / 0**
defektiert (zahlt nicht)	**10/, <5**	**0 / 0**

Also besteht hier ein wirtschaftspolitischer Handlungsbedarf für die öffentliche Hand. Sie sollte das Gut bereitstellen und über Abgaben finanzieren. Dabei bestehen einige Probleme. Insbesondere das Informationsproblem spielt eine Rolle:

- Welche Menge des öffentlichen Gutes ist bereitzustellen? Mit anderen Worten: Wie hoch sind die Präferenzen der Steuerzahler für dieses Gut bzw. ihr Nutzen daraus?
- Wie soll die Bereitstellung organisiert werden? Wie kann sichergestellt werden, dass ein privater Produzent das öffentliche Gut zu Grenzkosten an den Staat verkauft?

Die Bereitstellungskosten können durch dieses Informationsproblem enorm ansteigen. Dies gilt vor allem dann, wenn die optimale Menge des öffentlichen Gutes deutlich unter der bereitgestellten Menge liegt. Um das Informationsproblem möglichst gering zu halten, sollte auf der jeweils niedrigsten, also einer dezentralen Ebene festgelegt werden, wie viel zu welchem Preis produziert wird. Viele öffentliche Güter stiften nur einen räumlich begrenzten Nutzen, was allerdings bedeutet, dass überregional ein Ausschluss wohl möglich ist. Insofern wird hier der Äquivalenzgedanke angewendet.

Es fällt sehr schwer, in der Realität Anwendungsbeispiele für reine öffentliche Güter zu finden. In der Regel werden die Landesverteidigung und die innere Sicherheit an erster Stelle genannt (so schon Adam Smith 1776). In der Tat ist eine private Bereitstellung und Finanzierung dieser Dienstleistungen schwer vorstellbar.[5] Ein weiterer typischer Lehrbuchfall des öffentlichen Gutes ist der Leuchtturm. Für ihn gelten so offenkundig beide Kriterien ei-

5 Abgesehen davon mögen auch viele Menschen Unbehagen bei der Vorstellung empfinden, dass private Unternehmen für die innere Sicherheit sorgen. Zahlungskräftige Großkunden könnten schließlich versucht sein, das öffentliche Gut zu privatisieren.

nes öffentlichen Gutes, nämlich Nichtrivalität im Konsum und fehlende Ausschließbarkeit, dass seine Eigenschaft als öffentliches Gut selten hinterfragt werden. Ronald Coase (1974) zeigt jedoch anhand historischer Daten für Großbritannien, dass Leuchttürme sehr lange privat finanziert worden sind. Die Kosten wurden durch in den Häfen fällige Gebühren für jedes Schiff getragen.[6] Es zeigt sich, dass selbst bei Vorlage der Voraussetzungen für öffentliche Güter eine staatliche Bereitstellung nicht unbedingt erforderlich ist, zumindest aber einer genauen Prüfung bedarf.

Bislang wurden weitgehend **reine öffentliche Güter** betrachtet, deren Konsum nicht-rivalisierend ist und wo ein Ausschluss unmöglich erscheint. Darunter fallen wie erwähnt Maßnahmen zur Luftreinhaltung, der Bau von Straßenbeleuchtungen sowie die Organisation der Landesverteidigung. Allerdings gibt es auch Güter, die entweder nur Nichtrivalität im Konsum oder nur fehlende Ausschließbarkeit aufweisen (Abbildung III.2). Es stellt sich dann die Frage nach dem Charakter solcher Güter.

Wenn der Konsum zwar rivalisierend ist, jedoch keine Möglichkeit des Ausschlusses besteht, spricht man von einem sog. Allmendegut. Jeder hat Zugriff auf das Gut, das allerdings knapp ist. Es entsteht dann ein Problem negativer Externalitäten (s.u.). Ist jedoch der Ausschluss möglich, verliert das Gut automatisch die Eigenschaften eines öffentlichen Gutes. Ein aktuelles Beispiel ist die Fernsehübertragung eines Sportereignisses oder Konzerts durch einen privaten Anbieter von Pay-TV oder Pay-per-View-TV. Wer nicht bereit ist, den benötigten Decoder zu kaufen, wird vom Konsum dieser Dienstleistung ausgeschlossen, obwohl Nichtrivalität im Konsum besteht.

Abbildung III.2: „Mischgüter“

	Ausschluss	
Konsum	möglich	nicht möglich
rivalisierend	Privates Gut	**Allmendegut**
nicht rivalisierend	**Klubgut**	Öffentliches Gut

Somit macht es Sinn, zwischen öffentlichen Gütern und öffentlich bereitgestellten bzw. öffentlich bezuschussten Gütern zu unterscheiden. In der wirtschaftspolitischen Debatte werden viele Güter als öffentliche Güter bezeich-

[6] Ohne einen gewissen Zwang war die Finanzierung in der Tat nicht möglich.

net, die eigentlich private Güter sind, aber öffentlich bereitgestellt werden. Hier liegt zum Teil Staatsversagen vor, zum Teil ist das Motiv der staatlichen Bereitstellung ein anderes. Staatliche Entscheidungsträger sind der Auffassung, das entsprechende Gut wird zu wenig nachgefragt, und beschließen, die Nachfrage künstlich durch ein öffentliches Angebot zum Preis unter den Grenzkosten oder gar von Null[7] zu steigern. Dies sind die erwähnten **meritorische Güter**. Anwendungsbeispiele sind der Impfschutz und die Ausbildung an der Universität.

Beim Impfschutz kann man positive externe Effekte erwarten. Jeder der sich impfen lässt, stellt keine Gefahr mehr für andere Menschen dar sich anzustecken. Deshalb spricht viel dafür, dass der Impfschutz flächendeckend vorgenommen wird. Die soziale Nachfrage ist also hoch, es würde die Menge X_p nachgefragt (Abbildung III.3). Allerdings sind für den Einzelnen Kosten mit der Impfung in Form des Entgeltes für den Arzt verbunden. Deshalb wird die private Nachfrage geringer als die soziale ausfallen (X_p). Ein Zuschuss in Höhe der Differenz der Zahlungsbereitschaft könnte vom Staat an den Konsumenten gezahlt und über Steuern finanziert werden. Die Nachfrage nach Impfung steigt auf das gesellschaftlich gewünschte Maß (X_g) an. Das neue Gleichgewicht liegt in Punkt *G*.

Dies entspricht einer proportionalen **Pigou-Subvention** (vgl. Unterabschnitt III.2.C) zur adäquaten Internalisierung des positiven externen Effekts. Dieser Eingriff ist allerdings nicht unproblematisch, denn

- die Ausdehnung der Staatstätigkeit könnte wiederum mit negativen Allokationseffekten einhergehen. Marktversagen könnte zu Staatsversagen führen (vgl. Abschnitt IV.1).
- Außerdem droht eine Einschränkung der Konsumentensouveränität unter dem Vorwand „verzerrter Präferenzen". Der Staat könnte z.B. den Konsum von Zigaretten, Alkohol oder Drogen als **demeritorische Güter**, d.h. als zuviel konsumierte Güter bezeichnen und entsprechend vorgehen.

Vermutlich wäre es aus **Effizienzüberlegungen** vorzuziehen, dass der Staat sich auf die **Bereitstellung rein öffentlicher Güter beschränkt**. Dies lässt sich durch das folgende Beispiel veranschaulichen:

Die Universitätsausbildung in Deutschland wird nahezu vollständig durch die öffentliche Hand finanziert. Als Folge werden aus Sicht des Einzelnen die

[7] Der tatsächliche Preis ist natürlich höher, weil das Gut über Steuern usw. finanziert wird.

Grenzkosten des Studiums, genau wie der Preis, den Wert Null annehmen, wenn man von den Opportunitätskosten des Studiums absieht.[8] Entsprechend wird – gemäß Marginalbedingungen – bis zu dem Punkt nachgefragt, wo der Grenznutzen diesen Grenzkosten entspricht und ebenfalls den Wert Null annimmt. Die Differenz zwischen den entstehenden Kosten und den vom einzelnen Studierenden wahrgenommenen Kosten wird über Steuern vom Staat finanziert. In einer ökonomischen Analyse ist zunächst zu fragen, inwieweit positive Externalitäten bestehen oder ob es sich gar um ein öffentliches Gut handelt. Positive Externalitäten der Ausbildung sind vermutlich gering. Sie beschränken sich darauf, dass eine höhere durchschnittliche Bildung die gesamtwirtschaftliche Dynamik in der Volkswirtschaft erhöhen könnte. Den Hauptanteil der zusätzlichen Erträge durch ein Studium kann sich der Studierende in Form eines im Vergleich zur Berufsausübung ohne Studium höheren Lebenseinkommens privat aneignen. Universitätsdienstleistungen sind somit kein öffentliches Gut, jedenfalls nicht in der Ausbildung, weil sowohl Rivalität im Konsum als auch Ausschließbarkeit möglich sind. Am ehesten kann man Eigenschaften eines öffentlichen Gutes noch in der Grundlagenforschung vermuten.

Abbildung III.3: Impfung als meritorisches Gut

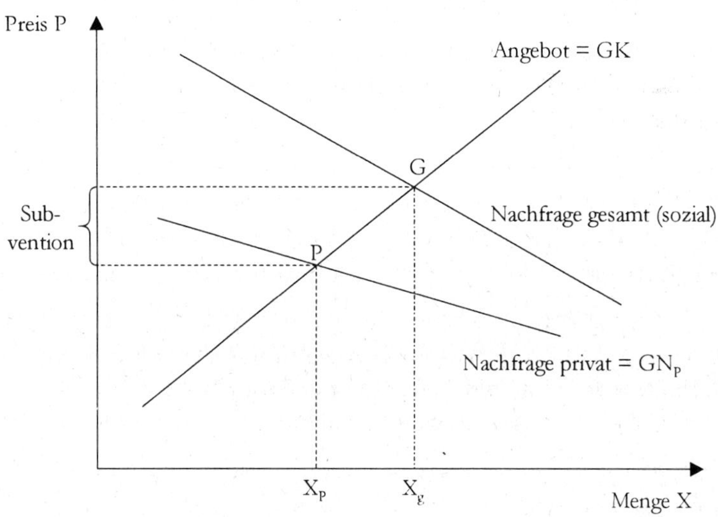

[8] Wenn das Studium erfolgreich abgeschlossen wird, sind die abdiskontierten Opportunitätskosten vermutlich gering, weil das Lebenseinkommen stark ansteigen kann.

Somit hat die öffentliche Bereitstellung des privaten Gutes Bildung negative Allokationseffekte, vor allem in dynamischer Hinsicht:

- Private Anbieter von Bildung werden verdrängt.
- Die Nachfrage wird künstlich ausgedehnt. Fehlanreize entstehen dergestalt, dass ein Studium nicht zwingend einem rationalen Kalkül folgend aufgenommen wird, insbesondere mit Blick auf die künftigen Berufsmöglichkeiten. Dies gilt besonders für die Wahl des Studienfaches. Hätte jeder die Kosten seines Studiums selbst zu tragen, würde er sorgfältig abwägen zwischen einem Studium, „das Spaß macht", und einem Studium, das interessante Erwerbschancen verspricht.
- Möglicherweise kommt es sogar zu negativen externen Effekten in Form einer „unangemessenen" Humankapitalbildung. Auf jeden Fall besteht die Tendenz zu einer Überfüllung der Hochschulen. Darunter haben bekanntlich zahlreiche deutsche Universitäten zu leiden.
- Dies zieht Bürokratieprobleme nach sich. Die Nachfrager müssen auf das Angebot verteilt werden. Eine Zentralstelle für die Vergabe für Studienplätze (ZVS) muss eingerichtet werden, die in den überfüllten Studiengängen für die erforderlichen Zulassungsbeschränkungen bei Studienanfängern sorgt. Der Markt als Allokationsmechanismus entfällt, an seine Stelle tritt planwirtschaftliches Handeln. Dass in einem solchen System jeder Studierende den Studienplatz seiner Wahl und ob die Universitäten den Studentenmix ihrer Wahl bekommen, bleibt offen und ist unwahrscheinlich.
- Steuerzahler werden stärker belastet, möglicherweise vorwiegend diejenigen, die selber nicht studiert haben und ein – im Durchschnitt – entsprechend geringeres Lebenseinkommen erzielen. Die Frage nach der Verteilungsgerechtigkeit dieses Arrangements liegt nahe.

Derartige Kritik gilt im Grunde immer, wenn der Staat private Güter zu öffentlichen Gütern macht. Deshalb erfordert die Beseitigung des Marktversagens „positiver externer Effekt" eine sehr genaue Analyse der Situation und wirtschaftspolitisches Fingerspitzengefühl. Im Unterabschnitt V.4.D werden alternative Formen der Bereitstellung von Hochschulausbildung diskutiert.

C. Das Umweltproblem als negativer externer Effekt

Während positive externe Effekte dazu führen, dass von dem entsprechenden Gut bzw. der Dienstleistung zu wenig angeboten wird, bewirken negative externe Effekte eine übermäßige Aktivität, weil die privaten Grenzkosten unter den sozialen liegen. Einzelwirtschaftlich ist dieses Verhalten rational, gesamtwirtschaftlich jedoch schädlich. Am Beispiel der Umweltproblematik lässt sich das Problem negativer externer Effekte sehr gut verdeutlichen. Die Verschmutzung der Umwelt im Zuge von Produktion und Konsum wird bei isolierter Sicht vermutlich von der überwiegenden Mehrheit abgelehnt. Dennoch findet sie statt. Eine positive ökonomische Analyse kann erklären, dass einzelwirtschaftliche Rationalität und nicht üble Absicht, fehlendes Gewissen und dergleichen mehr dafür verantwortlich ist.

Zunächst befassen wir uns mit dem **Allmendeproblem**. Ein Allmendegut ist durch rivalisierenden Konsum bei fehlender Ausschließbarkeit von der Nutzung gekennzeichnet. Ein Beispiel ist die mittelalterliche englische Viehweide in den Dörfern und Gemeinden, die gemeinschaftlich genutzt werden konnte. Ein heutzutage relevantes Beispiel ist die Nutzung der Weltmeere als Fischgrund. Fischer aus der ganzen Welt nutzen sie, ohne eine Verantwortung für die Pflege des Bestandes zu übernehmen. Einzelwirtschaftlich macht dies auch keinen Sinn. Hier besteht die Analogie zum Gefangenendilemma, wie in Unterabschnitt III.2.A für die Straßenbeleuchtung beschrieben. Der Einzelne ist quasi in seiner subjektiven Rationalität gefangen.

Das ökonomische Problem liegt mithin in der Übernutzung der Allmende wegen fehlender Nutzungskosten bzw. Nutzungsregeln. Es findet keine genaue Zuordnung von Eigentumsrechten statt. Dadurch nimmt der Ertrag aus der Wiese bzw. dem Meer im Zeitablauf ab und wird möglicherweise langfristig gleich null sein.

Eine Verletzung der Marginalbedingungen liegt deshalb vor, weil die sozialen Grenzkosten der Nutzung, z.B. der Meere, höher als die privaten Grenzkosten sind. Der dynamische Effekt daraus ist eindeutig ableitbar: Langfristig kann der Bestand an Fischen nicht erhalten bleiben. Diese Fehlentwicklung kann nur verhindert werden, wenn eine entsprechende Korrektur von Kosten und Nutzen erreicht wird. Es muss eine **Internalisierung der negativen externen Effekte** stattfinden. Dafür können grundsätzlich **Preisanreize** gesetzt oder **Nutzungsrechte** für eine angestrebte Menge zugeteilt werden. Bei ersteren wird versucht, den adäquaten Nutzungspreis im Kalkül des Einzelnen zu internalisieren (für eine unbestimmte oder bestimme Menge), im zweiten Fall werden Eigentumsrechte für konkrete Mengen des Umweltgutes definiert, die Preise ergeben sich dann durch den Handel mit diesen Nutzungsrechten auf dem Markt. Es sind zudem kombinierte Ansätze möglich. Details werden im Folgenden für das Umweltproblem diskutiert.

Das **Umweltproblem** ist der klassische Fall negativer externer Effekte. Es muss vom Problem der Allmende analytisch getrennt werden. Umweltverschmutzung ist das eingängigste Beispiel für die Relevanz externer Effekte. Zunächst muss festgehalten werden, dass die Nutzung der Umwelt aus ökonomischer Sicht nicht zu beanstanden ist, solange die Nutzung den ökonomischen Knappheiten gemäß entgolten wird (was in der Tat sehr schwierig ist). In dieser Sicht wird der Umwelt der Status eines Konsumgutes oder eines Produktionsfaktors zugewiesen.[9] Wenn es für die Umweltnutzung keine Knappheitspreise gibt, d.h. wenn Umwelt wie ein für jedermann frei verfügbares Gut erscheint, liegen private Kosten unter den sozialen Kosten. Die Folge ist, dass die Umwelt übermäßig beansprucht wird, von den Unternehmen ebenso wie von den Bürgern. Der Energieverbrauch ist zu hoch, der Verkehrslärm zu stark, die Verschmutzung der Gewässer zu groß. Das Umweltproblem ist aus ökonomischer Perspektive ein Allokationsproblem. Die Ursache für den negativen externen Effekt besteht darin, dass die Nutzung der Umwelt als Produktions- oder Konsumgut rivalisierend ist, aber der Ausschluss allein über den Markt nicht zu bewerkstelligen ist. Die Produktion bzw. der Konsum einer Ware oder einer Dienstleistung bewirkt eine Verminderung der Umweltqualität, die sich negativ in der Kostenfunktion anderer Produzenten oder in der Nutzenfunktion anderer Konsumenten niederschlägt.

Es ist naheliegend, hier einen eindeutigen Fall des Marktversagens zu konstatieren. Das Umweltproblem zeigt allerdings auch sehr gut die Schwierigkeiten auf, Marktversagen und Staatsversagen voneinander zu unterscheiden. Staatsversagen könnte deshalb vorliegen, weil die Eigentums- und Nutzungsrechte an der knappen Umwelt nicht vollständig zugewiesen worden sind. Die Zuweisung derartiger Rechte ist eine der wirtschaftspolitischen Aufgaben, die im Zusammenhang mit dynamischer Effizienz diskutiert worden sind (vgl. Abschnitt II.5). Die Schwierigkeit einer solchen Zuweisung wird am Beispiel der Luftverschmutzung deutlich: Eigentumsrechte für das Gut saubere Luft sind nicht klar zugeordnet, weil dies entweder nicht möglich ist oder mit zu hohen Transaktionskosten einhergeht. Zur Erinnerung: Unter Staatsversagen wird ein nicht problemadäquater Ordnungsrahmen für die Nutzung knapper Güter verstanden, während Marktversagen eine fehlende Funktionsfähigkeit des Marktes beschreibt.

---

[9] Damit wird aus normativer Perspektive eine Position eingenommen, die weder die Umweltnutzung generell für unerwünscht erklärt, noch das Umweltproblem als unbedeutend charakerisiert.

Grundsätzlich muss beim Umweltproblem zwischen Emission, Diffusion und Immission unterschieden werden:

- Die Emission ist der Schadstoffausstoß der Unternehmen und Konsumenten, gemessen an einer Quelle.
- Die Diffusion meint die Umwandlung der Emission in Immission.
- Unter der Immission wird die Belastung der natürlichen Umwelt (Wasser, Luft, Boden) mit Schadstoffen – und damit die Umweltqualität – verstanden.

Die meisten umweltpolitischen Handlungsempfehlungen setzen an den Emissionen an, obwohl die Immission das geeignetere umweltpolitische Ziel wäre, weil von ihr die Nutzeneinbußen für andere Wirtschaftssubjekte ausgehen. Zur Vereinfachung rücken wir deshalb im Folgenden die Emissionen in den Mittelpunkt. Außerdem soll noch auf die Unterscheidung zwischen nationalen, internationalen und globalen Umweltproblemen aufmerksam gemacht werden. Dies ist insbesondere von Bedeutung für die **wirtschaftspolitischen Optionen** zur Lösung des Umweltproblems. Nationale Umweltprobleme bleiben auf die Region beschränkt; ihre Lösung erfordert nationale Umweltpolitik. Ein typisches Beispiel ist die Vergiftung des Bodens. Internationale Umweltprobleme hingegen erfordern internationale Abstimmung der Umweltpolitik bzw. eine internationale Umweltpolitik. Es ist also internationale Politikkoordination gefragt (vgl. Abschnitt V.5). Darunter fällt grenzüberschreitende Umweltverschmutzung, z.B. in Flüssen. Globale Probleme betreffen nicht nur zwei oder wenige Staaten, sondern die gesamte Welt. Die Aufgabe der Politikkoordination ist noch schwieriger als im Fall der grenzüberschreitenden Umweltprobleme. Ein solches Problem ist z.B. die mögliche Erderwärmung durch den Ausstoß von Kohlendioxyd (CO_2) und anderen Treibhausgasen.

Grundsätzlich bieten sich mehrere umweltpolitische Optionen an, deren Erfolgswahrscheinlichkeit, ökologische Treffsicherheit und ökonomische Effizienz – sowohl aus statischer als auch aus dynamischer Perspektive – sehr unterschiedlich sind. Dabei spielt die Effizienz für die hier vorgenommene Beurteilung die zentrale Rolle. Grundsätzlich unterscheidet man zwischen ordnungsrechtlichen Ansätzen und marktwirtschaftlichen Steuerungsinstrumenten, in der Praxis steht seit langem das Ordnungsrecht im Vordergrund; heute wird auch zaghaft auf pretiale Lenkung gesetzt. In allen Fällen besteht die wirtschaftspolitische Aufgabe darin, eine **optimale Nutzung der Umwelt** zu ermöglichen. Die Optimierungsaufgabe ist dann gelöst, wenn Grenzkosten und Grenznutzen der Schadensvermeidung übereinstimmen. Der in der Öffentlichkeit gelegentlich vertretene Standpunkt, das Ziel der

Umweltpolitik wäre bereits erreicht, wenn die Umwelt gar nicht belastet würde, ist ökonomisch unhaltbar. Nicht jede Inanspruchnahme der Umwelt ist unerwünscht, sondern lediglich die übermäßige. Es käme einer Verschwendung von Ressourcen gleich, wollte man die Umwelt über den optimalen Grad hinaus verbessern; die zusätzlichen Kosten der Beseitigung von Umweltschäden wären dann höher als der daraus resultierende externe Ertrag.

Die nachstehenden Instrumente der Umweltpolitik sind Gegenstand wissenschaftlicher und wirtschaftspolitischer Konzeptionen (vgl. Fees 1998 sowie Fritsch, Wein und Ewers 1999, S. 121ff):

- Auflagen und Standards (Ordnungsrecht),
- Ökosteuern, auch als Pigou-Steuer bekannt,
- privatwirtschaftliche Verhandlungen nach dem Coase-Theorem, sowie
- die Zertifikatslösung.

Im Folgenden werden diese Instrumente hinsichtlich ihrer Fähigkeit, den negativen externen Effekt zu internalisieren, analysiert. Wir beginnen mit den **Auflagen und Standards**. In der Politik sind Auflagen, Verbote und Gebote als Mittel zur Lösung der Umweltproblems weit verbreitet. Dabei wird in der Regel jedem Emittenten von Schadstoffen eine Emissionsgrenze – in Form eines Konzentrationswertes – vorgegeben und/oder die dazu verwendete Technologie vorgeschrieben. In der Regel ist der Emittent gehalten, den aktuellen Stand der Technik zu verwenden. Die Wirkungen sind eigentlich sehr eindeutig:

- Zunächst zu den statischen Effekten: Die Verletzung der Marginalbedingungen durch den externen Effekt wird nicht beseitigt, weil die Grenzkosten der Vermeidung nur selten mit den Grenzkosten der Schädigung (jeweils aus Sicht des Emittenten) übereinstimmen. Es wäre ein großer Zufall, wenn die unternehmensindividuellen Emissionsgrenzen so gewählt würden, dass die Grenzkosten für sämtliche Unternehmen übereinstimmen sollten. Ökonomisch würde dies implizieren, dass sämtliche Unternehmen eine identische Produktionsfunktion aufweisen. Darüber hinaus besteht in der statischen Sicht ein Verteilungsproblem: Es muss bei knappen Emissionsrechten geklärt werden, wer welche Menge an Verschmutzung zugestanden bekommt.
- Aus dynamischer Perspektive sind die negativen Wirkungen noch gravierender: Aus dem Verteilungsproblem wird ein Allokationsproblem. Wenn die Summe aller zugelassenen unternehmensindividuellen Emissionen der

gesamtwirtschaftlichen Emissionsgrenze bzw. nach Diffusion der Immissionsnorm entspricht, haben neue Unternehmen keine Möglichkeit, zu verschmutzen, und werden damit faktisch an einem Markteintritt gehindert. Allerdings sind solche Vorgaben in der Realität weitaus seltener zu finden als Konzentrationsvorgaben. Ökonomisch entsteht eine Behinderung des Strukturwandels; ökologisch werden Einsparungsspielräume nicht genutzt, da die alten Unternehmen keinen Anreiz haben, umweltschonende Technologien einzuführen, während die neuen ihn hätten, aber gar nicht erst zugelassen werden. Hinzu kommt, dass das Ordnungsrecht zwar die Einhaltung der vorgegebenen Standards erzwingt, aber eben keinen Anreiz zur Minderung der Umweltbeanspruchung gibt, weil Grundlage der „Stand der Technik" ist. Holger Bonus prägte für diesen Zustand den Begriff des „Schweigekartells der Oberingenieure"[10], neue Technologien werden unterdrückt. Mehr noch: Bei neuen Umweltschutzauflagen gilt das Prinzip der „wirtschaftlichen Vertretbarkeit". Das läuft auf einen Bestandsschutz der alt eingesessenen Unternehmen hinaus; der Strukturwandel in Richtung einer umweltschonenden Produktion wird gehemmt. Ein weiterer Effizienznachteil besteht darin, dass erst Schadstoffemissionen stattfinden, und erst anschließend versucht wird, die Umweltschäden zu beseitigen; das Umwelt-Ordnungsrecht stimuliert gleichsam die Entwicklung von sog. "end of the pipe"–Technologien, was ökologisch kontraproduktiv wirkt.

Aus diesen Gründen sind die ordnungsrechtlichen Verfahren weitestgehend zu vermeiden. In manchen Fällen ist aber das Ordnungsrecht zur Gefahrenabwehr unverzichtbar, z.B. bei gefährlichen Stoffen (Dioxin, atomare Brennelemente, Tiermehl). Der richtige Preis wäre dann unendlich. In allen anderen Fällen gibt es jedoch umweltpolitische Optionen, die den Standards und Auflagen überlegen sind. Diese Optionen machen sich den Preismechanismus in der einen oder anderen Weise zunutze.

Das ist beim Zweitgenannten umweltpolitischen Instrument, der **Pigou-Steuer,** der Fall. Es handelt sich hier um die nach Arthur C. Pigou benannte Steuer, mit deren Hilfe das Verhalten des Verursachers eines negativen Effektes so gelenkt werden soll, dass nach der Besteuerung die privaten und sozialen Grenzkosten identisch sind. Der Anreizeffekt besteht darin, durch eine Emissionsreduktion die Steuerlast möglichst gering zu halten. Der Steuereingriff ist also eine Maßnahme, um die externen Kosten beim Verursacher

[10] Darüber hinaus ist sogar von kriminellen Praktiken berichtet worden, mit deren Hilfe z.B. die Einführung neuer Filtertechniken für Kraftwerke unterdrückt wurde. Erfinder solcher Techniken sollen von den Betreiberfirmen der Kraftwerke bedroht worden sein.

(dem Emittenten) zu internalisieren. Diesen Effekt kann man anhand der Abbildung III.4 aufzeigen. Es wird deutlich, dass der externe Effekt nicht über den Markt preislich erfasst wird und dadurch Allokationsverzerrungen auslöst. Diese drücken sich dadurch aus, dass:

- der private Preis zu niedrig ist,
- die private Produktion zu hoch ist und
- ein gesamtgesellschaftliches Wohlstandsoptimum nicht erreicht wird.

Abbildung III.4 kann wie folgt interpretiert werden. Wenden wir uns zunächst dem privatwirtschaftlichen Kalkül der Anbieter und Nachfrager ohne die Beachtung des externen Effekts zu. Die Angebotskurve A entspricht den privaten Grenzkosten und schneidet die Nachfragekurve N im Punkt C. In diesem Punkt entsprechen die privaten Grenzkosten scheinbar den privaten Grenznutzen. Allerdings verursacht die Produktion des Gutes soziale Zusatzkosten, ausgedrückt als externe Grenzkosten (EGK). Insofern wird zuviel von dem Gut produziert; die privaten Grenzkosten sind kleiner als die sozialen Grenzkosten (SGK). Der Schnittpunkt dieser Kurve mit der Nachfragekurve liegt in Punkt B. Um die Marktteilnehmer zu diesem Gleichgewicht zu bewegen, muss der Staat eine proportionale Steuer pro Mengeneinheit des produzierten Gutes in Höhe von BD einführen.

Die Beurteilung der Pigou-Steuer fällt auf den ersten Blick positiv aus. Denn die statische Effizienz ist erreicht, da der externe Effekt internalisiert wird. Darüber hinaus ist auch die dynamische Effizienz gewährleistet, da Anreize bestehen, in Vermeidungstechnologien zu investieren, um die Abgabe zu umgehen. Somit kann auch die ökologische Treffsicherheit hoch sein. Allerdings bestehen nahezu unüberwindliche **Probleme bei der Umsetzung**.

- Zunächst ist das Informationsproblem zu nennen. Der Staat müsste genaue Informationen darüber haben, **welche Preiselastizitäten** die jeweiligen Angebots- und Nachfragekurven am Markt für das Gut haben, dessen Produktion die Umweltverschmutzung verursacht, um den Effekt tatsächlich durch die Steuer zu internalisieren. Die genaue Höhe der Steuer (in Abbildung III.4: BD) ist schwer zu ermitteln. Diese Information gälte zudem nur für eine Angebots-Nachfrage-Konstellation und müsste im Zeitablauf, z.B. bei neuen Emittenten, bei sich verändernder Bemessungsgrundlage der Steuer öder ähnlichem, immer wieder erneuert werden. Zudem müssten auch die sozialen Grenzkosten der Produktion bekannt sein.

- Neben der Information über das Ausmaß des Umweltproblems ist es erforderlich, den negativen externen Effekt zu erfassen und zu bewerten. Auch die Erfassung und Bewertung der Umweltschäden kann sich über die Zeit ändern.

Abbildung III.4: Die Wirkungsweise der Pigou-Steuer

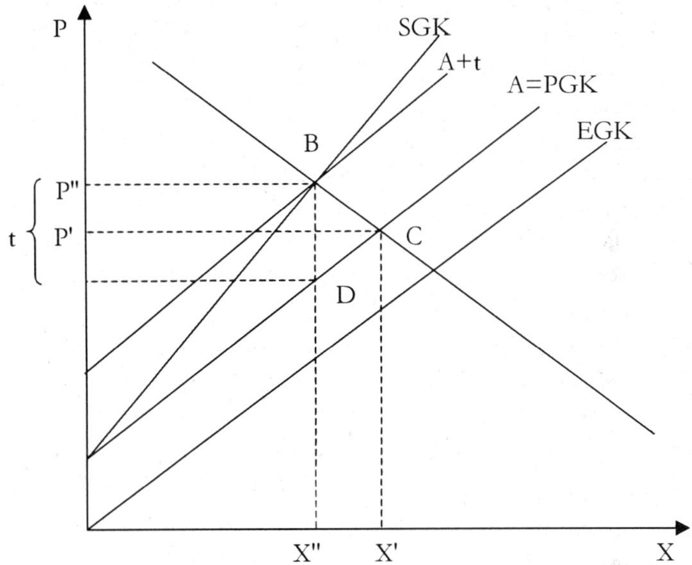

Quelle: Fritsch, Wein und Ewers (1999, S. 123).

- Außerdem ist die Zurechnung der Externalitäten zu den Verursachern sehr schwierig. Es gibt möglicherweise eine hohe Anzahl von Schädigungsquellen, insbesondere dann, wenn die Umweltschäden beim Konsum eines Gutes oder einer Dienstleistung anfallen. So ist es unmöglich, die Verschmutzung eines Flusses den individuellen Schädigern exakt zuzurechnen.

- Dieses Problem führt zu einem weiteren Problem, nämlich dazu, die passende Bezugsgröße bzw. Bemessungsgrundlage, die den Einsatz des knappen Gutes widerspiegelt, zu finden. Dieses Problem ist keineswegs irrelevant. Zum Beispiel kann der CO_2-Ausstoß von Kraftfahrzeugen und Haushalten nur schwer gemessen und bewertet werden. Um diesen zu besteuern, wird deshalb vielfach ein damit eng verbundener Input besteuert. Im Falle der Ökosteuer wird anstelle des CO_2-Ausstoßes der Benzinverbrauch besteuert; somit werden die externen Kosten dieser Schadstoffemission nur mittelbar erfasst und wahrscheinlich nicht vollständig beim Verursacher internalisiert.[11]

- Als Fazit ergibt sich, dass die Pigou-Steuer ihre Schwächen hat. Vor dem Hintergrund des unlösbaren Informationsproblems ist zum Einen die ökologische Treffsicherheit ungewiss. Bei globalen Umweltgütern, z.B. dem Klimaschutz, braucht man ohnehin internationale Koordination. Bei einem nationalem Alleingang entstehen kostenbedingte Probleme der Wettbewerbsfähigkeit der Unternehmen, die im internationalen Wettbewerb stehen. Man müsste sie von der Besteuerung ausnehmen, was dann aber den ökologisch erwünschten Lenkungseffekt vermindert. Tut man dies nicht, wandert das Kapital aus. Die **Traglast liegt bei den privaten Haushalten und Arbeitnehmern**. Entweder sie akzeptieren dann niedrigere Löhne oder sie haben höhere Arbeitsplatzrisiken.

Als ein Alternativkonzept zur Überwindung der größten Schwäche der Pigou-Steuer – des Informationsproblems - ist der sog. **Standard-Preis-Ansatz** entwickelt worden (Baumol und Oates 1971). Dabei wird folgendermaßen vorgegangen. Es wird kein Optimum am Markt angestrebt, sondern es wird politisch eine quantitative Vorgabe für ein konkretes Internalisierungsziel festgelegt. Die Bemessungsgrundlage ist dabei das physische Ausmaß der Schädigung. Dieser vorgegebene Standard soll durch eine Steuer erreicht werden, die in einem iterativen Verfahren administrativ festgelegt wird. Pro Schadenseinheit ist eine Abgabe zu entrichten. Die Erwartung ist, dass anschließend diese Vorgabe von allen betroffenen Individuen kostenminimal realisiert wird. Der Verursacher kann nun entscheiden, ob er die Abgabe zahlt oder den Schaden vermeidet. Es ist für ihn sinnvoll, jede Schadenseinheit zu vermeiden, bei der seine Grenzkosten der Schadensvermeidung geringer sind als der Steuersatz.

Der Standard-Preis-Ansatz soll im Folgenden mit einer ordnungsrechtlichen Auflage dergestalt, dass jede Industrieanlage den Schadstoffausstoß um 50 vH reduzieren muss, unter Effizienzgesichtspunkten verglichen werden:

- Hinsichtlich der statischen Effizienz zeigt sich bei der Auflage, dass die Marginalbedingungen nicht erfüllt sind: Denn der Schaden muss überall

[11] Als in Deutschland die rot-grüne Bundesregierung 1998 beschloss, Ökosteuern einzuführen, hat der Sachverständigenrat vorgeschlagen, an der CO_2 –Emission als Bemessungsgrundlage anzusetzen oder, zumindest im Falle einer Besteuerung des Energieverbrauchs, den Steuersatz nach der CO_2-Intensität der einbezogenen Energieträger (Benzin, Heizöl, Erdgas, Strom) festzulegen und zu differenzieren. In der Praxis wurde aber nicht so verfahren, so dass die deutsche Ökosteuer dem Anspruch, eine ökologisch zweckmäßige Lenkungssteuer zu sein, nicht gerecht wird. (Vgl. Sachverständigenrat, JG 1998/99, Ziffern 495 ff.). Vgl. auch Eekhoff (1999).

zu gleichen Anteilen reduziert werden, unabhängig von den Kosten, die damit einhergehen und die unterschiedlich bei den einzelnen Produzenten sein können. Es wäre somit günstiger, wenn die Unternehmen mit den geringsten Grenzkosten der Vermeidung die Auflagen erfüllten und die anderen Unternehmen angemessen an den Kosten beteiligten. Beim Standard-Preis-Ansatz wird eine effiziente Reduktion der Schädigung erreicht, das Angebot an Gütern wird von demjenigen ausgeweitet, der mit den geringsten Kosten den Schaden vermeiden kann.

- Was die dynamische Effizienz angeht, so werden diese Unterschiede noch gravierender. Bei der Auflage geht man vom Stand der Technik aus, was unter Umständen einen Bestandsschutz bedeutet und den Strukturwandel behindert. Bei Anwendung des Standard-Preis-Ansatzes werden Vermeidungstechnologien verbessert, um die Abgabe kostenminimal zu umgehen. Es besteht mithin ein Anreiz für technischen Fortschritt zur Schadensvermeidung.

Die bisher vorgestellten Ansätze zur Lösung des Umweltproblems setzten ausschließlich auf eine Beziehung zwischen staatlichen Stellen und den Individuen. In der im Folgenden analysierten **Verhandlungslösung** – dem Coase-Theorem – wird dagegen ein Ordnungsrahmen für eine Lösung unter Beteiligung mehrerer Individuen geschaffen. Dessen wesentlicher Bestandteil ist die Zuteilung von Eigentumsrechten für Umweltressourcen an die Individuen. Durch solche Nutzungsrechte soll auch im Umweltbereich die Effizienz der Güterverwendung sichergestellt werden. Dazu wird den Individuen die Möglichkeit gegeben, über diese Rechte privat zu verhandeln. Dahinter steht die Vorstellung, dass Tauschakte, die in der Regel am Markt gewinnbringend sind, auch bei externen Effekten Anwendung finden sollten. Die an der Verhandlung beteiligten Parteien werden – so die Vermutung – zu einer Allokation des knappen Gutes finden, mit der beide ihren Nutzen maximieren können. Der externe Effekt wird idealerweise internalisiert, das optimale Ausmaß der Schädigung erreicht. Dies ist die **Effizienzthese** der Verhandlungslösung.

Die Allokation wird hier dem Markt überlassen, die staatliche Tätigkeit beschränkt sich auf die Definition und Zuteilung der Eigentumsrechte. Coase (1960) wendet sich zudem vom einfachen Verursacherprinzip ab, das nur auf den Schädiger abstellt, indem er **sowohl den Schädiger als auch den Geschädigten als Verursacher einer Externalität** sieht. Dahinter steht die zutreffende Überlegung, dass es eine Konkurrenz um die Nutzung der Umweltressourcen gibt. Ein Beispiel aus dem Verkehrsbereich macht den Punkt, um den es hier geht, deutlich: Man denke an einen großen Lastwagen, der seine Fracht nachts durch die Straßen einer Gemeinde führt und dies nicht geräuschlos tun kann. Indem das Fahrzeug die Anwohner in ihrer Nachtruhe stört, verursacht es einen Schaden; so wird dies in der öffentlichen Debatte ja auch immer gesehen. Wenn daraus aber abgeleitet wird, dass die Anwohner einen Anspruch auf Nachtruhe haben, bedeutet die Durchsetzung dieses Nutzungsrechts, dass das Transportunternehmen geschädigt wird (durch die brachliegende Betriebszeit entstehen ihm Kosten, auch wenn er, um nicht stillzustehen, eine andere, längere Fahrtstrecke nimmt). Jetzt sind die Anwohner Verursacher eines Schadens. Diese ökonomische Version des Verursacherprinzips, die umfassender ist als die landläufige (einige sagen: vulgäre) Definition, hat eine sehr wichtige Implikation: Es muss erreicht werden, dass das jeweilige Umweltgut von demjenigen genutzt wird, bei dem es den höchsten volkswirtschaftlichen Nutzen stiftet, und derjenige auf die Nutzung dieses Gutes verzichtet, der dies unter Inkaufnahme der geringsten Kosten tun kann.

Zurück zum Coase-Theorem: Es ist nicht das explizite Ziel der Verhandlungslösung, den Verursacher zu bestrafen, sondern die für alle Parteien den größten Nutzen bringende Lösung soll über die Verhandlungen erreicht werden. Unabhängig von der Zuweisung der Eigentumsrechte (Verschmutzungsrechte) an die jeweilige Partei wird dieses optimale Ergebnis erreicht. Dies ist die **Invarianzthese** der Verhandlungslösung. Mithin steht der Interessenausgleich zwischen Verursacher und Geschädigtem im Vordergrund dieses Ansatzes, nicht hingegen eine hundertprozentige Vermeidung des Effekts, die ja – wie erwähnt – ohnehin nicht erwünscht ist. Es sind grundsätzlich drei Optionen der Verhandlungslösung möglich; die Verschmutzungsrechte können beim Schädiger, beim Geschädigten oder beim Staat liegen.[12]

- Erstens: Die Verschmutzungsrechte liegen **beim Schädiger**. Der Geschädigte muss eine Kompensationszahlung leisten, damit der technische Verursacher die Emissionen reduziert. Er wird diese Zahlung solange leisten, wie sein Nutzen aus der Reduktion der Schädigung über den Grenzkosten der Schadensvermeidung durch den Schädiger liegt. Dann sind keine weiteren Verhandlungen mehr vorteilhaft, das optimale Ausmaß der Schädigung ist erreicht. Eine weitere Reduktion würde keinen Sinn machen, da hier wiederum die Grenzkosten der Schadensvermeidung über dem Grenzschaden lägen. Beide Parteien haben einen Vorteil von der Verhandlung im Vergleich zur Ausgangssituation. Für den Verursacher

[12] Coase selber spricht eigentlich nicht von „Schädigern" und „Geschädigten", weil beide Seiten lediglich Konkurrenten um eine knappe Ressource sind. Er wollte anhand des Problems auch die Rolle von Transaktionskosten aufzeigen. An dieser Stelle sollen die Begriffe zum besseren Verständnis trotzdem verwendet werden.

findet sich eine Finanzierung der Schadensreduktion, und der Geschädigte senkt den Schaden aus der Umweltverschmutzung.

- Zweitens: Die Umweltrechte liegen **beim Geschädigten**. Hier muss nun der Schädiger als Verursacher den Betroffenen kompensieren. Genau umgekehrt wird der Geschädigte Kompensationszahlungen annehmen, wenn sie den für ihn entstandenen Schaden ausgleichen. Solange die Grenzkosten der Schadensvermeidung über dem Grenzschaden liegen, lohnt es sich aus Verursachersicht, die Vermeidungskosten zu umgehen und lieber an den Geschädigten zu zahlen. Für beide Parteien ist diese Zahlung vorteilhaft bis zu dem Punkt, wo die Grenzkosten der Schadensvermeidung gleich den externen Grenzerträgen der Emissionsreduktion sind.

In beiden Fällen wird somit das optimale Ausmaß der Schädigung erreicht (Effizienz), unabhängig davon, wem die Verfügungsrechte zugeordnet wurden (Invarianz), sofern es keine Transaktionskosten gibt. Allerdings variiert die Verteilung des Wohlfahrtgewinns auf die beteiligten Parteien in Abhängigkeit der Zuteilung. Dies kann für die Wirtschaftspolitik bestimmte Konsequenzen haben. Die Regierung wird möglicherweise aus verteilungspolitischen Überlegungen eine bestimmte Regelung präferieren. Dies könnte in dynamischer Sicht zu Allokationseffekten führen und damit dafür sorgen, dass die Invarianz nicht gilt, da die Gewinnmöglichkeiten den Zugang und Abgang vom Markt beeinflussen.

Eine Bewertung der Verhandlungslösung führt zu einem positiven Ergebnis: Sowohl die Treffsicherheit als auch die statische Effizienz sind hoch. Überdies ist die dynamische Effizienz ebenfalls hoch: Wenn eine langfristige Zuteilung der Eigentumsrechte sowie Vertragssicherheit gewährleistet wird, besteht ein hoher Anreiz für die Entdeckung neuer Vermeidungstechnologien. Allerdings ist die Verhandlungslösung sehr unpraktikabel. Denn es sind in der Realität zumeist nicht nur zwei Individuen von derartigen Umweltproblemen betroffen, sondern regelmäßig sehr viele. Die ohnehin hohen Transaktionskosten bei der Zuteilung (Spezifizierung) und Durchsetzung der Eigentumsrechte steigen mit der Anzahl der Betroffenen. Ronald Coase bezog sich in seinem Modell auf Nachbarschaftsexternalitäten. Im Falle von Luft- und Gewässerverschmutzung können Millionen von Menschen betroffen sein. Eine Verhandlungslösung ist dann unmöglich. Darüber hinaus müssen die Beteiligten die relevanten Kosten und Nutzen abschätzen können. Ihr individuelles Wissen muss sehr hoch sein, was gerade bei langfristig wirkender Umweltverschmutzung sehr unwahrscheinlich ist. Daneben existiert ein weiteres Problem, dass eine Verhandlungslösung unmöglich machen könnte. Es könnte eine asymmetrische Verteilung der Verhandlungsmacht bestehen, die in dem Modell nicht berücksichtigt wurde. Ist z.B. der Verursacher ein großes Unternehmen, das mit den Verschmutzungsrechten ausgestattet wird, könnte sich strategisches Verhalten dahingehend lohnen, die Verschmutzung auszudehnen, um auf diese Weise eine höhere Kompensationszahlung zu erhalten. Allgemeiner: Ungleiche Verhandlungsmacht zwischen den betroffenen Parteien kann das Allokationsergebnis verzerren.

Zur Ausnutzung der Effizienzvorteile und zur Vermeidung der Probleme der Verhandlungslösung kann ein **Zertifikatshandel** staatlich organisiert werden. Streng genommen bildet ein solcher Handel eine Kombination von Standard-Preis-Ansatz und Verhandlungslösung. Der Staat legt fest, wie viele Einheiten bestimmter Schadstoffe emittiert werden dürfen. Die Eigentumsrechte daran liegen zunächst beim Staat. Sie werden versteigert oder unentgeltlich an Emittenten bis zu einem gewissen Kontingent vergeben. Gegen eine Primärallokation durch Versteigerung könnten ordnungspolitische, verfassungsrechtliche Gründe sprechen; denn dies käme für die etablierten Unternehmen einer Entwertung ihrer Eigentumsrechte gleich, gleichsam einer Art von Enteignung. Aus politökonomischer Sicht (vgl. Kapitel IV) spricht einiges für die kostenlose Erstvergabe an die etablierten Unternehmen „Großvater-Klausel", z.B. auf der Basis des bisherigen Energieverbrauchs. Nach der Vergabe der Zertifikate entsteht ein Handel der Nutzungsrechte, der zur Folge hat, dass das Verschmutzungsrecht dort genutzt wird, wo es am effizientesten ist. Die Rechte werden wiederum solange verkauft, wie die Vermeidungskosten der Umweltschädigung geringer sind als der Marktpreis des Rechts, es bildet sich wiederum ein Anreiz für Innovationen. Es ergibt sich hier automatisch ein Preis, der die Knappheit widerspiegelt. Der Vorteil gegenüber der Steuerlösung wird sofort ersichtlich, denn im Fall der Steuer ist wegen der Unsicherheiten über die Preiselastizitäten nicht bekannt, ob der festgelegte Satz tatsächlich zur erwünschten Emissionsreduktion führt.

Somit wird der gegebene Standard mit minimalen Kosten realisiert, indem das Umweltgut privatisiert wird. Es bestehen weitere Vorteile der Zertifikate. So kann der Staat als Nachfrager bzw. Anbieter von Zertifikaten aktiv werden, um die Gesamtemissionsmenge weiter zu reduzieren bzw. zu erhöhen, wenn neue naturwissenschaftliche Erkenntnisse dies nahe legen. Auch Umweltschutzgruppen und Nichtregierungsorganisationen können als Nachfrager auftreten und die Zertifikate zum Marktpreis erwerben, um sie dann stillzulegen. Für Zertifikate spricht mithin, dass tatsächlich die Vorteile der Verhandlungslösung vollständig ausgenutzt werden können, ohne dass gleichzeitig die Nachteile zum Tragen kommen. Unabdingbar ist freilich, dass ein funktionstüchtiges System von Kontrollen und Sanktionen eingerichtet wird; denn bei regelwidrigem Verhalten der umweltnutzenden Akteure könnte der

Markt schnell zusammenbrechen. Der Zertifikatshandel bildet ein attraktives wirtschaftspolitisches Instrument zur Lösung des Problems der negativen externen Effekte im Umweltbereich.

Die Umsetzung dieses Instruments in die praktische Umweltpolitik findet zunehmend statt, wenn auch nach wie vor zahlreiche Bedenken dagegen geäußert werden. Das prominenteste Beispiel ist der landesweite Handel mit Schwefeldioxyd für Kraftwerke in den Vereinigten Staaten seit 1994 (Hansjürgens 1998). Auch auf dem Klimagipfel in Kyoto (Dezember 1997) ist der weltweite Handel mit Umweltrechten als Prinzip akzeptiert worden. Allerdings ist offen, ob die Länder sich daran halten und tatsächlich ein internationaler Handel mit Emissionsrechten zustande kommt. Auf dem Folgegipfel in Den Haag im Dezember 2000 ist kein Fortschritt erzielt worden.

3. Asymmetrische Informationsverteilung und Wirtschaftspolitik

A. Grundlage: Die Prinzipal-Agent-Theorie

In der Prinzipal-Agent-Theorie werden Anreize der Akteure explizit berücksichtigt. Das Prinzipal-Agent-Problem (PAP) besteht in der Trennung von Eigentum und Kontrolle, die in einer arbeitsteiligen Welt nicht zu vermeiden ist. Der Prinzipal als Auftraggeber ist schlechter informiert als der Agent als Auftragnehmer. In einer komplexen Welt kann der Prinzipal die Handlungen und Restriktionen des Agenten nicht beobachten. Um den Agenten zu kontrollieren, müsste der Prinzipal Ressourcen aufwenden. Der ökonomische Grund für ein PAP ist somit, dass Informationen nicht kostenlos sind. Transaktionskosten in Form von Vertretungskosten entstehen. Generell treten PAP in marktlichen und in nicht-marktlichen Beziehungen auf. Bei marktlichen Beziehungen ist die Information zwischen den Marktseiten asymmetrisch verteilt. Mithin ist eine Annahme des Modells vollständiger Konkurrenz verletzt. Als Konsequenz könnte es sogar dazu kommen, dass eine Transaktion nicht zustande kommt, obwohl es ein Angebot dafür gibt und eine Nachfrage danach besteht.

Es gibt eine Vielzahl unterschiedlicher Ausprägungen des PAP.[13] Grundsätzlich zu unterscheiden sind vorvertragliche und nachvertragliche PAP. Bei vorvertraglichen PAP sind dem Prinzipal vor dem Vertragsabschluss die re-

---

[13] Eine vertiefende theoretische Darstellung des PAP in verschiedenen Ausprägungen findet sich in Erlei, Leschke und Sauerland (1999, Kapitel 2).

levanten Eigenschaften des Agenten nicht klar. Das bekannteste Beispiel dafür sind Versicherungsnehmer, die unter Umständen bestimmte Risiken der Versicherung gegenüber verschweigen, um eine günstige Prämie mit der Versicherung auszuhandeln oder einen risikobedingten Aufschlag auf die Prämie zu vermeiden. Nachvertragliche PAP treten dadurch auf, dass sich der Agent nach Vertragsabschluss nicht im Interesse des Prinzipals verhält. Um wiederum den Fall einer Versicherung heranzuziehen, zeigt sich ein nachvertragliches PAP recht gut am Verhalten eines Versicherten, der es an der gebotenen Sorgfalt, den Versicherungsfall zu vermeiden, mangeln lässt. Die Versicherung kann nicht erkennen, ob der Versicherungsnehmer den Eintritt des Versicherungsfalles hätte vermeiden können oder nicht.

Weiterhin von Interesse sind PAP in Teams. Mitglieder von Teams sind jeweils gegenseitig Prinzipal und Agent. Dies wirft andere Fragen auf als einseitige PAP. Zusätzlich sind PAP häufig mehrstufig. Ein Agent kann gleichzeitig Prinzipal sein, z.B. ist ein Vorstandsvorsitzender einer Publikumsgesellschaft den Aktionären gegenüber Agent, den Abteilungsleitern gegenüber Prinzipal. Diese sind wiederum Prinzipale der nachgelagerten Hierarchieebenen. Darüber hinaus gibt es das Problem, dass ein Agent verschiedene Aufgaben zu erfüllen hat. Es ist für den Prinzipal dann nicht beobachtbar, ob er seine Zeit angemessen auf die Erledigung der unterschiedlichen Aufgaben alloziiert. Schließlich ist das Problem der sog. "Common Agency" relevant. In diesem Fall ist ein Agent für mehrere Prinzipale tätig, entweder vertraglich vereinbart oder nicht. Dann wiederum kann der einzelne Prinzipal nicht erkennen, ob der Agent genug Anstrengungen für seine Sache unternimmt oder nicht. Am Beispiel der Geldpolitik wird die wirtschaftspolitische Relevanz dieser Überlegungen weiter unten (vgl. Unterabschnitt III.3.F) verdeutlicht.

Eine einfache graphische Darstellung des PAP bietet die Abbildung III.5. Dabei sind die Zeitpunkte folgendermaßen definiert: Der Zeitpunkt t_0 ist die vorvertragliche Entscheidungsphase des Prinzipals, in t_1 findet der Vertragsabschluss statt, und t_2 beschreibt die nachvertragliche Phase der Leistungserfüllung durch den Agenten.

In der Realität gibt es zahllose Beispiele für PAP. Zunächst kann ein Eigentümer als Prinzipal betrachtet werden, der einen Agenten mit der Wahrnehmung der Eigentümerinteressen beauftragt. So beauftragen die Aktionäre einer Publikumsgesellschaft das Management mit der Geschäftsführung, Immobilienbesitzer beauftragen Verwaltungsgesellschaften mit der Vermietung und Werterhaltung der Grundstücke und Gebäude. Das PAP entsteht jeweils deshalb, weil der Agent einen Informationsvorsprung besitzt, den er in der Regel auch ausnutzen will und kann. So kann der Aktionär nicht erkennen, ob der Vorstand der Gesellschaft immer im Aktionärsinteresse oder vor allem in seinem eigenen Interesse handelt, für Immobilienbesitzer ist es nicht immer ersichtlich, ob – gemäß einem rationalen Kalkül – alles Erdenkliche für den Werterhalt ihrer Immobilie getan wird.

Abbildung III.5: Das Prinzipal-Agent-Problem

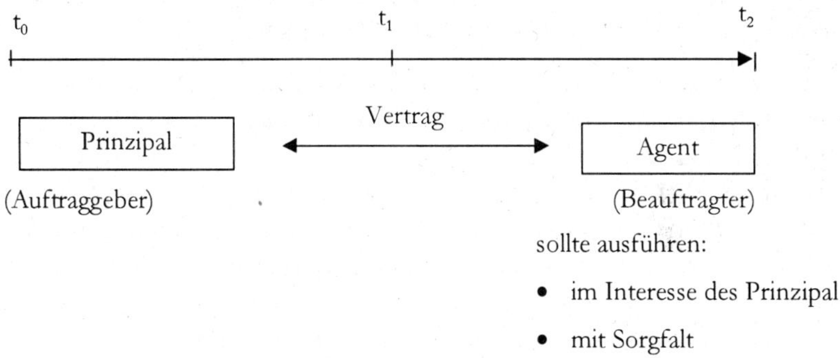

Neben den Eigentümern gibt es andere Prinzipale. Wer z.B. Geld für einen guten Zweck spendet, beauftragt in der Regel eine gemeinnützige Organisation mit der zweckgemäßen Verwendung dieses Geldes. Für den Spender ist jedoch nicht klar, ob die gemeinnützige Organisation die Mittel tatsächlich in voller Höhe dem Organisationszweck zuführt (Erlei, Leschke und Sauerland 1999, S. 100f). Zu den Prinzipalen gehören aber auch die Bürger eines Landes, die die Regierung mit der politischen Führung des Landes beauftragen. Analog zum obigen Fall der Beziehung zwischen Eigentümer und Manager bzw. Verwalter kann man PAP im Verhältnis zwischen Bürgern (Prinzipal) und Regierung bzw. Staat (Agent) modellieren. In diesem Fall bewirken Informationsasymmetrien Ermessensspielräume z.B. in der Wirtschaftspolitik, die für die Bürger nicht beobachtbar sein können.

B. Adverse Selektion (negative Auslese)

Adverse Selektion, auch negative Auslese genannt, ist ein Problem vorvertraglicher Informationsasymmetrie. Eine Marktseite hat einen Informationsvorsprung vor einer anderen Marktpartei in der Anbahnung von Tauschbeziehungen, der Markt ist also intransparent. In diesem Fall spielen unbeobachtbare Eigenschaften des Produkts eine wichtige Rolle für die Produktions- oder Konsumentscheidung. Wir erinnern uns: Bei vollständiger Konkurrenz sind alle Marktteilnehmer gleichermaßen vollkommen informiert. Die Entscheidung betrifft nur die Menge bei gegebenem Preis. Dies ist bei Vorliegen von Informationsasymmetrien anders. Der **Informationsnachteil liegt beim Prinzipal**, der sowohl als Nachfrager als auch als Anbieter auf Märkten auftreten kann. Wir unterscheiden im folgenden drei Typen von Prinzipalen, nämlich erstens den Käufer eines Gutes als Prinzipal, zweitens den Verkäufer eines Gutes oder einer Dienstleistung als Prinzipal und drittens den Nachfrager nach dem Produktionsfaktor Arbeit als Prinzipal:

- Zunächst liege also der Informationsnachteil beim Käufer (Prinzipal) eines Gutes. Der Verkäufer ist somit der Agent. Je nach Art des Gutes unterscheiden sich die Informationskosten: Keine Informationskosten sind nur dann gegeben, wenn die Qualität von Produkten vom Verbraucher leicht überprüfbar ist. Die Preise werden in diesem Fall die entsprechenden Qualitäten widerspiegeln. Sind die Kosten der Informationsbeschaffung hoch, kann der Markt hingegen versagen, oder die durchschnittliche Qualität am Markt sinkt. Der Markt funktioniert nicht mehr effizient. Sehr hohe Informationskosten liegen vor, wenn die Qualität der Güter erst im Nachhinein festgestellt werden kann. Diese Güter nennt man Vertrauensgüter; Medikamente, Elektro- und Heizungsanlagen in der Wohnung, Kunstgegenstände, Kraftfahrzeuge sind bekannte Beispiele, bei denen auch ein durchschnittlich verständiger Käufer vor dem Kauf der Güter die Qualität nicht selbst ausreichend ermitteln kann, jedenfalls nicht zu vertretbaren Kosten. [14]

- Ein aus der Literatur bekanntes Beispiel für ein vorvertragliches PAP mit dem Informationsnachteil beim Käufer ist der **Markt für Gebrauchtwagen** (Akerlof 1970). Dabei geht es darum, gute Autos von Autos schlechter Qualität (sog. Zitronen), zu unterscheiden. Wir nehmen an, der Verkäufer sei in der Lage, die Autos qualitativ richtig einzuschätzen, der Käufer jedoch nicht. Alle Autos sehen äußerlich gleich gut aus. Der Käufer wird deshalb einen Erwartungswert über die Qualität bilden, an dem er sein Kaufangebot ausrichtet. So entspricht bei gleich hoher Wahrscheinlichkeit für sämtliche Qualitäten am Markt der Mittelwert der durchschnittlichen Qualitätserwartung. Ergibt sich der Mittelwert als Marktpreis, werden keine Autos mehr angeboten, die objektiv, d.h. aus

[14] Die Vertrauensgüter sind von Such- und Erfahrungsgütern abzugrenzen, bei denen mit relativ geringem Aufwand die Qualität festgestellt werden kann. Beispiele für Suchgüter sind Möbel und Schmuckwaren, für Erfahrungsgüter Brot und Textilien.

Sicht des informierten Verkäufers einen höheren Wert besitzen. Dies ist ein Signal für die potentiellen Käufer, die daraufhin einen neuen, niedrigeren Erwartungswert bilden. Der mittelwertige Marktpreis sinkt, mit der Konsequenz, dass weitere Fahrzeuge vom Markt genommen werden. Setzt sich diese Spirale fort, werden entweder nur noch Zitronen angeboten und nachgefragt, über deren Qualität sich dann beide Marktseiten im Klaren sind, oder es findet gar kein Handel statt. Es liegt **adverse Selektion, d.h. negative Auslese zugunsten schlechter Qualität** vor.

- Als nächstes betrachten wir den Fall, dass der Informationsnachteil beim Verkäufer (Prinzipal) eines Gutes liegt. Der Markt für Versicherungen ist der übliche Fall, an dem in der Theorie das Problem dieser ungleichen Informationsverteilung modelliert wird; zugleich ist dieser Fall in der Praxis sehr relevant. Schon im Volksmund heißt es: Versicherung ist Vertrauenssache. Wenn das Versicherungsunternehmen als Prinzipal über das zu versichernde Schadensrisiko, z.B. eine Krankheit, oder ein Fahrraddiebstahl, schlechter informiert ist als der Versicherungsnehmer als Agent, so wird es in seiner Prämienkalkulation die im Schadensfall zu erbringende Leistung zu niedrig ansetzen, entsprechend niedrig ist der Erwartungswert über die Höhe der Schadenssumme insgesamt und die auf dieser Basis errechnete kostendeckende Versicherungsprämie für alle Nachfrager (die schlechten und guten Risken). Der Versicherer zieht jene Kunden an, die aus ihrer Sicht bei ihnen das günstigste Preis-Leistungsverhältnis vorfinden. Das sind, für den Versicherer unbekannterweise, die schlechten Risiken. Diese werden quasi von den guten Risiken subventioniert. Diese Versicherungsprämie wird also für gute Risiken zu hoch sein, die entsprechenden Nachfrager werden auf eine Versicherung verzichten. Damit steigt der Anteil an schlechten Risiken im Kundenstamm des unzureichend informierten Versicherungsunternehmens. o wird eine Kölner Fahrradversicherung; die ihre Versicherungsprämie an dem durchschnittlichen Risiko des Diebstahls für das gesamte Stadtgebiet ausrichtet, Verluste erwirtschaften, weil nur die Fahrradfahrer, die in Stadtteilen wohnen, wo das Risiko eines Diebstahls besonders hoch ist, eine solche Versicherung abschließen werden. Als Alternative könnte die Versicherung die Prämien nach den Prognosen für den schlechtesten Fall erhöhen, nur würden dann möglicherweise weitere gute Risiken austreten, was wiederum zu Preiserhöhungen führt. Da die Anbieter vor Vertragsabschluss nicht erkennen können, welche Risiken ein bestimmter Nachfrager repräsentiert, findet eine adverse Selektion in Richtung schlechte Qualität statt; dabei pendelt sich der Preis auf hohem Niveau ein. Letztlich ist der Markt in diesem Beispiel sehr klein geworden, denn nur noch die schlechten Risiken sind versichert. Die guten Risiken versichern sich hingegen nicht, da es für sie keine Versicherung mit adäquaten Prämien gibt. Der Markt für „gute Risiken“ (gute Qualität) bricht wegen der Informationsasymmetrie zusammen.

- Der dritte Fall ist typisch für den Arbeitsmarkt und betrifft den Informationsvorsprung des Arbeitnehmers (Agent) gegenüber dem Arbeitgeber (Prinzipal) in der vorvertraglichen Phase. Denn die eigene Produktivität ist dem Arbeitnehmer besser bekannt. Der Arbeitgeber kennt die subjektive Kostenfunktion des einzelnen Anbieters nicht, d.h. er weiß nicht, wie viel Input der Arbeitnehmer für einen festzulegenden Output einsetzen muss. Wie der Käufer auf dem Automarkt kennt der Arbeitgeber lediglich die Wahrscheinlichkeit dafür, dass jeder potentielle Mitarbeiter eine Kostenfunktion eines bestimmten Typs hat. Daraus bildet er wiederum den Erwartungswert. Die differierenden Anstrengungskosten könnten dann dazu führen, dass der Agent mit den subjektiv höheren Anstrengungskosten, d.h. mit geringerem Output bei gleichen Anstrengungen, seine Kosten niedriger ansetzt, um eine Stelle zu bekommen. Im Wissen um diese Probleme bietet der Arbeitgeber einen Durchschnittslohn, für den er nur die relativ unproduktiven Arbeitnehmer einstellen kann. Es findet dann eine **adverse Selektion zugunsten unproduktiver Arbeitnehmer** statt.[15]

C. Moral Hazard (moralisches Risiko)

Ein moralisches Risiko ist die Ausprägung eines nachvertraglichen Informationsproblems. Zugrunde liegt die Schwierigkeit des Prinzipals, das Verhalten, d.h. die Handlungen des Agenten nach Vertragsabschluss zu beobachten oder zu kontrollieren. Der Agent kann nach Vertragsabschluss sein Verhalten so ausrichten, dass es für den Prinzipal mit hohen Kosten verbunden ist. Der Agent verletzt seine nachvertraglichen Sorgfaltspflichten. Es entsteht ein Wohlfahrtsverlust für den Prinzipal. Die ungleiche Informationsverteilung besteht vor allem deshalb, weil eine unbeobachtbare Zufallsvariable das Ergebnis der Leistungserbringung beim Agenten beeinflusst und der Prinzipal somit nicht in der Lage ist, ein gutes oder schlechtes Ergebnis eindeutig dem Agenten zuzuordnen. Das Ergebnis ist eine Funktion E der Leistung des Agenten e und der stochastisch unabhängigen Zufallsvariablen α.

---

[15] Es könnte allerdings auch ein nachvertragliches PAP geben, nämlich dann, wenn der Agent mit den niedrigeren subjektiven Kosten höhere Kosten vortäuscht, um eine Bonus zu erreichen.

$E = E(e, \alpha)$.

Damit wird die Wirkung der Handlung nicht ausschließlich durch den Agenten beeinflusst, womit die Handlung selbst sich der Kontrolle des Prinzipals entzieht. Dabei sind hohe Kontrollkosten denkbar, die dazu führen können, dass dem Agenten ein recht hoher Handlungsspielraum zugestanden wird. Insgesamt sind beide Variablen (e, α) nicht vom Prinzipal beurteilbar, so dass der Agent seine eigene Leistung entsprechend zurückhalten kann. Dadurch entstehen **Fehlanreize** für eine geringe Leistung des Agenten. Dies wäre eine Verletzung der Sorgfaltspflicht bei der Ausführung des „Auftrags" und somit **Moral Hazard**.

- Wenn die Leistung des Prinzipals aus dem Vertrag an das Eintreten eines bestimmten Umstandes gebunden ist, wie z.B. bei Versicherungen, ist Moral Hazard sehr wahrscheinlich, wie sich erneut am Beispiel der Fahrradversicherung anschaulich zeigen lässt. Für den Versicherungsnehmer besteht ein Trade-off zwischen dem Versicherungsschutz und der Sorgfaltspflicht: Je höher der Versicherungsschutz ausfällt, desto größer ist das Moral Hazard; der Anreiz zur Sorgfalt, z.B. in Form des Kaufs und der Verwendung eines guten Schlosses, sinkt. Durch sorgloses Verhalten kann dann der Schadensfall herbeigeführt werden, und die Versicherung muss das Fahrrad ersetzen. Diese Verletzung der Sorgfaltspflicht kann jedoch von der Versicherung nicht sicher antizipiert werden. Sie kann überdies nicht als vertragswidriges Verhalten geltend gemacht werden, da sie nicht sicher nachweisbar ist. Die Zufallsvariable α sowie die Sorgfalt e können durch den Anbieter der Versicherung nicht kontrolliert bzw. beobachtet werden. Ansonsten bestünde kein Problem: Sorgfältige Versicherte würden nur eine geringe Prämie zahlen, sorglose hingegen eine hohe. Hier liegt wiederum eine Informationsasymmetrie zu Lasten des Anbieters der Versicherung vor. Das Moral Hazard hat zur Folge, dass die Preise für die Leistung ansteigen werden, da der Anbieter dieses Risiko einkalkulieren muss. Eine dem individuellen moralischen Risiko entsprechende Preisdifferenzierung wird durch die Informationsasymmetrie verhindert. Dann kann es zusätzlich wieder zur adversen Selektion kommen: Die Sorgfältigen empfinden die Prämie als zu hoch und treten aus der Versicherung aus. Nur diejenigen, die vertragswidrig ihre Sorgfaltspflichten verletzen, bleiben in der Versicherung, d.h. die schlechten Risiken zu hohen Prämien.
- Eine weitere Ausprägung des Moral Hazard ist die angebotsseitig induzierte Nachfrageausweitung. Dies ist dann möglich, wenn eine dritte Partei als – wissentlicher oder unwissentlicher – Erfüllungsgehilfe hinzuge-

schaltet wird. Das typische Beispiel ist der Markt für Gesundheitsleistungen mit der Besonderheit, die das Verhältnis zwischen Arzt und Patient darstellt. Der Arzt hat in der Regel das überlegenere Diagnose- und Therapiewissen und kann insoweit die Nachfrage nach seinen medizinischen Leistungen beeinflussen. Der Patient zahlt seinen Beitrag an die Gesetzliche Krankenversicherung, die im Versicherungsfall die Leistungen des Arztes zahlt, ohne den Patienten einzuschalten. Der Arzt wird zwar von der Versicherung bezahlt, jedoch nicht ausreichend kontrolliert. Aber auch der Patient hat nur geringe Kontrollmöglichkeiten, da er in medizinischen Fragen meist ein Laie ist und sich nicht genau im Klaren ist, welche Leistungen er in Anspruch nimmt und im Übrigen gar nicht erfährt, was der Arzt gegenüber der Krankenkasse im Einzelnen abrechnet (so ist das jedenfalls bei dem in Deutschland angewandten Sachleistungsprinzip). Beide, die Krankenkasse und der Patient sind vermutlich nicht in der Lage zu erkennen, welche Behandlung erforderlich oder überflüssig ist. Es besteht also eine doppelte Informationsasymmetrie. Der Arzt hat einen Anreiz, sein Einkommen zu Lasten der Versicherung zu erhöhen, indem er unnötige Leistungen erbringt.

Insgesamt kommt es über die bestehenden Informationsasymmetrien zu weniger Transaktionen am Markt und zu einem ineffizienten Marktgleichgewicht. Dabei zeigt sich, dass Prinzipal-Agent-Probleme nicht eindimensional sind, sondern sich auf verschiedenen Ebenen mit dann wechselnden Rollen zeigen. Im Folgenden werden wir unterschiedliche private und staatliche Lösungsmöglichkeiten des PAP diskutieren.

D. Private bzw. marktliche Lösungsansätze

Auch bei der Lösung des Prinzipal-Agent-Problems ist ein Spannungsfeld, wie bei der Beseitigung externe Effekte, zu erkennen. Es gibt private und staatliche Lösungswege für das Problem. Staatliche Lösungen mögen bisweilen theoretisch mehr Erfolg versprechen, bergen jedoch die Gefahr des Staatsversagens. Zunächst wenden wir uns den privaten bzw. marktlichen Lösungsansätzen zu.

Die erste Möglichkeit zur Überwindung der Informationsasymmetrien besteht darin, dass der Prinzipal versucht, mehr Informationen über den Agenten zu erhalten. Dies wird im Allgemeinen als **Screening** bezeichnet. Verschiedene Formen sind denkbar.

- Die erste Form ist **Selbstinformation**. Der Prinzipal versucht, sich direkt Informationen über den Agenten zu beschaffen. Das kostet Zeit und

Geld. Ein Beispiel bietet der Arbeitsmarkt. Potentielle Arbeitnehmer werden zu Interviews und in Assessment-Centers eingeladen, und es werden Auskünfte von vorherigen Arbeitgebern eingeholt und die Dienstzeugnisse analysiert. Aber auch hier gilt ein rationales Kalkül. Bedingt durch die anfallenden Transaktionskosten wird die Informationsbeschaffung solange ausgedehnt, bis der Grenznutzen, der mit zusätzlicher Information sinkt, den mit steigender Information zunehmenden Grenzkosten entsprechen (vgl. Abbildung III.6).

Abbildung III.6: Grenzen des Screening

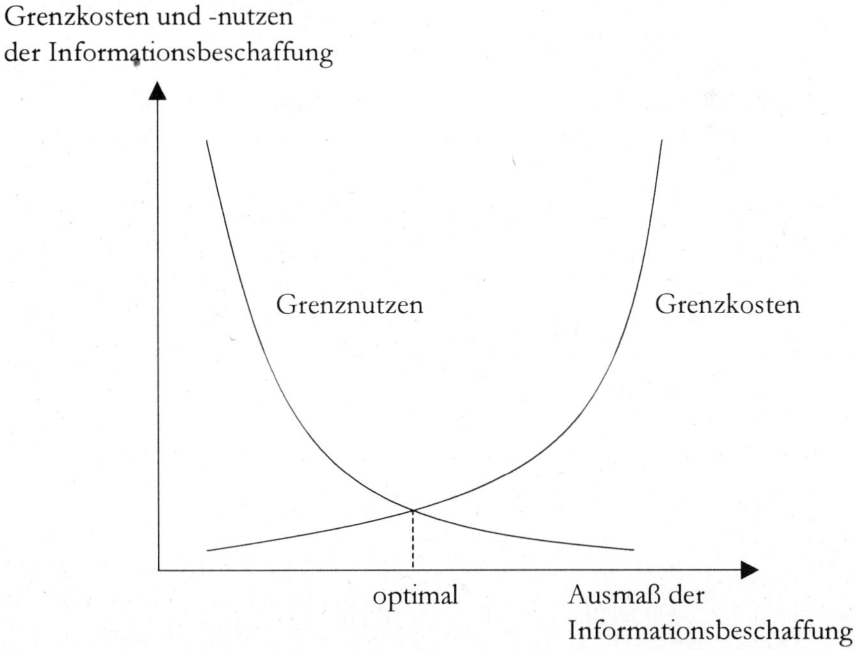

- Eine zweite Form des Screening ist die **Informationsbeschaffung über Dritte**, z.B. Sachverständige, Berater oder Rating-Agenturen. Diese begutachten das Verhalten des Agenten fachkundig und beurteilen die Qualität. Auch dies ist nicht kostenlos; vielmehr gilt das gleiche Kalkül wie oben (vgl. Abbildung III.6). Zudem kann ein neues Prinzipal-Agent-Problem entstehen, da auch für die dritte Instanz Kontrollkosten anfallen können. Außerdem kommt hier möglicherweise kein Markt zustande, weil es positive externe Effekte gibt, z.B. durch eine Bereitstellung der einschlägigen Informationen durch den Staat oder durch Verbraucherzentralen.

Im Gegensatz zum Screening steht das **Signaling.** Es handelt sich um einen Mechanismus, bei dem der Agent es ist, der versucht, seine Qualität zu demonstrieren, so dass zusätzliche Transaktionen möglich werden. Man spricht auch von Selbstselektion. Der Agent hat ein Interesse am Signaling, weil er hofft, dadurch für sich günstige Vertragskonditionen zu erwirken (z.B. auf dem Arbeitsmarkt einen höheren Lohn). Zentral ist die Glaubwürdigkeit der Informationen, vor allem in dynamischer Hinsicht. Denn wenn die durch den Agenten bereitgestellte Information inkorrekt ist, verliert er seine Glaubwürdigkeit auch in zukünftigen Situationen. Der Volksmund spricht: „Wer einmal lügt, dem glaubt man nicht, selbst wenn er auch die Wahrheit spricht." Es sind verschiedene Wege denkbar, auf denen der Agent Informationen glaubwürdig machen kann:

- Das erste Verfahren ist der **Reputationsaufbau**. Dabei soll dem Prinzipal die Gelegenheit der Extrapolation von Vergangenheitserfahrungen in die Zukunft gegeben werden. Zum Markteintritt des Agenten könnten z.B. niedrige Preise, die der durchschnittlichen Qualität entsprechen, verlangt werden. Später wird der Agent versuchen, die Preise zu erhöhen. Eine solche Preispolitik kann als Investition in Reputationskapital verstanden werden. Sie korreliert positiv mit der Langfristigkeit des Angebots, der Häufigkeit des Kaufs und der Möglichkeit, Qualität relativ schnell zu entdecken. Dies geht allerdings nicht bei Vertrauensgütern.

- Ein zweiter Weg ist die **Risikobeteiligung des Agenten.** Diese kann unterschiedliche Formen annehmen:

  - Ein **Garantieversprechen** signalisiert das Bemühen des Agenten um gute Qualität und entspricht einer Risikoübernahme. Die Probleme bestehen darin, dass keine Erfolgsgarantien bei Dienstleistungen möglich sind und dass es eine Gefahr von Moral Hazard auf der anderen Marktseite gibt; so könnte z.B. ein Autokäufer im Wissen um die Garantie seine Sorgfaltspflicht vernachlässigen.

  - Für Versicherungsnehmer gibt es die Möglichkeit der **Selbstbeteiligung im Schadensfall**. Damit wird eine Sorgfaltsverpflichtung zum Vertragsbestandteil. Die adverse Selektion kann bekämpft werden. Schlechte Risiken werden die Option „Vollkasko" wählen, gute Risiken „Teilkasko". Allerdings ist das Problem damit nicht behoben, denn gute Risiken können nach wie vor keine Vollkasko-Versicherung zu einer ihrem Risiko entsprechenden Prämie erwerben.

- Im Arbeitsverhältnis, aber auch bei Dienstleistungen, kann man eine **erfolgsabhängige Entlohnung** einführen. Im professionellen Sport ist sie z.B. üblich. Bei einem festen Honorar würde der Prinzipal das Risiko für α übernehmen. Der Agent hätte dann keinen Anreiz, seine Anstrengung e auszuweiten und würde schlechte Ergebnisse stets auf die Zufallsvariable beziehen. Bei einem variablen Gehalt mit festem Gewinn für den Prinzipal hingegen übernimmt der Agent das volle Risiko für α. Arrangements zwischen diesen beiden Extrema bringen mithin eine Angleichung der Interessen hervor. Allerdings ist eine erfolgsabhängige Bezahlung nicht für jede Dienstleistung möglich und überdies in Deutschland gesetzlich nicht für jeden Sektor erlaubt.[16]

- Ein dritter Weg des Signaling ist die **Einrichtung privater Zertifikatsysteme**. Es findet ein Erwerb von Qualifikationen, die sich als Qualitätssignal durchgesetzt haben, durch den Agenten statt. Beispiele sind der TOEFL-Test sowie Hochschuldiplome. Sie müssen nicht staatlich bereitgestellt werden, sondern können auch privat angeboten werden. Es ist oft noch nicht einmal eine staatliche Anerkenntnis notwendig. So sind z.B. Absolventen des Postgraduierten-Kurses "Advanced Studies in International Economic Policy Research" beim Institut für Weltwirtschaft in Kiel gesuchte Mitarbeiter in Forschungsinstituten, öffentlichen Verwaltungen und internationalen Organisationen, obwohl das Programm ohne staatlich anerkannten Abschluss endet.

Wie das Screening ist das Signaling ebenfalls mit hohen Kosten verbunden, die den Bemühungen des Agenten um bessere Information des Prinzipals Grenzen setzen. Darüber hinaus scheitert die Selbstselektion, wenn das gewählte Kriterium keinen Informationsgehalt mehr besitzt. Wenn z.B. sämtliche Absolventen eines Universitätsjahrgangs im Fach Volkswirtschaftslehre die Note „sehr gut" erzielen, kann das Universitätsdiplom nicht zur Unterscheidung der einzelnen Kandidaten dienen.

---

[16] Ein Beispiel ist die Honorarordnung für Architekten und Ingenieure (HOAI), mittels derer die Preise für die Leistungen von selbständigen Architekten und Ingenieuren sehr genau geregelt sind. Eine anreizkompatible Honorarregelung, die z.B. eine Beteiligung des Architekten an Einsparungen der Bausumme für private Bauherren vorsieht, ist weitgehend verboten (Fredebeul-Krein und Schürfeld 1998, S. 49ff).

E. Wirtschaftspolitische Maßnahmen

Es ist mithin nicht immer möglich, die Lösung des Prinzipal-Agent-Problems über den Markt zu erreichen. Das Marktversagen bleibt insoweit bestehen. Dann sind aus Effizienzgründen staatliche Interventionen geboten. Mögliche Ansätze arbeiten, wie bei privaten Lösungen, mit Screening und Signaling. Theoretisch denkbar und in der wirtschaftspolitischen Realität umgesetzt sind die folgenden Maßnahmen:

- Ein Mittel des verbesserten Screening ist die **Pflicht für die Anbieter, bestimmte Informationen bereitzustellen**. Dieses Mittel wird z.B. bei Medikamenten oder Lebensmitteln angewandt.

- Daneben dient die **öffentliche Bereitstellung von Informationen** verbessertem Screening. Dazu zählt die Arbeit der Stiftung Warentest, die Produkte auf verschiedene Eigenschaften hin testet und die Ergebnisse der Tests publiziert. Jeder Interessierte kann diese Ergebnisse einsehen. Öffentliche Informationsbereitstellung kann allerdings auch zu neuen Bürokratiekosten beitragen. Deshalb sollte sie sich nur auf Vertrauensgüter beziehen.

- In einigen Bereichen wird sogar ein **gesetzlicher Zwang zur Versicherung** angewandt. Beispiele dafür sind die gesetzliche Sozialversicherung und die Kfz-Haftpflichtversicherung. Es ist wichtig zu betonen, dass der Zwang zur Versicherung nicht impliziert, dass die Versicherung auch vom Staat bereitgestellt wird. Während in Deutschland die gesetzliche Sozialversicherung je nach Einkommenshöhe der Betroffenen gänzlich oder teilweise staatlich bereitgestellt wird, gibt es in der Kfz-Haftpflichtversicherung einen Wettbewerb der privaten Anbieter. Es ist zusätzlich zu bedenken, dass auch Sozialversicherungen die Anreize der Versicherten negativ beeinflussen können. Denkbar wäre somit auch in der Gesetzlichen Krankenversicherung die Einführung eines Selbstbehalts.

- Einem verbesserten Signaling dienen **Garantieverpflichtungen**. Jeder Produzent in Deutschland ist gesetzlich verpflichtet, dem Konsumenten gegenüber eine Gewährleistung von mindestens einem halben Jahr für sein Produkt abzugeben. Darüber hinausgehende Garantieverpflichtungen sind ökonomisch sinnvoll nur freiwillig oder werden zwischen den Marktseiten ausgehandelt.

- Signaling kann auch über **Mindeststandards** betrieben werden. Bekannte Beispiele sind der Große Befähigungsnachweis im Handwerk, die Regulierung der sog. Freie Berufe, Ausbildungsanforderungen für Ärzte und

Arbeitsschutzbestimmungen. Die Wirtschaftspolitik hat allerdings dafür Sorge zu tragen, dass Mindeststandards faktisch nicht als Marktzugangsbeschränkung wirken. Dies ist jedoch nicht immer ausreichend gelungen, wenigstens in Deutschland nicht (Deregulierungskommission 1991; Fredebeul-Krein und Schürfeld 1998).

- Schließlich ist das **Haftungsrecht** bzw. die **Produkthaftung** zu nennen. Der Produzent haftet für bestimmte Eigenschaften des Produkts. Dies ist besonders bei den Produkten, bei denen Mängel mit Gefahren für die Benutzer verbunden sind, z.B. Automobile, von Bedeutung. Durch die Produkthaftung wird der Hersteller zu hoher Sorgfalt veranlasst. Die Produkthaftung kann man sehr restriktiv auslegen, wie dies z.B. in den Vereinigten Staaten geschieht. Die Folge kann dann sein, dass der Versuch, Marktversagen zu beheben, dieses noch verschärft, weil bestimmte Güter oder Dienstleistungen gar nicht mehr angeboten werden. Eine staatliche Übernahme von Kontrollkosten könnte in diesem Zusammenhang vorteilhaft sein, um die Anzahl der marktlichen Transaktionen zu steigern.

Vor dem Hintergrund des staatlichen Informationsproblems über das richtige, gewünschte Maß an Mindestqualität sind die wirtschaftspolitischen Entscheidungsträger aufgefordert, derartige staatliche Regulierungen sehr vorsichtig zu dosieren. Insbesondere der Aufbau neuer Marktzutrittsschranken durch staatliche Interventionen ist allokationstheoretisch negativ zu beurteilen und sollte nach Möglichkeit vermieden werden. Die Wirtschaftspolitik steht deshalb vor der ständigen Aufgabe, die Ratio der Eingriffe zur Behebung eines Marktversagens, die sie früher ergriffen hat, daraufhin zu überprüfen, ob sie heute und künftig in dieser Form gebraucht werden oder modifiziert, gemildert oder ganz abgeschafft werden sollen.

F. Prinzipal-Agent-Probleme in der Geldpolitik und Ansätze zu ihrer Lösung

Die Geldpolitik ist ein wichtiger Teilbereich der Wirtschaftspolitik. Ihr Ziel ist die Wahrung der Preisniveaustabilität, die für die Funktionsfähigkeit der Märkte, besonders die effizienzsteigernde Wirkungsweise des Preismechanismus, eine entscheidende Bedeutung besitzt. Deshalb ist sie eines der konstitutiven Prinzipien der Wirtschaftspolitik. Gemäß dem Assignment (vgl. Unterabschnitt I.3.B) ist die Geldpolitik nahezu weltweit, auf jeden Fall in allen wichtigen Industrieländern, an politisch weitgehend unabhängige Zentralbanken übertragen worden.[17] In Europa ist die Europäische Zentralbank als eine der weltweit unabhängigsten Zentralbanken für die Geldpolitik zuständig.

Eine unabhängige Notenbank ist dem Zugriff der Politik entzogen. Dies ist deshalb so wichtig, weil in der Vergangenheit die Regierungen vieler Länder die Geldpolitik zur Erreichung anderer wirtschaftspolitischer Ziele als der Preisniveaustabilität ebenfalls herangezogen haben (vgl. Abschnitt I.2). Besonders attraktiv ist es aus Sicht der Regierungen immer gewesen, die Beschäftigung mit einer Steigerung der Geldmenge erhöhen zu wollen und die Staatsausgaben mit höherer Geldmenge zu decken bzw. die Schuldenlast real zu senken. Beides ist, wie sich anhand zahlreicher Beispiele empirisch gezeigt hat, in der Realität zum Scheitern verurteilt. Trotzdem haben Regierungen immer dann, wenn das Assignment-Problem nicht gelöst wird, d.h. wenn die Vollbeschäftigung verfehlt worden ist oder wenn die Finanzpolitik den öffentlichen Haushalt über Jahre nicht hat ausgleichen können, Zuflucht in der Zunahme der Geldmenge gesucht. Somit scheint dieses Problem mit einer weltweit zu beobachtenden Steigerung der Unabhängigkeit der Zentralbanken zumindest erkannt und teilweise gelöst zu sein.

Dieses eben beschriebene Problem kann als eine Variante eines **nachvertraglichen PAP** modelliert werden. Die Regierung ist in diesem Fall der Agent, der einen Informationsvorsprung, nämlich über die tatsächlich betriebene Geldpolitik, besitzt. Die Bevölkerung ist der Prinzipal, der Kosten aufwenden muss, um Informationen über die aktuelle Geldpolitik zu erhalten. Dies ist deshalb wichtig, damit die Funktion der Preise als Knappheitsindikatoren aufrecht erhalten bleibt. Bilden die Menschen fehlerhafte Erwartungen über zukünftige Preise, so treffen sie suboptimale Allokationsentscheidungen. Hier wird das durch das geldpolitische PAP entstehende Marktversagen nicht unmittelbar deutlich, mittelbar wird es jedoch sehr wohl ersichtlich. Nehmen wir an, die Regierung versucht, sich den **Phillips-Kurven-Zusammenhang**[18] zunutze zu machen. Sie versucht also, mittels Inflation den Reallohn zu senken, um dadurch die Arbeitsnachfrage zu erhöhen. Sie hofft dabei auf **Geldillusion** der Arbeitsanbieter, die diese Senkung der Reallöhne nicht bemerken und deshalb ihr Angebot konstant halten. Durch die Nachfragesteigerung bedingt, steigt somit die gesamtwirtschaftliche Beschäftigung. Gäbe es keine Geldillusion, würde bei sinkenden Reallöhnen norma-

---

[17] Zur Unabhängigkeit der Zentralbanken s. Bofinger, Raichle und Schächter (1996, S. 179ff) sowie den Übersichtsartikel von Berger, Eijffinger und de Haan (2000). Siehe auch Abschnitt V.3.

[18] Für eine grundsätzliche Erläuterung des Phillips-Kurven-Zusammenhanges s. Felderer und Homburg (1999)

lerweise weniger Arbeit angeboten, so dass per Saldo keine zusätzliche Beschäftigung entstünde. Das Ergebnis bei Geldillusion kann deshalb als nicht präferenzgerecht angesehen werden. Die Arbeitsanbieter bieten zuviel Arbeit an, so dass die sechste Marginalbedingung verletzt wird. Davon abgesehen ist Geldillusion langfristig nicht gegeben, so dass sich das alte Beschäftigungsgleichgewicht schnell wieder einstellen wird.[19] Bei längerer Inflationserfahrung steht überdies zu befürchten, dass die Lohnabschlüsse eine hohe Inflationsrate antizipieren. Wird diese Erwartung nicht erfüllt, sondern bleibt die Inflation darunter, erhöht sich sogar der Reallohn und damit die Arbeitslosigkeit.

Ähnlich verhält es sich, wenn die Regierung versucht, sich mittels Inflation zu entschulden. Dies geschieht zum Einen darüber, dass die Regierung Kredite von der Zentralbank erhält und damit entweder das laufende Budget finanziert oder Staatsschuldtitel zum Nominalwert zurückkauft. Zum Anderen sinkt der Realwert der Staatsschulden durch Inflation. Damit sinkt auch der Realwert der Anlagen in heimischer Währung. Geht man davon aus, dass die Wirtschaftssubjekte ihre Anlageentscheidung unter der Annahme eines über die Zeit konstanten Realwertes getroffen haben, so ist ihr Portfolio-Mix nach der Abwertung durch Inflation nicht mehr optimal, weil er nicht mehr präferenzgerecht ist. Die dynamische Effizienz wird durch Inflation ohnehin beeinträchtigt, da Märkte ihre Funktion zumindest teilweise verlieren.[20]

Damit ist zwar das empirisch relevante Prinzipal-Agent-Problem in der Geldpolitik beschrieben. In der theoretischen makroökonomischen Literatur wird jedoch ein anderes Problem als ebenfalls sehr bedeutsam, wenn nicht als wichtiger angesehen. Die ist das PAP zwischen der Regierung als Prinzipal und der Zentralbank, insbesondere dem Direktorium der Zentralbank als Agenten. Denn es ist nicht auszuschließen, dass die Direktoren der Zentralbank ebenfalls eigene Zielvorstellungen verfolgen, die von denen der Regierung abweichen, sei es in Bezug auf die Entwicklung des Preisniveaus oder des Wechselkurses, sei es hinsichtlich der allgemeinen Konjunkturlage, sei es bei der Rolle als Kreditgeber in letzter Instanz ("lender of last resort") im Falle nationaler oder internationaler Bankenkrisen. Es kann sich aus der Sicht

---

[19] Dennoch kann die Regierung kurz vor Wahlen einen Vorteil sehen. Steigt nämlich die Beschäftigung kurzfristig an, kann sie dies als Argument im Wahlkampf verwenden (s. Unterabschnitt IV.2.C). Nach der Wahl wird sich das alte Gleichgewicht auf dem Arbeitsmarkt wieder einstellen, ohne unmittelbar negative Konsequenzen für die Regierung zu haben.

[20] Diese Ausprägung des Marktversagens darf aber keine wirtschaftspolitischen Eingriffe in die Märkte zur Korrektur nach sich ziehen. Vielmehr ist die Ursache, d.h. die gestiegene Inflation zu bekämpfen. Darauf kommen wir weiter unten zu sprechen.

der Regierung z.B. herausstellen, dass die tatsächliche Inflationsrate höher oder niedriger ist, als sie für erstrebenswert hält. Woran das liegt – ob an eigenen Zielfunktionen der Akteure der Zentralbank oder an Wirkungsverzögerungen im Transmissionsmechanismus zinspolitischer Maßnahmen oder an internationalen Koordinationsabsprachen –, das weiß die Regierung nicht. Die Regierung kann nicht beobachten, wodurch die tatsächliche realisierte Inflationsrate zustande gekommen ist. Aus Sicht der Regierung überlagert die Zufallsgröße α die beobachtbare Leistung e des Agenten.

Dieses PAP ist vor allem dann für die Wirtschaftspolitik relevant, wenn das erste PAP zwischen Bevölkerung und Regierung nicht besteht. Dann nämlich verhält sich die Regierung annahmegemäß entsprechend den Präferenzen der Bevölkerung nach geringer Inflation. In diesem Fall ist der Prinzipal Regierung deckungsgleich mit dem Prinzipal Bevölkerung.[21] Besteht hingegen das PAP zwischen Bevölkerung und Regierung, d.h. liegt ein **mehrstufiges PAP** vor, ist das PAP zwischen Regierung und Zentralbank untergeordnet. Wenn die Regierung versucht, Informationsmängel der Bevölkerung zur Verwirklichung anderer Ziele mittels Inflation auszunutzen, spielt eine mögliche Abweichung der Inflationsneigung von Zentralbank und Regierung eine geringe Rolle. Es wird auf jeden Fall zu Inflation kommen.

Das Prinzipal-Agent-Problem in der Geldpolitik ist allerdings nicht nur zweistufig, sondern kann auch dreistufig sein. In der jüngeren Literatur wird das Problem der **"Common Agency" in der Wirtschaftspolitik** diskutiert (z.B. Dixit 1996, S. 98ff.). Darunter ist zu verstehen, dass nicht nur die Regierung als Prinzipal des Agenten Zentralbank auftritt, sondern auch andere Gruppen, vor allem potentielle zukünftige Arbeitgeber der Mitglieder des Direktoriums. Es wird argumentiert, dass die Zentralbänker nach Ablauf ihrer Amtszeit nach einer Tätigkeit im Finanzsektor suchen und deshalb bereits auf Wünsche aus diesem Sektor reagieren, z.B. nach einer weniger strengen Bankenaufsicht oder nach etwas billigeren Krediten. In diesem Fall steht die Regierung erneut vor dem Problem, das Verhalten der Zentralbank nicht beobachten zu können. Natürlich gilt dies ebenfalls für den dritten Prinzipal, im Finanzsektor; auch dieser kann das Verhalten der Zentralbank nicht beobachten. Gesetzt den Fall, die Prinzipal-Agent-Beziehung besteht wie hier beschrieben, wird der Zentralbänker immer vorbringen, dass die gegenwärtige Situation nicht von ihm zu verantworten ist.

Allerdings ist zu vermuten, dass die dritte Stufe sowohl theoretisch als auch empirisch relativ unbedeutend ist. Theoretisch spricht dagegen, dass auch

---

[21] So wird das PAP bei Bofinger, Reischle und Schächter (1996, S. 132f.) dargestellt.

Loyalität dem alten Arbeitgeber gegenüber als **Signaling** für einen potentiellen Arbeitgeber gelten kann. Verhielte sich der Zentralbänker im Sinne des potentiellen zukünftigen Arbeitgebers und somit gegen die Interessen seines jetzigen Arbeitgebers, der Regierung, so würde dies ihm den Ruf eintragen, es künftig, in der neuen beruflichen Tätigkeit, wieder so zu tun. Der Zentralbänker hätte sich damit als potentiell illoyal gezeigt und damit seine künftigen Berufschancen verschlechtert. Es ist daher zu erwarten, dass Mitglieder der Zentralbank, die dort ihre Aufgaben, insbesondere die Wahrung der Geldwertstabilität, besonders gut erfüllt haben, sich eine gute **Reputation** aufbauen können und dadurch nach Ablauf ihrer Amtszeit besonders attraktive und gut dotierte Stellungen im Finanzsektor bekleiden können. Empirisch ist diese Sicht der Dinge nicht zu widerlegen: Erfolgreiche Zentralbankpräsidenten erhalten, wenn sie es wollen, immer wieder gut dotierte und reputierliche Positionen im Finanzsektor.

Es kann auch ein **vorvertragliches Prinzipal-Agent-Problem** bei der Auswahl der Direktoriumsmitglieder der Zentralbank durch die Regierung geben. Mögliche Kandidaten könnten z.B. versuchen, ihre scheinbare Kompetenz und ihr angebliches Bewusstsein für Preisniveaustabilität besonders herauszustellen, obwohl sie in geldpolitischen Fragen so sachkundig gar nicht sind und bei Inflation eher Großmut walten lassen. Anders gewendet: Die subjektiven Kostenfunktionen potentieller Zentralbankpräsidenten werden zu hoch ausgewiesen, so dass die Regierung dann getäuscht wird und einen ungeeigneten Kandidaten auswählt. Es findet adverse Selektion statt.

Besonders glaubwürdig ist dieses Szenario allerdings nicht. Der Arbeitsmarkt für Direktoriumsmitglieder der Zentralbank ist überaus eng, und geeignete Kandidaten stehen stark im Lichte der Öffentlichkeit. Der **Screening-Prozess** – z.B. betrieben durch die Volkswirte der Groß- und Investmentbanken – dürfte ohne nennenswerte Transaktionskosten für die Regierung als Arbeitgeber gut funktionieren. Überdies haben die Kandidaten über eine lange Zeit die Möglichkeit des Signaling, insbesondere des Reputationsaufbaus. Gerade in der Geldpolitik zeigt sich deren positive Wirkung. Viele Zentralbankpräsidenten und Mitglieder des Direktoriums in den Industrieländern sind Persönlichkeiten (gewesen), die sich in der Wissenschaft und bei früheren Tätigkeiten in einer Notenbank oder einem Ministerium als Anwalt der Geldwertstabilität ausgewiesen haben. Deshalb ist das Problem der vorvertraglichen PAP in der Geldpolitik vernachlässigbar.

Die mehrstufigen Prinzipal-Agent-Probleme in der Geldpolitik sind in Abbildung III.7 zusammengefasst. Die Abbildung liest sich wie folgt: Ihrer empirischen Bedeutung nach sind die drei PAP aufgeführt, wie sich auch an der Stärke der Pfeile ablesen lässt. Zwischen der Bevölkerung und der Regierung besteht mithin das gravierendste Prinzipal-Agent-Problem. Die Bevölkerung delegiert Verantwortung für die Geldpolitik an die Regierung und kann deren Verhalten nicht vollständig beobachten. Die Regierung bestimmt einen Agenten, namentlich die Zentralbank, zur Durchführung der Geldpolitik. Auch sie kann das Verhalten des Agenten nicht eindeutig beobachten. Der Agent Zentralbank hat zumindest theoretisch den Anreiz, die Interessen eines weiteren Prinzipals in Person potentieller zukünftiger Arbeitgeber zu berücksichtigen.

Abbildung III.7: Nachvertragliche Prinzipal-Agent-Probleme in der Geldpolitik

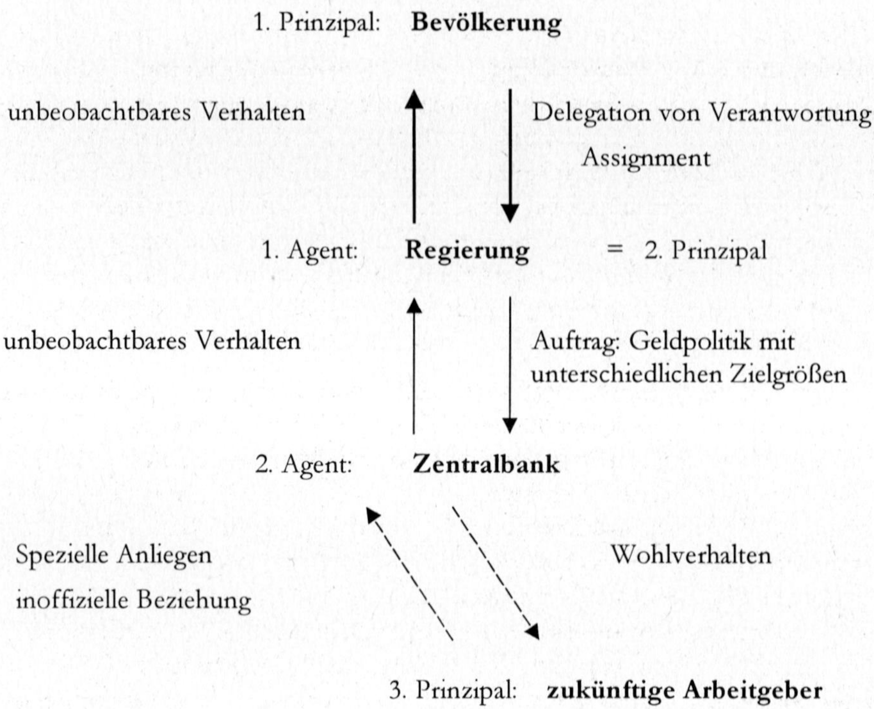

Im Folgenden werden sehr knapp verschiedene Möglichkeiten vorgestellt, die **nachvertraglichen Prinzipal-Agent-Probleme in der Geldpolitik zu lösen**. Aufgrund der rein theoretischen Möglichkeit des PAP auf der dritten Stufe in Abbildung III.7 sowie des vorvertraglichen PAP werden diese Fälle nicht aufgegriffen. Wir beginnen mit der Lösung des PAP zwischen Regierung als Prinzipal und der Zentralbank als Agent. Darunter fallen Verträge mit den Mitgliedern des Direktoriums der Zentralbank, wenigstens aber mit dem Präsidenten (Walsh 1995). Derartige Verträge haben in der makroökonomischen Literatur in der jüngeren Vergangenheit erhebliche Aufmerksamkeit erfahren. Sie können Gehaltskürzungen oder gar die Entlassung für den Fall vorsehen, dass die jährliche Inflationsrate einen festzulegenden Wert überschreitet. In Neuseeland hat die Regierung im Zuge einer umfassenden wirtschaftspolitischen Reform einen solchen Vertrag mit dem Präsidenten der Zentralbank abgeschlossen (Sachverständigenrat, JG 1996/97, S. 47). Eine weitere Möglichkeit ist die Festlegung klarer Regeln für die Instrumentenwahl der Geldpolitik, z.B. der berühmten k-Regel von Milton Friedmann, der zufolge die Geldmenge jedes Jahr um k Prozent steigen sollte. Damit hat die Zentralbank keinen diskretionären Spielraum, der Wert von α ist Null.

Allerdings wird das zentrale PAP zwischen der Bevölkerung als Prinzipal und der Regierung als Agent nicht gelöst (McCallum 1997). Es muss sogar befürchtet werden, dass Verträge für Zentralbänker vom eigentlichen Problem ablenken. Deshalb ist es wichtig, dass die Regierung sich selber im Sinne des Signaling einer **Regelbindung** unterwirft. Die Bevölkerung hat dann eine verbesserte Information und die Möglichkeit, das Verhalten der Regierung zu beobachten. Bei Regelbruch würde der Regierung die Rechnung auf dem Wahlzettel präsentiert, bis hin zur Abwahl. Hier sind Analogien zu einer Risikobeteiligung bzw. zur erfolgsabhängigen Entlohnung des Agenten zu erkennen.

Dass Regelbindung eine wichtige Voraussetzung für Geldwertstabilität sein kann, zeigt sich eindrucksvoll an einer Begebenheit aus dem Jahre 1997: Der damalige Bundesfinanzminister bedrängte öffentlich die Deutsche Bundesbank, ihre Gold- und Devisenreserven höher zu bewerten und die dadurch entstehenden höheren Gewinne der Bundesbank an den Staatshaushalt zu überweisen mit dem Zweck, das fiskalische Konvergenzkriterium des Maastricht-Vertrags leichter erreichen zu können (Sachverständigenrat, JG 1997/98, Ziffern 229 ff.). Das löste einen öffentlichen Sturm der Entrüstung aus. Die Bundesregierung hatte in den Augen der Bevölkerung die Unabhängigkeit der Bundesbank verletzt und ihr zugemutet, im Interesse der Regierung (Abbau des Haushaltsdefizits) notfalls Abstriche beim Stabilitätsziel zu machen. Der Bundesfinanzminister zog im Verlauf dieser Diskussion seinen Vorschlag zurück.

Die Details einer Regelbindung sind von der Regierung festzulegen, z.B. in Form eines Zentralbankgesetzes, so dass sie für jeden einzusehen sind. An dieser Stelle genügt der Hinweis auf die Schwere des PAP zwischen Bevölkerung und Regierung und der Bedeutung von Regeln als Signaling. In Kapitel

V, genauer in Abschnitt V.3, dieses Buches befassen wir uns genauer mit dem Konzept der geldpolitischen Regelbindung.

4. Natürliche Monopole und Unteilbarkeiten

Ein weiterer Fall von Marktversagen ist das sog. natürliche Monopol. Dieses liegt dann vor, wenn ein einziges Unternehmen die Marktnachfrage nach einem Gut im relevanten Bereich komplett auf sich vereinigen kann, also kostengünstiger produziert, als jede größere Anzahl von Anbietern es könnte. Die bei der Produktion entstehenden Durchschnittskosten sinken kontinuierlich. Dies kann durch Unteilbarkeiten der Produktionsfaktoren und Güter erklärt sein. Würden mehrere Anbieter im Wettbewerb das betreffende Gut anbieten wollen, würden alle außer einem ausscheiden. Das ökonomische Problem des natürlichen Monopols besteht darin, dass ein Angebot nach der Regel: Preis gleich Grenzkosten zu Verlusten des Monopolisten führt, weil bei sinkenden Durchschnittskosten die Grenzkosten bekanntlich immer darunter liegen. Dies könnte zu der Forderung führen, der Staat möge dem Unternehmen eine Subvention in Höhe der Differenz zwischen Durchschnittskosten und Grenzkosten gewähren. Ökonomisch ist das nicht unbedenklich, weil Steuerlasten höher sind als sie sonst wären, Allokationsverzerrungen wahrscheinlich sind und das Unternehmen weniger Anreize hat, Ineffizienzen zu beseitigen, Produktivitätsreserven zu mobilisieren, Kosten zu minimieren und Produktinnovationen zu optimieren. Nicht weniger problematisch ist der Fall, dass der Monopolist seine Marktmacht missbraucht, willkürlich hohe Preise setzt, und mit der erzielten Monopolrente ein „ruhiges Leben" führt, was für die Wachstumsdynamik der Volkswirtschaft nicht gut wäre. Außerdem kann er, da er keine Konkurrenz zu fürchten hat, höhere Preise fordern und die Konsumenten ausbeuten. Allokationstheoretisch liegt eine Verletzung der fünften Marginalbedingung vor; Wohlfahrtsverluste sind die Folge.

Das natürliche Monopol ist zu unterscheiden von einem Monopol, das durch staatliche Regulierung entsteht, z.B. weil bestimmte sozialpolitische Ziele damit verfolgt werden. Dann liegt kein Marktversagen, sondern aus allokativer Perspektive Staatsversagen vor. Im Folgenden wird das ökonomische Problem der Unteilbarkeiten kurz dargestellt, die Allokationswirkungen des natürlichen Monopols werden diskutiert, und wirtschaftspolitische Schlussfolgerungen werden gezogen. [22]

[22] Für eine detaillierte Analyse dieses Problems ist das Lehrbuch von Fritsch, Wein und Ewers (1999, Kapitel 7-9) sehr empfehlenswert.

A. Unteilbarkeiten

Unteilbarkeiten zeichnen sich dadurch aus, dass das Angebot am Markt nur in großen Sprüngen variiert werden kann, d.h. das Axiom der Stetigkeit ist verletzt. In der Regel gibt es Unteilbarkeiten aufgrund von technischen Gegebenheiten. Liegen sie vor, werden die Produktionsprozesse aus Kostengründen zentralisiert werden, und es wird automatisch dazu kommen, dass die Marktstruktur durch diese technischen Eigenschaften der Produktion beeinflusst wird. Letztlich kann die Nachfrage dann kostengünstiger von nur wenigen (Oligopol) oder gar nur einem Anbieter (Monopol) bedient werden. Generell gilt aber, dass es nahezu bei jeder wirtschaftlichen Aktivität Unteilbarkeiten gibt, deren Relevanz allerdings teilweise relativ gering ist, so dass es sich nicht lohnt, sie jedes Mal zu betonen. Markante Beispiele für Unteilbarkeiten finden sich jedoch im Bereich der leitungsgebundenen Versorgung, also im Elektrizitätswesen, der Telekommunikation oder der Eisenbahn. In diesen Sektoren gibt es Netze (Stromnetz, Telefonortsnetz oder Schienennetz), deren Betrieb erst ab einer bestimmten Mindestgröße lohnend ist.

Die Ursachen für Unteilbarkeiten liegen in der sog. **Subadditivität der Kostenfunktion**. Diese liegt vor, wenn die Kosten für jede beliebige Produktionsmenge eines oder mehrerer Güter – im relevanten, d.h. auch tatsächlich oder potentiell nachgefragten Bereich – am geringsten sind, sobald diese in einem statt in mehreren Unternehmen[23] produziert wird. Die Gesamtkosten für die Produktion von Teilmengen des Gutes bzw. mehrerer Güter sind höher als die Produktion aus einer Hand. Damit lassen sich mit Hilfe des Konzeptes der Subadditivität sowohl **Größenvorteile** bei der Produktion eines Unternehmens (economies of scale), als auch **Verbundvorteile** bei der Produktion mehrerer Güter (economies of scope) erklären.

Liegen Größenvorteile bei der Produktion eines Gutes vor, lässt sich die Subadditivität der Kostenfunktion C (Q) formal folgendermaßen ausdrücken: $\mathrm{C(Q)} < C(\mathrm{q1}) + \mathrm{C(q2)} + C(q3) + \mathrm{C(qn)}$ mit: $\mathrm{q1} + \mathrm{q2} + q3 + q\mathrm{n} = \mathrm{Q}$. Dabei steht *C* für die Gesamtkosten der Produktion, *Q* für die gesamte Produktionsmenge im relevanten Bereich und *q1*, *q2 q3* usw. für die in einzelnen Unternehmen gefertigten Gütermengen. Ein ökonomisches Kennzeichen der Subadditivität ist mithin die Existenz sinkender Durchschnittskosten. Die Stückkosten nehmen mit Ausweitung der Produktion ab aufgrund von Größenvorteilen. Man spricht auch von den Vorteilen der Massenproduktion.

---

[23] Streng genommen müsste man statt des Begriffs 'Unternehmen' den Begriff 'Betrieb' verwenden, da ein Unternehmen die organisatorische Einheit bildet, die mehrere Betriebe haben kann.

Eine allgemeine Erklärung für sinkende Durchschnittskosten sind **steigende Skalenerträge**, bei denen eine proportionale Erhöhung des Faktoreinsatzes zu einer überproportionalen Erhöhung der Produktion führt. Die Ursachen für steigende Skalenerträge sind vielfältig:

- **Fixkosten-Degression**. Viele Produktionsfaktoren sind nicht beliebig teilbar, so z.B. Gebäude, Fertigungsstraßen, Stabsabteilungen oder Netze. Ihr Einsatz lohnt sich erst, wenn eine bestimmte Mindestmenge des Gutes damit erzeugt werden kann. Die Fixkosten bewirken, dass eine Erhöhung der Kapazitätsauslastung zu einer Verteilung dieser Kosten auf eine größere Ausbringungsmenge führt. Dies ist die geläufigste Erklärung für steigende Skalenerträge.

- **Prinzip des kleinsten gemeinsamen Vielfachen**. In Produktionsprozessen mit unterschiedlichen Verarbeitungsstufen kann es zu unterschiedlichen Mindestgrößen der Produktion, also unterschiedlichen Kapazitäten kommen. Dann ist die optimale Mindest-Produktionsmenge des Endprodukts beim kleinsten gemeinsamen Vielfachen der Kapazitäten aller Stufen erreicht. Am Beispiel einer vierstufigen Produktion kann dies erläutert werden: Die Kapazität auf der ersten Stufe betrage 20 Einheiten, auf der zweiten Stufe 15 Einheiten, auf der dritten Stufe 8 Einheiten und auf der vierten Stufe 12 Einheiten. Das kleinste gemeinsame Vielfache, also die optimale Kapazität der Produktion liegt bei 120 Einheiten.

- **Zwei-Drittel-Regel**. Sachinvestitionen zeichnen sich oft dadurch aus, dass ihr Materialinput relativ zu ihrem Produktionspotential abnimmt. Vergleicht man beispielsweise die Aufnahmekapazität und Materialkosten eines Wassertanks bzw. Ölfasses mit einer Aufnahmekapazität von 10.000 Litern mit einem doppelt so großen, so zeigt sich, dass der Materialeinsatz des letzteren relativ zum kleineren nur um zwei Drittel zunimmt. Dies ist technisch bedingt.

- **Stochastische Größenersparnisse**. Bei der Produktion kommt es immer wieder zu unvorhersehbaren Ereignisse, z.B. Ausschuss oder Reparaturen für Anlagen. Nach dem Gesetz der großen Zahl lassen sich einzelne dieser Ereignisse leichter kalkulieren, wenn die Produktionsmenge steigt. Außerdem fallen sie dann weniger ins Gewicht als bei kleinen Produktionsmengen.

- **Dynamische Skalenerträge**. Mit steigender Produktionsmenge nimmt das Wissen bzw. Know-how zu und die Fehlerrate ab. Dies gilt natürlich grundsätzlich für jede Art von (wirtschaftlicher) Aktivität, allerdings bei einigen Produkten stärker als bei anderen. Bekannte Beispiele sind die Herstellung von Halbleitern und der Bau von Großraumflugzeugen, wo eine Lernrate von 0,2 angenommen wird (Bletschacher und Klodt 1992, S. 69ff).[24] Hier handelt es sich um Größenvorteile in dynamischer Sicht, die im Zeitablauf zu einer Verschiebung der Durchschnittskostenkurve nach unten führen können.

Liegen hingegen Verbundvorteile vor, lautet die subadditive Kostenfunktion entsprechend anders: $C(X+Y) < C(X) + C(Y)$, mit X und Y als unterschiedliche Güter. Es ist günstiger, das Güterbündel (X,Y) gemeinsam in einem Unternehmen zu produzieren, als es jeweils getrennt in zwei Unternehmen herzustellen. Es besteht eine Komplementarität in der Produktion dieses Bündels. Die Gründe für diese Form der Subadditivität sind folgende:

- **Kuppelproduktion**. Bei der Produktion des Gutes X fällt das Gut Y automatisch mit an. Die ist in der Chemischen Industrie sehr häufig zu beobachten.
- **Gemeinsame Nutzung von Anlagen bzw. Kapazitäten**. Ein Unternehmen kann mögliche Größenvorteile nicht voll ausnutzen, weil die nachgefragte Produktionsmenge genau zwischen zwei Kapazitätsgrößen liegt. Dann macht es Sinn, andere Produkte auf diesen Anlagen herzustellen, solange dieser Zustand besteht.
- **Risikostreuung bei Forschung und Entwicklung**. Investitionen in Forschung und Entwicklung (F&E) sind oftmals besonders riskant und zugleich sehr kostenintensiv. Deshalb macht es Sinn, F&E-Aktivitäten nicht nur für ein neues Produkt, sondern für mehrere zu unternehmen. Auf diese Weise lässt sich das Risiko streuen.
- **Quersubventionierung**. Möglich ist auch, dass Marktführer auf einem Markt – sei es als natürlicher Monopolist, sei es als staatlich geschütztes Unternehmen, sei es im Wettbewerb – auch in der Produktion anderer Güter aktiv sind. Es kann aus strategischen Gründen nötig sein, auch diesen Markt zu bedienen. Um dort gegen vielfältige Konkurrenz Fuß zu fassen, ist es allerdings nötig, zu Preisen unter den tatsächlichen Kosten zu verkaufen. Die Kosten werden heruntersubventioniert, z.B. indem gemeinsame Fixkosten (Verwaltung, Immobilien usw.) komplett dem Produkt zugeschlagen werden, für das die Marktführerschaft besteht. Die Bedingung für die Subadditivität der Kostenfunktion im Mehrproduktfall besteht dann nach wie vor. Im Fall der Deutschen Post AG, dem Nachfolger der Deutschen Bundespost, wird ein solches Verhalten immer wie-

[24] Bei Verdoppelung der Ausbringungsmenge im Großraumflugzeugbau sinken die Stückkosten um 20 vH.

der vermutet: Mit Monopolgewinnen aus der Standardbriefpost, so die These, werde die im Wettbewerb befindliche Sparte Paketpost subventioniert.

Während es durch Größenvorteile zu Konzentration auf Märkten bis hin zum natürlichen Monopol kommen kann – aber nicht muss –, begründen Verbundvorteile allein jedoch keine Konzentration; nur aufgrund von Verbundvorteilen wird kein natürliches Monopol entstehen. Nur in der Kombination dieser Form der Subadditivität mit Größenvorteilen würde sich ein natürliches Monopol begründen lassen. Es ist, wie gesagt, sogar möglich, dass das Ausnutzen von Größenvorteilen ein Unternehmen erst in die Lage versetzt, Verbundvorteile zu schaffen und diese auch auszunutzen.

Ein für die Wirtschaftspolitik sehr wichtiger Aspekt betrifft die **Stabilität eines natürlichen Monopols**. Wie weit reichen die Unteilbarkeiten? Für jedes beliebige Niveau der Nachfrage, so dass das natürliche Monopol ein **dauerhaftes** Marktversagen darstellt? Oder nur bis zu einer bestimmten Nachfrage, bei deren Befriedigung das Unternehmen die Durchschnittskosten ein Minimum erreichen und dann, bei der Produktion für die restliche Nachfrage, steigen, mit der Folge, dass das aus dem natürlichen Monopol herrührende Marktversagen ein **temporäres** wäre? Im ersten Fall, dem des dauerhaften natürlichen Monopols, gäbe es für die Wirtschaftspolitik einen permanenten Interventionsgrund. Im zweiten Fall, wenn die Eigenschaften des natürlichen Monopols nur temporär gelten, wäre auch die staatliche Intervention nur vorübergehend gerechtfertigt und müsste, nach Erreichen des Durchschnittskostenminimums, rückgängig gemacht werden. Auf Einzelheiten der Regulierungspolitik gehen wir weiter unten (Unterabschnitt C) ein.

B. Allokationseffekte eines natürlichen Monopols

Wie erwähnt, sinken die Grenzkosten der Produktion im relevanten Bereich. Damit liegen sie unterhalb der ebenfalls fallenden Durchschnittskosten. Der Monopolist wird nun einen höheren Preis fordern (müssen) als bei einem vollständigen Wettbewerb. Wir erinnern uns: Bei vollständigem Wettbewerb gilt die Regel $p = GK$, während im natürlichen Monopol der Cournot´sche Punkt realisiert wird mit $GK = GE$. Wie im Falle des Monopols mit steigenden GK, wird auch im natürlichen Monopol der Counot-Preis gewählt, und der Anbieter produziert somit – im Vergleich zur Situation mit vollständigem Wettbewerb – eine kleinere Menge zu einem höheren Preis. Folglich wird die Konsumentenrente verringert. Diese wird zum Teil in Produzentenrente umgewandelt, zum Teil jedoch auch vernichtet. Insgesamt sind Produzentenrente plus Konsumentenrente, die beim Monopolpreis realisiert werden, niedriger, als sie beim Wettbewerbspreis wären.

Wie im Fall der negativen externen Effekte macht es Sinn, eine grundsätzliche Effizienzbeurteilung des natürlichen Monopols durchzuführen, unterteilt in statische und dynamische Effizienz.

- **Statische Effizienz:** Abbildung III.8 zeigt die statischen Allokationseffekte des natürlichen Monopols. Es findet eine Ausbeutung der Nachfrager statt, die einen Verlust von Konsumentenrente bewirkt, der durch Produzentenrente nicht ausgeglichen wird. Es entsteht also ein gesamtwirtschaftlicher Wohlfahrtsverlust in Höhe von CAB. Darüber hinaus führt der Rückgang der produzierten Menge zu einem geringeren Faktoreinsatz. Die Produktionsfaktoren werden in Verwendungsformen eingesetzt, wo sie ein niedrigeres Wertgrenzprodukt erbringen. Da nun der Faktorpreis geringer ist als sein Grenzprodukt, **wird neben der fünften auch die dritte Marginalbedingung verletzt**. Zudem sind unternehmensintern Ineffizienzen wahrscheinlich, da bei fehlendem Wettbewerb das Unternehmen nicht unter Druck steht, alle Möglichkeiten zur Rationalisierung und Produktivitätssteigerung in Verwaltung, Fertigung und Vertrieb auszuschöpfen. Dafür hat sich in der Literatur seit Leibenstein (1978) der Begriff „X-Ineffizienzen" eingebürgert.

- **Dynamische Effizienz**: Es ist denkbar, dass wegen des geringen Anpassungsdrucks auch die Anpassungsflexibilität des Unternehmens im strukturellen Wandel und bei sich sonst noch ändernden Rahmenbedingungen (besonders exogenen Schocks) geringer ist als im Konkurrenzfalle. Darunter fällt nicht ausschließlich die vollständige Konkurrenz, sondern gemeint ist der funktionsfähige Wettbewerb. Allerdings sind die **Innovationsanreize des natürlichen Monopols** ambivalent zu beurteilen:

    1. Einerseits könnten sie gering sein, da die bestehende Marktmacht einen Bestandsschutz gewährt. Der natürliche Monopolist ist nicht gezwungen, auf den Wettbewerb mit neuen Produkten oder verbesserte Technologie, d.h. geringeren Kosten zu reagieren.
    2. Andererseits könnten die Anreize hier jedoch auch besonders groß sein, da die positiven Effekte solcher Innovationen als Gewinne internalisiert werden könnten. Die gute Ertragslage könnte dazu führen, dass mehr Forschungs- und Entwicklungsprojekte durchgeführt werden.

Ungeachtet der Beantwortung der Frage nach der Innovationstätigkeit eines natürlichen Monopolisten besteht für die Wirtschaftspolitik Handlungsbedarf. Es liegt ja ein Marktversagen vor, eine effiziente Lösung muss über eine Regulierung herbeigeführt werden.

Abbildung III.8: Allokationseffekte des natürlichen Monopols

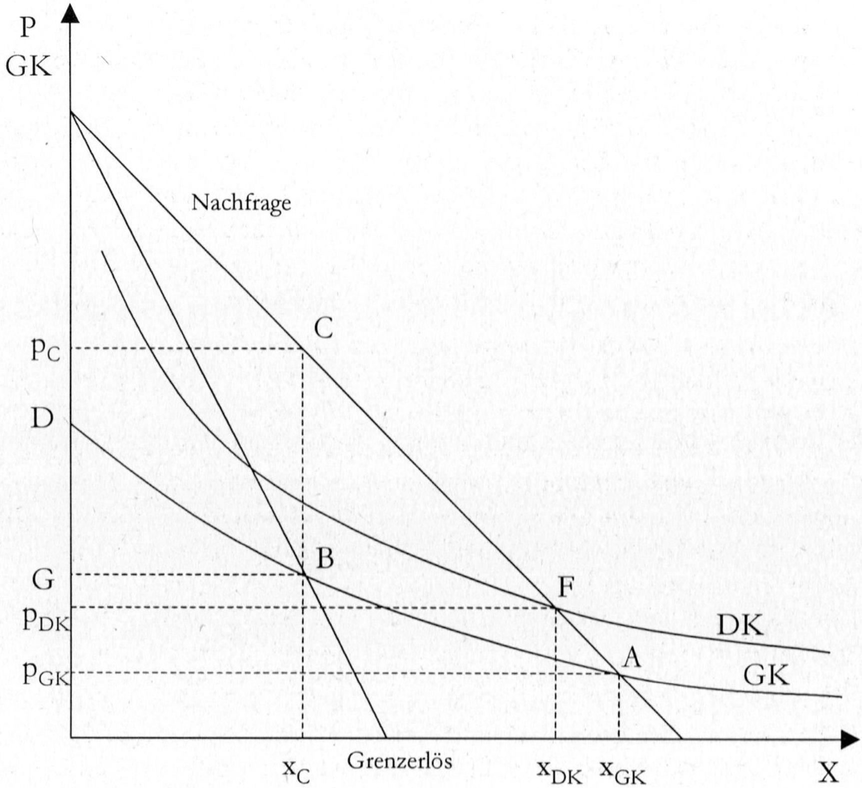

Quelle: Fritsch, Wein und Ewers (1999, S.193).

C. Zur Regulierung eines natürlichen Monopols[25]

In der Realität ist das Phänomen des natürlichen Monopols weit seltener zu beobachten als im Allgemeinen angenommen. Das stellt die Wirtschaftspolitik zunächst vor die Herausforderung der Feststellung natürlicher Monopole. Dabei ist der **relevante Markt** von Bedeutung. Im weltwirtschaftlichen Umfeld ist der relevante Markt in der Regel der Weltmarkt. Es ist nur für sehr wenige Güter vorstellbar, dass es für die Bedienung des Weltmarktes jemals ein natürliches Monopol geben könnte. Allenfalls bei sog. nicht-handelbaren Gütern, d.h. bei Gütern, die nur lokal, regional oder national gehandelt wer-

[25] Für eine detaillierte Analyse siehe auch Knieps (2001, Kapitel 5).

den, weil die Transaktionskosten des Handels zu groß werden, ist ein natürliches Monopol denkbar.

Zudem besteht eine **zeitliche, dynamische** Komponente: Es ist, wie erwähnt, für die Wirtschaftspolitik notwendig, zwischen einem permanenten und einem temporären natürlichen Monopol zu unterscheiden. Bei letzterem würde der staatliche Regulierungsgrund mit einem Anstieg des Nachfragevolumens wieder entfallen. In diesem Fall erhöht sich die Nachfrage so stark, dass die Produktion im Bereich wieder steigender Durchschnittskosten stattfindet. Damit ist ein natürliches Monopol nicht für alle Zeiten als ein solches zu definieren. Es ist allerdings zum Zeitpunkt der Regulierungsentscheidung nicht voraussehbar, wann und ob dies der Fall sein kann.

Damit tritt das **Problem einmal regulierter Bereiche** auf. Es ist für die Wirtschaftspolitik sehr schwer, eine einmal eingeführte Regulierung zurückzunehmen, wenn sich das natürliche Monopol als nur temporär herausstellt. In der Regel haben sich die regulierten Unternehmen, deren Eigentümer und Beschäftigte, gut mit der Situation arrangiert und fürchten bei einer Zulassung von Wettbewerb um ihre Pfründe (hohe Gewinne und Löhne eingeschlossen). Sie werden versuchen, eine Deregulierung zu verhindern. In der deutschen Wettbewerbspolitik hat man derartige Muster gut beobachten können, wann immer im Bereich zuvor bestandener oder vermuteter natürlicher Monopole dereguliert werden sollte und wurde (so in der Telekommunikation, bei der Post, in der Stromwirtschaft oder im Luftlinienverkehr).[26]

Ein zusätzliches Problem entsteht dadurch, dass die Deregulierung (Privatisierung) im Bereich ehemaliger natürlicher Monopole nicht automatisch zu einem funktionsfähigen Wettbewerb führt. Der einstige Monopolist hat über Jahrzehnte eine flächendeckende Infrastruktur aufgebaut (z.B. Telefonnetz, Strom- und Gasleitungen, Schienennetz), er verfügt über eine große Finanzkraft, und dank eines hohen Bekanntheitsgrades und einer guten Reputation bleiben ihm viele Kunden treu. Daraus erwächst diesem Unternehmen eine marktbeherrschende Stellung, die zum Nachteil neuer, besonders der kleineren und mittleren Unternehmen und letztlich zu Lasten der Verbraucher missbraucht werden kann. Auch dies hat sich in der Realität zur Genüge gezeigt. Für die Wirtschaftspolitik heißt das, den ehemaligen natürlichen Monopolisten unter eine neue Form der Regulierung zu stellen, die neuen Konkurrenten erspart bleibt (asymmetrische Regulierung), und dies solange zu tun, bis ein funktionsfähiger Wettbewerb gewährleistet ist. Zu diesem Zweck sind in verschiedenen Ländern sektorspezifische staatliche Institutionen ein-

---

[26] Eine ökonomische Analyse dieser Aussage wird in Kapitel IV vorgenommen.

gerichtet worden, in Deutschland die Regulierungsbehörde für Telekommunikation und Post im Zusammenhang mit der Privatisierung der Deutschen Bundespost 1996/97.

Wird ein natürliches Monopol zweifelsfrei identifiziert und hat sich die Wirtschaftspolitik zu regulierenden Eingriffen entschlossen, so besteht eine ganze Auswahl an Möglichkeiten zur Regulierung, die allerdings nicht frei von Problemen sind. Zentral ist das Informations- und Kontrollproblem, das die regulierende staatliche Behörde bei allen unten angesprochenen Möglichkeiten zur Regulierung des natürlichen Monopols hat. Darüber hinaus sind vermutlich Regulierungsbehörden erforderlich, wodurch eventuell Bürokratieprobleme entstehen können (vgl. Abschnitt IV.4). Sollte es sich überdies um öffentliche Unternehmen handeln, ist nicht auszuschließen, dass die Regierung aus fiskalischen Gründen ein Interesse an hohen Preisen hat.

- Denkbar ist die **Eingrenzung des Aktivitätsbereichs**, z.B. durch ein Verbot für den Monopolisten, auf anderen Märkten Güter oder Dienstleistungen anzubieten. Eine Quersubventionierung von Angeboten auf anderen Märkten, um dort zu nicht kostendeckenden Preisen anbieten zu können, wird so vermieden. Das Problem liegt darin, dass der natürliche Monopolist auf anderen Märkten durchaus wettbewerbsfähig sein kann, ohne quersubventionieren zu müssen. Mit der Regulierung wird die Allokation dann möglicherweise erneut gestört. Ein effizienter Anbieter würde vom Markt ferngehalten, und die Nachfrage würde durch weniger effiziente Unternehmen gedeckt.
- Einen Ausweg bietet die Vorschrift, für sämtliche Geschäftsbereiche eine **getrennte Buchführung** sowie getrennte Gewinn- und Verlustrechnung durchzuführen. Hier besteht die Schwierigkeit, die Kosten genau zu trennen. Wie kann sichergestellt werden, dass der Monopolist die Kosten für die Nutzung allgemeiner Ressourcen wie z.B. Stabsabteilungen richtig zurechnet? Nicht nur der Regulierer, auch das regulierte Unternehmen steht vor diesem Problem.
- Trivial ist das Verbot der **Diskriminierung von Akteuren auf vor- und nachgelagerten Märkten**. Dies ist Bestandteil sämtlicher Wettbewerbsgesetze in den Industrieländern. Das Hauptproblem für den Staat ist wiederum das Informationsproblem: Sind beispielsweise die Preise für die Konsumenten gerechtfertigt, oder liegen sie weit über den Durchschnittskosten? Es ist die empirische Bestimmung des gesamten langfristigen Verlaufs der Durchschnittskostenkurve erforderlich.
- Dies ist auch bei der **Preisregulierung**, der wichtigsten Form der Regulierung des natürlichen Monopols, der Fall. Es gibt mehrere Möglichkei-

ten. Zum Einen kann das Unternehmen verpflichtet werden, die Produkte zu Grenzkosten bereitzustellen. Der Staat würde dann das Defizit abdecken. Des Weiteren könnte die Verpflichtung formuliert werden, die Produkte zu Durchschnittskosten anzubieten. Die Preise wären dann kostendeckend festzusetzen. Bei beiden Möglichkeiten bestünde der Anreiz für den Monopolisten, „Kosten zu produzieren". Die Gehälter könnten höher ausfallen als für vergleichbare Tätigkeiten üblich, die Arbeitsplätze könnten üppiger ausgestattet sein. In öffentlichen Unternehmen, die so reguliert werden, besteht auch der Anreiz, verdiente Politiker mit attraktiven Arbeitsplätzen zu versorgen. All dies konnte man jahrelang bei den Stromversorgern in Deutschland beobachten, die einer derartigen Regulierung unterlagen. Um diese Anreize zu verhindern und darüber hinaus sogar Anreize zum Ausnutzen von Produktivitätspotentialen und zu Innovationen zu geben, bietet sich die sog. Price-Cap-Regulierung an. Es wird die Preisobergrenze reguliert; bei Mehrproduktunternehmen wird ein Preisindex gebildet. Im Zeitablauf könnte der festgesetzte Preis fallen, was zu Innovationen und Produktivitätssteigerungen anreizt. Wegen der Informationsprobleme der regulierenden Behörde könnte als Leitlinie der statistisch gemessene gesamtwirtschaftliche Produktivitätsfortschritt herangezogen werden. Mit dieser Rate würde der Preis für das Produkt jährlich sinken.

- Darüber hinaus ist eine **Regulierung der Kapitalverzinsung** als indirekte Gewinnregulierung denkbar. Die Informationsprobleme sind dieselben wie bei der Preisregulierung.

- Schließlich könnte die **Versteigerung einer zeitlich befristeten Monopolstellung** in Betracht gezogen werden. Es fände weiterhin kein Wettbewerb im Markt, aber immerhin ein **Wettbewerb um den Markt** statt. Dieser Wettbewerb um die Monopolstellung würde im Rahmen von Ausschreibungen stattfinden. Das beste Angebot, d.h. der niedrigste Preis für die Zuschlagfrist erhält den Zuschlag. Die Vergabe kann mit Vorgaben zur Qualität des Produktes verbunden sein, um zu verhindern, dass der niedrige Preis mit schlechter Qualität erkauft wird.

Diese Ausführungen machen deutlich, dass die Regulierungsentscheidungen vorsichtig abgewogen werden und immer wieder aufs Neue überprüft werden muss. Dazu kommt, dass wir bislang nur eine partialanalytische Betrachtung vorgenommen haben. Die Existenz eines natürlichen Monopols hängt jedoch auch von Veränderungen auf anderen Märkten und der Nachfrageseite ab. So können beispielsweise Preisveränderungen bei Rohstoffen, Vorprodukten oder anderen Produktionsfaktoren dazu führen, dass die Kostenfunktion sich verändert. Oder aber technische Neuheiten führen dazu, dass eine neue Kostenstruktur erreicht wird. Ein einmal identifiziertes natürliches Monopol ist also auch aus diesen Gründen keineswegs notwendigerweise ein dauerhaftes.

Ein Weiteres kommt hinzu: Die nationale Wettbewerbspolitik wird in der Regel mittels der Überprüfung der Marktstruktur und des Marktverhaltens, weniger des Marktergebnisses, theoretisch begründet. Es ist jedoch theoretisch und praktisch möglich, dass ein alleiniger Anbieter einen hinreichend großen Anreiz hat, seine Monopolstellung nicht auszunutzen. Dies ist dann der Fall, wenn es potentielle Konkurrenz für den Monopolisten gibt, mit anderen Worten, wenn der Markt bestreitbar ist. Dies könnte auch der Fall sein, wenn Subadditivität der Kostenfunktion gegeben ist, was dazu führt, dass der natürliche Monopolist keinen Monopolpreis setzen kann. In diesem Fall besteht kein Marktversagen, dass von der Wirtschaftspolitik beseitigt werden muss. Für diese besteht nun die Schwierigkeit der richtigen Entscheidung bezüglich eines Eingriffs.

Das **Konzept der bestreitbaren Märkte** (Baumol 1982) gibt Anhaltspunkte. Zunächst sieht es weder in der Marktstruktur noch im Marktverhalten eines Anbieters einen Grund zu einer potentiellen Schädigung der Konsumenten, solange etablierte Anbieter (unabhängig von ihrer Anzahl) durch den drohenden Markteintritt potentieller Konkurrenten diszipliniert werden können. In diesem Fall wird der Missbrauch von Marktmacht zur Erzielung von Monopolrenten sofort mit dem Erscheinen von Konkurrenten und dem Abschmelzen der Renten bestraft. Als Ergebnis verhalten sich die etablierten Anbieter unabhängig von der Marktform so, als würden sie unter den Bedingungen der vollständigen Konkurrenz arbeiten (Tirole 1988, S. 309). Zur theoretischen Ableitung dieses Ergebnisses bedarf es einiger strenger Prämissen:

- Erstens: Es gibt keine Markteintrittsbarrieren, weder staatliche noch natürliche. Staatliche Markteintrittshemmnisse sind die bereits erwähnten Importbeschränkungen sowie Regulierungen des Marktzugangs. Sie haben in der Realität oftmals keine ökonomische Begründung. Vielfach sind ihre einst angeführten und seinerzeit berechtigen Begründungen nicht länger gültig, weil es technische Neuerungen oder politisch gewollte Veränderungen gab. Natürliche Marktzutrittshemmnisse hingegen erfordern Regulierung, allerdings eher wettbewerbsfördernde als wettbewerbshemmende. Die wichtigste Marktzugangsbarriere sind **versunkene oder irreversible Kosten**, d.h. Kosten beim Markteintritt eines Anbieters, die bei seinem eventuellen Marktaustritt nicht durch Verkauf oder Vermietung wieder zurückgeholt werden können. Sie werden durch verwendungsspezifische Investitionen erzeugt und können sofort abgeschrieben werden. Bestehen versunkene Kosten, so hat der etablierte Anbieter den Vorteil, dass er sie in seinem Preis nicht zu berücksichtigen braucht. Der Newcomer hingegen muss sich an seinen totalen Durchschnittskosten orientieren. Somit hat der etablierte Anbieter immer ein Drohpotential, mit dem er den möglichen Wettbewerb durch Dritte verhindern kann: die Ankündigung, den Absatzpreis für das betreffende Gut gegebenenfalls bis auf das Niveau der variablen Kosten[27] zu senken. Diese Prämisse der prinzipiellen Marktoffenheit ist entscheidend für die Anwendung des Konzepts bestreitbarer Märkte.

- Zweitens wird in der theoretischen Ableitung angenommen, dass die Produkte homogen sind, d.h. der etablierte Produzent und der Neuanbieter stellen identische Produkte her.
- Drittens haben beide Anbieter – neu und etabliert – Zugang zu der gleichen Technologie.
- Viertens wird angenommen, dass der etablierte Anbieter seinen Preis bei Markteintritt eines neuen Anbieters nicht senken wird.

Die Strenge der Prämissen führt jedoch nicht automatisch zur Irrelevanz dieses wettbewerbspolitischen Leitbildes. Ganz im Gegenteil: Lockert man die **zweite und dritte Prämisse** ein wenig, spricht intuitiv eher mehr als weniger für seine praktische wettbewerbspolitische Bedeutung. Auch Produkte, die von den Konsumenten als echte Substitute angesehen werden, sind selten homogen.[28] Selbst wenn es einen Monopolisten für ein spezielles Gut gibt, so ist zu erwarten, dass es andere Güter gibt, die in ihren Verwendungsmöglichkeiten diesem recht ähnlich sind und daher von den Konsumenten ähnlich hoch eingeschätzt werden. Vor allem im Zeitablauf werden die Kreuzpreiselastizitäten zwischen Produkten steigen, und die Substitutionskonkurrenz wird Märkte noch angreifbarer als im Falle homogener Produkte machen. Auch der geforderte Zugang aller potentiellen Konkurrenten zur gleichen Technologie ist für die Bestreitbarkeit von Märkten nicht nötig; im Gegenteil: Gerade mit neuen Technologien, die die Produktion von Waren und Dienstleistungen erleichtern oder auch gänzlich neue Produkte generieren, können etablierte Hersteller angegriffen werden. Der Markt für Telekommunikationsdienstleistungen zeigt beispielhaft auf, wie mittels neuer Technolo-

---

[27] Streng genommen handelt es sich um sämtliche nicht verlorenenen Kosten. Dieser Block ist nicht notwendigerweise identisch mit den variablen Kosten, aber doch weitgehend.

[28] Bestenfalls einige Finanzmarkttitel in eng abgegrenzten Teilmärkten können als homogene Produkte gelten.

gien, die zu entwickeln der Monopolist gar nicht nötig zu haben glaubte, eine Monopolstellung ins Wanken geraten ist. In einer statischen Analyse sind die Prämissen zwar von Bedeutung, ihr Fehlen kann aber aus dynamischer Sicht nicht dazu beitragen, die Relevanz angreifbarer Märkte für die Wettbewerbspolitik zu erschüttern. In einer dynamischen Sichtweise gewinnt das wettbewerbspolitische Leitbild von Baumol noch an Gewicht.

Was die **vierte Prämisse** angeht, so wird gelegentlich befürchtet, dass gerade die Anwendung des Konzeptes bestreitbarer Märkte staatliche Eingriffe in die Märkte erforderlich machen würde, beispielsweise um den etablierten Anbieter zu zwingen, seinen Preis im Falle eines Markteintritts durch Newcomer nicht zu senken (Wieandt und Wiese 1993). Dies jedoch ist nicht notwendig, um Wettbewerb zu stimulieren. Es müsste dem Newcomer erlaubt sein, langfristige Verträge mit den Nachfragern abzuschließen. In diesem Fall würde eine Strategie des etablierten Anbieters, die Preise bei drohender Konkurrenz kurzfristig, aber nur kurzfristig, unter seine Kosten zu senken, ins Leere laufen. Denn bei dieser Strategie fallen Verluste an, die der etablierte Anbieter vermutlich nicht lange durchhielte.

Somit bleibt als unabdingbare Voraussetzung für die Bestreitbarkeit eines Marktes nur die Gültigkeit der **ersten Prämisse, nämlich das Fehlen von Marktzugangsbarrieren** übrig. Staatliche Barrieren wie Quoten, Meisterbriefe oder garantierte Gebietsmonopole können ohne die Gefahr des anschließenden Wettbewerbsversagens beseitigt werden, so dass nur die Existenz von natürlichen Markteintrittsschranken der Bestreitbarkeit von Märkten Grenzen setzt. Bei Abwesenheit von natürlichen Marktzutrittsbarrieren jedoch ist die Bestreitbarkeit von Märkten grundsätzlich möglich.

Auf diese Weise verbindet sich das Leitbild der bestreitbaren Märkte auf wettbewerbsfreundliche Weise mit den älteren Konzepten Schumpeters (1942) und v. Hayeks (1968), die beide Wettbewerb nicht als eine statische Situation, in der alle Marktteilnehmer über sämtliche relevanten Informationen verfügen und auf diese Weise keiner von ihnen andere ausbeuten kann, betrachtet haben (vgl. Abschnitt II.5). Gerade die Unkenntnis über die Strategien der Konkurrenz und über zukünftige Situationen setzt Kräfte frei und intensiviert den Wettbewerb. Durch ihn werden neue Verfahren und Produkte ermittelt, alte werden zerstört. Neue Konkurrenten verdrängen damit etablierte Anbieter vom Markt. Die so zurückgeworfenen etablierten Produzenten werden reagieren. In einer solchen Situation ist sich keiner der Marktteilnehmer seiner Position sicher. Immer wieder wird er von potentiellen Wettbewerbern bedrängt. So interpretiert ist es gerade das Aufweichen der Prämissen der Theorie angreifbarer Märkte, die es für die Wirtschaftspolitik attraktiv macht.

Überdies findet nationale Wirtschaftspolitik nicht isoliert vom Weltmarkt statt (vgl. Kapitel VI). Vor dem Hintergrund der Globalisierung kann die Angreifbarkeit von Märkten sogar steigen. Je größer der relevante Markt ist, desto weniger hat ein Unternehmen eine Chance, eine marktbeherrschende Position einzunehmen. Bei offenen nationalen Märkten ist der relevante Markt der Weltmarkt. Der Weltmarktpreis ist das Maß aller Dinge. Weicht ein nationales Unternehmen in einem solchen Szenario vom Weltmarktpreis ab, um die Konsumentenrenten abzuschöpfen, wird es sofort mit ausländischer Konkurrenz zu rechnen haben. Auf vielen Märkten spielte dann die nationale Marktstruktur keine Rolle mehr, ebenso wenig wie das Verhalten der national führenden Unternehmen. Der internationale Wettbewerb wirkt als Korrektiv.

Potentielle Konkurrenz kann mithin dazu beitragen, dass der natürliche Monopolist seinen Preis gleich den Durchschnittskosten setzt, bzw. zumindest aber nicht den Monopolpreis setzt. Es findet eine **Disziplinierung ohne Regulierung** statt. Bestehen allerdings Marktzutrittsschranken, ist der Markt nicht bestreitbar. Allerdings kann auch hier im Zeitablauf eine Veränderung dahingehend stattfinden, dass **durch neue Produktionsweisen (z.B. Handy/Mobilfunk) die Spezifität (z.B. Telefon-Festnetz) aufgeweicht wird**. Durch technischen Fortschritt und bei fortschreitender Globalisierung nimmt die Bestreitbarkeit der Märkte zu. Wirtschaftspolitische Eingriffe sind deshalb selbst im Angesicht irreversibler Kosten ständig auf ihre Stichhaltigkeit hin zu überprüfen.

IV. Staatliche Einflussnahme auf Märkten im Lichte der positiven Theorie

1. Überblick: Marktversagen versus Staatsversagen

A. Zur Kosten-Nutzen-Analyse staatlicher Intervention

Bei der Analyse des Marktversagens im vorausgegangenen Kapitel hat sich herausgestellt, dass der Grat zwischen Marktversagen und Staatsversagen sehr schmal ist. Ein grundlegendes Kriterium für die Beurteilung von staatlichen Eingriffen bei Marktversagen ist es, ob diese Eingriffe tatsächlich zu Allokationsverbesserungen führen oder nicht. In einer rein theoretischen – normativen – Analyse wird angenommen, dies sei der Fall, weil von Transaktionskosten abstrahiert wird und weil die Regierung als „Agent des Gemeinwohls" angesehen wird.

Allerdings sind staatliche Eingriffe zur Überwindung eines Marktversagens nicht frei von Kosten. Dies lässt sich sehr anschaulich am Beispiel der Einführung der Ökosteuer in Deutschland 1998 zeigen. Kosten fielen zu Beginn direkt beim Staat an: in Form von Informationskosten (der angemessene Steuersatz und die adäquate Bemessungsgrundlage mussten gefunden werden), von Entscheidungskosten (in Verbindung mit dem Gesetzgebungsverfahren, den offiziellen Anhörungen von Sachverständigen und Verbänden und den von den Politikern gegenüber der Öffentlichkeit abzugebenden Begründungen) und von Ausführungskosten (um die Entscheidung umzusetzen). Zusätzlich bestehen Kontrollkosten, weil es nicht ausgeschlossen werden kann, dass die Wirtschaftssubjekte versuchen, die Steuer zu vermeiden. Auch bei den Betroffenen fallen administrative Kosten an. Neue Regulierungen beispielsweise bedeuten, dass die betroffenen Unternehmen Abläufe umstellen müssen, Personal umzuschulen haben usw. Die Einführung der Ökosteuer erforderte in vielen Unternehmen neue Abrechnungssysteme. Diese Kosten kann man als Transaktionskosten einordnen. Oft haben politische Entscheidungen darüber hinaus allokative Folgekosten. Dies gilt vor allem dann, wenn die Entscheidungen nur unter Berücksichtigung gegenwärtiger Restriktionen, nicht aber gemäß einem intertemporalen Kalkül getroffen werden. Die Ökosteuer gilt als allgemein nicht adäquat ausgestaltete Umweltsteuer (Pigou-Steuer), da sie weniger wegen des Umweltschutzes, sondern wegen akuter Finanzprobleme der Gesetzlichen Rentenversicherung eingeführt wurde (vgl. Abschnitt V. 3). Anstelle einer verbesserten Umweltqualität ist dann die Abwanderung von Kapital und das Ausbleiben von Investitionen zu konstatieren. Dies bewirkt steigende Arbeitslosigkeit und langfristig sinkende Steuereinnahmen. Kurzfristig können dem öffentlichen Haushalt zwar neue Mittel zugeführt werden, langfristig dürften sich aufgrund der angesprochen negativen Wirkungen die Haushaltsprobleme verschärfen.

Analoges gilt auch in anderen Fällen, so beispielsweise im Fall eines Marktversagens im Bereich der Forschung. Grundlagenforschung, in der Wissen entsteht, das die Attribute eines öffentlichen Gutes hat und deshalb allokationstheoretisch wohlbegründet förderungswürdig ist, kann nicht immer eindeutig von der marktnahen Zweckforschung abgegrenzt werden, deren Ergebnisse das forschende Unternehmen gewinnbringend auf dem Markt verwertet (Produkt- und Prozessinnovationen) und die insoweit nicht vom Staat durch Subventionen gefördert werden braucht; die bei der angewandten Forschung entstehenden positiven externen Effekte lassen sich durch die Gewährung von privaten Eigentumsrechten auf Zeit (z.B. einen Patentschutz oder ein Copyright) internalisieren. Klare Trennungslinien zu ziehen ist nur mit einem großen Aufwand möglich. Hinzu kommt das Problem des strategisches Verhaltens der Unternehmen, die hohe Anreize haben könnten, bei staatlich geförderter angewandter Forschung bewusst nur kleine Fortschritte zu erzielen, damit sie sehr lange in den Genuss der öffentlichen Mittel kommen (Freytag 1995, S. 47). Da die fördernden Institutionen nur sehr begrenztes Wissen über die tatsächlichen Möglichkeiten der Geförderten haben, besteht ein Problem asymmetrischer Information, das erst durch staatliche Intervention entsteht.

Ein ähnlich gelagertes Problem, das auch und gerade bei selektiver Technologieförderung besteht, ist die staatliche Unkenntnis über zukünftige Entwicklungen bzw. Marktergebnisse. Wenn der Staat trotzdem bestimmte Forschungsprojekte fördert und andere nicht, so maßt er sich Wissen an, das er nicht haben kann. Als Konsequenz hinkt die staatliche Förderung meistens der technologischen Entwicklung hinterher.[1] So ist in der Realität immer wieder zu beobachten, dass erstens neue Produkte selten in staatlich geförderter Forschung entstehen und dass zweitens die Regierungen in Industrieländern nahezu sämtlich die gleichen Technologien fördern. Zu Beginn des 21. Jahrhunderts wird z.B. die Nutzung des Internet als sehr wichtig empfunden und vor allem in Europa stark gefördert, und zwar nicht nur mittels Technologiepolitik. Ob dies ökonomisch Sinn macht, muss sich erst noch erweisen.

---

[1] Natürlich wissen auch Private nicht, was die Zukunft bringt, es besteht jedoch die berechtigte und empirisch nicht widerlegte Vermutung, dass sie mit eigenen finanziellen Mitteln weniger sorglos umgehen als staatliche Förderinstitutionen.

Folglich müsste auch vor jedem staatlichen Eingriff eine Kosten-Nutzen-Analyse getätigt werden. Nur wenn der Nutzen aus der Intervention höher ist als die Kosten, sollte dieser staatliche Eingriff durchgeführt werden. Dies entspricht dem **Comparative Institution Approach**, nach dem im Falle eines diagnostizierten Marktversagens zwischen dem Status Quo auf dem ineffizienten Markt und den Kosten eines wirtschaftspolitischen Eingriffs abgewägt werden muss. Nur wenn ein positiver Nettonutzen der Korrektur entsteht, ist der Staatseingriff gerechtfertigt (Watrin 1986).

B. Wirtschaftspolitik im politökonomischen System

Grundsätzlich können sowohl der Markt als auch der Staat als System der Ressourcenallokation verstanden werden. Betrachtet man sie isoliert, stellt man fest, dass beide Systeme nicht immer reibungslos funktionieren. Im Falle von Marktversagen stoßen marktliche Koordinationsformen an die Grenzen ihrer Leistungsfähigkeit. Aus der Feststellung von Marktversagen folgt nicht automatisch, dass die staatliche Intervention Aussicht auf Abhilfe verspricht. Staatsversagen wiederum bedeutet, dass die Grenzen staatlich-politischer Organisationsformen erreicht werden. Wie kann nun das Staatsversagen erklärt werden? Es gibt verschiedene Ansätze:

- Zunächst könnte es eine generelle Unvollkommenheit des Staates geben. Danach wären staatliche Organe grundsätzlich immer überfordert. In diese Richtung zielen gelegentlich die Thesen sog. **Libertarians**, die staatliche Aktivität in jeglicher Form in Frage stellen. Auch die staatliche Rahmensetzung für wirtschaftliches Handels sowie die Garantie der Durchsetzung von Eigentumsrechten durch den Staat wird von dieser extremen Position aus abgelehnt. Insgesamt erscheint die These von der generellen Überforderung staatlicher Institutionen als Erklärung für Staatsversagen zu pauschal und ist kaum von Verschwörungstheorien zu unterscheiden. In gewisser Hinsicht wird den staatlichen Entscheidungsträgern Bosheit oder Unmoral unterstellt. Deshalb wird dieser Ansatz im Folgenden nicht weiter behandelt.

- Es kann allerdings mit etwas mehr Plausibilität argumentiert werden, dass es mangelhafte Regelungen gibt, d.h. die **politischen Regelsysteme sind fehlerhaft konzipiert**. Wäre dies generell der Fall, würde vermutlich an der Verbesserung der Regelsysteme gearbeitet werden, um das Staatsversagen zu beseitigen. Einen Zustand permanenten Staatsversagens kann man damit zwar nicht erklären, kurzzeitig auftretendes Staatsversagen aber schon.

- Für Ökonomen erscheint es deshalb angemessen, für langanhaltende Phänomene, für die es keine technologischen Erklärungen gibt, nach einem rationalen Hintergrund zu suchen. Gegenstand dieses Kapitels ist deshalb die einzelwirtschaftliche Rationalität staatlicher Entscheidungsträger. Ausgedrückt im ökonomischen Sprachgebrauch hieße es, dass politisches Handeln vom Streben nach individueller Nutzenmaximierung geprägt ist. Sobald die individuelle Nutzenmaximierung des politischen Entscheidungsträgers nicht zu einer kollektiven Wohlfahrtsmaximierung führt, werden gesamtwirtschaftliche Effizienzpotentiale nicht ausgenutzt und entsteht Staatsversagen. Dieser Ansatz wird als **neue politische Ökonomie** oder englisch als **Public Choice** bezeichnet. Er ist streng analytisch und hat den Vorteil, empirisch überprüfbar zu sein. Überdies vermeidet er jegliches moralisches Vor-Urteil über die in politischen Institutionen Tätigen.

Dies ist eine grundsätzlich andere Sicht auf die Politik als bisher in diesem Buch eingenommen. Den Staat hatten wir als exogene Instanz angesehen, die im Falle eines Marktversagens mit dem Ziel der Wohlstandsmaximierung eingreift. Insofern ist der Staat (Politiker, Bürokratie) bislang als wohlmeinender Diktator interpretiert worden; Eigeninteressen der wirtschaftspolitischen Akteure spielten keine Rolle. Im Folgenden wird diese „Neutralität" aufgehoben. Es ist der Tatsache Rechnung zu tragen, dass Politiker sich in Wirklichkeit eben nicht allein dem Gemeinwohl verpflichtet fühlen, sondern auch partikulare Interessen verfolgen (Wählerstimmen gewinnen, die Regierungsmacht erhalten und bewahren); für die Bürokratie gilt ebenfalls, dass sie eigene Interessen hat (Zuständigkeiten, Prestige, Budget). Die Zielfunktionen von Politikern und Bürokraten können von der sozialen Wohlfahrtsfunktion (vgl. Kapitel II) abweichen, mitunter erheblich, wie die Erfahrung lehrt. Marginalbedingungen werden verletzt, die Volkswirtschaft erreicht nicht das Effizienzoptimum.

Es wird nunmehr folgender Gegensatz in der Wahrnehmung staatlichen Handelns aufgegriffen und erklärt:

- **Normative Erklärung** des staatlichen Handelns unter idealisierten Annahmen mit der Frage danach, was der Staat idealerweise zu leisten hat,

versus

- **Positive Analyse** anhand des Public Choice-Ansatzes, der die Leistungsfähigkeit politischer Entscheidungsverfahren analysiert, um die „Grenzen des Staates" (Staatsversagen) abzuleiten.

Es werden nun Interdependenzen zwischen der Wirtschaft und der Politik untersucht. Damit werden ökonomische Methoden auf die Erfassung politischer Prozesse ausgedehnt. Ausgangspunkt ist die Relevanz ökonomischer Verhaltensannahmen auch für politische Entscheidungsträger. Dabei spielt unvollständige Information eine große Rolle. Betrachtet wird der laufende gesellschaftliche Prozess, wo Entscheidungen mittels Abstimmungen und Wahlen getroffen werden. Dadurch bedingt, sind mindestens drei Akteure am sog. politischen Markt zu unterscheiden:

- Regierung und Parteien,
- Staatliche Verwaltung und
- Wähler (organisiert oder nicht organisiert).

Zweckmäßigerweise bietet es sich an, diese drei Gruppen getrennt zu betrachten, obwohl sie in einem gegenseitigen Abhängigkeitsverhältnis stehen. Denn während die Wähler bzw. die in Interessengruppen organisierten Wähler als Nachfrager nach politischen Leistungen anzusehen sind, bilden Politiker und die Bürokratie das Angebot. Allerdings sind die Beziehungen zwischen diesen nicht klar. Deshalb werden wir zunächst die Politiker auf der Angebotsseite, dann die Nachfrageseite und abschließend die Bürokratie analysieren. Ein kurzer Abschnitt zur positiven Theorie wirtschaftspolitischer Reformen folgt.

2. Politischer Unternehmer und Staatsversagen

A. Der politische Unternehmer in der repräsentativen Demokratie

Eine der grundlegenden Annahmen dieses Buches ist die repräsentative Demokratie als politisches System. Die folgenden Überlegungen zur einzelwirtschaftlichen Rationalität der politischen Unternehmer gelten zwar im Grundsatz auch für Diktaturen. Dort sind die Machtverhältnisse jedoch so klar, dass man von einem politischen Monopol sprechen kann, so dass die folgende Analyse nicht unternommen werden muss. In der repräsentativen Demokratie wählen die Bürger einen Repräsentanten. Sie stimmen also nicht selbst über Sachfragen ab. In anderen Worten: Derartige Entscheidungen werden vom Prinzipal, dem Wahlvolk, an den Agenten, die Politiker, delegiert.

Wie findet in einem solchen System die Transmission der Wählerwünsche auf die Entscheidungen der Politik statt? Sie geschieht durch den Politiker, oder in ökonomischer Diktion: den **politischen Unternehmer**. Dieser tritt mit einem Wahlprogramm, einem Bündel von Maßnahmen an die Wähler heran. Dieses Bündel enthält sowohl ökonomische als auch andere Elemente. Die Aufstellung des Programms dient seinen persönlichen Zielen: Politiker streben die **Maximierung des eigenen Nutzens** an. Deshalb bietet es sich an, eine Nutzenfunktion für Politiker zu bilden, die sehr unterschiedlich spezifiziert sein kann. Sie enthält eine Reihe von möglichen Argumenten:

- Politiker vergrößern ihren Nutzen, wenn sie ihre **ideologischen Vorstellungen** in die Wirklichkeit umsetzen können. Dies kann als eine Form von Macht interpretiert werden.

- Vorteile eines öffentlichen Amtes werden angestrebt (Einflussmöglichkeiten, Prestige). Dies hängt in erster Linie von der **(Wieder)-Wahlwahrscheinlichkeit** ab. Deswegen werden sie mit ihrer Politik die (Wieder)-Wahlwahrscheinlichkeit maximieren und – bei gegebenen Präferenzen – entsprechend Maßnahmen vermeiden, die mehr Wählerstimmen kosten als durch die Maßnahme zu gewinnen sind. Manchmal wird in diesem Zusammenhang von „Stimmenmaximierung" gesprochen. Dies ist sehr unpräzise und sollte vermieden werden. Streng genommen handelt es sich um die Nutzenmaximierung unter der Nebenbedingung der (Wieder-)Wahl. Analytisch benutzt man dann den Lagrange-Ansatz (vgl. Abschnitt II.4). Eine erste Analogie zum Unternehmer ist also gegeben: Dieser will den Gewinn unter der Nebenbedingung der Nachfrageseite maximieren. Damit ist die Analogie zum Unternehmer allerdings noch nicht vollständig. Im Unterabschnitt IV 2.C wird noch auf den politischen Wettbewerb hinzuweisen sein.

- Darüber hinaus ist es nicht ausgeschlossen, dass Politiker auch dadurch eine Nutzensteigerung erfahren, dass sie im Interesse der Gesamtwohlfahrt, wie sie im zweiten Teil definiert wurde, handeln. Allerdings sollte eine ökonomische Theorie der Politik vermeiden, sämtliche denkbaren Motive in die Nutzenfunktion der Politiker zu integrieren. Die Gefahr, der der Ökonom bei dieser Analysemethode unterliegt, ist sehr schnell sichtbar. Jedes Verhalten kann dann erklärt werden; die Theorie wird beliebig. Außerdem ist sie tautologisch, d.h. sie kann nicht widerlegt werden. Theoriebildung macht dann – wie in Kapitel I gesehen – keinen Sinn.

B. Die Rolle der Wähler

Bei einem Mehrheitswahlrecht entscheiden die Präferenzen der Mehrheit aller an Wahlen teilnehmenden Stimmberechtigten, wer die Regierungsverantwortung während einer bestimmten Legislaturperiode haben soll. Der Wähler folgt seinem rationalen Kalkül, d.h. seinem Eigeninteresse, und wählt das Wahlprogramm und damit die Partei, welche ihm den größten Nutzen zu bringen verspricht. Dabei wird wiederum das individuelle Maximum bestimmt, hingegen nicht explizit auf das gesamtwirtschaftliche Optimum abgezielt. Vielleicht wird dann jedoch das gesamtwirtschaftliche Optimum nicht erreicht, da Allokationsüberlegungen in den Hintergrund treten: Eigennutzorientierte Wähler orientieren sich vornehmlich an kurzfristigen Verteilungswirkungen staatlicher Politik, weniger hingegen an langfristigen Effizienzzielen.

Wähler können sich zu Gruppen organisieren, um ihrerseits den politischen Entscheidungsprozess bzw. das angebotene Wahlprogramm so zu beeinflussen, dass dadurch ihr Nutzen vergrößert wird. Durch die Interessenorganisation können Informationskosten gesenkt werden. Meist sind Wähler jedoch unorganisiert und entsprechend recht **uninformiert**, da die **Informationskosten hoch** sind. Es besteht keine vollständige Information über sämtliche Kosten und Nutzen der verschiedenen politischen Alternativen. Um sehr gut informiert zu sein, müssten die Wähler eine Menge tun:

- Vor der Wahl müssten Wahlprogramme sorgfältig gelesen und ausgewertet werden.
- Nach der Wahl müsste eine Kontrolle der Politiker stattfinden, um sicherzustellen, dass Wahlversprechen eingehalten werden.

Weil diese Tätigkeiten sehr aufwendig sind, lohnt es sich aus individueller Sicht nicht, sie vorzunehmen. Wähler sind **rational uninformiert**. Daraus leitet sich ein **Prinzipal-Agenten-Verhältnis** zwischen den Wählern und den Politikern ab. Letztere handeln als Agenten der Wähler. Es besteht ein Informationsvorsprung der Politiker, der entsteht, weil:

- die Wähler die wahren Ziele der Politiker nicht erkennen können,
- unvollständige langfristige Verträge für die Dauer einer Wahlperiode geschlossen werden,
- unbeobachtete nachvertragliche Handlungen möglich sind,
- wegen hoher Kontrollkosten ein großer Handlungsspielraum der Politiker besteht. Sie verfügen über vielseitige Möglichkeiten, über knappe Ressourcen zu disponieren. Darunter fällt auch die Zuteilung von Eigentumsrechten an Gruppen von Wählern über Protektionsmaßnahmen oder über Schutz vor inländischem Wettbewerb, z.B. im Handwerk durch den für die gewerbliche Unternehmertätigkeit erzwungenen Großen Befähigungsnachweis (Meisterbrief).

Durch Informationsdefizite besteht wiederum die Gefahr von Fehlentscheidungen der Wähler, die sie aufgrund der Langfristigkeit des Vertrages nicht direkt revidieren können. Dadurch wird ebenfalls die Kontrolle der Politiker beschränkt, wodurch diese Entscheidungen treffen können, die den Nutzen des Wählers schmälern.

C. Der politische Wettbewerb

Es besteht eine Analogie zum Wettbewerb von Unternehmen. Politiker stehen untereinander im Wettbewerb um Wähler mit ihren Wahlprogrammen. Die praktische Politik kann damit als Wettbewerb eines politischen Unternehmers um Wählerstimmen verstanden werden. Die zentrale Frage für Ökonomen in diesem Zusammenhang lautet: Folgt dieser politische Wettbewerb einem ähnlichen Wettbewerbsmechanismus wie der private Markt? Konvergiert er zu einem stabilen Gleichgewicht? Die im Folgenden einzulösende **These** lautet: Der politische Wettbewerb veranlasst die Parteien, in Übereinstimmung mit den Präferenzen der Wähler zu handeln. Politiker suchen nach der gewinnbringenden Kombination, d.h. dem politischen Parteiprogramm, das am ehesten den durchschnittlichen Interessen der Wähler entspricht. Denn nur so scheint gesichert zu sein, dass die (Wieder)-Wahlwahrscheinlichkeit maximal ist. Eine Konzentration des Wahlprogramms auf eine Minderheit kann dies nicht gewährleisten.

In diesem Abschnitt wird eine Interpretation des demokratischen Prozesses als Wettbewerb vorgenommen. Es wird das ökonomische Grundmodell des politischen Wettbewerbs von Anthony Downs (1957) vorgestellt. Auf diesem Modell basiert eine Vielzahl weiterer Arbeiten (Mueller 1989, S.179- 228), die im Einzelnen nicht diskutiert werden. Das Downs-Modell basiert auf folgenden **Annahmen**:

- Der Inhalt aller Parteiprogramme kann auf ein gemeinsames Anliegen reduziert werden, d.h. es gibt nur **eine Dimension**.
- Es gibt **zwei Parteien**: eine Linkspartei und eine Rechtspartei. Die Parteienkonkurrenz um Stimmen von links und rechts bezieht sich auf das wirtschaftspolitische Programm und steht für Nachfragepolitik versus Angebotspolitik (vgl. Abschnitt V. 4).
- Politiker formulieren ihr Programm nicht zur Erlangung irgendwelcher Ziele, sondern einzig und allein, um in das politische Amt gewählt zu werden, wo sie ihren persönlichen **Nutzen maximieren** wollen.

- Wähler entscheiden sich für das Programm, das ihren Präferenzen am nächsten liegt. Hier ist die Distanz zwischen Wählerpräferenz und Wahlprogramm entscheidend. Wähler sind somit ebenfalls **Nutzenmaximierer**.

- Sämtliche Wähler und Politiker sind **vollständig informiert**.

- Die **Wahlbeteiligung** beträgt 100 Prozent.

- Die Wählerschaft ist **normalverteilt**.

Das Ergebnis des politischen Wettbewerbs ist in der Abbildung IV.1 zu sehen. Dort wird der Zusammenhang der Verteilung der Wählerpräferenzen und der Positionen der Parteien aufgezeigt. Es handelt sich um eine Abbildung entsprechender Wählerhäufigkeiten zu jeder Parteiposition. Damit haben die Parteien folgende denkbare Strategien:

- Parteien scharen Wähler um sich, deren Ideologiepositionen sehr nah beieinander liegen: Die beiden Punkte L und R würden im Wahlprogramm angeboten.

- Diese Situation ist jedoch nicht stabil, denn jede Partei kann Stimmen gewinnen, wenn sie sich auf die Mitte zu bewegt und versucht, den Medianwähler zu erreichen. Das Wahlprogramm muss dann den Punkt M abdecken. Die Partei verliert dabei am Rand weniger Stimmen, als sie in der Mitte hinzugewinnt. Dieses Phänomen kann man nicht nur im politischen Wettbewerb beobachten. Auch Unternehmen desselben Sektors sind häufig in derselben Straße zu finden.

- Beim Medianwähler M ist das Gleichgewicht erreicht: Hier böte jede Partei das gleiche Programm an. Beide Parteien hätten gleich viele Stimmen und gleich hohe Chancen, an die Macht zu kommen. Der Zufall entscheidet, welche Partei im politischen Wettbewerb die Nase vorn hat und die Wahl gewinnt.

Politischer Wettbewerb würde unter den restriktiven Annahmen dazu führen, dass das Wahlangebot sich inhaltlich annähert und den Medianwähler erreicht. Individuelle Präferenzen werden zwar nicht explizit berücksichtigt. Es ist allerdings zu berücksichtigen, dass eine solche Situation an den Präferenzen der Wähler ausgerichtet ist.

Abbildung IV.1: Die Wirkungsweise des politischen Wettbewerbs

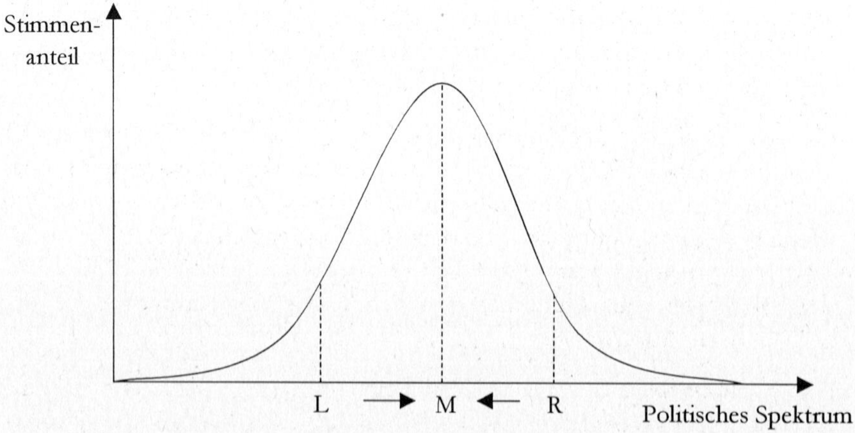

Dieses ebenso einfache wie überzeugende Modell hat sowohl Kritik hervorgerufen als auch zahlreiche Erweiterungen erfahren. Zunächst ist das stabile Gleichgewicht eines politischen Wettbewerbs in Punkt M in Frage zu stellen, wenn die restriktiven Annahmen aufgegeben werden. Dann kann man eine Beeinflussung des Parteiprogramms „weg" vom Medianwähler feststellen. Die Gründe dafür sind folgende:

- Parteien richten ihr Programm nicht immer am Medianwähler, sondern auch an den **Interessen ihrer Geldgeber** aus. Dies würde im Modell zu Stimmenverlusten führen.
- Es gibt **loyale Wähler**, die nicht ständig die Partei wechseln, sondern auch bei Programmveränderungen, die nicht ihren Präferenzen entsprechen, die Partei weiterhin wählen. Dadurch entsteht ein weiterer Freiheitsgrad für die Partei, ihr Programm nicht an den Wählerpräferenzen auszurichten. Damit weicht das gleichgewichtige Parteiprogramm in die Richtung der Ziele derjenigen Partei ab, die über mehr loyale Wähler verfügt. Falls beide Parteien ihr Angebot am Medianwähler ausrichten, würde die Partei mit mehr loyalen Wählern, die sich auf der anderen Seite des Medians befindet, die Wahl gewinnen.
- Wahlen finden oft als – implizite – **Personenwahlen** statt: Nicht das Programm, sondern eine Person steht im Vordergrund.
- **Informationsprobleme** führen einerseits dazu, dass die Partei nur unvollkommen über Wählerwünsche informiert ist. Andererseits können Wähler die Parteiprogramme nicht richtig einschätzen und die Politiker

nicht kontrollieren. Auch dadurch entstehen weitere Freiheitsgrade für die Politikgestaltung, die sich nun nicht mehr am Median ausrichtet. Vermutlich werden nun gut informierte Wähler bei Entscheidungen begünstigt und schlecht informierte Wähler benachteiligt. Die Informationsgüte korreliert dabei mit der Organisation von Interessen.

- Es sind aber auch **dynamische Aspekte** zu beachten. Wählerwünsche könnten – zumindest theoretisch auch – schnell verändern. Empirisch ist diese Aussage allerdings nicht erwiesen. Dann wäre das Tempo der Anpassung des Programms für die nächste Wahl entscheidend. Der politische Markt reagiert vermutlich schwerfälliger als der Preismechanismus und das Angebot am Gütermarkt., weil über das Programm in einer Diskussion unter den Parteimitgliedern („an der Basis“) entschieden wird.

- Die Produktpalette des politischen Unternehmers ist ebenfalls zu bedenken. Unternehmen handeln nur in der Marktform „vollständige Konkurrenz“ mit homogenen Produkten. In der Realität gibt es eine starke Produktdifferenzierung, die ebenfalls mit dynamischen Effekten einhergeht, wenn sog. **Schumpeter-Unternehmer** mit neuen Produkten versuchen, Nachfrage auf sich zu ziehen. Politiker können durchaus ähnliche Verhaltensmuster an den Tag legen, wenn sie nämlich neue Themen besetzen oder alte neu definieren. Sie versuchen, auf diese Weise schöpferisch zerstörend zu wirken. Bei der Analyse der Bürokratien spielt dies eine noch größere Rolle.

- Darüber hinaus entstehen **Glaubwürdigkeitsprobleme**, wenn Parteien beliebig oft und radikal ihr Programm verändern, da die Wähler dies als unglaubwürdig empfinden. Dadurch kann auch die Bewegung zur Mitte nicht sehr leicht vollzogen werden.

- Auch wird das Verhalten von Regierungsparteien vor oder nach der Wahl nicht in dem Modell erfasst, da ausschließlich auf das Programm abgestellt wird. Dies hat zu einer interessanten Weiterentwicklung der ökonomischen Theorie der Politik geführt: In den Theorien zum politischen Konjunkturzyklus wird das Verhalten der Regierung im Wahlzyklus betrachtet. Denkbar ist eine wirtschaftliche Stimulierung mittels Geld- oder Fiskalpolitik vor der Wahl, damit die kurzfristig zu erzielende Beschäftigungssteigerung die Wähler beeinflusst und diese die Regierung wiederwählen (Nordhaus 1975). Denkbar sind auch gesteigerte Aktivitäten direkt nach der Wahl, insbesondere solche wirtschaftspolitische Handlungen, die unmittelbare Kosten und erst spätere Erträge haben. Diese Erträge fallen aus Sicht der Regierungspolitiker idealerweise vor der kommenden Wahl an, so dass die Wähler wiederum positiv auf die Regierungsarbeit reagieren. Dies gilt insbesondere für wirtschaftspolitische Reformen (siehe Abschnitt IV.5).

Dies führt zu folgendem Zwischenfazit: Der Wettbewerb auf dem politischen Markt führt nicht automatisch zu einem stabilen Gleichgewicht, in dem sich das politische Angebot am Medianwähler orientiert. Es wird vielmehr zwischen Wählergruppen diskriminiert, z.B. zwischen informierten und uninformierten oder zwischen loyalen und nicht-loyalen Gruppen. Dies bedeutet allerdings nicht, dass Politiker nicht versuchten, das Ziel der Nutzenmaximierung unter der Nebenbedingung der (Wieder-)Wahl zu erreichen.

Der politische Entscheidungsprozess verursacht überdies immer dann negative externe Effekte, sobald nicht jede Maßnahme einstimmig beschlossen wurde. Auch wenn der Medianwähler als Orientierung des Angebots dient, bedeutet dies nicht, dass dessen Präferenzen mit den Empfehlungen aus der Theorie des Marktversagens übereinstimmen.

D. Stimmenhandel in der repräsentativen Demokratie

Ein weiterer Aspekt politischen Angebots betrifft die direkte Abstimmung über verschiedene Alternativen. Bei **Entscheidungen über mehrere Maßnahmen** besteht die Möglichkeit für **Stimmenhandel bzw. Stimmentausch (log-rolling)**. Dies ist vor allem bei direkter Demokratie relevant, kann jedoch auch in der repräsentativen Demokratie vorgenommen werden. Gruppen von Politikern mit ähnlichen Ansichten über eine bestimmte Kombination von Abstimmungen setzen sich in diesem Fall auch dann durch, wenn sie bei fallweiser Abstimmung jeweils eine Minderheit bilden. Ein Beispiel mag diesen Fall verdeutlichen:

Es gibt drei im Parlament vertretene Wählergruppen, die jeweils drei Sektoren repräsentieren: A und C konkurrieren mit Importgütern, B produziert Exportgüter. B hat eine sehr starke Präferenz für Freihandel und repräsentiert 40 vH der Wählerschaft, hier definiert als Beschäftigte. A und C fordern jeweils Importschutz und vertreten jeweils 30 vH der Beschäftigten. Die Maßnahmen, die jeweils A und C sehr stark begünstigen, verursachen bei den anderen Gruppen (C oder A) nur geringe Nachteile.

Es stehen zwei Maßnahmen der Handelspolitik in zwei Sektoren – z.B. ein Zoll für Sektor A und eine Importquote für Sektor C – zur getrennten Abstimmung an. Die Befürworter des Freihandels in beiden Fällen umfassen 40 vH der Wahlberechtigten. Jeweils 30 vH der Wahlberechtigten unterstützen eine der beiden Maßnahmen. Die anderen 30 vH würden sich jeweils der Stimme enthalten, so dass jede Gruppe bei den Abstimmungen allein klar in der Minderheit wäre. Wenn es einer Gruppe gelingt, für die eigene Maßnahme die Stimmen der anderen zu gewinnen, und sie als Gegenleistung verspricht, sich selbst für die andere Maßnahme einzusetzen (deshalb: "logrolling"), werden beide Protektionsmaßnahmen mit jeweils 60 vH angenommen. Es ist allerdings nötig, dass beide Gruppen die Option „Protektion für beide" der Option „Freihandel" vorziehen. Praktisch von Bedeutung ist der Stimmenhandel in überschaubaren Institutionen, in der die Individuen einander kennen und in der Lage sind, miteinander zu kommunizieren, so in den Parlamenten; bei Volksabstimmungen hingegen ist ein Stimmenhandel wegen der damit verbundenen hohen Transaktionskosten kaum zu realisieren.

Der Stimmenhandel bewirkt eine Verwandlung von Minderheiten zu einer Mehrheit bei Abstimmungen und damit zu einer Durchsetzung von Partikularinteressen im politischen Prozess. Der Medianwähler ist dann nicht mehr ausschlaggebend für das politische Programm. Als Folge wird die gesamtwirtschaftliche Wohlfahrt verringert, nicht beteiligte Wähler werden benachteiligt. Die Praxis des Stimmenhandel bewirkt also negative Externalitäten.

3. Interessengruppen und rentensuchendes Verhalten

In diesem Abschnitt geht es nun um organisierte Wählergruppen, zu deren Gunsten Politiker ihr Programmangebot ausgestalten. Bekannte Beispiele für solche Interessengruppen sind die Gewerkschaften und die Arbeitgeberverbände sowie die Vereinigungen der Wirtschaft, der Freien Berufe und bestimmter Berufsgruppen. Es stellt sich die Frage, wieso sich einige Interessen besser organisieren lassen können als andere.

A. Zur Organisation und Durchsetzung von Interessen

Zunächst stellt sich die Frage, wie es zur Bildung von Interessengruppen kommt. Die **Organisation von Interessen** ist nicht einheitlich leicht. Es gibt dafür systematische Gründe, die zuerst von Mancur Olson (1965/1968) formuliert wurden. Am Beispiel von Regulierungen, der allgemeinsten Form von staatlichen Interventionen, kann diese Logik aufgezeigt werden.

Eine Interessengruppe artikuliert die Nachfrage nach einer bestimmten Politikmaßnahme. Es wird also angenommen, dass ein gleichgerichtetes Interesse seitens aller Mitglieder dieser Gruppe besteht. Diese Nachfrage kommt allen Gruppenmitgliedern zugute, unabhängig von ihrer Beteiligung an der Finanzierung der Lobbyaktivitäten, deren es bedarf, um dem Anliegen Geltung zu verschaffen. Somit entspricht die Nachfrage nach der besagten Politikmaßnahme einem öffentlichen Gut. Kein Mitglied der Interessengruppe kann von der Nutzung der erwirkten Politikmaßnahme ausgeschlossen werden (Prinzip der Nichtausschließbarkeit), und die Maßnahme kann von jedem genutzt werden, ohne Beeinträchtigung eines anderen (Nichtrivalität im Konsum). Je kleiner und homogener die Gruppe ist, desto besser lassen sich Trittbrettfahrer identifizieren und gegebenenfalls sanktionieren. Die Gruppe lässt sich dann besser formieren, was die Interessenvertretung erleichtert. Die Wahrscheinlichkeit, eine Gruppe zu bilden bzw. einer solchen beizutreten, steigt zudem durch folgende drei Bedingungen an:

- Die Gruppe bietet neben dem Kollektivgut noch ein Privatgut an, zum Beispiel Beratung oder Versicherungsschutz (man denke an den ADAC).

- Die Gruppenbildung wird staatlicherseits durch Zwang forciert. Die Zwangsmitgliedschaft in der Industrie- und Handelskammer kann derart interpretiert werden.

- Es gibt Gruppenmitglieder unterschiedlicher Größe. Für die kleinen Mitglieder besteht die Chance, die größeren auszubeuten, denn diese sind bereit, einen höheren Beitrag als eigentlich angemessen zu bezahlen, weil ihnen sehr viel am Bestehen der Gruppe liegt. Ohne ihren Beitrag würde die Gruppe nicht existieren.

Aufbauend auf diesen drei Bedingungen kann man ableiten, dass es systematische Unterschiede in der Fähigkeit unterschiedlicher Wählergruppen zur Organisation ihrer Interessen gibt. Zu unterscheiden sind besonders die Produzenten und Konsumenten sowie Produzenten in dynamischen und in stagnierenden Sektoren.

Zunächst ist es einleuchtend, dass die Bündelung von Interessen und die Finanzierung der Lobbyaktivitäten den Produzenten von Gütern erheblich leichter fällt als den Konsumenten. Dies liegt zum Einen daran, dass die Konsumenten zahlreicher als die Produzenten sind. Zudem sind die Gewinne der einzelnen Produzenten aus staatlicher Unterstützung erheblich höher als die – über Steuern entstehenden – Verluste für den einzelnen Konsumenten. Dieser hat nur einen geringen Anreiz, Ressourcen aufzuwenden, um sich Informationen über die Wirkungen jeder einzelnen Politikmaßnahme zu verschaffen und sich daraufhin dezidiert für bestimmte Politiken einzusetzen. Ein Wähler ohne spezielle Interessen, zum Beispiel ein Konsument, wird deshalb die Wahlprogramme von Parteien unter dem Aspekt beurteilen, ob ihm deren **Policy-mix** zusagt. Er wird sich vermutlich nicht mit jedem Aspekt beschäftigen. So kann er seine Stimme sogar für eine Partei abgeben, die ihm mit Teilen ihrer Politik schadet. Anders ist die Situation eines speziell

Interessierten: Dieser wird das Wahlprogramm daraufhin studieren, ob gerade seine Interessen berücksichtigt werden. Die Partei, die dies am besten gewährleistet, wird er dann voraussichtlich wählen.

Für beide - Gewinner wie Verlierer von Politikmaßnahmen – gilt somit, dass die Lobbytätigkeit einem ökonomischen Kalkül unterworfen ist. Es wird solange Regulierung bzw. Marktöffnung nachgefragt, bis der Grenznutzen des Protektionsniveaus den Grenzkosten der Lobbytätigkeit entspricht. Die Kosten der Lobbyaktivitäten sind vielfältig: Neben den Kosten zur Mobilisierung der Wählerstimmen und direkten Zuwendungen an die wirtschaftspolitischen Entscheidungsträger – darunter fallen in erster Linie Spenden, aber auch gelegentlich illegale Zahlungen usw. – sind auch Kosten ins Kalkül zu ziehen, die dadurch entstehen, dass der Staat Einfluss und Kontrolle über die geschützten oder regulierten Sektoren erlangen kann (vgl. Abschnitt IV.4). Je höher die Grenzerträge des Lobbying im Vergleich zu den Grenzerträgen aus der regelmäßigen Geschäftstätigkeit beurteilt werden, desto höher fällt auch der dafür betriebene Aufwand aus. Dies kann man auch als **Opportunitätskosten** des Lobbying interpretieren.

Die Betrachtung der Opportunitätskosten kann auch beitragen zur Klärung der Frage, wieso unterschiedliche Gruppen von Produzenten sich unterschiedlich gut organisieren lassen und entsprechende Unterschiede im politischen Erfolg aufweisen. Sektoren, die eine Krise durchleben, können sich nämlich in der Regel auf dem politischen Markt besser durchsetzen als wirtschaftlich erfolgreiche Branchen. Um erfolgreich auf den internationalen Märkten bestehen zu können, müssen letztere flexible und innovative Faktoren dort beschäftigen. Deshalb ist die Verwendung dieser Faktoren für Lobbyaktivitäten mit hohen Opportunitätskosten verbunden. Denn die Faktoren erwirtschaften im Produktionsprozess ein Wertgrenzprodukt, das im Vergleich zu der alternativen Verwendung in der Interessenvertretung sehr hoch ist. Dabei spielt es keine Rolle, ob sich die Nachfrage auf offene Märkte oder Regulierung bezieht. Allerdings müssen die Opportunitätskosten für die Nachfrager nach offenen Märkten nicht dauerhaft konstant hoch bleiben. Sie sinken mit den Verlusten, die sie durch die Regulierung erleiden. Darauf hat Gary Becker (1983 und 1985) hingewiesen.

Für die Sektoren, die vom Strukturwandel bedrängt sind, sieht die Rechnung anders aus. Wenn die in- und ausländischen Wettbewerber erfolgreich agieren, besteht die Gefahr, dass die heimischen Produzenten vom Markt verdrängt werden. Ihre Gewinnaussichten sind mithin gering. Der Einsatz von Faktoren für Lobbyaktivitäten lohnt sich, da die Opportunitätskosten des Lobbying geringer als diejenigen der wirtschaftlich erfolgreichen Sektoren sind. Die Differenz zwischen Einkommen mit und ohne Lobbyaktivitäten ist ungleich höher. Deshalb werden diese Branchen mehr Anreize zu derlei Verhaltensweisen haben. Für Sektoren, die am internationalen Handel teilnehmen, hängt die Höhe der Lobbyaktivität somit von ihrer Gewinnsituation ab.

In der dynamischen Betrachtung liegt im Übrigen eine weitere Quelle von asymmetrischen Möglichkeiten zur Organisierung von Interessen sowohl zwischen den Produzenten als auch zwischen diesen und den Konsumenten. Die Verlierer einer Politikmaßnahme gewichten die langfristigen Schäden nicht hoch genug. Ihr Zeithorizont ist zu kurz: Sie sehen die Schäden vor allem in der kurzen Frist und vernachlässigen die dynamischen Probleme. Das in der Zukunft liegende Konkurs- und Beschäftigungsrisiko wird nicht als solches erkannt bzw. als gering eingestuft. Somit werden die Kosten der Regulierung durch die Verlierer systematisch unterschätzt, wodurch ihr Widerstand dagegen bzw. ihre Nachfrage nach offenen Märkten zu gering ausfällt. Für die Gewinner der Protektion bestehen Vorteile bei der Durchsetzung ihrer Forderungen. Auch die Gewinner mögen nur höchst unvollkommene Informationen über die langfristigen gesamtwirtschaftlichen Wirkungen der Regulierung haben. In ihrem Kalkül spielen diese jedoch von vornherein keine oder nur eine untergeordnete Rolle: Für sie bedeutet Regulierung auf jeden Fall ein Gewinn, vermutlich auch langfristig.

Interessengruppen sind jedoch keineswegs ausschließlich negativ zu sehen – trotz der Tendenz, dass sich Nachfrager nach allokationstheoretisch schlechteren Politiken besser durchsetzen können. Folgende Argumente sprechen für eine **Vorteilhaftigkeit von Interessengruppen** im politischen Prozess:

- Sie übernehmen Aufgaben, die sie mit geringeren Transaktionskosten ausführen können als die Politiker. Darunter fallen z.B. Beschreibungen von Ausbildungsinhalten bei Berufen.
- Sie senken Informationskosten sowohl aus Wählersicht als auch aus Politikersicht durch die Bündelung von Interessen
- Es entstehen geringere Verhandlungskosten, da sich nicht mehr einzelne Akteure und Politiker auseinandersetzen müssen.

Insgesamt **können** Interessengruppen den Staat und den Wähler entlasten, indem sie Informationen bereitstellen und damit die Qualität der politischen Entscheidung – gemessen an den Wählerpräferenzen – beeinflussen. In diesem Zusammenhang ist die Bildung von Interessengruppen als spontane Ordnungen zu verstehen, solange keine Zwangsgewalt auf Dritte ausgeübt wird und das Prinzip der Freiwilligkeit besteht.

Anschließend stellt sich die Frage, wie sich Interessengruppen im politischen Prozess durchsetzen. Mindestens drei Wege der Beeinflussung des politischen Geschehens sind denkbar:

- **Außerparlamentarische Aktivitäten**. Darunter fällt das Erzeugen wirtschaftlichen Drucks durch Streik und das Erzeugen politischen Drucks durch öffentliche Aufrufe, Kundgebungen und Informationsveranstaltungen. Darüber hinaus bieten die Interessengruppen Informationen an, mit deren Hilfe Entscheidungen getroffen werden. Dabei ist eine selektive Informationsvermittlung an die Politiker nicht auszuschließen. Dieser Informationsvorsprung wird für die eigenen Ziele eingesetzt, mitunter auch durch gezielte Irreführung der Öffentlichkeit, und eine Gegenleistung wird eingefordert.
- **Vertreter von Interessengruppen im Parlament**. Viele Vertreter von Interessengruppen sind gleichzeitig Mitglieder in politischen Parteien und in Parlamenten sowohl auf der Landesebene als auch auf der Bundesebene. Dies trifft insbesondere auf Vertreter von Gewerkschaften, Industrie und der mittelständischen Wirtschaft zu. Dadurch gewinnt der oben beschriebene Stimmenhandel an praktischer Relevanz.
- **Finanzielle Zuwendung**. Interessengruppen treten auch als Geldgeber der Parteien auf und nehmen derart Einfluss auf das Parteiprogramm. Ebenfalls von erheblicher praktischer Bedeutung sind Parteispenden und Spenden zur Wahlkampfunterstützung.

B. Allokationseffekte des Rent-Seeking

Die Tätigkeit von Interessengruppen kann auch aus einem rentensuchenden Verhalten heraus betrachtet werden. Statt sich unternehmerisch und durch produktive Arbeit anzustrengen und damit nach Leistungseinkommen zu streben (**Profit-Seeking**), werden beim **Rent-Seeking** und ebenso beim **Rent-Defending** knappe Ressourcen eingesetzt mit dem Ziel, private Vorteile in Form von Transfers, Regulierungen, Vorrechten und Machtspielräumen zu erwirken bzw. einmal erzielte Besitzstände zu bewahren. Solche Lobby-Ausgaben zu tätigen, lohnt sich für die jeweilige Interessengruppe so lange, wie der aus der Einflussnahme erzielte Gewinn höher als der Aufwand ist. Gesamtwirtschaftlich gesehen kommt dieser privat zu tragende Aufwand einer Vergeudung von Ressourcen gleich, besonders dann, wenn talentierte oder qualifizierte Personen (Juristen, Volkswirte, Ingenieure) mit Rent-Seeking Aktivitäten befasst sind (Murphy, Schleifer und Vishny 1991). Mit sehr großer Wahrscheinlichkeit würden die durch das Rent-Seeking gebundenen Produktionsfaktoren in den normalen wirtschaftlichen Aktivitäten eine gesamtwirtschaftlich höhere Produktivität erbringen (hohe Opportunitätskosten des Rent-Seeking). Das allokative Effizienzniveau in der Volkswirtschaft wäre dann höher.

Richtig ist, dass das nutzenmaximierende Individuum auf dem politischen Markt ebenso wie auf dem Markt für private Güter nach möglichst hohen Renten (Konsumentenrente, Produzentenrente) sucht. Dieses Verhalten führt jedoch auf dem politischen Markt zu einem gesamtwirtschaftlichen Wohlfahrtsverlust, während es am privaten Gütermarkt zur Wohlstandssteigerung beitragen kann. Wenn es einer Interessengruppe gelingt, die Regierung davon zu überzeugen, dass in ihrer Branche die Bedingungen eines Marktversagens vorliegen und deshalb Markteintrittsregulierungen eingeführt werden müssten, steigt die Marktmacht der Unternehmen. Sie erhalten die Möglichkeit für Preiserhöhungen; im Extremfall entsteht ein Monopol. Es kommt zu einer Rentenumverteilung von den Konsumenten zu den Produzenten und zu einem gesamtwirtschaftlichen Wohlfahrtsverlust.

Gordon Tullock (1980) zufolge werden die negativen Wohlfahrtseffekte von Monopolen, Schutzzöllen und sektorspezifischen Marktzugangsbeschränkungen unterschätzt, wenn der für das Rent-Seeking betriebene Aufwand vernachlässigt wird. Dies lässt sich am Beispiel eines Zolls verdeutlichen. Zum Einen gibt es die in der Abbildung II.7 gezeigten Effekte, d.h. eine Verletzung der Marginalbedingungen in der Partialanalyse.[2] Zum Anderen entstehen Wohlfahrtsverluste durch:

- Retorsionsmaßnahmen des Auslandes in anderen Sektoren. Davon können auch Wirtschaftsbereiche betroffen sein, in denen die Volkswirtschaft einen komparativen Kostenvorteil hat. Die internationale Arbeitsteilung entfernt sich noch mehr vom Optimum, die Güterströme werden zusätzlich verzerrt.

- Aufwertung der eigenen Währung gegenüber dem Freihandelszustand durch den Importrückgang mit der Folge der Behinderung der Exporte (Effektiver Netto-Protektions-Effekt nach Balassa (1971)).

- Preisanstieg bei den inländischen Importsubstituten, durch das die Importprotektion wie eine zusätzliche Steuer auf alle weniger oder gar nicht geschützten Bereiche lastet (Omega-Effekt nach Sjaastad (1980)).

---

[2] Dort werden die Effekte einer Liberalisierung aufgezeigt. Um die Wohlfahrsteffekte eines Zolls zu erfassen, müssen die Änderungen in umgekehrter Richtung vorgenommen werden. Der Zoll verursacht geamtwirtschaftliche Wohlfahrtsverluste ("excess burden") in Höhe der Dreiecke A´GH und MIJ.

- Nachlassende Bemühungen der geschützten Unternehmen um neue Produkte oder Kostensenkungen. Dies sind negative dynamische Effekte, der Gegenposten zu verminderten Produkt- und Prozessinnovation und verringerte unternehmerische Investitionen, so dass das wirtschaftliche Wachstum sich verlangsamt.
- Administrative Aufwendungen. Die Zölle müssen eingefordert werden.
- Neben den Aufwendungen, die für das Rent-Seeking anfallen, können zusätzliche Aufwendungen von anderen Industrien getätigt worden sein, um genau dieses zu vermeiden.

Ein Problem besteht in der adäquaten Quantifizierung dieser Kosten. Sie sind jedoch insgesamt als signifikant zu erachten. Überdies ist fraglich, inwiefern die umgewandelte Produzentenrente tatsächlich nur eine Umschichtung darstellt, oder aber unter Berücksichtigung vorheriger Transaktionen am politischen Markt teilweise – wenn nicht sogar ganz – durch Lobbyaktivitäten aufgezehrt wird.

4. Bürokratieprobleme

A. Soziologische Perspektive versus ökonomischen Ansatz

Bislang wurden Politiker und Wähler betrachtet, die als Anbieter und Nachfrager auf dem politischen Markt agieren. In einem dritten Schritt werden Bürokratien als ausführende Organe der Politik betrachtet, die ebenfalls von Interesse für die Analyse der Angebotsgestaltung sind. Zunächst lassen sich zwei Sichtweisen unterscheiden: die **soziologische Sicht und die ökonomische Sicht**.

Aus s**oziologischer Perspektive** wird Bürokratie als effiziente Organisationsform zur Bewältigung komplexer Probleme aufgefasst. Es gibt eine Hierarchie von Beamten mit festen Pflichten und Kompetenzen sowie klaren Regeln. Zentrale Eigenschaften dieser Hierarchie sind Präzision, Eindeutigkeit, Kontinuierlichkeit, Diskretion, straffe Ordnung usw. Die Arbeitsteilung innerhalb der Bürokratie wird nach rein sachlichen Gesichtspunkten zwischen Spezialisten vorgenommen. Persönliche Präferenzen werden ausgeblendet; Automatismus und Neutralität stehen im Vordergrund.

Dagegen steht die **ökonomische Perspektive:** Genau wie Politiker und Wähler verhalten sich auch Bürokraten rational, indem sie ihren persönlichen Nutzen zu maximieren trachten. Deshalb sind gesellschaftliche Kosten und Nutzen für sie wenig relevant. Die Anreize und Beschränkungen, denen staatliche Bürokraten unterworfen sind, wirken anders als jene, denen private Unternehmer ausgesetzt sind: Es besteht nur ein sehr geringes – in der Regel ausschließlich vom persönlichen moralischen Verhalten abhängiges – Arbeitsplatzrisiko, das nicht von der Leistung beeinflusst wird. Bürokraten übernehmen keine persönliche Verantwortung bzw. Haftung. Dies hat vermutlich Konsequenzen für die Effizienz der Verwaltung. Damit ist keine Aburteilung aller in der öffentlichen Verwaltung Bediensteten vorgenommen.[3] Auch hier ist die Frage nach der individuellen Rationalität entscheidend. Wir werden Probleme der öffentlichen Verwaltung im Folgenden aus der ökonomischen Perspektive analysieren.

B. Das zweistufige Prinzipal-Agent-Problem

Das erste Problem der öffentlichen Verwaltung ist ein Prinzipal-Agent-Problem (vgl. Abschnitt III.3). Es handelt sich dabei nicht um ein einfaches, sondern mindestens um ein zweistufiges PAP (vgl. Abbildung IV.2). Der Politiker ist Agent des Wählers (im Folgenden als Agent I bezeichnet). Zusätzlich ist der Bürokrat ein Agent des Politikers (Agent II). Dieser soll im Auftrag des Politikers durch Einsatz der ihm zugeteilten Ressourcen, z.B. weitere Bürokraten, Büros, Ausstattung usw., die gewünschten staatlichen Leistungen erbringen. Das bereits bekannte Problem besteht darin, dass jeder Agent bestrebt ist, seinen eigenen Nutzen zu maximieren, hingegen nicht zwingend den Nutzen des Prinzipals. Damit ergibt sich aus Sicht des Wählers das im Zusammenhang mit der Geldpolitik bereits diskutierte zweistufige Prinzipal-Agenten-Verhältnis.

Abbildung IV.2: Das zweistufige Prinzipal-Agent-Problem

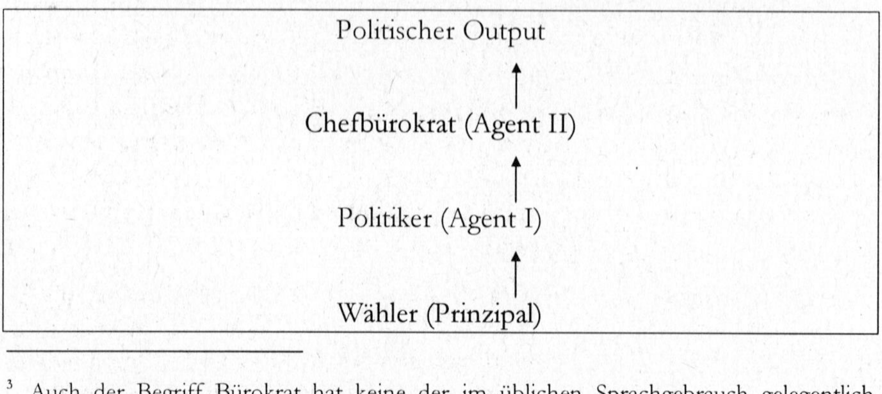

[3] Auch der Begriff Bürokrat hat keine der im üblichen Sprachgebrauch gelegentlich bestehenden negativen Implikationen.

Der Wähler kann den Politiker nur unvollständig kontrollieren. Der Bürokrat wiederum kann nicht vollständig durch den Politiker kontrolliert werden. Der Output der Bürokratie wird deshalb mit verborgenen Handlungen bzw. Informationen produziert.[4] Häufig ist der Output nur schwer messbar, so dass die Kontrolle an Inputgrößen ansetzt. Der Bürokrat wird danach beurteilt, ob er die Handlung in Übereinstimmung mit den ihm auferlegten Regeln bzw. Vorschriften erbracht hat. Somit dienen die Vorschriften als Ersatzmaßstab zur Beurteilung der Qualität der Leistung. Sie dienen außerdem der Einschränkung des Handlungsspielraums. Diese Vorschriften beinhalten auch die **Nullgewinnbeschränkung** eines Büros: staatliche Bürokratien sollen keinen Gewinn erwirtschaften, Preise für Verwaltungsleistungen dürfen nur kostendeckend sein, wobei interne Subventionierung zwischen Leistungssparten erlaubt ist. Fraglich ist allerdings, ob dadurch tatsächlich kostengünstig produziert wird. Möglicherweise besteht ein Anreiz, Kosten zu produzieren.

Aufgrund des doppelten Prinzipal-Agent-Problems ergibt sich aus Wählersicht ein Kontrollverlust, da der Wähler nicht identifizieren kann, welcher Agent für hohe Kosten verantwortlich ist. Dies wird als **Kostenidentifikationsproblem** bezeichnet. Jeder Agent kann und wird die Verantwortung für Fehlentwicklungen von sich weisen. Die doppelte Informationsasymmetrie führt zu recht großen Handlungsspielräumen der Bürokratie. Diese werden noch dadurch erhöht, dass gleichsam eine Monopolstellung besteht, da die öffentlichen Verwaltungen nicht in Konkurrenz zueinander stehen.[5] Dies verstärkt das PAP, denn der Anreiz, im Interesse der Wähler zu handeln, verringert sich weiter.

C. Das Grundmodell der ökonomischen Theorie der Bürokratie

Das grundlegende Modell der Bürokratie stammt von William Niskanen (1971). Hier steht der Bürokrat im Mittelpunkt der Analyse, der Politiker wird als passives Subjekt angenommen. Weitere zentrale **Annahmen** sind:

- Der Chefbürokrat maximiert seinen Nutzen, indem er das Budget des Büros maximiert. Das Budget korreliert positiv mit den eigentlichen Nut-

[4] Zusätzlich können die Bediensteten des Büros wieder als Agenten des Chefbürokraten verstanden werden, wodurch neue Kontrollprobleme bzw. Informationsasymmetrien entstehen.

[5] Dies hat Eichenberger dazu veranlasst, über wettbewerbliche Strukturen öffentlicher Anbieter von Diensten nachzudenken (Eichenberger 1996).

zengrößen: Einkommen, Prestige, Umfang weiterer nicht-pekuniärer Einkommen wie z.B. ein Dienstwagen usw.

- Der Politiker gibt die Informationen über die aggregierte marginale Zahlungsbereitschaft seiner Wähler an den Bürokraten weiter und fragt die entsprechende Menge des öffentlichen Gutes nach.
- Es handelt sich hier quasi um ein bilaterales Monopol mit dem Politiker als einzigen Nachfrager und dem Bürokraten als einzigen Anbieter. Dabei sind die Machtverhältnisse aufgrund des Informationsvorsprungs des Bürokraten hinsichtlich der Kosten der Bereitstellung verzerrt.

Anhand der Abbildung IV.3 lassen sich die Ergebnisse verdeutlichen. Es wird ein Gut X vom Politiker angeboten und von der Bürokratie bereitgestellt. Die Grenzkosten der Produktion steigen mit der Menge des Gutes an. Sie sind nur dem Bürokraten bekannt. Die marginale Zahlungsbereitschaft stellt im Optimalfall den Grenznutzen der Wähler dar.[6] In dieser Höhe ist der Politiker bereit, für eine zusätzliche Einheit des Gutes zu bezahlen, also dem Büro aus dem öffentlichen Budget Mittel zur Verfügung zu stellen. Gesamtwirtschaftlich effizient wäre eine Bereitstellung in Höhe von X_E, wo die Grenzkosten den Grenznutzen entsprechen. Eine Steigerung wäre nicht sinnvoll, da hier die Grenzkosten den Grenznutzen übersteigen. Dieses Ergebnis würde einer marktlichen Lösung entsprechen. Der Bürokrat maximiert jedoch nun sein Budget, indem er die gesamte marginale Zahlungsbereitschaft abschöpft und die Menge X_N bereitstellt. Die gesamten Produktionskosten (Fläche unterhalb der GK-Kurve) entsprechen hier der gesamten Zahlungsbereitschaft (Fläche unterhalb der MZB-Kurve). Die gesamte, von den Wählern abgeschöpfte, Konsumentenrente wird dazu verwendet, das Gut im Umfang von X_N - X_E zu finanzieren. Dies kann am besten veranschaulicht werden, indem die Integrale betrachtet werden, d.h. die gesamten Kosten und der gesamte Nutzen. Werden die Integrale voneinander subtrahiert (MZB - GK), ergibt sich der soziale Überschuss, also die insgesamt realisierbare Rente. Diese wird maximiert, wenn die Menge X_E bereitgestellt wird. Im Falle von X_N entsprechen die gesamten anfallenden Kosten genau dem Nutzen, und es wird eine gesamtwirtschaftliche Rente von null erzielt.

---

6 Dies ist allerdings fraglich, da der Politiker die marginale Zahlungsbereitschaft schätzen muss.

Abbildung IV.3: Die Anreize zur Bereitstellung des öffentlichen Gutes

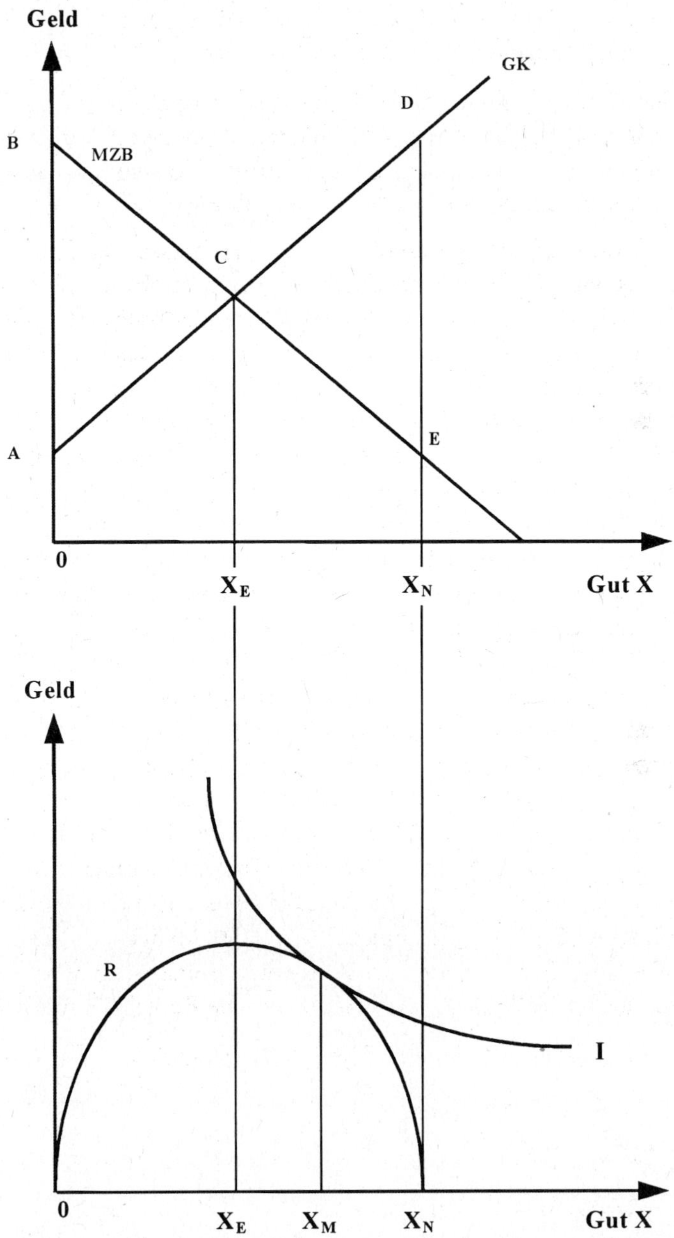

Hier ist das Budget aus Bürokratensicht optimal, eine weitere Ausdehnung wäre nicht finanzierbar, da der Politiker dafür keine Mittel bereitstellen würde. Die bereitgestellte Menge ist somit aus gesamtgesellschaftlicher Sicht zu groß. Es herrscht allokative Ineffizienz, dennoch wird hier zu minimalen Kosten produziert, also kein bürokratischer Gewinn realisiert. Es gibt also keine X-Ineffizienz.

Die Analyse zeigt auf, welche Anreize somit Mitglieder der öffentlichen Verwaltung somit haben können, auf dem politischen Markt Interventionen, Regulierungen usw. anzubieten. Sie sind nicht in der Lage, persönliches Einkommen aus diesem Angebot zu ziehen. Sie werden aus öffentlichen Mitteln weitgehend unabhängig von ihrer Leistung bezahlt (Niskanen, 1971, S. 15). Ihre Nutzensteigerung resultiert aus einer Zunahme an Einfluss und Prestige, eventuell aus einer Vergrößerung der Behörde mit steigendem Gewicht und aus persönlichen Beziehungen zu den geschützten Sektoren. Die Vergrößerung der Behörde ist ein offensichtlich weit verbreitetes Phänomen (Parkinson, 1958, S. 5ff.). Davon kann der Einzelne Nutzen ziehen, indem er in der Hierarchie aufsteigt. Auf diese Weise können vor allem ältere Mitglieder einer Behörde auch eine tatsächliche Einkommenssteigerung realisieren.

D. Kritik und Weiterentwicklung des Grundmodells

Dieses Grundmodell ist in verschiedener Hinsicht kritisiert, erweitert und modifiziert worden. Die wichtigsten Gesichtspunkte sind:

- **Budgetmaximierung als übergeordnetes Ziel**. Dahinter steht die Frage, wieso der Bürokrat die zusätzlichen Mittel ausschließlich für die Produktion von mehr Gütern einsetzen sollte. Hier wird nun ein weiterer Aspekt berücksichtigt: die **persönliche Rente** des Bürokraten. Diese könnte beschrieben werden durch persönliche Annehmlichkeiten des Bürokraten, die nicht allein durch die Größe des Budgets erfüllt werden, sondern dazu in Konkurrenz stehen. Mit anderen Worten: Es gibt alternative Ausgabenmöglichkeiten der zugeteilten Budgetmittel z.B. für Gehälter, mehr Beschäftigte oder bessere Büroeinrichtungen. Der Bürokrat muss sich somit entscheiden, ob er das Budget maximiert oder aber einen geringeren Umfang des Gutes bereitstellt, der zwar höher ist als der optimale Umfang, da dort aus seiner Sicht Renten entstehen, jedoch nicht maximal (also zwischen X_E und X_N liegt). Das dann realisierte Outputniveau hängt vom Verlauf seiner persönlichen Indifferenzkurve – die die Substitution zwischen eigener Rente und höherem Budget abbildet – ab. Er wird die höchstmögliche Indifferenzkurve realisieren, wenn er X_M bereitstellt (vgl. Abbildung IV.3). In der Marginalbetrachtung entspräche diese Entscheidung einer Verschiebung der Grenzkostenkurve nach oben, da nun zu höheren Kosten als den tatsächlichen Grenzkosten angeboten wird. Dann wäre X_M wiederum die maximale Budgetgröße, diesmal allerdings unter der Nebenbedingung von X-Ineffizienzen. Somit bestünde nun eine Situation, in der sowohl zuviel von dem Gut bereitgestellt würde – allokative Ineffizienz – als auch nicht mehr zu minimalen Kosten produziert würde – X-Ineffizienzen.

- **Vollständige Informationsasymmetrie hinsichtlich der Kosten**. Der Politiker steht im Wettbewerb mit anderen Politikern und könnte deshalb bestrebt sein, diese Asymmetrie zu überwinden, um dadurch Wählerstimmen zu gewinnen. Dahinter steht die Annahme, dass die Wähler die gesamtgesellschaftlich effiziente Menge wünschen. Unter dieser Annahme würde der Politiker durchaus Kontrollkosten auf sich nehmen, da die ineffiziente Bereitstellung von Leistungen durch die öffentliche Verwaltung auf ihn zurückfallen könnte. Denn es besteht ein doppeltes PAP. Auch hier wird der Politiker einer Kosten-Nutzen-Analyse folgen und nur solange Kontrollkosten bezüglich der Bürokratie auf sich nehmen, wie dadurch der Nutzen, in diesem Fall der Stimmengewinn, vergrößert werden kann. Damit ist der Fall der Produktion von X_N als Spezialfall zu sehen, bei dem die Politiker keine Anstrengung unternehmen, die tatsächlichen Kosten der Produktion zu erkennen. Allerdings werden sie diesen Informationsvorsprung auch nicht auf null reduzieren, da dies zu kostspielig wäre.

- **Monopol**. Büros stehen untereinander im Wettbewerb um knappe Budgetmittel. Es gibt zwar nur eine Fachbehörde für eine öffentliche Aufgabe, allerdings konkurrieren auch unterschiedliche Fachbehörden um dieselben Budgets. So sind z.B. Mittel, die der Verteidigungsminister eines Landes erhält, für die Bildungspolitik verloren. Darüber hinaus existieren Büros mit ähnlichen Aufgaben, z.B. Gemeindeverwaltungen in verschiedenen Regionen. Hier bestehen Vergleichsmöglichkeiten für Politiker und Wähler, die zur Reduktion der Informationsvorsprünge führen und den Handlungsspielraum der Verwaltungen einschränken, insbesondere in föderalistisch aufgebauten Staaten. Daraus könnte ein Wettbewerb der Büros als Standortwettbewerb resultieren. Dieser Wettbewerb könnte dazu beitragen, dass die Bürokraten diszipliniert werden. Dennoch bleibt die stochastische Variable weiterhin bestehen, so dass eine vollständige Kontrolle verhindert wird. Patrick Messerlin (1981) bezeichnet die Bürokratie in einer Jurisdiktion deshalb als einen **Partial Dictator**, der seinen Einfluss auf einem Gebiet quasi absolutistisch geltend machen kann.

- **Capture Theory**. Die persönlichen Beziehungen der Bürokratie zu der geförderten oder regulierten Branche bleiben nicht ohne Wirkungen auf das Niveau der Regulierungen. Auch sind Rückwirkungen auf die Behörde selbst nicht unwahrscheinlich. Die Anbieter von Regulierung laufen Gefahr, im Zeitablauf die Standpunkte der Nachfrager zu ihren eigenen zu machen. Sie sind durch die Nähe zu den Interessengruppen und der ständigen Konfrontation mit deren Argumenten irgendwann von der Richtigkeit der Argumente überzeugt (Stigler 1971). Der Regulierung eines Sektors verdankt die Bürokratie vielfach erst ihre Existenz. Die Mitglieder der Bürokratie bauen sich Expertenwissen auf und können sich selber den Status der Unverzichtbarkeit gewähren, da außer ihnen kaum jemand die Details genau kennt und die Wirkungen der Maßnahmen beurteilen kann. Im Verbund mit der Beschränktheit der Aktivitäten einer Behörde auf einen Teilbereich der Volkswirtschaft, z.B. einen Sektor bzw. auf eine oder wenige Maßnahmen, führt dies somit zu einer starken Präferenz für sektorspezifische Regulierungen und deren Fortbestand.

- **Vermischung von Angebot und Nachfrage auf dem politischen Markt**. Theodor Eschenburg (1955, S. 16f.) geht in seiner Argumentation sogar noch weiter. Er vertritt die Auffassung, die Verbände, zu denen er auch Parteien und Kirchen zählt, beherrschten die Bürokratien schon durch ihren Einfluss auf deren Personalentscheidungen. Angebot und Nachfrage sind dann nicht zu trennen. Die Bürokratie dient in diesem Fall nur noch speziellen Interessen. Diese weitreichende Auffassung wird nicht generell vertreten, ganz zu leugnen ist dieser Zusammenhang aber nicht.

- **Relevanz des Interessengegensatzes**. Es kann in der Realität nicht immer klar zwischen Politikern und Bürokraten abgegrenzt werden: Öffentliche Bedienstete werden oft selbst Politiker; höhere Beamte werden politisch ernannt. In den Parlamenten sitzen überdies viele Bürokraten (z.B. Lehrer). Im Deutschen Bundestag sind es mehr als ein Drittel. Diese sind zwar vorübergehend in den einstweiligen Ruhestand versetzt, können jedoch nach Abschluss einer Legislaturperiode ihre Bürokratentätigkeit fortsetzen. Insofern stellt die Bürokratie selbst wiederum eine Interessengruppe dar.

E. Zur Kontrolle der öffentlichen Verwaltung[7]

Die öffentliche Verwaltung kann dennoch kontrolliert werden. Diese Kontrolle kann verwaltungsintern, d.h. durch andere Bürokratien, verwaltungsextern, d.h. durch speziell eingerichtete Gremien, oder durch gänzlich andere Ansätze geschaffen werden.

- **Verwaltungsinterne Kontrollen**. Übergeordnete Bürokratien kontrollieren nachgeordnete. Aber auch diese Unterliegen der Logik der Verwaltung. Zumindest die Befolgung der Regeln der Verwaltung steht zu erwarten.

- **Verwaltungsexterne Kontrollen.** Es gibt zwei wesentliche externe Kontrollinstanzen für die öffentliche Verwaltung. Erstens wird diese Aufgabe den **Rechnungshöfen** als allokative Beurteilungsinstanzen für Verwaltungen übertragen. Diese sind jedoch ebenfalls Verwaltungen und leiden vermutlich unter gleichartigen Problemen. Sie können zudem lediglich ihre Meinung kundtun, die Ausgaben jedoch nicht durch ein Veto blockieren. Mithin besteht das hauptsächliche Problem in der fehlenden Entscheidungskompetenz. Zudem obliegt ihnen die Beweislast für Ineffizienzen, was mit hohen Kosten verbunden ist. Sie haben keine richterliche Gewalt und kein Sanktionspotential. Die zweite Gruppe von Kontrolleuren sind Politiker. Das bestehende Kontrollproblem ist bereits genannt worden. Darüber hinaus können Politiker in Nationalstaaten Bürokraten in supranationalen Büros nicht mehr gut kontrollieren.

- **Andere Ansätze**. Hierunter fällt eine Reihe von Elementen, z.B. die Einführung von Leistungsanreizen und eine Entlohnung und Beförderung nach der Leistung. Schwierig ist jedoch aus naheliegenden Gründen die praktische Umsetzung dieses Vorschlages. Alternativ ließen sich die Dienstposten auf Zeit vergeben. Die Möglichkeit einer stärkeren Konkurrenz zwischen den Büros wurde bereits diskutiert. Schließlich könnte man auch mehr Kompetenzen für den Rechnungshof schaffen, z.B. eine Vetomöglichkeit für Ausgaben.

---

[7] Siehe hierzu Blankart (1994, S. 451ff.) sowie Donges u.a. (1991).

5. Die positive Theorie wirtschaftspolitischer Reformen

A. Politische Hysterese und Überwindungsmöglichkeiten

Mit Hilfe der ökonomischen Theorie der Politik kann man erklären, warum die Wirtschaftspolitik sich vom Allokationsoptimum entfernt. Diese theoretischen Überlegungen sind oft **mit Hilfe empirischer Methoden auf ihren Realitätsgehalt** hin überprüft worden. Insgesamt zeigen diese Studien eine **hohe Relevanz der Theorie**. Allerdings zeigt sich auch immer wieder, dass die Wirtschaftspolitik zu Reformen in der Lage ist. Gerade in den letzten drei Dekaden des 20. Jahrhunderts hat es weltweit eine Vielzahl von wirtschaftspolitischen Reformen gegeben. Diese fanden sowohl in den Industrieländern als auch in weniger entwickelten Ländern statt. Sie betrafen einzelne Bereiche der Wirtschaftspolitik, z.B. die Geldpolitik, als auch die gesamte Wirtschaftsordnung, besonders die Transformation der planwirtschaftlichen Systeme in Mittel- und Osteuropa in marktwirtschaftliche. Außerdem wurden in zahlreichen Branchen spezifische Regulierungen gemildert oder abgeschafft und öffentliche Unternehmen privatisiert, z.B. in der Telekommunikation, in der Versicherungswirtschaft und im Luftlinienverkehr. Nach der politökonomischen Logik hätte es dazu eigentlich nicht kommen können.

Für eine positive Erklärung von wirtschaftspolitischen Reformen macht es Sinn, sich zunächst einmal eine **fiktive wirtschaftspolitische Situation der Stagnation** vorzustellen, die durch folgende Eigenschaften gekennzeichnet ist:

- Es herrsche eine hohe Arbeitslosigkeit und eine niedrige Zuwachsrate des Bruttoinlandsprodukts.
- Die Höhe der Investitionen sei gering, Kapital wandere ins Ausland ab, ausländisches Kapital wende sich anderen Standorten zu.
- Die Staatsverschuldung steige unentwegt an, und der Schuldendienst verbaue den Weg zu Steuersenkungen.

Die Ursachen für diese Situation scheinen in einer sehr inflexiblen Regulierung des Arbeitsmarktes, vieler Regulierungen von Produktmärkten sowie einem verhältnismäßig hohen Außenschutz der Volkswirtschaft zu liegen. Als ein weiteres Problem sind überdies hohe und schwankende Inflationsraten zu nennen. Diese Situation kann man auch mit dem Begriff der **politischen Hysterese** belegen, die als ein stetiger Anstieg der politischen Tätigkeit definiert ist, der langfristig bestehen bleibt. Von Hysterese spricht man auch in Bezug auf die Entwicklung an den Arbeitsmärkten. Damit wird eine Studie auf dem Arbeitsmarkt beschrieben, in der die Arbeitslosigkeit durch einen exogenen Schock, z.B. einen kräftigen Anstieg des Erdölpreises, steigt und nach Überwindung dieses Schocks, d.h. bei einem Rückgang des Ölpreises auf sein ursprüngliches Niveau, nicht auf den alten Pfad sinkt, sondern auf einem höheren Niveau als einst verharrt.

Ein empirischer Beleg für die Hysterese-These ist der trotz der erwähnten Reformen immer noch zu beobachtende Reformstau in vielen Ländern zu betrachten. Es fällt den Trägern der Wirtschaftspolitik oft sehr schwer, eine einmal getroffene Maßnahme zurückzunehmen. Selbst ursprünglich als temporär angesehene Maßnahmen bleiben oftmals dauerhaft erhalten. Ein Beispiel ist die Schwierigkeit, einmal gewährte Subventionen – als Anpassungssubventionen wäre das, anders als bei Erhaltungssubventionen, ökonomisch vertretbar - tatsächlich auslaufen zu lassen.

Ohne wirtschaftspolitische Reformen, darunter die Deregulierung im Inland, eine Marktöffnung nach außen, die Konsolidierung der öffentlichen Haushalte, eine wachstumsorientierte Steuerreform sowie eine stabilitätsorientierte Geldordnung, wird die Volkswirtschaft in der erwähnten Situation keine Dynamik entfalten können, die sie auf einem höheren Pfad des wirtschaftlichen Wachstums bei hoher Beschäftigung bringen würde.

B. Die politische Ökonomik der Reform

In diesem Abschnitt werden Überlegungen zur Möglichkeit, wirtschaftspolitische Reformen durchzuführen, angestellt. Es handelt sich dabei um eine **positive Analyse**, d.h. es werden die Bedingungen für erfolgreiche Reformen herausgearbeitet. Das Ziel der Reform soll sein, ein angemessenes Wirtschaftswachstum bei stabilem Geldwert und einem hohen Beschäftigungsstand nachhaltig zu sichern. Generell ist eine Reform politisch schwer umzusetzen. Es wird bei den Wählern bzw. den organisierten Interessen sowohl Zustimmung als auch Ablehnung für eine Reform geben (Drazen 2000, S. 615ff.). **Für eine Reform** werden nach den theoretischen Überlegungen in Abschnitt IV.3 folgende Gruppen stimmen. Mögliche Gewinner einer Reform sind:

- Exportorientierte Unternehmensverbände,
- Arbeitslose, sofern sie umfassend informiert sind,
- Steuerzahler, wenn sie gut organisiert sind,

- Junge Unternehmen, die in einer offenen und dynamischen Wirtschaft mit geringer Regulierungsdichte am ehesten Erfolg haben können. Dazu müssten sie organisiert sein.
- Die Kreditwirtschaft und die Sparer.

Gemeinsam ist diesen Gruppen, dass die herrschenden Regulierungen und die makroökonomischen Schwächen ihnen schaden.

Gegen eine Reform werden andere Gruppen stimmen, die aus den bisherigen Regulierungen Nutzen ziehen. Dies ist wieder das Rent-Defending. Einige Beispiele für derartige Nutznießer des wirtschaftspolitischen Status quo sind:

- Subventionierte Branchen,
- hochregulierte Branchen,
- Gewerkschaften und ihre beschäftigten Mitglieder,
- Schuldner, deren Schulden durch die Inflation gesenkt werden.

Daraus folgt aber nicht, dass Reformen grundsätzlich nicht durchsetzbar sind. In der Geschichte wirtschaftspolitischer Reformen kann man ein regelmäßiges Muster erkennen, das auf den folgenden Mechanismen beruht, die auch theoretisch plausibel sind:

- Wirtschaftspolitische Reformen haben dann große Erfolgsaussichten, wenn sie **am Anfang einer Wahlperiode** vorgenommen werden. Die kurzfristig nicht zu vermeidenden Kosten treten dann direkt nach der Wahl auf, wenn die Regierung noch einen Bonus bei der Bevölkerung hat. Attraktiv aus Sicht der Regierung wird die Reform auch dadurch, dass sie damit rechnen kann, dass die ersten durch die Reform erzielten Verbesserungen der Allokation sich noch vor der kommenden Wahl in einem Mehr an Beschäftigung und Wirtschaftswachstum niederschlagen.
- Je **umfassender die Reform** ist, d.h. je mehr Sektoren und Menschen betroffen sind, desto höher ist die Bereitschaft, die Reformen hinzunehmen. Bei einem breit angelegten Reformprogramm sind die Chancen gut, dass Verschlechterungen an der einen Stelle durch Verbesserungen an der anderen mehr als kompensiert werden; dies entspricht der Idee der Generalkompensation (vgl. Unterabschnitt II.3.C). Es kommt zu einer positiven Wirkungsprogression in dem Sinne, dass – dank der freigesetzten Wirtschaftsdynamik – die Gesamtwirkung größer ist als die Summe der Wirkungen von einzelnen Reformmaßnahmen. Beispiele für eine umfas-

sende Reformstrategie boten in den achtziger Jahren Neuseeland, das Vereinigte Königreich, die Niederlande und Kanada.[8] Zu beachten sind die Effekte des **Gegen-Lobbying** (Becker 1983 und 1985). Je höher die Kosten der Wirtschaftspolitik für die wirtschaftlich erfolgreichen Unternehmen werden und je geringer deren Anzahl wird, desto niedriger werden auch die Opportunitätskosten des Lobbying für diese Unternehmen. Es lohnt sich nun, in Lobby-Aktivitäten zugunsten offener Märkte und Deregulierung zu investieren. Die Öffnung der Telekommunikationsmärkte in Europa kann politökonomisch unter anderem damit erklärt werden, dass sich die jungen Unternehmen hierfür kräftig ins Zeug gelegt haben.

- Darüber hinaus bestehen Möglichkeiten zur **Kontrolle von Interessengruppen**. Darunter fällt eine Publizitätspflicht, mittels derer mehr Informationen über die Tätigkeiten der Gruppe veröffentlicht werden. Dazu zählt auch die gezielte Information der nicht-organisierten Wähler bzw. die politisch gegebene Hilfe zur besseren Organisation dieser Wähler, die zum Wettbewerb zwischen den Interessengruppen und damit zur Neutralisierung der Interessen beitragen soll. Dies wird oft unter dem Stichwort "Countervailing Power" diskutiert.

- Schließlich besteht die Möglichkeit der **Einbindung der Interessengruppen in die Folgekosten ihres Machteinflusses**. Ein interessanter Vorschlag liegt für den Arbeitsmarkt vor: Gewerkschaften und Arbeitgeberverbände sollen die Verantwortung für die Arbeitslosenversicherung übertragen bekommen (Risch 1983). Die Idee hinter diesem Vorschlag ist die Vermutung, dass es ein kollektives Moral Hazard der Tarifvertragsparteien gibt. Die These lautet, dass sie mit überhöhten Lohnabschlüssen zur Steigerung bzw. zur Verhinderung des Abbaus der Arbeitslosigkeit beitragen. Sind die Tarifvertragsparteien auch für die Arbeitslosenversicherung verantwortlich, so liegt ihnen vermutlich an hohen Einzahlungen in die Versicherung, d.h. an hoher Beschäftigung, und an niedrigen Auszahlungen, d.h. an niedriger Arbeitslosigkeit.

- Langfristig dürfte die Krise immer mehr Gruppen schaden. Je länger die sklerotische wirtschaftspolitische Situation anhält, desto mehr verschlechtert sich die wirtschaftliche Lage mit der Folge, dass die Anzahl der Verlierer immer weiter steigt. Der Druck auf die Regierung, etwas zu ändern, steigt. Die Position der durch die aktuelle Situation Begünstigten

---

[8] Für einen Überblick vgl. Sachverständigenrat, JG 1996/97, Ziffern 46 ff., und JG 1997/98, Ziffern 66 ff.

verschlechtert sich auf dem politischen Markt zusehends. Die allgemeine Bereitschaft zur Reform steigt an. Dieser Mechanismus wird auch als **pathologisches Lernen** bezeichnet, da er nicht auf der Fähigkeit der Träger der Wirtschaftspolitik beruht, vorausschauend zu agieren und so rechtzeitig einer Krise vorzubeugen, sondern darauf, dass die Krise erst für jedermann manifest wird, d.h. möglichst vielen Individuen schaden muss, und daraufhin die Politiker „als Retter in höchster Not" auftreten und auf breite Zustimmung setzen können.

- Hilfe aus dem Ausland kann die Reform ebenfalls tragen. Wenn internationale Organisationen wie der Internationale Währungsfonds (IWF) oder die Weltbank ihre finanzielle Unterstützung des betroffenen Landes an die Reformen knüpfen, kann politischer Widerstand durch Interessengruppen leichter überwunden werden. Ausländische Organisationen übernehmen die schmutzige Arbeit; sie spielen den Buhmann. Roland Vaubel (1991) hat für diese Erklärung den Begriff **"dirty-work-hypothesis"** geprägt. Diese Form der Hilfe kann aber nur erfolgreich sein, wenn im Inland grundsätzliche Reformbereitschaft besteht. Dies zeigt z.B. die Geschichte der Währungsreformen.

- Auch **wirtschaftspolitische Berater** können zum Erfolg von wirtschaftspolitischen Reformen beitragen. Ihre Aufgabe besteht darin, die ökonomische Wirkung verschiedener Alternativen der Wirtschaftspolitik herauszuarbeiten. Deren politische Durchsetzbarkeit sollte dabei nicht im Zentrum ihres Denkens stehen (vgl. Abschnitt I.3). Je besser die Argumente sind, desto stärker ist der Druck auf diejenigen Interessengruppen, die Nutzen aus der alten Situation ziehen und deshalb gegen Reformen argumentieren, den Widerstand aufzugeben. Gute Analyse kann die Beweislast umkehren.

6. Einige normative Schlussfolgerungen

Die positive Theorie macht deutlich, mit welcher Rationalität die Träger der Wirtschaftspolitik handeln. Es zeigt sich, dass die Wirtschaftspolitik weder in der Lage ist, ständig die Bedingungen für ein allokatives Optimum (vgl. Kapitel II) zu erzeugen, noch dem sog. Marktversagen (vgl. Kapitel III) in jeder Situation richtig begegnen kann. Statt dessen sorgt einzelwirtschaftliche Rationalität der wirtschaftspolitischen Entscheidungsträger in Politik und Verwaltung dafür, dass es regelmäßig Abweichungen vom allokativen Optimum gibt und dass diese dauerhaft Bestand haben können. Aus Marktversagen wird Staatsversagen.

Es ist wichtig, sich klarzumachen, dass diese Abweichungen nicht von der Gutwilligkeit oder Boshaftigkeit der Träger der Wirtschaftspolitik beeinflusst werden. Eine moralische Bewertung des politischen Marktes verbietet sich in der positiven Analyse. Die ökonomische Theorie der Politik zeichnet sich gerade dadurch aus, dass sie streng nach dem Rationalitätskalkül der betroffenen Politiker und Bürokraten als Anbieter von Politik bzw. Wähler als deren Nachfrager sucht.

Gerade weil dieser Analyse die einzelwirtschaftliche Rationalität zugrunde liegt, ist Pessimismus oder gar Resignation hinsichtlich einer ökonomisch vernünftigen Wirtschaftspolitik Fehl am Platze. Es muss hingegen nach Wegen gesucht werden, wie das Kalkül der wirtschaftspolitischen Akteure nach einer Krise beeinflusst werden kann, um eine allokative Verbesserung zu erreichen. Die Theorie der wirtschaftspolitischen Reform ist ein relativ neues Feld, das in der Ökonomik noch nicht sehr weit entwickelt ist. In der Literatur findet man eine Reihe von Beiträgen, die die Bedingungen für erfolgreiche Reformen zu bestimmen suchen. Deshalb kann die obige Liste (Unterabschnitt IV.5.B) keine Vollständigkeit beanspruchen. Es ist zu erwarten, dass es in den nächsten Jahren zu weiteren interessanten Veröffentlichungen in diesem Bereich kommt. Es ist auf jeden Fall sehr schwierig, im politischen Prozess sämtliche Bedingungen für erfolgreiche Reformen zu schaffen. Aus diesen Gründen verzichten wir an dieser Stelle darauf, sie normativ zu formulieren.

Diese abschließenden Bemerkungen führen wieder zurück zu den normativen Aussagen über die richtige Wirtschaftspolitik, wie sie in den Kapiteln II und III vorgenommen worden sind. Die Bedingungen für ein allokatives Optimum auf der Prozessebene stehen fest, Abweichungen sind analysiert worden. Die Probleme der Wirtschaftspolitik, diese Abweichungen zu beseitigen, sind ebenfalls klar geworden. Dies wird als Staatsversagen interpretiert.

Damit wird eine alte Frage erneut aufgeworfen, nämlich diejenige nach der Aufgabenteilung zwischen dem Markt und dem Staat. Diese stehen sowohl in einem Spannungsfeld als auch in einer Komplementaritätsbeziehung zueinander. Der Markt steht im Vordergrund der Analyse dieses Buches, insbesondere vor dem Hintergrund einer demokratischen Gesellschaft, wo **freiwillige Handlungen** auf der Basis der **Übereinstimmung** zwischen den Beteiligten stattfinden. Es gibt keine Unterwerfung von Minderheiten. Der Staat schafft allerdings die Bedingungen für das Funktionieren des Marktes. Er bildet damit die Regelebene, der Markt die Prozessebene (vgl. Abschnitt I.4). Anders gewendet: Der **Staat ist eine wichtige Institution, um den Markt funktionstüchtig zu gestalten**, indem er den **Schutz der Eigen-**

tumsrechte sichert und zur **Überwindung gesellschaftlicher Dilemmata** beiträgt. Schließlich ist eine Anarchie nicht gewünscht.

Diese Aufgaben erfüllt der Staat am besten, wenn er nicht zwischen den Wählern diskriminiert, von distributiven Eingriffen zur Vermeidung individueller Not einmal abgesehen. Wie sich in der positiven Analyse dieses Kapitels gezeigt hat, gibt es systematische Gründe dafür, dass der Staat gelegentlich dabei versagt. Wie kann dieses Staatsversagen dauerhaft verhindert oder wenigstens auf ein Minimum reduziert werden? Diese Frage wird im folgenden Kapitel ausführlich erörtert. Dabei stehen drei Begriffspaare, anhand derer diese Frage beantwortet werden kann, im Mittelpunkt der Analyse: Ordnungspolitik versus Prozesspolitik, Regelbindung versus diskretionäre Spielregeln, Angebotspolitik versus Nachfragepolitik. Gemeinsam ist diesen drei Paaren, dass der jeweils erste Terminus den Staat einer strengeren Verhaltensdisziplin unterwirft als der zweite.

V. Konsistenz in der Umsetzung wirtschaftspolitischer Maßnahmen

1. Einleitende Bemerkungen

Nachdem im bisherigen Verlauf des Buches die wirtschaftspolitischen Probleme des „Seinsollens“ in den Kapiteln I und II sowie des „Seins” in den Kapiteln III und IV diskutiert wurden, wenden wir uns nun der expliziten Behandlung der Konzeptionen der Wirtschaftspolitik zu (Abbildung I.4). Hier geht es um die Frage, wie die wirtschaftspolitischen Entscheidungsträger ihre Aufgaben wahrnehmen, um die Ziele der Wirtschaftspolitik zu erreichen. Dafür bedarf es einer rationalen Wirtschaftspolitik.

Im Grunde genommen muss der Wirtschaftspolitiker ähnlich vorgehen, wie wir es in diesem Buch bisher getan haben. Zunächst sind einige grundsätzliche Überlegungen zur Wirtschaftspolitik als Organisation eines Marktsystems anzustellen: Vor allem sind die Ziele festzulegen und die Zielbeziehungen zu beachten, die Verantwortlichkeiten (Assignment) den Entscheidungsträgern zuzuordnen und die einzusetzenden Instrumente zu bestimmen. Anschließend sind die Ordnungsprinzipien einer Marktwirtschaft zu identifizieren, die konstitutiven und die regulierenden Prinzipien. Damit wird eine Norm für den Ordnungsrahmen, d.h. die Regelebene der Volkswirtschaft vorgegeben (Kapitel I).

Für die Anwendung im konkreten Wirtschaftsleben, d.h. auf der Prozessebene bedarf es eines Referenzsystems mit dem übergeordneten Ziel der Maximierung der gesamtgesellschaftlichen Wohlfahrt in einer marktwirtschaftlichen Ordnung. Ein solches Referenzsystem bietet die Allokationstheorie mit den Marginalbedingungen und Totalbedingungen sowie den Kompensationskriterien (Kapitel II). Dabei ist sorgfältig zwischen statischer und dynamischer Effizienz zu unterscheiden. Was unter statischen Gesichtspunkten als Verletzung des Ordnungsrahmens bzw. als Marktversagen erscheint, kann Ausdruck einer dynamisch sich entwickelten Wirtschaft mit hohem Wachstumspotential sein.

Auf der Prozessebene kann es zu Marktversagen kommen. Die Marginal- bzw. Totalbedingungen werden nicht erfüllt. Die Bedingungen für Marktversagen sind durch den Wirtschaftspolitiker genauestens zu identifizieren. Der Eingriff ist regulierend, im Idealfall ohne den Ordnungsrahmen selbst zu verändern (Kapitel III). Die Anforderungen an die Wirtschaftspolitik sind dabei sehr hoch.

Denn es ist leicht möglich, das optimale Maß an Regulierung bzw. deren optimale Form zu verfehlen. Dann liegt Staatsversagen vor. Der Grund für den verfehlten Eingriff kann natürlich in einer Fehleinschätzung der Situation liegen. In diesem Fall kann man davon ausgehen, dass die Wirtschaftspolitik lernt und diesen Fehler beseitigt. Allerdings ist dies der seltenere Fall. In der Regel hat Staatsversagen systematische Ursachen, die von der neuen politischen Ökonomie bzw. der neuen Institutionenökonomik erklärt werden. Die Grundaussage besteht darin, dass es neben der ökonomischen Rationalität eine politische Rationalität gibt. Derart bedingtes Staatsversagen kann nicht nur negative Folgen für die Prozessebene haben, sondern kann auch für einen fehlerhaften Ordnungsrahmen sorgen (Kapitel IV). Diese Zusammenhänge sind im Folgenden stets zu beachten.

2. Ordnungspolitik versus Prozesspolitik

A. Zur Einführung

In diesem Abschnitt werden zwei grundsätzlich unterschiedliche, zum Teil einander zuwiderlaufende wirtschaftspolitische Grundkonzeptionen vorgestellt, das Konzept der Ordnungspolitik und das der Prozesspolitik. Diese Unterscheidung ist vor allem in der deutschsprachigen Literatur weit verbreitet, wobei der Gebrauch der Terminologie nicht einheitlich ist. Generell gilt: Während Ordnungspolitik die allgemeinen Spielregeln für die wirtschaftliche Betätigung der Wirtschaftssubjekte festlegt, dient die Prozesspolitik der Steuerung des wirtschaftlichen Geschehens, sei es in Bezug auf einzelne Sektoren (z.B. Landwirtschaft, Telekommunikation), sei es hinsichtlich bestimmter Regionen (z.B. Ostdeutschland), sei es für die Volkswirtschaft als Ganze (z.B. Konjunktur, Beschäftigungsstand, Preisniveauentwicklung). Zugrundegelegt wird eine marktwirtschaftliche Ordnung.

Rationale Wirtschaftspolitik verlangt die Beachtung der konstitutiven und regulierenden Prinzipien der marktwirtschaftlichen Ordnung. Ihr muss eine Konzeption zugrunde liegen, die in sich schlüssig **(kohärent)** ist und die bezüglich der angestrebten Ziele eine **Ursachentherapie** vorsieht und nicht am Symptom kuriert. In den einzelnen Politikbereichen muss immer wieder geprüft werden, ob die vorgesehenen oder ergriffenen Maßnahmen mit statischer und dynamischer Effizienz kompatibel sind und nachweisliches Marktversagen, hier vor allem natürliche Marktzugangsbeschränkungen besonders durch "sunk costs", wirksam korrigieren. Insbesondere darf die Wirtschaftspolitik

- den Wettbewerb auf den Güter- und Faktormärkten nicht verzerren;

- den gesamtwirtschaftlichen Strukturwandel nicht behindern;
- die Investitionen in Sachkapital und in Humankapital nicht fehllenken.

Probleme in dieser Hinsicht bereiten Zölle und nicht-tarifäre Handelshemmnisse, Subventionen sowie marktwidrige Regulierungen.

Damit wird bereits indirekt deutlich, dass die Ordnungspolitik und die Prozesspolitik nicht auf derselben Ebene angesiedelt sind. Sie stehen nicht in einem gleichberechtigten Verhältnis und können nicht angewendet bzw. vernachlässigt werden je nachdem, was die gesamtwirtschaftliche Situation verlangt. Vielmehr muss die Prozesspolitik dafür Sorge tragen, dass sie die gesamtwirtschaftliche Ordnung nicht negativ beeinflusst, indem z.B. eine Regulierung bzw. deren Änderung die Chancengleichheit bei der Ausübung eines Berufes verletzt. Ein Beispiel aus dem Gesundheitswesen mag dies verdeutlichen: Wenn zum Schutz der bereits im Markt befindlichen niedergelassenen Ärzte, oder weil die Beiträge zur Krankenversicherung konstant gehalten werden sollen, Kassenzulassungen kontingentiert werden, kommt dies einem Berufsverbot für junge Ärzte recht nahe. Das Prinzip der Gewerbe- und Vertragsfreiheit wird damit verletzt. Darüber hinaus wird der Strukturwandel behindert, denn das aktuelle medizinische Wissen der jüngeren Ärztegeneration findet nur sehr langsam Verbreitung.

B. Zur genauen Abgrenzung

Ordnungspolitik zielt darauf, Verhaltensregeln für die Privaten und den Staat zu entwickeln, die der Interdependenz der wirtschaftlichen Sachverhalte Rechnung tragen. Wie in Kapitel I festgehalten, hängen allgemeine Politik und Wirtschaftspolitik aufs engste miteinander zusammen. Eucken (1952) sprach von der Interdependenz der Ordnungen. Dabei stellte er vor allem darauf ab, dass eine marktwirtschaftliche Ordnung auf Dauer ohne eine demokratische Verfasstheit der Gesellschaft keinen Bestand hätte. Auf ähnliche Weise hängen auch die Teilbereiche der Wirtschaftsordnung zusammen. Dies ist implizit bereits mehrfach angeklungen. Wenn z.B. die Geldordnung auf die Stabilität des Preisniveaus ausgerichtet ist, muss die Arbeitsmarktordnung so flexibel sein, dass das Stabilitätsziel ohne Arbeitslosigkeit erreicht werden kann. Dies macht Ordnungspolitik schwierig, weil jede Entscheidung über den Ordnungsrahmen der Wirtschaft genaue Überlegungen über die Wechselwirkungen notwendig macht.

Die Regeln müssen überdies Bestand haben, damit sie vorhersehbar sind und die einzelnen Handlungen miteinander konsistent machen. Die Wirtschaftssubjekte müssen z.B. bei langfristig wirkenden Investitionsentscheidungen Sicherheit über die Rahmenbedingungen haben, so etwa in Bezug auf die Besteuerung von Investitionen oder die Bewahrung privater Eigentumsrechte. Ein internationaler Investor, der keine Klarheit über die Regeln und ihre Dauerhaftigkeit hat, wird das Land als Investitionsstandort meiden. Das Beschäftigungspotential wird dann nicht ausgenutzt. Ein solches Szenario ist keineswegs ein rein theoretisches. In vielen Ländern sind oft die Regeln für ausländische Direktinvestitionen geändert worden; zumeist mit der Folge, dass einmal investiertes Kapital nicht wieder hinaustransferiert werden darf (Repatriierungsverbot) oder dass Gewinne nur im selben Land angelegt werden dürfen. Ein solches Land ist ordnungspolitisch eine „Mausefalle“ (Röpke 1979, S. 339f.), in das Kapital zwar hinein darf, nicht aber wieder herausfließen kann. Ist dies einmal passiert, wird es schwer, später Kapital zu attrahieren. Um derartige Probleme zu vermeiden, muss Ordnungspolitik auf Dauer angelegt sein; sie impliziert auch Langfristdenken in der Wirtschaftspolitik.

Prozesspolitik ist spezielle Wirtschaftspolitik zur direkten Unterstützung der Ordnungspolitik, indem sie auf kurzfristige Störungen des wirtschaftlichen Ablaufes Einfluss nimmt. Darunter fallen z.B. Schwankungen im Auslastungsgrad der gesamtwirtschaftlichen Kapazitäten. Durch eine kreditfinanzierte Nachfragesteigerung bei Unterauslastung soll eine konjunkturelle Rezession bekämpft werden. Entsprechend kann bei Überauslastung eine konjunkturelle Überhitzung durch staatliche Sparpolitik, mittels derer dann im Übrigen die in einer Unterauslastungssituation aufgenommenen Kredite getilgt werden, vermieden werden. Prozesspolitik wird deshalb eher kurzfristig eingesetzt. Entscheidend ist, dass in Abwägung des Ziel-Mittel-Verhältnisses (vgl. Abschnitt I.2) Eingriffe in das Wirtschaftsgeschehen ordnungskonform sind. Dass dies nicht leicht ist, zeigen die Erfahrungen aus der jüngeren Geschichte (vgl. folgenden Abschnitt).

Prozesspolitik unterliegt einem großen Problem, das bereits mehrfach angesprochen worden ist. Das Wissen der wirtschaftspolitischen Entscheidungsträger ist begrenzt, und dies gleich in mehrfacher Hinsicht. Dies hat gravierende Folgen für die Güte der Prozesspolitik.

- Zunächst ist die Datenbasis keineswegs zuverlässig. Das Beispiel der weltweit defizitären Leistungsbilanz (Abschnitt I.4) zeigt dies. Wenn aufgrund falscher Daten kurzfristige Maßnahmen ergriffen werden, hat dies sicherlich negative ökonomische Folgen.

- Darüber hinaus ist auch das Wissen – sowohl der Privaten als auch des Staates – über zukünftige Entwicklungen auf Märkten begrenzt. Im Falle der Privaten ist dies nicht relevant, da durch Fehleinschätzungen der Zukunft niemand außer den Handelnden selbst zu Schaden kommt. Verschätzt sich die Wirtschaftspolitik und handelt sie danach, indem sie z.B. auf Grund einer Prognose über die zukünftige Arbeitskräftenachfrage in bestimmten Sektoren kurzfristig eine verfehlte Einwanderungspolitik betreibt, hat dies negative Folgen für die gesamte Ökonomie.

- Und schließlich hat die Politik die Schwierigkeit, ökonomische Probleme nicht immer rechtzeitig zu erkennen und zusätzlich durch lange Verfahrenswege zu spät zu reagieren. Im Falle einer konjunkturellen Delle kann dies dazu führen, dass die Nachfragestimulierung erst wirksam wird, wenn die Konjunktur ohnehin wieder anspringt. Als Folge ergibt sich dann womöglich eine Überhitzung.

C. Das Primat der Ordnungspolitik

Es gilt das **Primat der Ordnungspolitik** gegenüber der Prozesspolitik. Damit soll verschiedenen Versuchungen in der Politik entgegengewirkt werden, nämlich:

- zu sehr auf Partikularinteressen einzugehen, wenn sich dies politisch lohnt, d.h. kurz vor Wahlterminen. So lässt sich durch starke Kreditaufnahme der öffentlichen Hand sicherlich kurzfristig eine konjunkturelle Stimulierung erzielen, die allerdings langfristig, d.h. vermutlich erst nach der Wahl, zu gestiegenen Preisen ohne Mengenwirkung führt;
- zu oft mit punktuellen Eingriffen zu handeln, um bestimmte Interessengruppen zu befriedigen. Solche Eingriffe sind z.B. die Aussetzung einer einmal als richtig anerkannten Ökosteuer[1], wenn die Benzinpreise aufgrund anderer Ursachen steigen. Die Ökosteuer dient ja gerade dem Ziel des Zurückdrängens privaten Energieverbrauchs. Steigen die Rohölpreise, nicht zuletzt auch wegen zunehmender Knappheit (Hotelling-Pfad), werden normalerweise Anpassungsprozesse zur Substitution dieser Ressource in Gang gesetzt;
- zu häufig in zu kurzen Zeithorizonten und Wirkungsketten zu denken, was zu Fehlallokationen und Missachtung der Bedürfnisse kommender Generationen führen würde. So ist z.B. ein zögerliches Vorgehen bei einer Reform der Alterssicherung für eine alternde Gesellschaft zwar kurzfristig kaum spürbar, langfristig kann sie jedoch gravierende Schwierig-

[1] Hier wird angenommen, die Ökosteuer sei im Einklang mit den in Kapitel III aufgestellten Grundsätzen zur Umweltpolitik ausgestaltet.

keiten, und zwar nicht nur für die Wirtschaftspolitik, bringen. Die Kosten dieses Versäumnis sind nämlich von zukünftigen Generationen zu tragen. Ob diese dazu bereit sind oder ob ein Generationenkonflikt mit unübersehbaren politischen Folgen heraufbeschworen wird, kann in der Gegenwart niemand absehen.

Deshalb muss jeder prozesspolitische Eingriff genauestens auf seine Ordnungskonformität hin geprüft werden. Da die Politiker selber nur ein geringes Interesse daran haben, obliegt dies anderen, z.B. der Politikberatung und der aufgeklärten Wählerschaft. In der Praxis gibt es dennoch in vielen Ländern ein langes Sündenregister.

In einer international verflochtenen Volkswirtschaft hat die Ordnungspolitik auch eine **internationale Dimension**. Zum Einen wirkt die inländische Wirtschaftspolitik auf das Verhalten ausländischer Wirtschaftssubjekte. So muss sichergestellt werden, dass alle ausländischen Wirtschaftssubjekte, mit denen über den Außenhandel oder Kapitalverkehr arbeitsteilige Beziehungen hergestellt werden, darauf vertrauen können, nicht durch unvorhersehbare restriktive Praktiken geschädigt werden. Neben den bereits erwähnten kurzfristig veränderten Rahmenbedingungen treten derartige Änderungen vor allem in Form von Protektionsmaßnahmen aller Art, von Kapitalverkehrskontrollen einschließlich Devisenbewirtschaftung sowie in Form einer konfiskatorischen Steuerpolitik auf. Neben die Schädigung ausländischer tritt in diesen Fällen immer die langfristige Benachteiligung der inländischen Wirtschaftssubjekte, sei es in Form höherer Produktpreise für die Konsumenten und verringerter Absatzmöglichkeiten für die Exporteure durch die Protektion, sei es in Form geringer ausländischer Direktinvestitionen mit der Folge einer Beeinträchtigung des wirtschaftlichen Wachstums und der Beschäftigung.

Darüber hinaus gibt es auch eine **internationale Ordnung**. Diese wirkt hauptsächlich über zwei Kanäle auf die inländische Wirtschaftspolitik:

- erstens über den **internationalen Wettbewerb** der Güter- und Kapitalmärkte. Dieser erzwingt von der Regierung eine Wirtschaftspolitik, die ordnungspolitisch solide, d.h. nach den konstitutiven Prinzipien einer Marktwirtschaft ausgerichtet ist. Denn nur dann wird es möglich sein, soviel international mobiles Kapital aus dem Inland zu binden und aus dem Ausland zu attrahieren, um ein hohes Wohlstandsniveau zu schaffen bzw. aufrechtzuerhalten. Außerdem kann die Produktpalette inländischer Unternehmen auch nur dann ausreichend interessant für die Konsumenten auf der ganzen Welt sein;

- zweitens über **internationale Verträge**, d.h. über eine international kodifizierte Wirtschaftsordnung. Ein Beispiel dafür ist die WTO, innerhalb derer den Mitgliedstaaten bestimmte Handlungsweisen nicht gestattet sind, z.B. die Einführung nicht-tarifärer Handelshemmnisse. Diese führt ebenfalls zu einer „Bestrafung" der Regierung, wenn sie durch kurzfristige Maßnahmen, z.B. eben dieser nicht-tarifären Barrieren, bestimmte Gruppen zu schützen trachtet. Zwar sind internationale Verträge nicht justitiabel im herkömmlichen Sinne, dennoch haben andere Staaten einiges Drohpotential (über Sanktionen und Strafzölle).

Durch Ordnungspolitik werden die **Kosten der Benutzung des Marktes** (in Anlehnung an Coase) minimiert. Es geht darum, mit dem Problem der Unsicherheit der Zukunft fertig zu werden. In der staatlichen Planwirtschaft sind diese Kosten definitionsgemäß niedrig, allerdings bei Inkaufnahme vieler Ineffizienzen.[2] In der marktwirtschaftlichen Ordnung gibt es keinen designierten Plan für Geschäftsbeziehungen, sondern vieles fußt auf Kredit im weiteren Sinne, d.h. auf Vertrauen in die Verlässlichkeit und Berechenbarkeit in den wirtschaftlichen Beziehungen zwischen den dezentral entscheidenden Unternehmen, privaten Haushalten und staatlichen Stellen. Die Einhaltung der konstitutiven Prinzipien durch den Staat erlaubt langfristige Beziehungen der Privaten untereinander und mit dem Staat; dies betrifft vor allem die Kreditgewährung sowie das Investieren für künftige Nachfragen. In diesem Zusammenhang spielt eine **Privatrechtsordnung** als Teil der institutionellen Infrastruktur einer Volkswirtschaft eine enorme Rolle.

Damit wird eines deutlich, nämlich dass bei der Diskussion um die wirtschaftspolitische Ausrichtung die Rolle des Staates gelegentlich unterbelichtet wird. Der Staat ist für eine marktwirtschaftliche Ordnung sehr wichtig; er setzt die Regeln und sorgt für ihre Einhaltung. Man spricht vom **„protektiven Staat"**. Allerdings sollten die politischen Entscheidungsträger nicht vergessen, diese Regeln selber einzuhalten. Deshalb muss Prozesspolitik nach den Regeln der Ordnungspolitik durchgeführt werden, d.h. in jedem Falle ordnungskonform sein. Nicht nur durch die inländischen Ordnungsprinzipien und -elemente, sondern auch durch die internationale Dimension der Wirtschaftsordnung wird das Primat der Ordnungspolitik gestützt.

---

[2] Nach dem Zusammenbruch der Planwirtschaft in Mittel- und Osteuropa sind diese Kosten offen zutage getreten.

Zwar ist es möglich, dieses Primat eine geraume Zeit zu missachten, ohne dass es sich in spürbaren Wohlfahrtsverlusten ausdrückt und damit die Regierung unter politökonomischen Druck setzt. Doch ist diese Haltung zu lange bestimmend für die Wirtschaftspolitik, wird es zu einer deutlich spürbaren Erlahmung der wirtschaftlichen Dynamik kommen.

3. Regelbindung versus Spielräume für diskretionäres Verhalten

A. Zur Unterscheidung beider Konzepte

Bei der Gestaltung und im Vollzug der Wirtschaftspolitik, insbesondere der speziellen Politikbereiche wie der Geldpolitik, der Fiskalpolitik, der Außenwirtschaftspolitik usw., stellt sich immer wieder aufs Neue die Frage nach dem Ermessensspielraum, den die Entscheidungsträger haben dürfen, um die vorgegebenen gesamtwirtschaftlichen Ziele zu erreichen. Sollen sich die wirtschaftspolitisch Verantwortlichen an bestimmte Regeln binden? Oder soll ihnen bei der Entscheidung, wann und wie sie handeln, freie Hand gelassen werden? Die Debatte hierüber wird in der Theorie und in der Praxis unter dem Titel **"Regelbindung versus diskretionäres Verhalten"** seit Jahrzehnten kontrovers diskutiert. Die ersten grundlegenden Überlegungen hierzu, bezogen auf die Geldpolitik, gehen auf Henry C. Simons (1936) zurück. Strittig geblieben ist bis heute, ob die Entscheidungsträger die wirtschaftliche Entwicklung zielgerecht steuern können oder nicht, ob sie das Assignment-Kriterium beachten oder nicht, und ob sie sich gegebenenfalls an einer sozialen Wohlfahrtsfunktion ausrichten oder eine eigene Nutzenfunktion maximieren.

Beispiele für Diskretionäre Wirtschaftspolitik:

- Ad-hoc-Zinspolitik der Notenbank,
- steuerpolitische Maßnahmen und Ausgabenprogramme nach Bedarf,
- Änderungen der Währungsparitäten in einem Festkurssystem,
- Interventionen der Notenbank am Devisenmarkt (um einer Abwertung oder einer Aufwertung der Inlandswährung entgegenzuwirken),
- Ad-hoc-Importbeschränkungen.

Beispiele für regelgebundene Wirtschaftspolitik:

- Geldmengenregel oder Inflation-Targeting in der Geldpolitik,

- konjunkturneutraler Haushalt,
- produktivitätsorientierte Lohnpolitik,
- Meistbegünstigungsprinzip und Nichtdiskriminierungsgebot im Außenhandel (GATT/WTO).

Im Mittelpunkt steht das **Konzept der Glaubwürdigkeit**: Für die Entscheidungen der Wirtschaftssubjekte ist von großer Bedeutung, ob sie den Ankündigungen und Versprechen der wirtschaftspolitischen Akteure trauen können. Dies lässt sich aber nicht sofort feststellen, sondern erst im Nachhinein. Es gibt keine eindeutige Definition des Konzepts der Glaubwürdigkeit, allgemein akzeptiert ist aber die folgende Annäherung: Glaubwürdig ist die Wirtschaftspolitik, wenn die Einschätzungen der Wirtschaftssubjekte über das tatsächliche Handeln der Verantwortlichen zum Zeitpunkt t mit dem übereinstimmt, was einst (zum Zeitpunkt t-1) angekündigt wurde. Unglaubwürdig ist die Wirtschaftspolitik, wenn Ankündigung und eigentliche Absichten auseinander klaffen. Eine glaubwürdige Wirtschaftspolitik ist, aus der Sicht der Privaten, informationsstiftend und berechenbar, sie vermindert insofern Unsicherheiten und stabilisiert die Erwartungen. Bei einer unglaubwürdigen Wirtschaftspolitik geschieht das Gegenteil.

Diskretionäre Wirtschaftspolitik ist ein zweischneidiges Schwert: Sie erlaubt (idealerweise) sofortige Maßnahmen gegen Fehlentwicklungen. Dies kann ein großer Vorteil sein und wird überdies von Makroökonomen, z.B. beim Internationalen Währungsfonds (IWF) immer wieder als Argument für eine gewisse Flexibilität z.B. in der Währungspolitik ins Feld geführt. Aber wegen der Entscheidungs- und Wirkungsverzögerungen von kurzfristigen Interventionen der Prozesspolitik kann es passieren, dass die Wirtschaftspolitik Probleme vergrößert statt verkleinert, wenn z.B. in der Konjunkturpolitik prozyklisch gehandelt wird, statt antizyklisch. Außerdem besteht die Gefahr, dass die Regierung der Versuchung für Eingriffe zugunsten von Partikularinteressen – "Rent-Seeking" und "Rent-Defending" (Abschnitt IV.3) – unterliegt. Selbst wenn die wirtschaftspolitischen Entscheidungsträger die wirtschaftliche Entwicklung perfekt steuern könnten – was ja nicht geht –, darf man nicht davon ausgehen, dass sie bei ihren Entscheidungen stets das Allgemeinwohl im Auge haben. Die Annahme des „wohlmeinenden Diktators" aus der gesellschaftlichen Wohlfahrtsfunktion (Kapitel II) ist in diesem Zusammenhang besonders heroisch.

Regelgebundene Wirtschaftspolitik hat auch zwei bedenkenswerte Facetten: In der extremen Variante „degradiert" sie einerseits die wirtschaftspolitischen Entscheidungsträger zu einer Art „Halbautomaten". Sie nimmt ihnen die Möglichkeit, die wirtschaftliche Entwicklung mitzugestalten. Damit kann sie sich als kontraproduktiv, d.h. als zu starr bei exogenen Schocks erweisen. Dies wäre z.B. der Fall, wenn bei einem Kurssturz an den Börsen die Notenbanken an einem zuvor festgelegten Geldmengenziel festhalten.

Die Regel „schützt" andererseits die wirtschaftspolitischen Entscheidungsträger vor äußeren Pressionen. Das Prinzipal-Agent-Problem wird entschärft: Zur Erinnerung (Abschnitt III.3): Der Prinzipal – die gesamte Gesellschaft – ist an einer guten Wirtschaftspolitik interessiert, die die großen Ziele gewährleistet. Der Agent – die Regierung, die Notenbank, auch die Tarifvertragsparteien – könnten hingegen daran denken, beispielsweise kurz vor dem Ende einer Legislaturperiode kurzfristig opportun erscheinende Maßnahmen zu ergreifen, um die Wahlchancen der amtierenden Regierung oder deren Herausforderer zu erhöhen. Bei Regelbindung geht das nicht: Die Wirtschaftspolitik wird für die Wirtschaftssubjekte berechenbar und wirkt verstetigend. Allerdings muss die Regel bestimmten Anforderungen genügen:

- Die Regel muss **einfach** sein, d.h. nachvollziehbar für die Öffentlichkeit, aber auch für die Politiker, notfalls verständlich für die Gerichte.
- Die Regel muss auf ein **konkretes Ziel** ausgerichtet sein. Sie darf nicht Selbstzweck sein.
- Die Regel muss auf eine **stabile** Beziehung zwischen den einschlägigen ökonomischen Aggregaten abstellen; ein Beispiel dafür ist die Quantitätsgleichung.
- Die Regel muss im Lichte der Lucas-Kritik und dem Goodhart-Gesetz (Abschnitt I.4) **anpassungsfähig** sein.

B. Das Problem der Zeitinkonsistenz optimaler Strategien

In der Praxis ist die Umsetzung einer Regelbindung äußerst kompliziert. Denn Wirtschaftspolitik wird nicht im luftleeren Raum, sozusagen im Labor, betrieben. Sie kann nicht von der allgemeinen Politik völlig gelöst werden. Auch muss sie sich gerade in einer pluralistischen Gesellschaft ständig mit partikularen Interessen auseinandersetzen. Außerdem kann sich das ökonomische Umfeld ändern und der Wirtschaftspolitik neue Antworten abverlangen; eine strikte Regelbindung könnte sich dann als hinderlich erweisen. Deshalb spricht einiges dafür, die Regelbindung nicht zu verabsolutieren, sondern ihr einen Spielraum für diskretionäres Handeln beizumischen. Wichtig ist allerdings, dass dieser Spielraum eng gehalten wird und dass die Wirtschaftspolitik immer dann, wenn sie bei Bedarf davon Gebrauch macht, letztlich also von der Regel abweicht, dieses Vorgehen der Öffentlichkeit gegenüber auf nachvollziehbare Weise begründet. Glaubhaft ist die Begründung, wenn die diskretionäre Maßnahme einigermaßen zur Regel passt und die Rückkehr zu einem wieder regelorientierten Handeln nicht verbaut.

Selbst wenn die wirtschaftspolitischen Entscheidungsträger die wirtschaftliche Entwicklung perfekt steuern könnten und sich bei ihren Entscheidungen an der – individualistisch konzipierten – sozialen Wohlfahrtsfunktion orientierten, wenn also die Wirtschaftspolitik **optimal** betrieben würde und insoweit gar kein Bedarf an einer Regelbindung bestünde, gibt es gleichwohl ein Argument für die Vorteilhaftigkeit einer Regelbindung: wegen des **Problems der Zeitinkonsistenz optimaler Strategien**. Ausgelöst durch eine bahnbrechende Arbeit von Finn E. Kydland u. Edgar C. Prescott (1977), wurde das Problem in zahlreichen spieltheoretischen Anwendungen variiert. Die Grundaussage ist folgende: Es kann für den wirtschaftspolitischen Entscheidungsträger rational sein, eine in sich schlüssige Politik öffentlich anzukündigen und diese später, nachdem sich die Wirtschaftssubjekte danach richten, zu revidieren; bei einer intertemporalen Betrachtung ist die Politik dann nicht mehr schlüssig.

Von großer Bedeutung ist dieses Problem vor allem in der Geldpolitik (vgl. den folgenden Unterabschnitt). Auch in anderen Bereichen, etwa bei der Besteuerung, bei der öffentlichen Neuverschuldung oder beim Patentschutz, eröffnen sich der Wirtschaftspolitik Wege für zeitliche Inkonsistenz.[3] Zeitinkonsistentes Verhalten ist überdies nicht auf die Wirtschaftspolitik beschränkt. Im täglichen Leben kann man es ebenfalls erleben, wie Alan Blinder (1985) mit einem Beispiel aus dem Universitätsbereich deutlich macht: Ein Professor kündigt zu Beginn des Semesters an, dass er am Semesterende eine Klausur über den Vorlesungsstoff schreiben lassen werde. Er will erreichen, dass die Studierenden regelmäßig die Vorlesung besuchen und die einschlägige Literatur studieren. Die Studierenden werden auch so reagieren, weil sie sonst die Klausur nicht bestehen (jedenfalls keine gute Note erzielen) und den Leistungsschein nicht erhalten (bzw. nicht einen, mit dem man glänzen könnte). Am Semesteranfang ist es aus Sicht des Professors eine pädagogisch optimale Strategie, die Klausurpflicht einzuführen und öffentlich bekannt zu geben. Aber zum Semesterende hin wäre es für den Professor optimal, die Klausur abzusagen. Das Lernziel ist erreicht, und den Klausuraufwand – Vorbereitung der Prüfungsfragen und anschließende Korrekturarbeiten – könnte man sich sparen. Die Studierenden bekommen auch so den Leistungsschein, den sie sich durch ihr fleißiges Lernen auch verdient haben, und werden es dem Professor danken. Über das Semester hinweg gesehen ist eine optimale Strategie zeitinkonsistent.

---

[3] Für eine Übersicht über Anwendungsbeispiele vgl. Loef und Ziemes (1989).

Für die Zeitinkonsistenz müssen **zwei Voraussetzungen** gegeben sein:

- Mindestens einer der Akteure muss bei der Wahl der Strategie frei sein, während alle anderen diese Strategie für verbindlich erachten müssen und sich dementsprechend verhalten.
- Die angekündigte Strategie muss glaubwürdig sein, d.h. die vorgesehenen Maßnahmen gehen in die Erwartungsbildung der Privaten ein. Im o.a. Beispiel kann der Professor die Absage der Klausur nicht oft wiederholen; er würde sich unglaubwürdig machen, und die Studierenden würden daraufhin nicht mehr ordentlich studieren. So gesehen ist eine Prüfungsordnung eine Regelbindung, die das Problem der Zeitinkonsistenz beseitigt, weil das Klausurschreiben nicht mehr im Ermessen des Professors liegt.

Damit ist in der Tat die entscheidende Remedur angesprochen: Probleme der zeitlichen Inkonsistenz lassen sich durch Regelbindung mindern, wenn nicht lösen. Anhand von Regeln für die Geldpolitik und für die Fiskalpolitik wird im Folgenden die Bedeutung von Regeln diskutiert.

C. Regeln für die Geldpolitik

Die Frage nach dem Sinn und Zweck einer Regelbindung wurde als erstes für den Bereich der Geldpolitik aufgeworfen und wird bis heute vorwiegend hier diskutiert. Zwar ist nach dem Assignment-Kriterium die Notenbank für das Ziel der Geldwertstabilität hauptverantwortlich. Aber seitdem die Geldordnung auf einem Papiergeldstandard basiert, ist eine Notenbank prinzipiell in der Lage, beliebig viel Geld in Umlauf zu bringen und dadurch eine Inflation auszulösen. Tatsächlich ist Geldwertschwund ein weltweites Phänomen, zahlreiche Länder haben sogar Phasen einer galoppierenden Inflation bis hin zur Hyperinflation erlebt. Und selbst in Zeiten niedriger Preissteigerungsraten gibt es keine Garantie dafür, dass sich der Preisauftrieb nicht doch wieder beschleunigt. Der Papiergeldstandard verbietet es, die Inflation für tot zu erklären.

Am deutlichsten zeigt sich das Problem der Zeitinkonsistenz, wenn die Geldpolitik in den Dienst anderer, konkurrierender gesamtwirtschaftlicher Ziele gestellt wird, z.B. in den des Beschäftigungsziels. Zunächst kündigt die Notenbank ein bestimmtes Stabilitäts- bzw. Inflationsziel an. Dementsprechend bilden die privaten Wirtschaftssubjekte ihre Inflationserwartungen. Auf Basis dieser Erwartungen werden Entscheidungen getroffen, z.B. über die Lohnhöhe und über den Zins für Kredite. Später wird der Kurs der

Geldpolitik geändert in der Absicht, mit etwas mehr Inflation mehr Beschäftigung zu ermöglichen, d.h. der durch die Phillips-Kurve dargestellte Tradeoff soll ausgenutzt werden. Es kommt zu einer **Überraschungsinflation**. Setzen die Privaten dies künftig in ihr Kalkül ein, was unter der Annahme rationaler Erwartungen der Fall ist, muss die Notenbank in künftigen Perioden „nachlegen", d.h. eine höhere Inflationsrate in Kauf nehmen, ohne die erwarteten positiven Beschäftigungseffekte zu erzielen. Damit hat die Wirtschaftspolitik einen **"inflation bias"**, es besteht ein Gefangenen-Dilemma: Der angestrebte Beschäftigungseffekt bleibt aus, die von der Notenbank und den Privaten betriebene Strategie stellt beide Seiten schlechter als vorher; denn die Wirtschaft ist wieder auf dem Ausgangsniveau, verzeichnet aber eine höhere Inflation. Zudem ist die Glaubwürdigkeit der Notenbank dahin (vgl. grundlegend Barro und Gordon 1983a und 1983b).

Abbildung V.1: Formen der Regelbindung der Geldpolitik

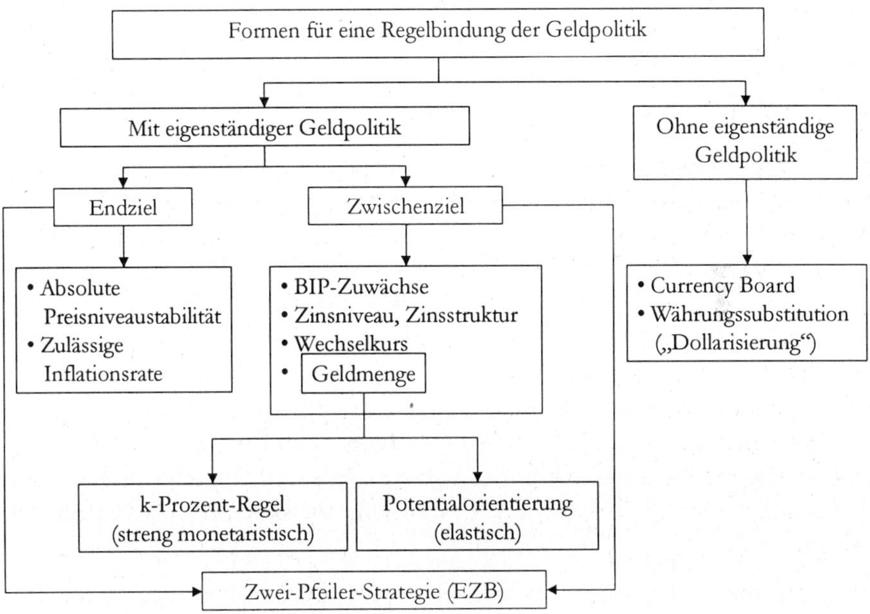

Durch die Bindung der Geldpolitik an eine Regel soll die Stabilitätsorientierung gesichert werden; die Politik wird zeitkonsistent gemacht. In der Wissenschaft werden **verschiedene Varianten geldpolitischer Regeln** diskutiert, bis hin zum Verzicht auf eine eigenständige Geldpolitik. Einige der Varianten wurden in der Geschichte bzw. werden auch heute noch praktiziert

(Abbildung V.1). Alle diese Regeln haben ihre Probleme, keine kann eine eindeutige Überlegenheit für sich beanspruchen. Zu viel hängt von der Art und Komplexität der in der Volkswirtschaft vorhandenen Strukturen ab, zu viel von den verschlungenen Wegen im Transmissionskanal, zu viel von den Determinanten der Geldnachfrage, zu viel nicht zuletzt auch davon, ob die Notenbank die Geldmengenentwicklung tatsächlich überhaupt kontrollieren kann.

Regelbindung kann auf zwei Ebenen vorgenommen werden, zum Einen bei der Zentralbank, zum Anderen bei der Regierung. Zunächst zur Regelbindung bei der Notenbank: Wegen der praktischen Schwierigkeiten wird in der Praxis im Allgemeinen **pragmatisch verfahren**, nicht mechanistisch. Das galt auch für die Deutsche Bundesbank, die im Zeitraum 1975-98 eine potentialorientierte Geldmengenstrategie verfolgt hat, und es gilt für die Europäische Zentralbank, die von Beginn an (1999) eine neuartige Konzeption anwendet, der ein Referenzwert, d.h. nicht ein Geldmengenziel, für die Euro-Geldmenge M3 und zugleich eine fundierte Beurteilung der Aussichten für die Preisniveauentwicklung, d.h. nicht ein Inflationsziel, zugrunde liegt. Dies wird als Zwei-Pfeiler-Strategie bezeichnet, die einen gewissen diskretionären Spielraum lässt.

Es ist vorstellbar, dass eine Notenbank die Regelbindung weniger streng handhabt, ohne Probleme der Zeitinkonsistenz hervorzurufen, dann nämlich, wenn sie an den Märkten im **Rufe des Stabilitätswächters** steht. Ein solcher Ruf kann nur durch entschlossene Stabilitätspolitik erworben werden. Dies braucht Zeit und muss immer wieder aufs Neue unter Beweis gestellt werden. Die Deutsche Bundesbank hat es vorgemacht. Sie verfügte dank der über viele Jahre hinweg erwiesenen Stabilitätserfolge, namentlich des Stabilitätsvorsprungs gegenüber anderen Industrieländern, über ein so großes Vertrauenskapital, dass man es ihr nachsah, wenn sie die von ihr angekündigten Geldmengenziele verfehlte – was häufig vorgekommen ist – oder die bei Zielabweichungen gegebenen Begründungen etwas beliebig anmuteten – wofür es auch Beispiele gibt. Man kann insoweit sagen: Reputation als stabilitätsorientierte Notenbank ist bis zu einem gewissen Maße ein Substitut für die Bindung an eine enge und strikte Regel.

Zum Aufbau von Reputation gehören die **institutionellen Vorkehrungen**, die der Gesetzgeber **für eine Notenbank** trifft. Im Blickpunkt steht vor allem die Frage, ob Regierung oder Parlament gegenüber der Notenbank Weisungsrechte haben (in Bezug auf die Konzeption der Geldpolitik, die Instrumente, den Zeitpunkt einer zu ergreifenden Maßnahme beispielsweise). Es besteht unter Ökonomen – nicht unbedingt unter Politikern – weitgehend Einvernehmen darüber, dass die **Unabhängigkeit einer Notenbank** reputationsfördernd ist und die Verwirklichung des Ziels der Geldwertstabilität erleichtert (Eijjfinger und De Haan 1996). Aber eine hinreichende Bedingung ist es nicht. Denn auch eine Notenbank ist nicht gefeit vor dem Problem des Staatsversagens, auch die Notenbankleitung kann eigennützige Interessen haben, die nicht kompatibel sind mit dem gesamtwirtschaftlichen Stabilitätsziel (vgl. Kapitel IV). Dies hat in der Literatur zu einer lebhaften Diskussion darüber geführt, ob über geeignete **Sanktionsmechanismen** - von Gehaltskürzungen bis hin zu Entlassungen des Präsidenten und der Mitglieder des Direktoriums der Notenbank - ein zieladäquates Verhalten erreicht werden kann (grundlegend: Walsh 1995). Neuseeland liefert hierzu Anschauungsmaterial. In die gleiche Richtung zielen Überlegungen, die Amtszeiten der für die Geldpolitik Verantwortlichen von Gesetzes wegen zu begrenzen und insbesondere eine Wiederberufung auszuschließen. So ist dies im Maastricht-Vertrag für die Mitglieder des Direktoriums der Europäischen Zentralbank vorgesehen worden.

Die Unabhängigkeit der Zentralbank lässt sich allerdings auch als das Ausmaß der Regelbindung auf der Ebene der Regierung auffassen. Damit sind wir bei der zweiten Dimension der geldpolitischen Regelbindung, nämlich derjenigen auf Regierungsebene. Es wird gefragt, inwieweit die Regierung der Nutzung der Geldpolitik für andere Ziele als dem Stabilitätsziel abschwört. Strenggenommen besteht ein **doppeltes Prinzipal-Agent-Problem** (vgl. Unterabschnitt III.3.F). Die Zentralbank ist der Agent der Regierung. Bricht sie die ihr auferlegten Regeln, so obliegt es der Regierung, Sanktionen dafür auszusprechen. Liegt der Regelbruch wiederum im Sinne der Regierung, werden die Sanktionen milde ausfallen. Anders ausgedrückt: Regeln, die ausschließlich auf das Verhalten der Zentralbank abzielen, können das zentrale Prinzipal-Agent-Problem, nämlich das zwischen der Regierung als Agenten und dem Staatsvolk als Prinzipal, nicht lösen, sondern nur verlagern.

Deshalb muss die zentrale Frage im Zusammenhang mit der geldpolitischen Regelbindung lauten, ob und inwieweit die **Regierung** sich geldpolitisch an eine Regel oder ein Regime bindet. Die Antwort darauf wird zum Einen mit dem Ausmaß an Unabhängigkeit der Zentralbank gegeben. Diese Unabhängigkeit lässt sich messen, in der Literatur gibt es zahlreiche Konzepte dafür, die sich grundsätzlich ähneln und die auf die binnenwirtschaftliche Dimension der Zentralbankaktivitäten abzielen. Sinnvollerweise lässt sich das Konzept der Unabhängigkeit auch um außenwirtschaftliche Aspekte der Geldpolitik, z.B. der Konvertibilität der Währung oder der Frage, ob ein einheitlicher oder ob multiple Wechselkurse bestehen, erweitern (Freytag 2001). Dabei gilt: Je strenger die Regel ist, desto höher sind die Kosten z.B. in Form von Stimmenverlusten, die die Regierung bei Regelbruch zu tragen hat.

Beide Formen der Regelbindung können auch nebeneinander existieren. Wählt die Regierung ein Currency Board System, d.h. eine zumindest mittelfristig unwiderrufliche Wechselkursfixierung samt 100%iger Deckung der umlaufenden Geldmenge mit konvertibler Fremdwährung (Freytag und Krüger 1999), als geldpolitisches Regime, hat sie sowohl sich als auch der Währungsbehörde, dem Currency Board, die Hände gebunden. Es ist nur wichtig festzuhalten, dass Regeln, die ausschließlich auf der Ebene der Notenbank verankert werden, einer zum Missbrauch der Geldpolitik entschlossenen Regierung nicht viel entgegenzusetzen haben. Insofern ist die Diskussion um die Notenbankunabhängigkeit keine rein theoretische Diskussion.

Die zunehmende Akzeptanz des Prinzips der Unabhängigkeit der Notenbank in vielen Ländern zeigt übrigens, dass gute wirtschaftswissenschaftliche Ratschläge in der Politik durchaus Gehör finden (Abschnitt I.3). Die Bedeutung einer von der Tagespolitik unabhängigen Notenbank wurde seit den 1950ern immer wieder von der Wissenschaft hervorgehoben. In der Europäischen Union wurde im Vertrag von Maastricht bei der Festlegung des Status der Europäischen Zentralbank so verfahren; in EU-Mitgliedsländern, deren Notenbanken weisungsgebunden waren (z.B. Frankreich, Italien, Spanien), mussten vor dem Beitritt zur Europäischen Währungsunion die Notenbankverfassungen geändert und das Prinzip der Unabhängigkeit etabliert werden.

D. Regeln in der Finanzpolitik

Gelegentlich wird zur Lösung aktueller wirtschaftspolitischer Probleme eine hohe **Neuverschuldung des Staates** gefordert, und zwar unabhängig von der konjunkturellen Entwicklung. Für viele klingt diese Forderung plausibel, denn schließlich „müsse der Staat doch etwas tun", und unmittelbar wird ja niemand davon belastet. Allerdings kann eine übermäßige Neuverschuldung erhebliche negative Auswirkungen haben:

- Bestimmt kommt es zu einem Anstieg der **Zins-Last-Quote** im öffentlichen Haushalt, d.h. der Zinsausgaben bezogen auf die Steuereinnahmen und/oder die Gesamtausgaben. Dies bewirkt eine Einengung des finanzpolitischen Handlungsspielraums des Staates.
- Ein Anstieg der langfristigen Zinsen ist ebenfalls unvermeidlich. Dadurch kann es zur Beeinträchtigung privatwirtschaftlicher Investitionen kommen (**„zinsinduzierter crowding out"**). Dies trifft z.B. die Bauwirtschaft, in der Investitionen vergleichsweise zinselastisch sind.

- Außerdem findet ein Anstieg der Steuerbelastung künftiger Generationen statt. Würde das **Ricardianische Äquivalenzprinzip** gelten (mit rationalen Erwartungen und unter der Annahme eines unendlichen Zeithorizonts), wüssten die Wirtschaftssubjekte über den künftigen Schuldendienst durch Zinsen und Tilgung Bescheid und betrachteten diese Verpflichtung des Staates als eine auf den Gegenwartszeitpunkt diskontierte Last. Dementsprechend wären sie indifferent zwischen einer Steuerfinanzierung oder einer Kreditfinanzierung von Staatsausgaben. Doch ist dieses Theorem theoretisch umstritten und empirisch nicht gesichert. Gleiches gilt für das **Gandenbergersche Schuldenparadoxon**: Danach erzeugen zunehmende Budgetdefizite Akzelerator- und Multiplikatoreffekte mit entsprechend positiven Einkommens- und Beschäftigungswirkungen, was zu einer automatischen Konsolidierung führt. Statt dessen ist mit einem "**erwartungsinduzierten crowding out**" zu rechnen, d.h. die zunehmende Belastung künftiger Generationen wird als Verschlechterung des Investitionsstandorts interpretiert, und Kapital wandert ins Ausland ab.

- Nicht zu vernachlässigen sind auch **Konflikte mit der stabilitätsorientierten Geldpolitik**. Im Extremfall monetisiert der Staat seine Haushaltsdefizite mit inflationären Folgen. Diese Praxis ist in Deutschland und den anderen EU-Staaten von Gesetzes wegen verboten. Eine etwas subtilere Variante lautet: Die Regierung ist eher an einer Politik des leichten Geldes interessiert mit Inkaufnahme von „etwas mehr“ Inflation, um die Schuldenlast real zu verringern. Deshalb übt sie Druck auf die Notenbank aus; natürlich mit anderen, der Öffentlichkeit einleuchtenden Begründungen wie Stimulierung der Binnennachfrage und Abbau von Arbeitslosigkeit. Beide Varianten laufen auf eine **Inflationssteuer** hinaus, die Allokationsverzerrungen bewirkt. Die dritte Marginalbedingung wird verletzt. Es ist dann weit verbreitet, Geld nicht zu sparen, sondern in Gebäude zu investieren, in den späten 1970er Jahren wurde dies spöttisch als Investitionen in „Betongold“ bezeichnet. Überdies hat Inflation auch in geringen Raten (bis 10 vH je Jahr) schon hohe gesamtwirtschaftliche Kosten: Hier sei nur auf die Verteilungsverzerrungen zu Lasten der Bezieherkontrakte bestimmter Einkommen (abhängig Beschäftigte, Rentner), der Geldvermögensbesitzer (auch Kleinsparer) und der Gläubiger hingewiesen. Dies ist nicht nur ökonomisch, sondern auch verfassungsrechtlich bedenklich: In einer parlamentarischen Demokratie gilt das Prinzip “no taxation without representation“. Eine Inflationssteuer ist nicht demokratisch legitimiert.

Deshalb braucht man **Regeln für die Beschränkung der Staatsverschuldung**, wofür verschiedene Wege denkbar sind:

- Ein Weg ist der Haftungsausschluss durch Dritte. In der Europäischen Währungsunion ist dies als **"no-bail-out"-Klausel** im Maastricht-Vertrag kodifiziert. Weltweit wäre darunter der Verzicht auf Schuldenerlasse gegenüber hochverschuldeten Entwicklungsländern zu verstehen. Haftungsausschluss durch Dritte entspricht im Übrigen dem konstitutiven Ordnungsprinzip Kompetenz und Haftung.
- Ein anderer Weg ist das Verbot der Monetisierung von Haushaltsdefiziten. Die Notenbank darf dem Staat keine Kredite für die Finanzierung von öffentlichen Ausgaben gewähren. Dies ist so in den Notenbankverfassungen der Industrieländer und im Maastricht-Vertrag für die Europäische Zentralbank geregelt.
- Ein dritter Weg ist, **Obergrenzen für die staatliche Kreditaufnahme** zu definieren, die **dauerhaft** gelten sollen. Zwei Varianten werden diskutiert, eine radikale und eine pragmatische
    - Die **radikale Variante** zielt auf ein Verbot jedweder staatlicher Verschuldung, ausgenommen jene durch automatische Konjunkturstabilisatoren auf der Einnahmen- und Ausgabenseite des öffentlichen Haushalts. Ein Sonderfall ist das Tiebout-Modell, bei dem der Staat die Ausgaben an den Präferenzen der Bürger ausrichtet und diese nach dem Prinzip der fiskalischen Äquivalenz dafür bezahlen. Es käme hier zu einer sorgfältigeren Abwägung zwischen der Nutzung öffentlicher Leistungen und ihrer Finanzierung mit der Folge einer größeren Effizienz im öffentlichen Sektor.
    - Die **pragmatische Variante** lässt Neuverschuldung bis zu einer bestimmten Grenze zu. Dann müssen geeignete Indikatoren für die Bestimmung von Obergrenzen gefunden werden. Zwei Beispiele:
        - Die öffentliche Neuverschuldung darf im Jahr nicht höher sein als die geplanten Ausgaben für (Netto-)Investitionen; dies ist die sog. **"golden rule"**. In Deutschland ist einschlägig für den Bund der Art. 115 GG; analoge Regeln finden sich in den Länderverfassungen. Die Voraussetzungen für den Erfolg der "golden Rule" sind streng: eindeutige Definition von Investitionen, keine Nebenhaushalte, Einbeziehung der Gesetzlichen Sozialversicherung; in der Praxis werden diese Voraussetzungen häufig verletzt. Es gibt in Deutschland auch eine Ausnahmeregel: Liegt eine Störung des gesamtwirtschaftlichen Gleichgewichts vor, kann die Neuverschul-

dung die Netto-Investitionen übersteigen. Diese Störung wird an den drei großen makroökonomischen Zielen Wachstum, Beschäftigung und Preisniveaustabilität festgemacht. Zusätzlich muss die Eignung der Kreditaufnahme zur Abwehr oder Bekämpfung dieser Störung geprüft werden. Eine Störung des gesamtwirtschaftlichen Gleichgewichts ist in Deutschland wiederholt von der jeweils amtierenden Bundesregierung ausgerufen worden, um eine über die Netto-Investitionen hinausgehende Neuverschuldung zu rechtfertigen; dass dadurch eine Störung des gesamtwirtschaftlichen Gleichgewichts wirksam abgewehrt bzw. behoben würde, wurde einfach behauptet, trotz der Möglichkeit eines anderslautenden Urteils durch das Bundesverfassungsgericht, das die jeweilige Oppositionspartei in solchen Situationen gerne anruft.

- Die öffentliche Neuverschuldung darf höchstens 3 vH des Bruttoinlandsprodukts betragen; dies ist die Regel **„einer auf Dauer tragbaren Finanzlage der öffentlichen Hand"**, wie sie im Stabilitäts- und Wachstumspakt in der Europäischen Währungsunion vorgesehen ist. Auch hier gibt es Ausnahmen: Im Falle einer „schweren Rezession", definiert als absoluter Rückgang des realen Bruttoinlandsprodukts um 2 vH oder mehr im Jahr, darf dieser Grenzwert vorübergehend überschritten werden; ansonsten drohen Sanktionen, und zwar als Strafzahlungen an die Gemeinschaftskasse in Höhe von bis zu 0,5 vH des Bruttoinlandsprodukts des betreffenden Landes.

In der Praxis gewährleisten diese Regeln aber noch nicht eine wirksame Begrenzung der Staatsverschuldung. Dafür sprechen zahlreiche Beispiele:

- in Deutschland die Haushaltsnotlagen von Bundesländern, z.B. Saarland, Bremen. Das Bündische Prinzip beinhaltet ein Moral-Hazard-Problem.
- im Euro-Währungsraum Frage nach der Durchsetzbarkeit von Sanktionen. Der politische Entscheidungsprozess im Ecofin-Rat leistet dem Stimmentausch Vorschub. Dies geschah im Mai 1999: Der Ecofin-Rat hat damals Italien erlaubt, die Neuverschuldung über die Ziel-Defizitquote anzuheben, nämlich von 2vH auf 2,4 vH des Bruttoinlandsprodukts, statt darauf zu drängen, dass die Kreditfinanzierung des Staatshaushalts weiter zurückgeführt wird. Dies war ein falsches Signal und ein bedenklicher Präzedenzfall, zumal er so kurz nach Gründung der Europäischen Währungsunion auftrat.
- das Verhalten der Politiker aller Parteien bei unerwarteten Einnahmen. So hat beispielsweise die in Deutschland im Sommer 2000 durchgeführte

Versteigerung der UMTS-Mobilfunklizenzen dem Bund einen Erlös in Höhe von 99,4 Mrd. DM beschert; im Haushaltsplan war ein Betrag von 20 Mrd. DM eingestellt worden. Solche Einnahmen wecken Begehrlichkeiten, ganz so, wie es im Volksmund heißt: „Kasse macht sinnlich". Hätte die Bundesregierung dem politischen Druck nachgegeben und zusätzliche Ausgaben oder Steuersenkungen vorgesehen, wären Belastungen für künftige Haushaltsjahre programmiert gewesen mit der Folge, dass später Steuern erhöht werden müssen oder die Neuverschuldung des Staates steigt. Einmalige Einnahmen dürfen strenggenommen nur einmalige Ausgabenerhöhungen oder einmalige Steuersenkungen finanzieren, doch der politökonomische Prozess (Interessengruppen) wirkt in Richtung einer Perpetuierung, er macht es also sehr schwierig, die in dem Jahr der ungeplanten Einnahmen getroffenen fiskalischen Maßnahmen im darauffolgenden Jahr wieder rückgängig zu machen. Ähnlich ist es bei Privatisierungserlösen, auch hier ist der Einmaleffekt zu beachten und von daher alles zu unterlassen, was Folgekosten verursacht. Ökonomisch am besten ist es, ungeplante Haushaltseinnahmen für die Tilgung der ausstehenden Staatsschuld einzusetzen (so wurde bei den UMTS-Erlösen verfahren). Dies führt zu dauerhaften Zinseinsparungen und eröffnet der Finanzpolitik größere Handlungsmöglichkeiten für die Zukunft.

E. Zur Generationenbilanzierung

Die Kreditfinanzierung von fiskalischen Maßnahmen des Staates verbrieft Ansprüche der Gläubiger auf Zinsen und spätere Rückzahlung. Durch diese Staatsschulden werden unweigerlich die **künftigen Generationen** belastet, die durch ihre Steuerzahlungen den vom Staat zu leistenden Schuldendienst finanzieren. Was auf künftige Generationen an Lasten zukommt, lässt sich indes nicht allein von den jährlichen Defiziten im öffentlichen Haushalt und den Schuldenständen herleiten, wie sie im Rahmen der volkswirtschaftlichen Gesamtrechnungen ausgewiesen werden. Der Staat verschuldet sich nämlich auch noch auf eine andere Weise, besonders im Rahmen der Systeme der sozialen Sicherung, die im Umlageverfahren finanziert werden.

Wer heute Beiträge in die Gesetzliche Rentenversicherung, die Gesetzliche Krankenversicherung und die Gesetzliche Pflegeversicherung einzahlt, erwirbt Ansprüche auf Leistungen der jeweiligen staatlichen Versicherungsträger in der Zukunft. Diese Ansprüche sind zwar, anders als beim Erwerb von Staatsanleihen, unverbrieft; aber sie stellen für den Staat Verbindlichkeiten dar und müssen in den Haushalten der Sozialversicherung abgedeckt werden. Zu der expliziten kommt eine implizite Verschuldung des Staates, deren Lasten ebenfalls von den künftigen Generationen zu tragen sind: in Form zusätzlicher Steuern und Abgaben und/oder verminderter Sozialleistungen. Die Frage nach einer korrekten ökonomischen Beurteilung der finanz- und sozialpolitischen Handlungen des Staates auf längere Sicht, namentlich der intertemporalen Verteilungswirkungen, beschäftigt Ökonomen seit Anfang der 1990er Jahre. Alan J. Auerbach, Jagadeesh Gokhale und Laurence J. Kotlikoff (1991) haben hierzu die **Methode der Generationenbilanzierung** entwickelt.[4] Für jeden Geburtsjahrgang der Bevölkerung werden alle jeweils zukünftigen Nettozahlungsströme zwischen dem Staat (Gebietskörperschaften und Sozialversicherungen) und den Bürgern und Bürgerinnen ermittelt. Es gilt für den Staat die intertemporale Budgetrestriktion, der zufolge die Summe der Barwerte der zukünftigen öffentlichen Einnahmen (aus Steuern, Abgaben und Gebühren) zusammen mit dem staatlichen Nettovermögen im Basisjahr genau ausreicht, um den Barwert der zukünftigen staatlichen Sachausgaben (im Gesundheitswesen und im Bildungssektor beispielsweise) und Sozialtransfers (Renten, Pensionen, Kindergeld, Sozialhilfe u.dgl.m.) zu finanzieren. Für jeden Geburtsjahrgang wird ein sog. Generationenkonto angelegt und darin die zukünftigen Nettosteuerzahlungen (Steuern abzüglich Transfers) verbucht, mit denen die künftigen Generationen auch die verbriefte Staatsschuld finanzieren. Die intergenerative Lastverteilung zeigt sich im jeweiligen Basisjahr durch den Vergleich zwischen dem Generationenkonto der zukünftigen Generationen und dem Generationenkonto der in diesem Jahr Neugeborenen. Weist das erstgenannte Konto eine höhere Summe an Nettosteuerzahlungen aus als das zweitgenannte, benachteiligt die gegenwärtige Finanz- und Sozialpolitik die künftigen Generationen und begünstigt die heutigen – und umgekehrt; je kleiner die Unterschiede zwischen den Generationenkonten sind, um so ausgewogener (gerechter) ist die intergenerative Lastverteilung. In Deutschland sind die künftigen Generationen die Verlierer. Berechnungen für das Jahr 1997 ergeben, dass die implizite Staatsverschuldung mit fast 215 vH des Bruttoinlandsprodukts dreieinhalbmal so hoch war wie die explizite mit gut 61 vH. Addiert man beide Größen, so lag die gesamte Staatsverschuldung bei 276 vH des Bruttoinlandsprodukts.[5]

---

[4] Unter den deutschen Wirtschaftswissenschaftlern ist besonders auf Bernd Raffelhüschen zu verweisen. Für einen Überblick und empirische Befunde vgl. Raffelhüschen (1999).

[5] Gemessen am Maastricht-Kriterium über eine auf Dauer tragbare Schuldenstandsquote von 60 vH des Bruttoinlandsprodukts signalisiert dieser Wert einen bedenklich hohen Schuldenberg, der von künftigen Generationen abgetragen werden müsste.

In der praktischen Wirtschaftspolitik hat die Generationenbilanzierung noch nicht Einzug gehalten. Wohl wurde aber schon in einigen Ländern (z.B. Vereinigte Staaten, Norwegen) damit experimentiert. Wie die vorliegenden Forschungsarbeiten zeigen, gibt es eine Reihe von **methodischen Problemen**:

Allerdings ist wegen noch nicht gelöster **methodischer Probleme** bei der Berechnung der impliziten Verschuldung Vorsicht geboten. Besonders ins Gewicht fallen die folgenden Schwierigkeiten:

- Die Datenbasis ist unzureichend, daher sind oft Schätzungen nötig.
- Die Ergebnisse reagieren sensibel auf die Wahl des Basisjahres sowie auf die für die Berechnungen zu treffenden Annahmen über den Zinssatz und die Entwicklung des Bruttoinlandsprodukts.
- Das Steuer- und Sozialsystem des Basisjahres wird für alle bis am Ende dieses Jahres geborenen Personen auch in der Zukunft beibehalten. Diese Annahme widerspricht aller Erfahrung.
- Änderungen der Verhaltensweisen der Wirtschaftssubjekte, die sich bei einer Änderung der Steuerbelastung oder der Beitragssätze in der Sozialversicherung ergeben können, werden nicht berücksichtigt, obwohl davon auch die gesamtwirtschaftliche Dynamik beeinflusst wird.
- Bestimmte Staatsausgaben sind nur schwer zurechenbar, und der Nutzen, den sie stiften, bleibt außen vor. Dies gilt z.B. für Verteidigungsausgaben. Dadurch wird die fiskalische Nettobelastung tendenziell zu hoch ausgewiesen.
- Außerdem ist der Rechenaufwand enorm.

Gleichwohl ist diese Forschungsrichtung wirtschaftspolitisch von großer Bedeutung. Die Transparenz über die Finanzpolitik einschließlich Sozialpolitik wird erhöht. Die Entscheidungsträger werden gehalten, die langfristigen Folgewirkungen aktueller Maßnahmen stärker zu beachten. Das vorausschauende Denken und weite politische Zeithorizonte werden gefördert. Der Staat als Agent des Gemeinwohls schützt sich damit selbst vor dem Drängen der Bürger (sein Prinzipal) nach öffentlichen Leistungen zu Lasten künftiger Generationen. Das ist friedensstiftend und effizienzsteigernd. In der langen Frist wird die Finanzpolitik „nachhaltig“.[6]

---

[6] Für die Beurteilung der Nachhaltigkeit der Finanzpolitik hat die Wissenschaft eine weitere Methode entwickelt, die der Tragfähigkeitslücke. Eine solche Lücke entsteht über einen mehrjährigen Zeitraum, wenn bei der geplanten Finanzpolitik die Steuern und Abgaben zu niedrig und/oder die öffentlichen Ausgaben zu hoch sind (jeweils in Relation zum Bruttoinlandsprodukt), um die intertemporale staatliche Budgetgleichung

F. Zur demokratischen Legitimation von regelgebundenem Verhalten

Gelegentlich wird gegen die Regelbindung in der Wirtschaftspolitik das Argument ins Feld geführt, dies sei nicht demokratisch legitimiert. Insbesondere die Geldpolitik ist im Visier zahlreicher Kritiker, darunter vor allem Parlamentarier. Denn in modernen Volkswirtschaften müssen sich die Zentralbanken nicht vor den Parlamenten rechtfertigen. Überspitzt formuliert kritisieren Mitglieder der Parlamente, dass die so wichtige Geldpolitik in den Händen einiger unkontrollierter Bürokraten sei, obwohl doch das Parlament als gewähltes Gremium viel besser legitimiert die Geldversorgung steuern könne. Aber auch andere Regelmechanismen werden kritisiert.

Die Institutionenökonomik, und vor allem ihr Teilbereich konstitutionelle Ökonomik, zeigt recht deutlich die Schwäche einer derartigen Kritik, indem sie auf den Unterschied zwischen **Legitimation** und **Partizipation** hinweist (Erlei, Leschke und Sauerland 1999, S. 457ff.). In einer Demokratie muss beides gewährleistet sein, allerdings nicht beides gleichzeitig bei jeder Einzelentscheidung. Die Delegation von Verantwortung – z.B. für die Geldpolitik – wird unter Partizipation aller mit Hilfe einer Mehrheitsregel – in der Regel durch Parlamentarier – vorgenommen. Wenn ein demokratisch gewähltes Parlament ein Bundesbankgesetz mit dem Ziel hoher Unabhängigkeit dieser Bundesbank beschließt, so ist die Bundesbank eine demokratisch legitimierte Institution. Es ist darüber hinaus nicht jede Entscheidung der Bundesbank mehrheitsfähig zu machen. Das Gleiche gilt für die Europäische Zentralbank, deren Unabhängigkeit im EG-Vertrag verankert ist und damit sogar den Rang einer Verfassungsnorm hat (zuvor hatten die nationalen Parlamente den Maastrichter Vertrag zur Bildung der Europäischen Wirtschafts- und Währungsunion ratifiziert).

Wäre es anders, würde der eigentliche Sinn der Regel, nämlich eine verlässliche und konstante Wirtschaftspolitik zu betreiben, möglicherweise in Frage gestellt werden. Diese Kritik ist somit nicht zielführend. Es drückt sich in ihr eher ein Interesse an diskretionären Spielräumen, d.h. Partizipation an Ent-

---

zu erfüllen, was saldenmechanisch zwingend ist. Die Lücke müsste im Zeitablauf durch höhere Steuern oder niedrigere Ausgaben, oder beides, geschlossen werden. Je länger der Staat die Anpassungen hinausschiebt, umso größer wird der Handlungsbedarf und umso mehr werden die dann betroffenen Wirtschaftssubjekte die getroffenen Maßnahmen als besondere Belastung wahrnehmen. Dieser Ansatz geht auf Blanchard (1990) zurück und hat, da er trotz einiger methodischer Schwächen einen wirtschaftspolitisch relevanten Informationsgehalt aufweist, Eingang gefunden in Studien der Europäischen Kommission und der OECD.

scheidungen, die nach den Assignment-Prinzipien nicht vom Parlament getroffen werden dürfen, aus. Mit Hilfe dieser Partizipation erhoffen sich die Politiker mehr Möglichkeiten zur Steuerung des politischen Prozesses, auch und gerade vor Wahlterminen (vgl. Kapitel IV). Die Höherbewertung der Legitimierung im Vergleich zur Partizipation vermeidet im Zusammenhang mit Regelbindung vor allem das Kurzfristdenken und stärkt das Langfristdenken.

Doch selbst wenn die Kritik nicht aus dem Interesse an Diskretionarität heraus formuliert ist, greift sie dennoch zu kurz. Denn eine einmal beschlossene Regelbindung kann jederzeit verändert werden. So hätte die Deutsche Bundesbank früher, als sie noch die alleinige Zuständigkeit für die Geldpolitik in Deutschland hatte, durch einen einfachen Parlamentsbeschluss andere gesetzliche Aufgaben als vorrangig Stabilitätspolitik zu betreiben übertragen bekommen können. Es ist bemerkenswert, dass es im Deutschen Bundestag oder im Bundesrat niemals Initiativen zu einer Novellierung des Bundesbankgesetzes in diesem Sinne gegeben hat – trotz wiederholter und öffentlich ausgetragener Konflikte zwischen der Bundesregierung und der Bundesbank über den angemessenen Kurs der Geld- und Währungspolitik.[7] Mit anderen Worten: In demokratisch verfassten Gesellschaften kann jede Regelbindung wieder aufgehoben werden, wenn dies die Mehrheit der Bevölkerung oder des Parlaments wünscht.

Im Übrigen werden normalerweise konkrete Ziele mit der Regel verbunden. Definition der Ziele wird nicht den Agenten überlassen. Als Unabhängigkeit der Notenbank wird allgemein eine Unabhängigkeit bei der Wahl der Instrumente zur Erreichung eines Ziels – im Falle der Geldpolitik die Preisniveaustabilität – gesehen. Die Ziele gibt der Gesetzgeber vor. Sie sind damit sowohl demokratisch legitimiert als auch mehrheitsfähig. Denn eine nicht gewünschte Regel kann, wenn sie der Mehrheit wichtig genug ist, zur Abwahl der Regierung führen. Es kann also in funktionierenden Demokratien eigentlich nicht dazu kommen, dass unkontrollierte Bürokraten der Gesellschaft ihre eigenen Ziele oktroyieren. Selbst wenn eine schlechte Regel einmal nicht

---

[7] Den ersten großen Streit brach Bundeskanzler Konrad Adenauer im Mai 1956 (damals noch gegen die Bank deutscher Länder) vom Zaun, den letzten Bundesfinanzminister Oskar Lafontaine Ende 1998 (indirekt auch an die Adresse der gerade gegründeten Europäischen Zentralbank gerichtet). In beiden Fällen ging es den Politikern darum, die Notenbank zu einer laxeren Geldpolitik zu drängen, was ihnen allerdings nicht gelang. In der Regierungszeit von Bundeskanzler Helmut Schmidt gab es besonders oft Konfliktsituationen, die der dann Altbundeskanzler bis in die neunziger Jahre mit Angriffen gegen die Bundesbank und namentlich deren Präsidenten Hans Tietmeyer fortsetzte, weil seiner Auffassung nach die deutsche Notenbank den politisch gewollten Prozess zur Europäischen Währungsunion allzu kritisch kommentierte.

zur Abwahl der Regierung oder zu einem quasi diktatorischen Verhalten der Entscheidungsträger führt, muss sich der Ökonom immer die Frage nach der Alternative stellen. Es ist nicht zu verantworten, aus Sorge vor einer schlechten Regel oder einem Regelbruch das Instrument der Regelbindung nicht zu nutzen.

4. Angebotsorientierte versus nachfrageorientierte Wirtschaftspolitik

A. Paradigmenwechsel gehören zur Wirtschaftspolitik

Bislang wurden in diesem Kapitel zwei grundsätzliche Fragestellungen diskutiert: erstens, ob der Staat eher als Regelsetzer und Regeldurchsetzer oder eher als Marktteilnehmer und Regulierer tätig werden soll (Ordnungs- versus Prozesspolitik), und zweitens, ob der Staat sich eher an selbstgesetzte Regeln halten oder eher diskretionäre Spielräume reservieren soll (Regelbindung vs. Diskretionäre Spielräume). Die dritte Fragestellung befasst sich damit, ob sich die Ziele der Wirtschaftspolitik besser mit der Angebotspolitik oder mit der Nachfragepolitik erreichen lassen. In der Wirtschaftspolitik gibt es seit langem eine Debatte darüber. Dabei hat – je nach Wirtschaftslage und politischer Mehrheit – mal die eine Seite, mal die andere Seite das bessere Ende für sich. Dies ist nicht nur in Deutschland so, sondern gilt eigentlich für alle Industrieländer.

Bis in die siebziger Jahre hinein galt für die Wirtschaftspolitik und die Ökonomik die keynesianisch inspirierte Konzeption der **Nachfrageorientierung** als das führende Paradigma: Dieser zufolge soll der Staat ständig zur Steuerung der volkswirtschaftlichen Gesamtnachfrage mit den Instrumenten der Fiskalpolitik und der Geldpolitik eingreifen, um den Wirtschaftsprozess bei hohem Beschäftigungsstand zu verstetigen; der damalige Bundeswirtschaftsminister Karl Schiller (1966-72) entwickelte daraus die Strategie der Globalsteuerung.[8] Im Laufe der siebziger Jahre, angesichts des durch die Ölpreisschocks und die Veränderungen in der internationalen Arbeitsteilung ausgelösten strukturellen Wandels, hat sich die von klassischen, neoklassischem und monetaristischem Denken geprägte Konzeption der **Angebotsorientierung** durchgesetzt. Hier steht im Mittelpunkt die **Pflege der Bedingungen des Angebotsverhaltens in der Volkswirtschaft**. Der Staat soll die Anreize so setzen, dass die Menschen bereit sind, für die Befriedigung ihrer Wünsche

---

[8] Aus jener Zeit stammt das Gesetz zur Förderung der Stabilität und des Wachstums der Wirtschaft (vom 8. Juni 1967); es ist immer noch in Kraft.

zu arbeiten und die erforderlichen Qualifikationen zu erwerben und fortzuentwickeln, dass sie als Investoren in Sachkapital Neues wagen und Risiken in Kauf nehmen, dass Unternehmer und Arbeitnehmer sich an den nachfragebedingten, außenwirtschaftlich bedingten und technologisch bedingten Strukturwandel in der Wirtschaft durch Innovation und Mobilität anpassen, möglichst vorausgreifen, dass der Einzelne zur Kapitalanlage (sparen) bereit und zur Verschuldung in der Lage ist, und dass er für sich selbst und für die Allgemeinheit einen möglichst hohen Wohlstand erzielt. In den 1980ern gewann die Angebotspolitik weltweit an praktischer Bedeutung, z.B. in Großbritannien unter dem Begriff „Thatcherismus", in den Vereinigten Staaten als "Reagonomics" und in Deutschland mit der Bezeichnung „Bonner Wende" 1982-83, als die sozial-liberale Bundesregierung von Helmut Schmidt (SPD) durch eine christlich-liberale Koalitionsregierung unter Helmut Kohl (CDU) abgelöst wurde. Hierzulande war die wissenschaftliche Basis für die Konzeption der angebotsorientierten Wirtschaftspolitik durch empirische Strukturanalysen am Institut für Weltwirtschaft, Kiel, gelegt worden[9]; nachdrücklich hat der Sachverständigenrat immer wieder (erstmals im Jahresgutachten 1976/77, Ziffern 303ff.) für diese Konzeption plädiert. Im Laufe der 1990er Jahre ist angesichts der unbefriedigenden gesamtwirtschaftlichen Entwicklung, insbesondere der hohen Dauerarbeitslosigkeit, die Konzeption der Angebotspolitik zunehmend ins Kreuzfeuer der Kritik geraten. Nach dem Regierungswechsel im Oktober 1998 ist wieder die Nachfragepolitik in den Vordergrund gerückt worden; in der Wissenschaft wird diese Konzeption vor allem vom Deutschen Institut für Wirtschaftsforschung, Berlin, befürwortet, unter den großen Verbänden treten vor allem die Gewerkschaften für eine nachfrageorientierte Wirtschaftspolitik ein.

B. Das Verhältnis zwischen Angebots- und Nachfragepolitik

Die grundlegende Frage ist, ob Angebotspolitik und Nachfragepolitik prinzipiell im Widerstreit liegen. Dazu sind mehrere Reflexionen notwendig (vgl. Sachverständigenrat, JG 1997/98, Ziffern 292ff.):

- Zum Begrifflichen,
- zum Konzeptionellen,
- zu den Voraussetzungen (Problemlage) und

---

[9] Den Anfang bildete die Arbeit von Fels, Schatz und Wolter (1971;). Vgl. auch Fels und Schmidt (1980), sowie Giersch (1983).

- zur Umsetzung

1. Zum **Begrifflichen**:

Es geht bei „Angebot" und „Nachfrage" um **gesamtwirtschaftliche Zusammenhänge**. Das ist etwas anderes, als das, was in den Modellen zu einzelnen Märkten durch Angebots- und Nachfragekurven zum Ausdruck gebracht wird. Dort sind das Angebot und die Nachfrage unabhängig voneinander; bei Wettbewerb wird über den Preis das Marktgleichgewicht erreicht. Angebot und Nachfrage sind in der gesamtwirtschaftlichen Sicht nicht unabhängig voneinander. So stellt z.B. die Investition in Sachkapital eine Ausgabe für den Erwerb eines Kapitalgutes dar und ist insoweit Teil der volkswirtschaftlichen Gesamtnachfrage; dieselbe Investition vergrößert die Sachkapazitäten (das gesamtwirtschaftliche Produktionspotential) und ist insoweit, gleichsam als Vorbereitung künftiger Produktion, Angebot. Das **Saysche Gesetz** bringt beides zusammen, indem es besagt, dass „das Angebot sich seine Nachfrage schafft". Aber es gilt auch der aus dem **gesamtwirtschaftlichen Einkommenskreislauf** ableitbare Satz: „Ohne Nachfrage kein Angebot". Für die Wirtschaftspolitik geht es freilich um mehr, als die Richtigkeit solcher Sätze zu erkennen. Sie muss sich vielmehr der Daueraufgabe verschreiben, für die Verwirklichung der großen makroökonomischen Ziele (Kapitel I) das arbeitsteilig organisierte marktwirtschaftliche System funktionstüchtig zu halten und die Problemlösungskapazität des Marktmechanismus und des Wettbewerbs zu sichern, die erfahrungsgemäß sehr groß ist, jedenfalls größer, als es mit administrativ-interventionistischen Vorkehrungen gelingen kann, Fehlentwicklungen abzustellen.

2. Zum **Konzeptionellen**:

Angebotspolitik ist in der Hauptsache **Ordnungspolitik**.

- Sie ist mittelfristig angelegt und hebt auf die Steigerung der Effizienz des Wirtschaftens ab. Sie ist streng allokationstheoretisch fundiert (Kapitel II).
- Sie stellt die mikroökonomischen Bedingungen des Angebotsverhaltens der Wirtschaftssubjekte in den Vordergrund. Dabei wird der Kern allen Wirtschaftens fokussiert: der Umgang mit der Knappheit von Ressourcen.
- Sie vertraut in die Koordinationskraft und die Problemlösungskapazität des Marktsystems mit unverzerrten Wettbewerbsverhältnissen. Das heißt

nicht laissez-faire-Neoliberalismus, im Gegenteil: Der ORDO-Liberalismus hebt ausdrücklich die Ordnungsfunktion des Staates hervor. Allerdings müssen die Politiker akzeptieren, dass sie die Gesetze des Marktes nicht oder nur unter Inkaufnahme hoher Kosten außer Kraft setzen können.

- Sie basiert auf einer klaren und verlässlichen Zuweisung von Aufgabenbereichen auf die Träger der Wirtschaftspolitik, d.h. auf einem eindeutigen Assignment (Kapitel I).
- Sie entfaltet ihre Wirkungen über die Zukunftserwartungen, die die Wirtschaftssubjekte sich bilden, und dadurch, dass sie Anreize zur Innovation und Anpassung an den gesamtwirtschaftlichen Strukturwandel wirksam werden lässt und diese Anreize möglichst wenig durch Steuern und Abgaben, durch Regulierungen und administrative Genehmigungsverfahren, durch Protektionsmaßnahmen und Subventionen und durch inflationäre oder deflationäre Prozesse beeinträchtigt.

Nachfragepolitik ist in erster Linie **Stabilisierungspolitik** und damit **Prozesspolitik**.

- Sie ist kurzfristig orientiert und reagiert auf Schwankungen der gesamtwirtschaftlichen Nachfrage.
- Sie hat vor allem die ökonomischen Kreislaufzusammenhänge im Auge.
- Sie vertraut in die Fähigkeit des Staates, die wirtschaftliche Entwicklung zu steuern. Die Möglichkeit eines Staatsversagens wird nicht problematisiert.
- Sie verwischt Verantwortlichkeiten und läuft insoweit dem Assignment-Prinzip zuwider.
- Sie entfaltet ihre Wirkungen durch diskretionäre Veränderungen der Staatsausgaben, der Steuern und der Zinsen.

3. Zu den **Voraussetzungen**:

Ob die Wirtschaftspolitik angebotsorientiert oder nachfrageorientiert geführt werden soll, hängt von der **Problemlage** ab. Man muss prüfen, wo die Ursachen wirtschaftlicher Störungen liegen und wie wirtschaftspolitische Instrumente unter den jeweils gegebenen politikökonomischen Bedingungen wirken.

Abbildung V.2: Zur Konzeption der Angebotspolitik

- Angebotspolitik ist in der Hauptsache Ordnungspolitik.
- Sie ist mittelfristig angelegt und hebt auf die Steigerung der Effizienz des Wirtschaftens ab (verbesserte Faktorallokation, verminderte X-Ineffizienzen).
- Sie stellt die mikroökonomischen Bedingungen des Angebotsverhaltens der Wirtschaftssubjekte in den Vordergrund.
- Sie vertraut in die Koordinationskraft und die Problemlösungskapazität des Marktsystems.
- Sie basiert auf einer klaren und verlässlichen Zuweisung von Aufgabenbereichen auf die Träger der Wirtschaftspolitik (Assignment).
- Sie entfaltet ihre Wirkungen über Zukunftserwartungen und dadurch, dass sie Anreize in Verbindung mit der Fähigkeit und Bereitschaft zur Innovation und Anpassung an den strukturellen Wandel wirksam werden lässt.

Wenn zum Beispiel eine **Wachstumsschwäche** diagnostiziert wird, d.h. eine Konstellation, bei der Investitionen in Sachkapital und in Humankapital hinter dem zurückbleiben, was nötig wäre, um mittelfristig das gesamtwirtschaftliche Produktionspotential nach oben zu ziehen, außerdem die Arbeitslosigkeit steigt und sich verfestigt und überhaupt die Ressourcen nicht in effizienter Weise genutzt werden, dann ist die Angebotsseite der Volkswirtschaft in Unordnung. Solche Störungen müssen durch Angebotspolitik (Vgl. Abbildung V.2) bekämpft werden. Es müssen günstige Rahmenbedingungen dafür hergestellt werden, dass die Unternehmen wieder mehr Investitionen für rentabel halten und mittels verstärkter F&E-Aktivitäten neue und bessere Produkte hervorbringen und dass sie vor allem als „Schumpeter-Unternehmer" auch auf künftige Nachfrage im In- und Ausland setzen; also nicht nur auf die gegenwärtige, bereits wirksame Nachfrage, die sich in den Auftragsbüchern niederschlägt, schauen. Würde man bei angebotsseitigen Störungen (zuviel) Nachfragepolitik betreiben, bewirkt man nichts. Die Wirtschaftspolitik entfacht allenfalls ein Strohfeuer, mit dem aber über steigende Haushaltsdefizite, Zinssteigerungen und Inflation die Angebotsbedingungen der Wirtschaft verschlechtert werden. Es gibt eine ganze Reihe an schlechten Erfahrungen mit den vielen staatlichen Konjunkturprogrammen in den 1970er Jahren in der alten Bundesrepublik oder in den 1990er Jahren in Japan, die trotz weitreichender Störungen auf der Angebotsseite der Volkswirtschaft von den jeweiligen Regierungen aufgelegt worden waren. Umgekehrt kann die Angebotspolitik durchaus konjunkturell erwünschte Wirkungen haben, und zwar indirekt, über verbesserte Investitionsbedingungen, die Zukunftsvertrauen stiften.

Wenn hingegen eine **konjunkturelle Rezession** diagnostiziert wird – d.h. der Auslastungsgrad des gesamtwirtschaftlichen Produktionspotentials sinkt unterhalb die „Normalauslastung" – liegt eine nachfrageseitige Störung vor, auf die mit Nachfragepolitik reagiert werden kann. Voraussetzung für entsprechende **Spielräume in der Finanzpolitik** ist, dass eine „auf Dauer tragbare Finanzlage der öffentlichen Hand" – gemeint sind Gebietskörperschaften zuzüglich der gesetzlichen Sozialversicherung – vorliegt. Dies wiederum bedeutet, dass in einer konjunkturellen Normalsituation, d.h. bei Normalauslastung des Produktionspotentials, der öffentliche Haushalt ausgeglichen sein oder einen Überschuss verzeichnen muss. Dann kann im Falle einer Rezession die Defizitquote gemäß Maastrichter Stabilitäts- und Wachstumspakt bis zu 3 vH des Bruttoinlandsprodukts steigen. Damit die **Geldpolitik durch Zinssenkung Nachfrageimpulse** auslösen kann, ist eine Voraussetzung, dass die Geldnachfrage zinselastisch ist. Sie darf aber nicht völlig zinselastisch sein, denn in diesem Fall läge die „Liquiditätsfalle" vor und eine Ausdehnung der Geldmenge hätte keine Wirkung auf Volkseinkommen und Beschäftigung, sondern würde in der Spekulationskasse der Privaten verschwinden oder einfach gehortet.[10] Eine weitere Voraussetzung ist, dass die Investitionsausgaben zinselastisch sind, damit trotz ungenutzter Kapazitäten tatsächlich Investitionen getätigt werden. Darauf ist nicht unbedingt Verlass. In der Rezession 1966-67, als die von der Deutschen Bundesbank vorgenommenen Zinssenkungen nicht die erhofften konjunkturellen Impulse auslösten, prägte Karl Schiller die griffige Formel von den „Pferden, die man zwar an die Tränke, nicht aber zum Saufen bringen könne".

Darüber hinaus ist die ideale Nachfragepolitik dadurch gekennzeichnet, dass nach Überwindung der konjunkturellen Abwärtsentwicklung die Ausgaben wieder zurückgefahren werden bzw. die Geldmenge wieder vorsichtiger gesteigert wird. Analog wäre zu verfahren, wenn eine **konjunkturelle Überhitzung** droht. Konjunkturstabilisierende Nachfragepolitik (vgl. Abbildung

---

[10] In eine solche Situation scheint Ende der neunziger Jahre die japanische Volkswirtschaft geraten zu sein. Zwecks Stützung der Konjunktur (seit Sommer 1997 war das reale Bruttoinlandsprodukt über fünf Quartale hinweg absolut geschrumpft, im Jahre 1998 um durchschnittlich –2,5 vH gegenüber dem Vorjahr) hatte die Bank von Japan den Leitzins bis auf Null gesenkt und umfangreiche Liquidität (gemessen am Wachstum der Geldmenge M1) bereitgestellt. Expansive Effekte auf die Realwirtschaft blieben jedoch aus. Im Juli 2000 gab die Notenbank die Nullzinspolitik auf, und überraschenderweise erhöhte sie die Zinsen leicht.

V.3) hieße dann, die öffentlichen Ausgaben zu reduzieren, die Steuern zu erhöhen und die Zinsen anzuheben, bis die effektive Gesamtnachfrage hinreichend gedämpft ist.

Abbildung V.3: Zur Konzeption der Nachfragepolitik

- Nachfragepolitik ist in erster Linie Stabilisierungspolitik.
- Sie ist kurzfristig orientiert und reagiert auf Schwankungen der gesamtwirtschaftlichen Nachfrage.
- Sie hat vor allem die ökonomischen Kreislaufzusammenhänge im Auge.
- Sie vertraut in die Fähigkeit des Staates, die wirtschaftliche Entwicklung zu steuern. Staatsversagen wird nicht problematisiert.
- Sie verwischt Verantwortlichkeiten (Verstoß gegen das Assignment-Kriterium).
- Sie entfaltet ihre Wirkungen durch diskretionäre Veränderungen der Staatsausgaben, der Steuern und der Zinsen.

4. Zu den **Umsetzungsproblemen**:

Nach aller Erfahrung ist es in der **politischen Praxis** außerordentlich schwer, jede dieser Konzeptionen konsequent umzusetzen. Die Angebotspolitik erfordert Langfristdenken. Daran fehlt es vielfach. Die Zusammenhänge sind kompliziert und in der öffentlichen Meinungsbildung nicht leicht verständlich zu machen (Abschnitt I.3), das Warten auf die mittelfristig positiven Wirkungen wird durchkreuzt von Interessengruppen und deren Besitzstandsdenken (Kapitel IV). Die Wirtschaftspolitik hat nicht nur gute Nachrichten für die Menschen, zumal in Phasen der Wachstumsschwäche, in der Reformbedarf besteht. Dann muss ihnen auch Unangenehmes zugemutet werden, wie die folgende (unvollständige) Liste an wirtschaftspolitischen Themen in Deutschland seit 1990 zeigt:

- die Kürzung von Subventionen,
- die Beschränkung von Sozialleistungen,
- mehr Eigenvorsorge für die Alterssicherung und beim Versicherungsschutz gegen Krankheitsrisiken und zur Pflegebedürftigkeit,

- der Abbau von schützenden Regulierungen, auch gegenüber ausländischen Anbietern,
- mehr Wettbewerb auf den Gütermärkten,
- Privatisierung öffentlicher Unternehmen und einen dann notwendigen Stellenabbau,
- eine Lohnzurückhaltung über längere Zeiträume,
- eine größere Mobilität der Arbeitskräfte,
- die Einführung von Studiengebühren.

Hinzu kommen Akzeptanzprobleme bei sich ergebenden Ungleichheiten in der Verteilung von Einkommen und Vermögen. Dies zeigen die immer wieder aufbrandenden Debatten mit Schlagworten wie „Ellbogengesellschaft“, „Umverteilung von unten nach oben“ oder „soziale Demontage“. Diese Themen sachlich, mit der gebotenen langfristigen Perspektive und dabei politisch erfolgreich zu behandeln, ist sehr schwierig. In emotional geführten Diskussionen, besonders bei sozialpolitischen Fragen, ist die Versuchung groß, mit populistischen Aussagen auf Stimmenfang zu gehen. Gunnar Myrdal, ein Politiker und Ökonom aus Schweden, der 1974 den Nobelpreis für Wirtschaftswissenschaften erhielt, sagte auf einer Veranstaltung der British Sociological Association bereits im Jahre 1953 (Myrdal 1965, S. 58): „Im allgemeinen heißt politische Führerschaft in einer Demokratie, sich am Kopf einer Herde zu halten, wo immer sie hintreibt. Politische Macht zu erhalten, heißt oft, zum größten Teil jeden wirklichen Einfluß auf den Gang der Ereignisse aufzugeben“ (sic!). Folgerichtig ist das Angebot an Politikern, die trotzdem auf konsequente Angebotspolitik setzen, extrem knapp. Die deutsche Regierung hatte die angebotsorientierte Wirtschaftspolitik in den 1980er Jahren zwar zu ihrem Programm gemacht, dieses aber nur teilweise und in den 1990er Jahren, nach der deutschen Vereinigung, fast nur noch rhetorisch befolgt (Sachverständigenrat, JG 97/98, Ziffern 236ff.). Deshalb steht die in den späten 1990er Jahren wiederholt aufgestellte These vom „Versagen“ der Angebotspolitik auf tönernen Füßen; eine Konzeption, die in der praktischen Wirtschaftspolitik nicht zur konsequenten Anwendung kommt, kann auch nicht versagen. Es liegt vielmehr ein Politikversagen vor (Kapitel IV).

Die konzeptionellen Anforderungen an die angebotsorientierte Wirtschaftspolitik sind allerdings nicht so hoch, dass die Umsetzungsprobleme zwingend sind. Anschauliches Beispiel dafür sind die **USA**: In den letzten 20 Jahren wurde dort eine umfassende Deregulierung von Märkten vorgenommen, und zwar auch und gerade auf solchen Waren- und Dienstleistungsmärkten, für die zuvor Marktversagen behauptet wurde: Telekommunikation, Stromwirtschaft, Luftlinienverkehr. Der dort bestehende flexible Arbeitsmarkt half, die Hysterese-Probleme zu überwinden. Hinzu kommen ein ergiebiger Risikokapitalmarkt, deutliche Steuersenkungen sowie nach anfänglicher Verschuldungspolitik eine erfolgreiche Haushaltskonsolidierung in den 1990er Jahren. Die Volkswirtschaft wurde dadurch von der Angebotsseite her sehr elastisch und schwenkte, mit dem Rückenwind der neuen Informations- und Kommunikationstechnologien, auf einen erhöhten Wachstumspfad ein, erreichte nahezu Vollbeschäftigung und verzeichnete bis in die Spätphase der kräftigen Expansion (Mitte 2000) kaum Inflationsdruck. Weitere Beispiele für eine angebotsorientierte Politik sind Großbritannien, Niederlande und Neuseeland.

Die Nachfragepolitik steht vor dem Problem, nach Zeit und Umfang richtig dosiert zu werden. Das ist wegen des relativ langwierigen Entscheidungs- und Handlungsprozesses schwer. Hinzu kommen die typischen Wirkungsverzögerungen und Vorzieleffekte, d.h. niemand weiß, wie lange Zeit um wie viel mehr staatlicherseits nachgefragt werden muss. Außerdem weiß man nie, inwieweit der angestrebte Zweck verfehlt wird, weil die stimulierte Zusatznachfrage nicht durch inländische Produktion, sondern durch Importe gedeckt wird; so hat Frankreich mit einem keynesianischen Nachfrageprogramm Anfang der achtziger Jahre auch die deutsche Automobilindustrie gefördert. Dies sind Wissensprobleme, die sich durch ökonomische Forschung, zumal mit empirischem Schwerpunkt möglicherweise lindern, wenn auch nie lösen lassen. Jedoch das allergrößte Problem besteht darin, die Regeln der Nachfragepolitik symmetrisch zu befolgen: Rückführung der Ausgaben nach Beendigung eines Stimulierungsprogramms. Nach erhöhten Staatsdefiziten in der Rezession muss der Staat die in der Hochkonjunktur erzielten Steuermehreinnahmen für den Abbau der zuvor eingegangenen Staatsverschuldung verwenden. Insoweit gibt es auch bei der Nachfragepolitik Akzeptanzprobleme: Kaum Widerstand regt sich, wenn der Staat höhere Ausgaben tätigt und Steuernachlässe gewährt und mittels einer expansiven Geldpolitik Kredite verbilligt; das wird anders, wenn die Wirtschaftspolitik bei guter Konjunktur restriktiv werden muss, also unpopuläre Maßnahmen anstehen. Besonders schwierig ist, bei den Ausgaben wieder kürzer zu treten. Deshalb ist die Nachfragepolitik so häufig gescheitert und heute weitgehend diskreditiert.

Fazit: Zur **Vereinbarkeit beider Konzeptionen**:

Angebotspolitik und Nachfragepolitik liegen **nicht prinzipiell im Widerstreit**. Aus der Sicht der Konzeption der angebotsorientierten Wirtschaftspolitik ist die Nachfrage nicht irrelevant. Der Sachverständigenrat beispielsweise hat auch – situationsgebunden – Vorschläge unterbreitet, die beide Konzeptionen einbanden. Es kann durchaus Situationen geben, in denen die auf Stärkung der Angebotskräfte gerichtete Wirtschaftspolitik durch eine auf Verstetigung des Wachstums von der Nachfrageseite her zielende Stabilisierungspolitik sinnvoll ergänzt wird. Auf jeden Fall gilt das für die „automatischen Stabilisatoren" im öffentlichen Haushalt. So sind konjunkturbedingte Haushaltsdefizite, d.h. steuerliche Mindereinnahmen oder Mehrausgaben für Arbeitslosengeld, nicht konsolidierungsbedürftig, wie das die Angebotspolitik in Bezug auf das restliche – strukturelle – Haushaltsdefizit bewerkstelligen muss. Die konjunkturbedingten Defizite verschwinden von selbst, sobald sich die Konjunktur wieder erholt, so dass die Steuereinnahmen steigen und weniger Arbeitslosengeld gezahlt werden muss.

Aber die **Angebotspolitik ist in der Führungsrolle**. Wenn die Angebotsbedingungen der Volkswirtschaft in Ordnung sind, ist Nachfragepolitik zur Stimulierung von Produktion und Beschäftigung meist unnötig und kann auf den Fall der Rezessionsbekämpfung beschränkt werden. Sind die Angebotsbedingungen nicht in Ordnung, wird die Nachfragepolitik selbst bei der Bekämpfung einer Rezession nicht viel helfen, wie die Erfahrung hierzulande und anderswo lehrt. Sie wird nur fiskalisch teuer, und bei steigender Staatsverschuldung werden die Angebotsbedingungen erneut verschlechtert. Durch Angebotspolitik wird Zukunftsvertrauen gestiftet, was durch Nachfragepolitik, durch das Ausgeben von öffentlichem Geld, eigentlich nicht gelingen kann. Insofern sind Angebotspolitik und Nachfragepolitik auch in konjunktureller Hinsicht miteinander verknüpft. Durch Angebotspolitik wird auch zusätzliche Nachfrage geschaffen, allerdings nicht unmittelbar, sondern mittelbar, über die Einwirkung auf die Investitionen, die zu Produktion, Beschäftigung und Einkommen und damit Nachfrage führen. Bei der nachfrageorientierte Konzeption verläuft die Wirkungskette andersherum: Mehr staatliche Nachfrage führt zu mehr Produktion und damit erhöhter Beschäftigung. Dabei wird auf Bekanntes gesetzt, die staatliche Mehrnachfrage richtet sich darauf, bestehende Kapazitäten besser auszulasten. Es ist, wie die Erfahrung lehrt, aber nun einmal so, dass wirtschaftliche Dynamik durch unternehmerische Aktivitäten angetrieben wird, die auf künftige Märkte gerichtet sind.

Wird der **Konjunkturzyklus von Veränderungen auf der Angebotsseite geprägt**, vor allem durch technischen Fortschritt und Produktinnovationen, ist es nicht primär Aufgabe der Wirtschaftspolitik, stabilisierend auf die Gesamtnachfrage einzuwirken. Vielmehr muss sie Hemmnisse beim Strukturwandel beseitigen und – als Geldpolitik – ein übermäßiges Geldmengen- und Kreditwachstum vermeiden, um an den Finanzmärkten keine Preisblasen (**Vermögenspreisinflation**) zu nähren. Denn bei überzogenen Kurssteigerungen an den Börsen (und Preissteigerungen an den Immobilienmärkten bestehen zwei große Gefahren: Die eine sind inflatorische Impulse als Folge einer über den positiven Vermögenseffekt beschleunigten Erhöhung der Güternachfrage der privaten Haushalte, die auf ausgelastete Sachkapazitäten trifft und nicht (ausreichend) über Importe befriedigt werden kann. Die zweite Gefahr ist, dass die spekulativen Blasen an den Vermögensmärkten platzen und daraufhin über einen negativen Vermögenseffekt die Konsumnachfrage schrumpft, die Absatzerwartungen und Ertragsaussichten der Unternehmen sich verschlechtern, die Beschaffung von Beteiligungskapital teurer wird, Investitionsvorhaben zurückgestellt oder ganz aufgegeben werden und so die Wirtschaft in eine Rezession gerät. Bei einer im Einklang mit dem Assignment-Prinzip stehenden stabilitätsorientierten Geldpolitik, ist von der monetären Seite her spekulativen Übersteigerungen bei den Vermögenswerten ein Riegel vorgeschoben. Anders ist die Aufgabe der Geldpolitik definiert, wenn es an den Aktienmärkten nach einer Phase der realwirtschaftlich nicht gedeckten Euphorie zu einem „jähen Stimmungsumschwung“ (Keynes) kommt und die Kurse, realwirtschaftlich ebensowenig begründet, abstürzen. Dann muss die Notenbank ausreichend Liquidität bereitstellen, also Nachfragepolitik betreiben, gegebenenfalls international koordiniert, wenn nur so eine weltweite Rezession vermieden werden kann. Die mit der monetären Expansion einhergehenden erhöhten Inflationsrisiken werden in Kauf genommen. Sobald sich aber die Lage beruhigt hat, muss die Geldpolitik wieder zu ihrem Assignment als Hüterin der Geldwertstabilität zurückfinden und durch Zinserhöhungen die Geldmengenausweitung zurückführen.[11]

C. Einige politökonomische Warnungen

Zum Schluss folgt eine **Präzisierung** zur Vermeidung von Missverständnissen, wenn von Angebotspolitik bzw. Nachfragepolitik die Rede ist und dabei doch etwas anderes gemeint ist als hier angesprochen. Beide Konzeptionen laden dazu ein, in ihrem Schutz wirtschaftspolitische Notwendigkeiten zu missachten.

So kann Angebotspolitik auch heißen, dass **interventionistische Industriepolitik** betrieben wird, mit deren Hilfe eine Investitionslenkung vorgenommen werden soll. Beispiele dafür sind direkte Projektförderung bei Unternehmen wie beim Transrapid oder beim Airbus A3XX. Diejenigen Politiker,

---

[11] So wurde nach dem Börsen-Crash vom Oktober 1987 verfahren, mit Erfolg. Ganz anders beim Börsenkrach vom Oktober 1929 in den Vereinigten Staaten; damals wurde geldpolitisch über eine Geldverknappung falsch reagiert und damit der Weg in die Weltwirtschaftskrise (Große Depression) bereitet.

die dem Marktmechanismus gegenüber misstrauisch sind und das wirtschaftliche Geschehen lieber durch die vermeintlich bessere eigene Einsicht gestalten wollen – von ideologischen Vorbehalten ganz abgesehen – können argumentieren, durch die Interventionen die Angebotskräfte stärken zu wollen (Hombach 1998). Generell scheinen Politiker und Behörden, selbst wenn sie sich zur Marktwirtschaft bekennen, anfällig für die Versuchung zum Intervenieren zu sein. Diese Neigung wird erhöht, wenn damit die eigene politische Klientel bedacht werden kann. Obwohl als Angebotspolitik deklariert, ist diese Politik zweifelhaft aus den Gründen, die im Abschnitt I/3 erläutert wurden: Es drohen „Anmaßung von Wissen“, Strukturkonservierung sowie Fehlallokation. Wenn die ordnungspolitische Fundierung fehlt, ist die Gefahr von Inkonsistenzen der Wirtschaftspolitik groß. Auf jeden Fall wird die Lenkungsfunktion des Marktes gestört, und es werden Wettbewerbsverzerrungen hervorgerufen.

Nachfragepolitik kann auch heißen, dass eine **Stärkung der Massenkaufkraft** durch kräftigere Lohnsteigerungen und Steuersenkungen zugunsten der Bezieher mittlerer und niedriger Einkommen vorgenommen werden soll. Dies ist eine sehr einfache Variante der Nachfrageorientierung. Sie ist „sehr einfach“ deshalb, weil der Ursprung allen Wirtschaftens, nämlich die Knappheit, ausgeblendet wird. Tatsächlich liegt der Charme dieser Variante der Nachfragepolitik darin, dass sie mit Geschenken arbeitet. Der Trugschluss ist, dass es Geschenke sind, die die Beschenkten später selbst bezahlen müssen, ohne es heute schon zu merken: in der Form von Inflation, wenn der Lohnkostendruck monetär alimentiert wird, oder in Form verminderter Chancen der Arbeitslosen, wieder Beschäftigung zu finden, weil sich die Angebotsbedingungen der Volkswirtschaft verschlechtern, wenn ein Anstieg der Arbeitskosten und eine unzureichende Lohndifferenzierung zu verzeichnen ist. Im Übrigen kann auch hier selbst der Nachfrageimpuls kleiner ausfallen als beabsichtigt; die zusätzliche Kaufkraft versickert zum Teil in Importnachfrage oder Auslandstourismus, oder sie wird vielleicht erst gar nicht für Ausgaben genutzt, sondern zum Sparen verwandt, zum Beispiel bei jenen Arbeitnehmern, die um ihren Arbeitsplatz fürchten.

D. Ein Beispiel: Angebotspolitik an der Hochschulausbildung

Das Bildungssystem hat eine zentrale Bedeutung für die Dynamik in einer Volkswirtschaft. Gemäß der Humankapitaltheorie werden durch Ausbildung dem einzelnen Individuum spezifische Fertigkeiten und Verhaltensweisen vermittelt, die dessen Arbeitsproduktivität steigern. In der „neuen Wachstumstheorie“ wird die Ausstattung mit Humankapital als eine entscheidende

Determinante wirtschaftlicher Entwicklungsprozesse modelliert. Die Bildung von Humankapital hat in diesem Zusammenhang verschiedene Funktionen.

- Sie erhöht die Fähigkeit zur Innovation und vergrößert damit die Wachstumsspielräume der Wirtschaft.
- Wirtschaftssubjekte, die gut ausgebildet sind, haben die Fähigkeit, mit technischen Neuerungen umzugehen, neues Wissen aufzunehmen und ertragreich einzusetzen. Sie sind sektoral, regional und beruflich mobil. Dies vermindert das Risiko der Arbeitslosigkeit und erhöht die Beschäftigungschancen, auch und gerade bei der Besetzung hochwertiger und anspruchsvoller Arbeitsplätze in Verbindung mit günstigen Einkommensperspektiven.
- Indem durch die Schaffung von Humankapital das wirtschaftliche Wachstum und die Beschäftigung gestärkt werden, haben Unternehmen und Arbeitnehmer es leichter, die Anforderungen des strukturellen Wandels zu bewältigen. Staatliche Hilfen (Subventionen, Importbeschränkungen, spezifische Regulierungen) können auf ein Minimum reduziert werden, entsprechend effizient verlaufen die Anpassungen.
- Eine Volkswirtschaft, in der kontinuierlich neues Humankapital erzeugt wird, ist ein attraktiver Standort für das international mobile Sachkapital. Kluge Köpfe und hochqualifizierte Arbeitskräfte aus dem Ausland fühlen sich ebenfalls angezogen ("brain gain"). Dank eines vergrößerten Angebots an Produktivkapital und an produktiven Arbeitsplätzen erweitert sich die Basis für Wohlstandssteigerungen in der Gesellschaft.
- Humankapital ist eine unabdingbare Voraussetzung dafür, dass die Menschen die vielfältigen Erwerbsmöglichkeiten, die die neuen, auf digitalen Netzen gründenden Informations- und Kommunikationstechnologien (Internet) eröffnen, erfolgreich nutzen können. Dadurch entstehen in der Volkswirtschaft zukunftsträchtige Produktionsbereiche.

An diesen Funktionen wird deutlich, dass Bildungspolitik angebotsorientierte Wirtschaftspolitik ist. Sie ist im dynamischen Sinne effizient, wenn die Anreize so gesetzt sind,

- dass der Einzelne die erforderlichen Anstrengungen unternimmt, um sich zunächst, auf die Anforderungen des späteren Erwerbslebens gerichtet, allgemein zu bilden (in den Schulen), um sich anschließend möglichst weitreichende berufliche Qualifikationen anzueignen (im Duellen Berufbildungssystem und an den Fachhochschulen und Universitäten) und um sich später im Berufsleben durch Weiterbildung (im Alleingang oder durch Teilnahme an unternehmensinternen oder außerbetrieblichen

Lehrgängen) an den Wandel der qualifikatorischen Anforderungen anzupassen;

- dass die Anbieter von Ausbildung die notwendigen Vorkehrungen treffen, damit die Inhalte und Methoden der Stoffvermittlung qualitativ hochwertig sind, internationalen Maßstäben genügen und auf dem jeweils neuesten Erkenntnisstand stehen, die Ausbildungszeiten in vernünftigen Grenzen gehalten werden und letztlich die Bildungsangebote mit den Erfordernissen am Arbeitsmarkt hinreichend abgestimmt werden;
- dass namentlich die berufliche und universitäre Ausbildung als eine Investition betrachtet wird und wie bei Investitionen in Sachkapital auch den Ausbildungsinvestitionen ein Kosten-Nutzen-Kalkül zugrunde liegt.

In der marktwirtschaftlichen Ordnung ergeben sich die angemessenen Anreize, indem die Ausbildung im Wettbewerb organisiert wird. Die Anbieter und Nachfrager von Ausbildungsleistungen können dann ihre Allokationsentscheidungen an Marktpreisen orientieren. Das setzt natürlich voraus, dass Ausbildung den Charakter eines privaten Gutes hat und daher der Markt Bildungsgüter im erwünschten Ausmaß bereitstellt. Marktversagen muss ausgeschlossen sein. Die meisten Ökonomen bejahen dies (vgl. umfassend van Lith 1985). Der Umstand, dass es in zahlreichen Ländern privat finanzierte allgemeinbildende Schulen und Hochschulen gibt (in größerer Breite als in Deutschland), weist tatsächlich auf funktionierende Bildungsmärkte hin. Für die Wirtschaftspolitik bedeutet dies, dass sie im Bereich der Ausbildung auf pretiale Lenkung von Angebot und Nachfrage setzen, der Entwicklung privater Ausbildungseinrichtungen großen Raum geben und den Einsatz finanzieller Mittel nach Effizienzkriterien vornehmen kann.

Im Folgenden übertragen wir diese Überlegungen auf den Hochschulbereich. In Deutschland gilt der Humboldtsche Grundsatz der **Einheit von Forschung und Lehre**. Ökonomisch sind Forschung und Lehre unterschiedliche Arten von Leistungen:

- Forschung, insbesondere Grundlagenforschung hat vielfach Eigenschaften eines öffentlichen Gutes, d.h. Nichtausschließbarkeit und Nichtrivalität. In der angewandten Forschung, d.h. bei F&E-Aktivitäten der Unternehmen, ist dies anders: Mit Patenten können dort die Forschungsergebnisse geschützt werden.
- Ausbildungsdienstleistungen haben hingegen zahlreiche Merkmale eines marktfähigen, privaten Gutes. Der **Ausschluss** von Nutzern ist möglich; hierzulande geschieht dies durch den Numerus Clausus, in anderen Ländern durch Studiengebühren. Das **Rivalitätskriterium** ist ebenfalls er-

füllt, wie sich an überfüllten Hörsälen, knappen Labors und der Beengtheit in den Bibliotheken zeigt.

Traditionell wird in Deutschland die Universität vom Staat betrieben. Die Finanzierung läuft über den öffentlichen Haushalt mittels **Budgetfinanzierung**, für die Nachfrage nach Studienplätzen ist der Preis abgesehen vom Semesterbeitrag Null, d.h. die Konsumentenrente beträgt nahezu 100 vH. Die nicht unerheblichen Kosten der Ausbildung, die im Jahre 2000 pro Studierendem an den Universitäten durchschnittlich 17.000 DM im Jahr betrugen (bei starker Streuung zwischen den Fächern), trägt der Steuerzahler. Die Gefahr von Fehlanreizen bei Studierenden und Lehrenden ist groß. Studierende sind nicht gehalten, ihre Ausbildungsentscheidung anhand zukünftiger Marktchancen zu treffen und zügig zu studieren. Lehrende sind nicht gezwungen, ihr Lehrangebot an der Nachfrage zu orientieren und an neue Themen und Inhalte anzupassen. Zudem bestehen Wettbewerbsverzerrungen zu Lasten privater Anbieter und Bürokratieprobleme (vgl. Abbildung V.4).

Abbildung V.4: Bildungspolitik im Hochschulbereich

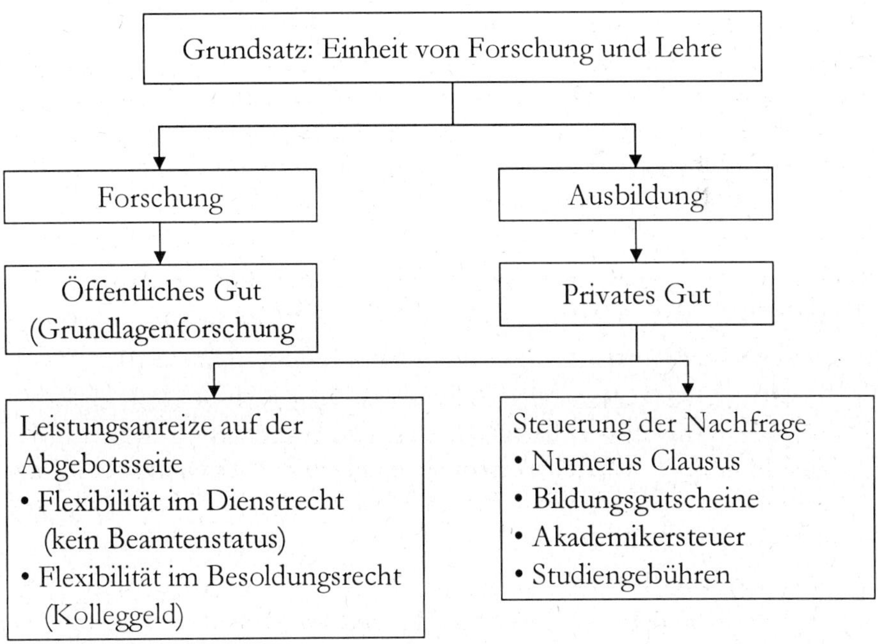

Ausbildung im Wettbewerb verspricht bessere Resultate. Denn Wettbewerb zwischen den Hochschulen zwingt dazu, das Studienangebot effizient zu gestalten und den Ausbildungswünschen der Studierenden anzupassen. Nicht zuletzt ist den Qualifikationserfordernissen des Marktes Rechnung zu tragen. Überkapazitäten in einigen Studienfächern werden abgebaut und die Ressourcen in stärker nachgefragte Ausbildungsgänge gelenkt. Bleiben unter diesen Umständen die Studierenden aus, hilft keine Zentralstelle für die Vergabe von Studienplätzen, sondern nur bessere Ausbildungsleistungen.

Der Studierende muss seine Entscheidung als Investitionskalkül begreifen, bei dem die Kosten, d.h. entgangenes Einkommen während des Studiums, mit den Erträgen, d.h. bessere Einkommens- und Beschäftigungschancen in der Zukunft, verglichen werden. Wird der Studierende an seinen eigenen Ausbildungskosten beteiligt, so führt das zu einem kostenbewussten Verhalten: Die Wahl des Studiums wird nicht nur oder primär nach individuellen Neigungen und Begabungen gefällt, sondern auch und vor allem in Abwägung künftiger Arbeitsmarktchancen. Das Studium wird effizienter gestaltet. Auch hier kann das **Prinzip von Kompetenz und Haftung** als konstitutiv für die marktwirtschaftliche Ordnung, in diesem Fall der Ausbildung, herangezogen werden: Individuelle Entscheidungsfreiheit und Entscheidungsfolgen werden verknüpft.

Durch eine Beteiligung der Studierenden an den Kosten seiner Ausbildung verschwinden die Fehlanreize, die der Numerus Clausus auslöst. Vor allem das Phänomen des temporären Parkstudiums und der Scheinstudenten, die vor allem zu günstigen Konditionen öffentliche Verkehrsmittel beanspruchen und Theater besuchen wollen, wird verschwinden. Kapazitätsverordnungen und Bildungspläne werden überdies überflüssig. Die Verteilungskämpfe innerhalb der Hochschule werden entschärft, die Ressourcenverschwendung durch langwierige Gremienverfahren mit hohen Opportunitätskosten und Stimmentausch wird vermindert.

Bei einer marktwirtschaftlichen Konzeption setzt die **Bildungspolitik** im Bereich der Lehre auf der **Angebotsseite** und auf der **Nachfrageseite** an (vgl. Abbildung V.4). Bei der Hochschulfinanzierung ergeben sich als Alternative zur Budgetfinanzierung drei Optionen, die wesentlich komplexer sind als hier dargestellt, weil zum Teil schwierige Detailfragen zu klären sind.

- **Bildungsgutscheine**: Die Studierenden erhalten geldwerte Gutscheine vom Staat, die ihnen den Zugang zur Hochschule sichern. Sie sind frei in der Wahl der Universität. Es bleibt bei der Unentgeltlichkeit des Studiums, so dass eine mengenmäßige Rationierung erforderlich ist. Der Staat muss entscheiden, wie viele Studierende in jedem Studienfach Gutscheine erhalten sollen, aber der Wettbewerb unter den Hochschulen um Studierende verspricht gleichwohl einen Effizienzgewinn. Es findet eine **Outputfinanzierung** statt (Blankart 1988).[12]

- **Akademikersteuer**: wurde erstmals 1971 von Carl Christian v. Weizsäcker (1971) vorgeschlagen; ähnlich argumentiert Ewers (1996). Die Studierenden werden nach Abschluss ihres Studiums zu dessen Finanzierung herangezogen. Dieses Modell v. Weizsäckers entspricht dem Äquivalenzprinzip. Allerdings hat die Akademikersteuer den Charakter einer Sondersteuer und ist deshalb verfassungsrechtlich bedenklich (Gleichheitssatz Art. 3 GG). Außerdem besteht die Gefahr des "brain drain", d.h. die gerade zu Beginn des Erwerbslebens besonders spürbare Steuerschuld könnte Hochschulabsolventen zur Auswanderung drängen.
- **Studiengebühren**: Dies ist die **reine Preisfinanzierung**. Die Studierenden zahlen eine jährliche Gebühr. Die Hochschule hat dann eine eigene Einnahmequelle, die ihre Autonomie gegenüber staatlichen Stellen erheblich stärkt. Die Studierenden agieren als Nachfrager und bezahlen die Ausbildungsleistung. Durch Stipendien, staatliche Kredite oder staatliche Ausfallbürgschaften bei privaten Ausbildungskrediten wird sichergestellt, dass kein Studium an Finanzierungsproblemen scheitert. Dem Prinzip der Chancengleichheit wird damit Rechnung getragen.

Denkbar ist auch, die Modelle miteinander zu kombinieren. Zu Bildungsgutscheinen gibt es Erfahrungen in den USA und in der Schweiz, dort allerdings bezogen auf den Bereich der Schulausbildung. Studiengebühren an den Universitäten, in der Regel verbunden mit Darlehen, gibt es u.a. in den USA seit langem. In der jüngeren Vergangenheit wurden grundlegende Reformen in diese Richtung z.B. in Australien und den Niederlanden, eingeführt. Als eine generelle Lehre daraus lässt sich ableiten, dass pretiale Lenkung funktioniert.[13]

---

[12] Bildungsgutscheine lassen sich aber auch generell für sämtliche Bürger eines Landes denken. Einem solchen Modell zufolge werden die Gutscheine für eine bestimmte Zeit ausgestellt, die länger ist als die Dauer der Schulpflicht, aber kürzer als die Ausbildungszeit inklusive eines Studiums. Potentielle Studierende würden nach diesem Modell nötige Gutscheine für ein Studium von denjenigen erwerben, die nicht studieren wollen.

[13] Dementsprechend plädieren für eine marktorientierte Bildungspolitik, neben zahlreichen Ökonomen, der Sachverständigenrat (JG 1998/99, Ziffern 439ff.) und die Monopolkommission (2000). Vgl. auch Morath (2000) und die in den dort veröffentlichten Einzelbeiträgen angegebene Literatur. Die Politik verschließt sich beharrlich solchen Einsichten und neigt dazu, die Erhebung von Studiengebühren zu tabuisieren und Hochschulen, deren Zukunftsfähigkeit von Experten bezweifelt wird, eine Bestandsgarantie zu geben. Die im Kapitel IV angestellten Überlegungen zeigen auch hier ihre praktische Relevanz.

Bei alledem sollte der Staat den Hochschulen aus ökonomischen Erwägungen eine **Grundfinanzierung** sicherstellen. Denn sowohl mit der Grundlagenforschung als auch mit der Humankapitalbildung werden positive externe Effekte erzeugt. Gegenzurechnen sind eventuelle negative externe Effekte, wenn „falsches", d.h. nicht marktgängiges, Humankapital gebildet wird, für das am Arbeitsmarkt keine ausreichende Nachfrage besteht. Außerdem findet eine nicht zu unterschätzende Krankenversorgung in den Universitätskliniken statt.

5. Wirtschaftspolitische Konsequenzen der Globalisierung

A. Das Phänomen Globalisierung

Die Wirtschaftspolitik ist nicht zuletzt durch die Globalisierung zunehmend international vernetzt. Globalisierung bedeutet, dass

- die Länder in der Welt wirtschaftlich zusammenwachsen,
- die Verflechtung der Märkte enger wird und
- die Mobilität der Produktionsfaktoren Arbeit und Kapital, d.h. Sachkapital und Portfoliokapital, aber auch Humankapital, über nationale Grenzen hinweg zunimmt.

Internationale Arbeitsteilung in Verbindung mit internationalem Wettbewerb ist an sich nichts Neues. Nach dem Zweiten Weltkrieg wurde durch die Schaffung einer multilateralen Handelsordnung nach marktwirtschaftlichen Grundsätzen (GATT-Vertrag von 1947) die Liberalisierung des Güteraustausches in Gang gesetzt und dann auch in weiten Bereichen vollzogen. In den 1970er und 1980er Jahren wurde der internationale Kapitalverkehr liberalisiert. Doch die weltweite Integration der Volkswirtschaften hat in der jüngeren Vergangenheit an Intensität zugenommen.

Dafür sorgen Veränderungen in den weltweiten Entwicklungsprozessen und vor allem der technische Fortschritt. Im Einzelnen sind folgende Bestimmungsgründe auszumachen:

- Viele der weniger entwickelten Länder, denen jahrelang von der Fachwelt und von Politikern die Vorzüge der Marktwirtschaft und des Freihandels vorgetragen wurden, werden, nachdem sie gute Erfahrungen damit machen, nicht locker lassen und kraftvoll um Märkte kämpfen. Sie nutzen ihre komparativen Vorteile ganz im Einklang mit dem Faktorproportionentheorem nach Heckscher-Ohlin-Samuelson.

- Der technische Fortschritt hat die Informations- und Kommunikationskosten und damit den Anteil der Transaktionskosten an der Wertschöpfung eines Unternehmens dramatisch gesenkt. Daraus ergeben sich laufend neue Möglichkeiten, in der Produktion die Wertschöpfungsketten grenzüberschreitend zu zerlegen. Überdies werden industrienahe Dienstleistungen, die lange Zeit räumlich gebunden waren, international handelbar, so wie dies bei technischen Dienstleistungen und besonders bei Finanzdiensten und Versicherungen schon gang und gäbe ist.
- Mit dem Rückenwind des technischen Fortschritts wird der Globalisierungsprozess durch die Internet-Ökonomie einschließlich dem elektronischen Handel angetrieben. Im Internet ist der relevante Markt naturgemäß ein globaler. Wer glaubt, eine gute Geschäftsidee zu haben und dafür Risiko-Kapital zu mobilisieren vermag, wird beim Aufbau der Kundenbeziehungen – der eigentliche Aktivposten im Unterschied zu den Maschinen und Fabrikhallen in der klassischen Wirtschaft – Landesgrenzen einfach ignorieren.
- Beim Portfoliokapital bleibt die internationale Mobilität sehr hoch, die Dynamik der Finanzinnovationen ebenfalls. Der tägliche Umsatz an den Devisenmärkten liegt ein Vielfaches über den Transaktionen für die Finanzierung des Außenhandels.
- Unter den hochqualifizierten Arbeitskräften, besonders den jungen, ist die Netzwerk-Ökonomie ein Mobilitätsmotor. Die Länder konkurrieren um die „besten Köpfe". Das Ziel ist "brain gain" anstatt "brain drain". Die "Green-Card"-Debatte in Deutschland wegen des Fachkräftemangels in der Informationsbranche ist ein Beispiele dafür.

Die **Europäische Währungsunion** tut ein Weiteres:

- Mit dem Wegfall von Wechselkursänderungsrisiken und Zinssatzdifferenzen ist ein wirklicher Euro-Kapitalmarkt im Entstehen, mit mehr Breite und Tiefe und vielen Optionen für private und institutionelle Anleger.
- Auf den Produktmärkten kehrt mit dem Euro eine große Preistransparenz ein, was die Lieferanten- und Kundenbeziehungen lockert und den Wettbewerb intensiviert.
- Auch der Standortwettbewerb zwischen den Euro-Ländern wird schärfer, insoweit jedenfalls, als die peripheren Länder (Spanien, Portugal, Irland, Finnland) ihren Lohnkostenvorteil zu wahren und Defizite bei der Produktivität und der Infrastruktur abzubauen vermögen.

Der Globalisierungsprozess ist vermutlich **unumkehrbar**. Das würde bedeuten,

- dass sich Wissen weltweit mit immer größerer Geschwindigkeit verbreitet;
- dass sich aus einst erzielten innovativen Vorsprüngen, anders als früher, keine monopolähnlichen Marktpositionen aufbauen und halten lassen;
- dass sich die traditionelle Grenze zwischen Außenhandel und Binnenwirtschaft immer mehr verwischt.

Unter diesen Umständen werden es sich die Unternehmen immer weniger leisten können, bei Neuinvestitionen „national" zu denken. Sie werden statt dessen immer mehr alternative Standorte auf ihre Qualität, d.h. auf ihre erwartete Rentabilität, abklopfen. Solche Überlegungen beeinflussen auch den Trend zu strategischen Allianzen, Fusionen und Übernahmen, die sich in jüngster Zeit so häufen (Kleinert und Klodt 2000). Allerdings äußert sich die Mobilität beim Sachkapital vor allem bei Neugründungen und zum Teil auch bei Betriebserweiterungen. Reine Produktionsverlagerungen ins Ausland finden selten statt. In früheren empirischen Untersuchungen zeigte sich die internationale Mobilität des Sachkapitals noch als sehr unvollkommen; so beschreibt es die **Feldstein-Horioka-Hypothese**[14], nach der statistisch ein hoher Zusammenhang zwischen den im Inland getätigten Investitionen und der inländischen Ersparnis besteht. Doch das hat sich geändert, die realen Kapitalbewegungen über Landesgrenzen hinweg können ein beachtliches Ausmaß annehmen. Dies muss, wie noch zu erörtern sein wird, bei der Gestaltung der nationalen Wirtschaftspolitik beherzigt werden.

B. Mit der Globalisierung verbundene Sorgen und Ängste

Hierzulande wird die Globalisierung von vielen als eine Bedrohung empfunden. Bekannt geworden ist der Begriff der „Globalisierungsfalle" (Martin und Schumann 1997). In der öffentlichen Debatte stehen sechs Thesen im Mittelpunkt der Sorge.

- Erstens: Wegen des verstärkten Anbieterwettbewerbs auf den Gütermärkten werde die **Arbeitslosigkeit** bei gleichzeitiger Verschlechterung der allgemeinen Arbeitsbedingungen und Minderung der Schutzrechte der Arbeitnehmer steigen. Der wirtschaftliche Aufholprozess in Niedriglohnländern würde vor allem die wenig qualifizierten Arbeitskräfte

[14] Vgl. Feldstein und Horioka (1980).

entweder um ihren Arbeitsplatz bringen oder ihnen fühlbare Lohneinbußen zufügen. Jugendliche müssten befürchten, dass ihnen die erste berufliche Chance verweigert würde.

- Zweitens: Wegen des intensivierten Standortwettbewerbs sei ein **internationaler Wettbewerb in der Steuerpolitik** vorprogrammiert, bei dem das Prinzip der Einkommensbesteuerung nach der Leistungsfähigkeit aufgegeben werden müsse, was zu **Ungerechtigkeiten** führe, und bei dem der Staat weniger Einnahmen erziele, was eine **Unterversorgung mit öffentlichen Gütern** zur Folge habe.
- Drittens: Wegen der hohen Kapitalmobilität, aber auch wegen zunehmender Migrationsbewegungen, würden die **sozialen Sicherungssysteme** der einzelnen Staaten in ein Konkurrenzverhältnis geraten, bei dem sich hohe Sozialstandards nicht halten ließen. Statt dessen würden diese in einem **Dumpingwettlauf** erodiert und damit das „Soziale" in der marktwirtschaftlichen Ordnung verloren gehen.
- Viertens: Wegen der großen Unterschiede in der Knappheit des Gutes **Umwelt** und in den Präferenzen der Völker für Umweltqualität könnten Anbieter aus Ländern mit weniger strengen Umweltschutzregelungen einen Kostenvorteil ausspielen oder **Ökodumping** betreiben, und emissionsintensive Produktionen aus Deutschland und anderen Industriestaaten würden dorthin verlagert. Beides hätte negative Konsequenzen für die inländische Beschäftigung und den weltweiten Umweltschutz.
- Fünftens: Wegen der Dynamik an den Weltfinanzmärkten könne die **Wirtschaftspolitik** keine selbstgesteckten Ziele verfolgen, sondern sei **zur Ohnmacht verurteilt**.
- Sechstens: Wegen fallender Kontrollmöglichkeiten an den Grenzen und wegen neuer technischer Möglichkeiten stiege **die internationale Kriminalität**, insbesondere die Wirtschaftskriminalität und der Drogenhandel. Dadurch würden Wachstumspotentiale beschnitten.

Um aus der „Globalisierungsfalle" herauszukommen, wird die politische Forderung erhoben, die Mitgliedsländer der Europäischen Union (und andere Industrieländer) mögen durch gemeinsame Absprachen im Bereich der Arbeitsmarktordnung, der Steuersysteme und der Sozialversicherung und mit Hilfe von handelspolitischen Schutzmaßnahmen, Entsendegesetzen und gezielten Eingriffen in den internationalen Kapitalverkehr („Tobin-Steuer") den Standortwettbewerb „ordnen", sprich beschränken. Das sind **Defensivstrategien**. Die Vorteile, die ein freier Welthandel und ein freier Kapitalverkehr mit sich bringen – in Form einer möglichst effizienten Faktorallokation, die Basis jeder Wohlstandvermehrung ist – wäre schnell dahin. Auch in der Vergangenheit hat protektionistisches Abschirmen – im nationalen Alleingang oder durch europaweite Koordination – nicht weitergeholfen. Weder der Landwirtschaft, noch der Textil- und Bekleidungsindustrie, noch den Werften, noch dem Steinkohlenbergbau hat staatlicher Schutz den Schrumpfungsprozess ersparen können. Diese Art von strukturerhaltender Politik war nur teuer, und als Beiprodukt sind wiederholt handelspolitische Konflikte mit den Vereinigten Staaten ausgebrochen. Solche Konflikte erzeugen Unsicherheit, die wiederum den Investitionsattentismus fördert. Die Lage am Arbeitsmarkt würde sich nicht verbessern, sondern sich verschlechtern, weil der wachstumsnotwendige Strukturwandel beeinträchtigt wird.

C. Anforderungen an rationale Wirtschaftspolitik im Lichte der Globalisierung

Eine rationale Wirtschaftspolitik muss die **Gesamtzusammenhänge** im Blickfeld haben.[15] Bei den **Arbeitsmarktwirkungen** der Globalisierung sind die folgenden Aspekte wichtig:

- Es trifft zu, dass mit einem Druck auf die Reallöhne, besonders die Löhne für Anbieter einfacher Arbeit gerechnet werden muss. Der Import von arbeitsintensiven Gütern aus Niedriglohnländern hat auf den inländischen Arbeitsmarkt die gleiche Wirkung, die die direkte Zuwanderung von Arbeitskräften hätte – die einer Ausweitung des Arbeitsangebots. Findet eine Spezialisierung nach dem Heckscher-Ohlin-Theorem statt, muss gemäß dem **Stolper-Samuelson-Theorem** über den Zusammenhang zwischen Faktorpreisen und Importzöllen mit einer Angleichung der Faktorpreise gerechnet werden. Die Wirkungskette verläuft etwa folgendermaßen: Bei Marktöffnung kommt es in den Industrieländern zu einer Reallokation der Produktionsfaktoren in die sach- und humankapitalintensiven Bereiche, da hier die komparativen Kostenvorteile liegen, mit der Folge einer Überschussnachfrage nach Kapital und einem Überschussangebot an Arbeit, so dass unter sonst gleichen Bedingungen die Kapitalrenditen steigen und die Reallöhne sinken. Weitgehender noch sind die Wirkungen nach dem **Faktorpreisausgleichstheorem**: Bei Freihandel muss der Faktorpreis eines beliebigen Produktionsfaktors, z.B. Arbeit, im Inland mit dem Preis dieses Faktors im Ausland übereinstimmen, auch wenn es keine internationale Faktormobilität gibt.

---

[15] Vgl. Donges und Freytag (1998), v. Weizsäcker (1999) sowie Siebert (1998).

Aber man muss die Gegenkräfte sehen, die bei den Löhnen einer Nivellierungstendenz nach unten entgegenwirken könnten: Qualifizierung, Produktivitätssteigerungen, Komplementarität zu qualifizierten Arbeitskräften. Hieraus ergeben sich Gestaltungsparameter für die Ausbildungspolitik und die Tariflohnpolitik. Die Lohneffekte der Globalisierung zeigen sich vor allem in der Lohnstruktur, hingegen nicht so sehr im Reallohnniveau. Die Spreizung der Löhne nimmt entsprechend den unterschiedlichen Wert-Grenzproduktivitäten zu.

- Eine gute **Ausbildungspolitik** ist ohnehin von großem Nutzen (wie im vorausgegangenen Abschnitt gezeigt wurde). Je besser eine Volkswirtschaft mit Humankapital ausgestattet ist, um so größer ist die Anpassungsfähigkeit des Arbeitsmarktes an den globalen Strukturwandel und um so höher ist die Fähigkeit zur Innovation und zur Umsetzung von Innovationen in marktgängige Produkte. Wenn das Bildungssystem jedoch falsch steuert – und dafür gibt es in Deutschland eindeutige Anzeichen -, ist die Anpassungsfähigkeit der Erwerbstätigen eingeschränkt. Insoweit sind düstere Beschäftigungschancen nicht die Folge der Globalisierung, sondern Ausdruck von Politikversagen.

- Bei Regelungen über **Arbeitsentgelte** und **Arbeitszeiten** wird größtmögliche **Flexibilität** gebraucht. Nur so wird der unterschiedlichen Betroffenheit der Unternehmen und ihrer Belegschaften bestmöglich Rechnung getragen. Nur so werden die unvermeidlichen Anpassungen wenig Friktionen auslösen. Hier ist zum Einen der Gesetzgeber gefordert, nämlich durch Deregulierung, zum Anderen im System der Tarifautonomie in erster Linie die Tarifvertragsparteien, nämlich durch eine flexible und durchlässige Ausgestaltung der Flächentarifverträge.

Es zeigt sich, dass die Globalisierung nur Schwächen und Versäumnisse in der nationalen Arbeitsmarktpolitik aufdeckt. Sie ist der Auslöser für Krisen, nicht jedoch die Ursache. Dies wird auch an den Implikationen für die **Sozialpolitik** deutlich:

- Sicher trifft es zu, dass der globale Wettbewerb die **Spielräume für Umverteilung einschränkt**, weil sich Kapital durch Abwanderung der Steuerpflicht entziehen kann. Die Globalisierung hinterfragt aber auch, ob die Sozialpolitik ihrem Auftrag gerecht wird, wenn sie sich nicht nur an die wirklich Bedürftigen wendet, sondern zu einer großangelegten Umverteilungsmaschinerie wird, die in Deutschland über ein Drittel des Bruttoinlandsprodukts verfügt. Es wird offengelegt, wenn sich **der redistributive Staat übernommen hat**. Dann ist die soziale Treffsicherheit vieler Umverteilungsmaßnahmen fragwürdig, die Sozialversicherung stößt dann an die Grenzen ihrer Finanzierbarkeit, und die Anreizschäden der Sozialpolitik sind dann problematisch. Die Situation in Deutschland zu Beginn des 21. Jahrhunderts ist so einigermaßen treffend charakterisiert.

- Auch wenn es den Standortwettbewerb in der heutigen Intensität nicht gäbe, müsste die Politik eine **grundlegende Reform** der Systeme der sozialen Sicherung in die Wege leiten, sollen diese angesichts einer ungünstigen demographischen Entwicklung mit einer niedrigen Geburtenrate bei hoher Lebenserwartung und angesichts eines veränderten Erwerbsverhaltens, d.h. mehr individuelle Gestaltung des Umfangs abhängiger Beschäftigung, wieder tragfähig und verlässlich werden. Nur dann wird es möglich sein, die Abgabenlast dauerhaft zu reduzieren. Dies wiederum ist die Voraussetzung dafür, dass der Keil zwischen den Arbeitskosten der Unternehmen, die die Lohnnebenkosten einschließen und für die Arbeitsnachfrage maßgeblich sind (**Produzentenlohn**), und den Nettoverdiensten der Arbeitnehmer, die deren Kaufkraft auf den Gütermärkten bestimmen, (**Konsumentenlohn**), klein ist.
- Die nicht zielführende Diskussion darüber, durch welche zusätzlichen Steuern, z.B. Ökosteuer oder Mehrwertsteuer, ein Abbau der Lohnnebenkosten finanziert werden sollte, wäre bei wirklichem Reformwillen zu Ende. Die verantwortlichen Politiker müssen der Bevölkerung klarmachen, **dass man auf Dauer niedrigere Beiträge zur Sozialversicherung nur haben kann, wenn die dahinter stehenden Leistungsansprüche zurückgeschraubt werden**. Vor allem ist zu prüfen, ob alle diejenigen, die daran partizipieren, wirklich bedürftig sind, z.B. sämtliche Studierenden oder alle Familien mit Kindern. Im Sozialstaat soll solidarisch Hilfe erhalten, wer Hilfe braucht; das ist in einem wohlhabenden Land wie Deutschland mitnichten der Großteil der Erwerbstätigen. Sich bei staatlichen Umverteilungsmaßnahmen auf tatsächlich Bedürftige zu konzentrieren, macht den Rang des Äquivalenzprinzips und der Eigenvorsorge aus. Insoweit lenkt die seit dem Jahre 1999 betriebene Verknüpfung der Ökosteuern mit einer Senkung der Sozialabgaben, in diesem Fall des Beitrags zur Rentenversicherung, davon ab, worauf es eigentlich ankommt. Die individuelle Alterssicherung wird nicht stärker von eigenen Leistungen abhängig gemacht, und die Ausgaben der Gesetzlichen Rentenversicherung werden nicht gesenkt, sondern noch mehr als bisher schon über Steuern statt über Beiträge finanziert. Dies ist weder der richtige Weg zur Sanierung der Sozialversicherung noch zur Standortverbesserung, an der beschäftigungspolitisch so viel hängt.

Ähnlich verhält es sich mit den befürchteten Auswirkungen des **internationalen Steuerwettbewerbs**:

- Auch hier ist richtig, dass die – tatsächliche und potentielle – Kapitalmobilität die nationalstaatliche Steuerbasis schmälert beziehungsweise die Steuerlast auf die immobilen Produktionsfaktoren, den Faktor Arbeit eingeschlossen, verlagert. Aber die zu dieser Erosion gegenläufigen Effekte dürfen nicht übersehen werden. Zu denken ist hierbei insbesondere daran, dass die Bereitschaft zur Versteuerung von Kapitaleinkünften nicht unabhängig von den Vorteilen der vom Staat bereitgestellten Infrastruktur ist. Mit anderen Worten: Die Richtung der Kapitalströme ist nicht unabhängig davon, ob den Steuern einigermaßen äquivalente Gegenleistungen im weiteren Sinne gegenüberstehen. Dazu gehören z.B. neben einer guten Infrastruktur auch attraktive Lebensbedingungen durch eine funktionstüchtige Sozialordnung und eine angemessene Umweltqualität, denn nur dann wird es Unternehmen gelingen, das zum Sachkapital komplementäre Humankapital zu attrahieren. Wenn die **Steuerinzidenz** und die **Ausgabeninzidenz** in einem vernünftigen Verhältnis zueinander stehen, ist eine nennenswerte Kapitalflucht aus steuerlichen Gründen unwahrscheinlich. Insofern ist nicht zu erwarten, dass der Steuerwettbewerb zu einem unbeschränkten Wettlauf hin zu niedrigen Steuersätzen führt, zu einem "Race to the Bottom".
- Probleme eigener Art bilden dagegen die steuerinduzierte Verlagerung des Wohnsitzes und damit der Bemessungsgrundlage in das benachbarte Ausland bei Beanspruchung aller öffentlichen Leistungen des Heimatlandes oder die Steuerflucht bei den persönlichen Kapitalerträgen (**Luxemburg-Fall**) sowie unfaire Steuerpraktiken durch steuerliche Privilegierung ausländischer Investoren gegenüber inländischen (**Irland-Fall**). Hier sind EU-weite Regelungen sinnvoll, z.B. die Festlegung eines Mindeststeuersatzes, die Einführung einer Abgeltungssteuer und die Aufstellung eines Verhaltenskodex.

Auch die **Umweltproblematik** hat durch die Globalisierung an Bedeutung gewonnen. Es wird befürchtet, dass sie zum „Ökodumping“ mit der Folge weltweit sinkender Umweltqualität führen wird.

- Es ist richtig, dass sich energieintensiv arbeitende Unternehmen dem Zugriff des Ökosteuer-Fiskus durch Abwanderung ins Ausland entziehen können; für den Klimaschutz wäre kaum etwas gewonnen, Arbeitsplätze würden verloren gehen. Das heißt aber zunächst einmal nur, dass eine **nationale Vorreiterrolle**, wie sie hierzulande immer wieder angeregt wird, **nur in Maßen** in Betracht kommen kann. Nationale Umweltpolitik darf die Unternehmen am heimischen Standort nicht wettbewerbsunfähig machen.

- Die Regierung muss deshalb alles tun, um andere Länder, in der Europäischen Union und darüber hinaus, für ein Nachziehen zu gewinnen. Solange gemeinsame Fortschritte mit einer nennenswerten Anzahl von Industrie- und Entwicklungsländern beim Klimaschutz nicht erreicht werden, muss das **Produzierende Gewerbe** von der Ökosteuer oder anderen Umweltsteuern **ausgenommen** werden. Die Ökosteuer muss statt dessen **vorrangig** auf die **privaten Haushalte und den privaten Verkehr** als ebenfalls wichtige Verursacher von Schadstoffemissionen zielen, d.h. bei den Endverbrauchern von Umwelt ansetzen.

- Auch in der Umweltpolitik gilt der Satz: "There is no free lunch". Ökonomisch gesehen findet ein normaler Tauschvorgang statt: Man bekommt etwas, nämlich die bessere Umweltqualität, nur gegen Verzicht auf etwas, das sonst möglich wäre, d.h. mehr Konsum nach Menge und Qualität. Für die Arbeitnehmer kommt die Traglast der Ökosteuer darin zum Ausdruck, dass sie der verbesserten Umwelt willen sich mit niedrigeren Löhnen zufrieden geben müssen als sonst. Fehlt hingegen die Bereitschaft zur Minderung von Einkommensansprüchen, so entsteht mehr Arbeitslosigkeit. Die Ursache ist dann freilich nicht die Globalisierung, sondern ein lohnpolitisches Fehlverhalten. So etwas gab es nach dem ersten Ölpreisschock 1973-74 mit der sog. „Kluncker-Runde" im öffentlichen Dienst.[16]

Was die **internationalen Finanzmärkte** anbelangt, so ist richtig, dass es dort zu Turbulenzen kommen kann, die realwirtschaftliche Blessuren hinterlassen, wie dies am Ende der 1990er Jahre geschehen ist. In gewisser Weise liegt ein „Herdenverhalten" vor, bei dem hausgemachte Fehlentwicklungen zu lange unbeachtet bleiben; bei irgendeinem Anlass brechen panikartige Reaktionen aus, die sich wie ein Flächenbrand auf andere – auch stabile – Re-

[16] Heinz Kluncker war Vorsitzender der Gewerkschaft Öffentlicher Dienst, Transporte, Verkehr ÖTV (1964-82). Damals verweigerten sich er und andere Gewerkschaftsführer der ökonomisch zwingenden Vorgabe, dass die drastische Verteuerung der Ölimporte und die dadurch bedingte erhebliche Verschlechterung des realen Austauschverhältnisses mit dem Ausland den Verteilungsspielraum für Reallohnerhöhungen im Inland beträchtlich verkleinert hatten. Die ÖTV setzte mit Druck durch Streik Tariflohnsteigerungen in der Größenordnung von 11 vH durch, worauf es in den meisten anderen Branchen zu ähnlichen Abschlüssen kam. Angesichts eines Anstiegs des Verbraucherpreisniveaus um 7 vH, erhöhten sich die Reallöhne um 4 vH. Das war nicht nur deutlich mehr, als dem Produktivitätsfortschritt entsprach (2,7 vH) und mit Konstanz der Lohnstückkosten vereinbar gewesen wäre, sondern auch zu viel nach Berücksichtigung des negativen Terms-of-Trade Effekts (-2,1 vH), wie es zu dem Ziel eines hohen Beschäftigungsstandes gepasst hätte. Vgl. Sachverständigenrat, JG 1974/75, Ziffern 131ff. Dieser gravierende Fehler in der Tariflohnpolitik markiert in der alten Bundesrepublik den Übergang von einer Vollbeschäftigungsökonomie zu einer Unterbeschäftigungsökonomie.

gionen ausbreiten können.[17] Dies wirft die Frage auf, wie effizient die Kapitalmärkte sind und welches Gewicht „rationale Erwartungen" haben. Die Antwort kann allerdings nicht darin liegen, internationale Kapitalströme zu beschränken. Sie liegt vielmehr in einer Wirtschaftspolitik, die die Erwartungen langfristig stabilisiert und die Märkte mit besseren Informationen versorgt, so dass Fehlinvestitionen aufgrund wirtschaftspolitischer Fehler die Ausnahme werden.

Die Turbulenzen an den internationalen Finanzmärkten haben nämlich in der Regel eine Vorgeschichte in einzelnen Ländern: zu viel Inflation, zu hohe Budgetdefizite, eine starre Wechselkursfixierung, zu große Leistungsbilanzdefizite, zu kurze Laufzeiten bei Auslandskrediten, eine zu geringe Effektivität der Bankenaufsicht, zu viel Spekulation – von institutionellen Defekten und politischen Instabilitäten ganz abgesehen. Wenn die Finanzmärkte die Anlagerisiken neu bewerten, suchen sie monetäre Qualität. Das kann eine massive reale Aufwertung der harten Währungen zur Folge haben, z.B. früher der D-Mark, worunter Produktion und Beschäftigung leiden. Aber dies ist nicht zu ändern, und die Regel ist das ohnehin nicht. Auf Dauer lösen sich die Finanzmärkte nicht von den ökonomischen Fundamentalfaktoren. Also müssen diese in den Ländern, in denen vorher eine Vertrauenskrise entstanden war, in ein Gleichgewicht gebracht werden.

Diese Ausführungen lassen ein **Fazit** zu. Die Globalisierung diszipliniert die Wirtschaftspolitik, macht sie aber nicht ohnmächtig. Der Zwang zu mehr Rationalität in der Wirtschaftspolitik bedeutet Zwang zu sachgerechtem Handeln, in den Worten dieses Kapitels zu mehr Ordnungspolitik, Regelbindung der Wirtschaftspolitik und zu mehr Angebotspolitik. Zentral ist die Schaffung guter Rahmenbedingungen für die wirtschaftliche Dynamik mit unternehmerischen Investitionen in rentable Arbeitsplätze.[18] Bei Fehlentwicklungen hilft nur eine konsequente Ursachentherapie statt einem Kurieren am Symptom. Im Übrigen kann der Staat weniger als in der Vergangenheit zugunsten mächtiger Partikularinteressen subventionieren, protegieren und umverteilen und nach Belieben in wirtschaftliche Abläufe intervenieren.

Hier liegt auch eine Chance für die Wirtschaftspolitik, denn der von außen intensivierte Druck erhöht die politischen Spielräume der Entscheidungsträger zu einer rationalen Wirtschaftspolitik, d.h. zu einer Wirtschaftspolitik, die das Gemeinwohl im Blick hat. Mit dem Hinweis auf die Globalisierung können Politiker – und Bürokraten – die Wünsche von Interessengruppen

---

[17] Vgl. Donges (1999) und die dort angegebene Literatur.

[18] In diese Richtung weisen auch empirische Wirkungsanalysen, die Schulze und Ursprung (1999) auswerten. Vgl. auch Kleinert u.a. (2000).

leichter zurückweisen, ohne dass die Wiederwahlchancen dann zunichte gemacht werden (Kapitel IV). Die Globalisierung übernimmt so die Rolle des Sündenbocks, der unliebsame Veränderungen erzwingt.

Globalisierter Wettbewerb ist jetzt auch Wettbewerb der Wirtschaftspolitik. Effizienz wird eingefordert. Schlechte Politik wird bestraft, z.B. durch Kapitalabfluss, Auswanderung von Fachkräften, Risikoprämien bei den Zinsen, übermäßige reale Wechselkursschwankungen. Dagegen wird gute Politik belohnt, z.B. durch die Bereitschaft des Einzelnen zur Selbständigkeit, durch Kapitalzuflüsse aus dem Ausland, durch dauerhaft niedrigere Zinsen, durch einen stabilen Außenwert der Währung.

D. Internationale Koordinierung der Wirtschaftspolitik?

Eine mögliche Antwort auf die wirtschaftspolitischen Herausforderungen durch die Globalisierung besteht darin, Wirtschaftspolitik international zu koordinieren. Regierungen verschiedener Länder arbeiten zusammen, um bestimmte Probleme zu lösen. Dies ist ein Dauerthema in der angewandten Wirtschaftspolitik, seitdem im Jahre 1975 auf Initiative von Präsident Giscard d'Estaing und Bundeskanzler Helmut Schmidt auf Schloss Rambouillet bei Paris der sog. **Weltwirtschaftsgipfel** der sieben führenden Industriestaaten eingerichtet wurde.[19] Internationale Politikkoordination kann **Verschiedenes** bedeuten, und wird sowohl in der Wissenschaft als auch in der angewandten Wirtschaftspolitik unterschiedlich interpretiert. Zunächst macht es Sinn, die unterschiedlichen Formen der Koordination zu systematisieren. Von Bedeutung sind vor allem folgende Aspekte:

- Die **Ebene der Koordinierung**: Zu unterscheiden sind die Zielebene, die konzeptionelle Ebene und die instrumentelle Ebene. Auf der Zielebene werden die mit der Politikkoordination angestrebten Ziele festgelegt. Beispielsweise kann das Ziel darin bestehen, Inflation (oder Deflation) gemeinsam zu bekämpfen. Auf der konzeptionellen Ebene wird eine langfristige Strategie festgelegt. Auf der instrumentellen Ebene ist z.B. über Zinsanhebungen (bei Inflation) oder Zinssenkungen (bei Deflation) und/oder über Interventionen am Devisenmarkt zur Beeinflussung der Wechselkursentwicklung zu entscheiden.

- **Fallweise Abstimmung** der nationalen makroökonomischen Politiken versus **grundsätzliche Abstimmung** über die gesamtwirtschaftlichen

[19] Vgl. Wagner (1991) sowie Hajnal (1999).

Rahmenbedingungen: Zieht man die hier vorgestellten Begriffspaare heran, so ist die fallweise Abstimmung eher ein Beispiel für einen Prozess der diskretionären Koordinierung. Es herrscht eine kurzfristige Sichtweise vor, die Politik ist eher nachfrageorientiert, mithin Prozesspolitik. Hingegen kann – muss aber nicht – eine grundsätzliche Abstimmung eher regelorientiert ausgestaltet sein. Die Sichtweise ist eher mittelfristig. Die Wirtschaftspolitik ist im Grundsatz dann angebotsorientiert, also eine internationale Ordnungspolitik. Blitzaktionen zur Wechselkurskoordinierung wie die koordinierten Stützungskäufe zugunsten des Euro im Herbst 2000 fallen unter die erste Kategorie, während die Ausgestaltung der Welthandelsordnung als langfristig und umfassend ausgestalteter Vertrag oder internationale Klimaschutzaktivitäten zur zweiten Kategorie zählen.

- **Institutionelle Verankerung** versus **lose Zusammentreffen:** Internationale Koordinierung der Wirtschaftspolitik kann institutionell fest verankert sein, wie dies z.B. im Bereich der Handelspolitik geschehen ist. Die WTO ist eine internationale Organisation, innerhalb derer über sämtliche Fragen der Welthandelsordnung diskutiert und für alle Mitglieder Verhaltensregeln bindend entschieden werden. Informelle Treffen von Regierungsmitgliedern der Industrieländer zur Diskussion makroökonomischer Ereignisse beispielsweise finden unregelmäßig statt und haben in der Regel keine bindende Wirkung. In der Mitte sind die Jahrestagungen der sog. **G-7** angesiedelt. Die Gruppe der sieben größten Industrienationen besteht aus den Vereinigten Staaten, Japan, Deutschland, Frankreich, Großbritannien, Italien und, ab 1976, Kanada Im Jahre 1999 kam mit Russland das achte Mitgliedsland hinzu.[20] Seither gibt es die **G-8**. Es handelt sich um ein einmal jährlich stattfindendes Treffen der jeweiligen Staats- und Regierungschefs, das längst nicht mehr auf wirtschaftspolitische Fragen begrenzt ist. So werden bereits seit langem neben wirtschaftspolitischen Fragen z.B. neben der Handelspolitik, der Währungspolitik, der Entwicklungspolitik und der Umweltschutzpolitik zunehmend auch Fragen der allgemeinen Politik behandelt. Darunter fallen z.B. die Sicherheit zwischen den Nuklearmächten, die Befriedigung bei regionalen Konflikten und Kriegen, sowie die Bekämpfung des internationalen Terrorismus, des

[20] Russland zählt nicht zu den führenden Industriestaaten. Gemessen am Pro-Kopf-Einkommen, der Produktionsstruktur, der Spezialisierung im Außenhandel und dem Stand der wirtschaftsnahen Infrastruktur ist dieses Land ein Entwicklungsland. Dass es in die G-7 einbezogen wurde, dürfte vor allem aus sicherheitspolitischen Überlegungen geschehen sein. (Gemeint ist das enorme militärische Nuklearpotential zu kontrollieren, das die ehemalige Sowjetunion hinterlassen hat).

Drogenhandels und der Korruption.[21] Die Ergebnisse der jährlichen Treffen werden in offiziellen Dokumenten festgehalten. Diese haben allerdings regelmäßig eher den Charakter einer salbungsvollen Absichtserklärung als einer ernsthaften wirtschaftspolitischen Agenda. Die Absprachen werden von den Unterzeichnern entweder gar nicht oder nur unvollkommen und mit mehr oder weniger großen Verzögerungen umgesetzt. Die Gipfeltreffen zeichnen sich vor allem als ein großes Medienspektakel aus.

Unabhängig von der konkreten Ausgestaltung werden von Politikern zunehmend Hoffnungen in die internationale wirtschaftspolitische Koordinierung gelegt. Ob diese Hoffnungen berechtigt sind, muss eine Analyse der Argumente für und gegen internationale Koordinierung der Wirtschaftspolitik zeigen.

Für die Koordinierung sprechen folgende Argumente:

- **Grenzüberschreitende Probleme**, z.B. im Umweltschutz können durch abgestimmtes Verhalten vermieden werden. Beispielsweise könnten sich sämtliche Anrainerstaaten eines Flusses an den Reinigungskosten im Oberlauf beteiligen, so dass nicht einzelne Länder allein dafür aufkommen müssen. Es würden negative externe Effekte verursachungsgerecht zugeordnet, gleichsam als Ergebnis einer Verhandlungslösung (Abschnitt III.2.C). Ein typisches Gefangenen-Dilemma, indem sich die Anrainerstaaten gegenseitig verantwortlich machten, aber keine Anstrengungen zur Lösung des Problems unternähmen, könnte so vermieden werden.

- **Internationale Koordination kann Abwertungswettläufe vermeiden helfen**. Inflation in einem Land bewirkt eine reale – und im Falle flexibler Wechselkurse auch nominale – Aufwertung der Währungen stabilitätsbewusster Länder. Diese Länder reagieren möglicherweise ihrerseits mit Abwertungsversuchen und nehmen dafür eine höhere Inflation in Kauf. Auf diese Weise kommt es zu einem weltweiten Abwertungswettlauf, der auch als „beggar-thy-neighbour-Politik“ bezeichnet wird. Vermutlich kann er nur über eine ebenfalls weltweit wirkende Stabilisierungsrezession beendet werden. Alle stellen sich schlechter. Durch internationale Politikkoordinierung könnte, so die Erwartung, dies vermieden werden.

- **Nationale Fehlentwicklungen, z.B. in Form beschleunigter Preisniveausteigerungen oder überbordender Defizite in den öffentlichen**

[21] Für eine Übersicht über alle Treffen, alle Themen und sämtliche offiziellen Dokumente der G-7 bzw. G-8 vgl. die Homepage der G-8 Research Group an der University of Toronto (http://www.g7.utoronto.ca/).

Haushalten, können mit internationaler Hilfe möglicherweise besser korrigiert werden. Das Ausland, vertreten durch andere Länder oder Internationale Organisationen (wie der Internationale Währungsfonds, die Weltbank oder die Europäische Zentralbank), kann der Regierung des Landes die Argumente für auch unpopuläre Maßnahmen liefern. Durch die internationale Koordinierung wird ein Sündenbock geschaffen (vgl. Abschnitt IV.5).

- **Große Länder** haben die Möglichkeit, mit Hilfe internationaler Politikabstimmung eigene wirtschaftspolitische Ziele zu verwirklichen. Sie versuchen, Einfluss auf andere auszuüben, wenn sie ihre binnenwirtschaftlichen Ziele zu verwirklichen versuchen. Zum Beispiel könnten in international koordinierten Umweltschutzbemühungen große Länder laxe Standards durchsetzen, um kurzfristige hohe Zuwachsraten des Bruttoinlandsprodukts erzielen zu können. Allerdings ist dies kein echter gegenseitiger Vorteil der internationalen Politikkoordination.

Gegen die Koordinierung von Wirtschaftspolitik sprechen:

- die unterschiedlichen makroökonomischen **Zielvorstellungen**. Dies gilt zumindest bezogen auf die relative Gewichtung von makroökonomischen Zielen;
- die unterschiedlichen wirtschaftspolitischen **Konzeptionen**. Dies bezieht sich besonders auf die Rolle der Angebotspolitik im Verhältnis zur Nachfragesteuerung;
- die unterschiedlichen **Instrumentarien**. Hier ist insbesondere der Policymix von Geld- und Fiskalpolitik gemeint;
- die unterschiedlichen **Wirkungsverzögerungen** von Politikmaßnahmen, insbesondere der Nachfragesteuerung. Diese sind zu einem guten Teil durch die institutionellen Bedingungen und Verhaltensweisen der Wirtschaftssubjekte bedingt, sind nicht vorhersehbar und lassen sich nicht vereinheitlichen;
- das Problem der Verhaltensunsicherheit auch bei Politikkoordinierung. Dadurch droht ein **Gefangenendilemma**: Jedes Land kann versuchen, durch egoistisches, d.h. nichtkooperatives, Verhalten seine Position auf Kosten der anderen Länder, die wirklich kooperieren, zu verbessern. Im Ergebnis entsteht ein Nash-Gleichgewicht;
- die Gefahr von **Kartelllösungen**, z.B. in Form von Protektionismus. Solches Kartellverhalten hätte zur Folge, dass die Faktorallokation national

und weltweit verzerrt wird. Durch die Verletzung der dritten und vierten Marginalbedingung entstehen Einbußen an sozialer Wohlfahrt;

- der Verlust der Möglichkeit, **verfehlte wirtschaftspolitische Strategien durch den Wettbewerb zu korrigieren**. Man kann auch aus besseren Erfahrungen anderswo lernen. Wettbewerb in diesem Zusammenhang schließt sowohl den Wettbewerb auf Waren- und Dienstleistungsmärkten als auch den Systemwettbewerb mit ein.

Daraus leiten sich **unabdingbare Grundsätze** für die internationale Koordinierung der Wirtschaftspolitik ab. Eine internationale Politikkoordinierung sollte man nur in Betracht ziehen, wenn **externe Effekte**, sog. "spillovers", vorliegen **und** wenn gleichzeitig die **Vorteile** aus der Koordinierung größer sind als die Koordinierungskosten. Außerdem müssen die Koordinierungsgewinne einigermaßen sicher sein. Wenn diese Anforderungen erfüllt sind, kann internationale Politikkoordination wohlfahrtssteigernd sein. Henning Klodt (1999) hat die Anforderungen in ein Vier-Quadranten-Schema übersetzt, auf dessen Ordinate die Größe der Spillovers und auf dessen Abszisse die Höhe der Unsicherheit abgetragen ist (vgl. Abbildung V.5).

Abbildung V.5: Internationale Koordinierung der Wirtschaftspolitik

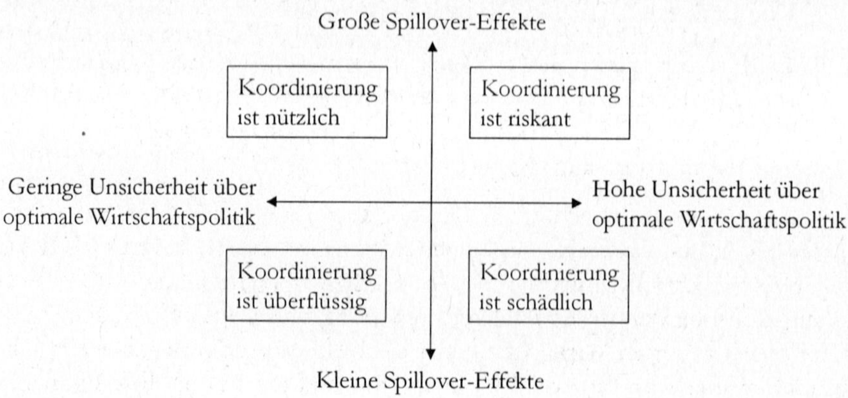

Quelle: Klodt (1999)

Klodt (1999, S. 9-13) hat auf dieser Grundlage drei wirtschaftspolitische Aufgabenfelder identifiziert, in denen die internationale Koordination der Wirtschaftspolitik wohlfahrtssteigernd ist. Es sind dies die Außenhandelspolitik, der Umweltschutz bei globalen Umweltgütern wie dem Klima, sowie die

Wettbewerbspolitik.. Dies sind in der Tat die Bereiche, die in der Fachliteratur weitgehend unumstritten sind.[22]

Im Übrigen gilt das **Subsidiaritätsprinzip**: Was auf nationaler Ebene besser, d.h. effizienter und effektiver zu erledigen ist, sollte auch auf nationaler Ebene geschehen. Gesamtwirtschaftliche Fehlentwicklungen müssen im Sinne der Ursachentherapie soweit wie möglich an der Wurzel bekämpft werden. Eng damit verbunden ist der **Systemwettbewerb**, d.h. der Wettbewerb der Wirtschaftspolitischen. Dieser sollte, wo immer sinnvoll, stattfinden. Wenn nach dem Vier-Quadranten-Schema internationale Koordinierung sinnvoll wäre, würde sie dann idealerweise aus Mindestregeln zuzüglich der Anwendung des Ursprungslandprinzips bestehen. Dies bedeutet aber nicht, dass in Regulierungsfragen ein "competition in laxity" stattfinden sollte, wie von Gegnern des Systemwettbewerbs immer wieder befürchtet wird. Politikkoordination kann auch darin bestehen, sich darüber auszutauschen, was die Wirtschaftspolitik von anderen Ländern lernen kann. Dies nennt man **Bench-marking** oder "'"". Bei diesem Ansatz ist allerdings genau zu prüfen, ob und inwieweit die institutionellen Voraussetzungen, die zum Erfolg einer bestimmten Regulierung usw. in einem Land geführt haben, auch in anderen Ländern gegeben sind. Insofern sind ex-ante Harmonisierungsbemühungen mit Hilfe des "best practice"-Ansatzes wirtschaftspolitisch gefährlich, weil sie zwar kurzfristig auf den Wettbewerb als Entdeckungsverfahren setzen, sich dann aber für lange Zeit festlegen. Wie in den Kapiteln III und IV beschrieben, kann eine einmal festgelegte Regulierung für sehr lange Zeit bestehen bleiben, selbst wenn ihre Notwendigkeit bzw. Überlegenheit anderen Systemen gegenüber nicht mehr besteht. Mit Hilfe des Wettbewerbs und der Zementierung ihrer Ergebnisse in internationalen Koordinierungsversuchen wird Wettbewerb dann langfristig ausgeschaltet.

Das alles gilt auch für eine Politikkoordinierung zwischen Ländern, deren Volkswirtschaften funktional miteinander verzahnt sind. Das Beispiel ist die **Europäische Union**. Auch hier ist eine Politikkoordination, analog zur Vergemeinschaftung nationaler Politiken, nur nötig und sinnvoll bei grenzüberschreitenden externen Wirkungen, einerlei ob positive oder negative. Im Übrigen kann jedes Land über die Finanzpolitik und die Lohnpolitik selbst bestimmen und damit in den Wettbewerb mit den anderen Mitgliedsländern treten, ohne dass dadurch der Integrationsprozess gefährdet wird. Der **Makroökonomische Dialog**, der auf dem EU-Gipfel in Köln Mitte 1999 ein-

---

[22] Nur in der Frage einer internationalen Koordinierung der Wettbewerbspolitik gibt es auch die Auffassung, dass diese weitgehend unnötig ist (Freytag und Zimmermann 1998). Eine Zusammenfassung der Diskussion darüber findet sich in Klodt (2000).

geführt wurde, kann für einen Informations- und Erfahrungsaustausch zwischen den Politikträgern, d.h. den Regierungen, den Tarifvertragsparteien, der Europäischen Zentralbank und der Europäischen Kommission, das "bench-marking" befördern. Er wäre jedoch fehlspezifiziert, wenn er einer prinzipiellen Politikkoordination, einer Art europäischen Makropolitik Vorschub leistet. Das liefe auf eine nicht sachgerechte Zentralisierung und eine Verwischung von Verantwortlichkeiten – eine Verletzung des Assignment-Prinzips – hinaus.

VI. Europäische Integration und nationale Wirtschaftspolitik

1. Wirtschaftspolitik in einem sich verändernden Europa: Grundsätzliche Erwägungen

Ausführungen zur Wirtschaftspolitik in Deutschland sind ohne eine Betrachtung der Europäischen Union (EU) unvollständig. Deshalb haben wir in den vorausgegangenen Kapiteln dieses Lehrbuchs wiederholt europäische Bezüge hergestellt. In diesem, dem letzten Kapitel, sollen die wesentlichen Zusammenhänge systematischer dargestellt werden.

Seit der Gründung der Europäischen Wirtschaftsgemeinschaft im Jahre 1957 sind für die nationale Wirtschaftspolitik nach und nach Daten gesetzt worden, die deren Handlungsspielräume einschränken oder zumindestens merklich verändern. Dabei ist diese Veränderung keineswegs schockartig vollzogen worden. Es ist vielmehr wichtig festzuhalten, dass die europäische Integration ein Prozess ist, der einen langen Zeitraum in Anspruch genommen hat und der zum gegenwärtigen Zeitpunkt keineswegs abgeschlossen ist.

Aus Sicht der nationalen Regierungen der Mitgliedsländer der Europäischen Union ist die europäische Integration in ihren wirtschaftspolitischen Details sowohl endogen als auch exogen. Endogen ist sie insofern, als dass die Regierungen bei den Beratungen über die Ausgestaltung der Union ihren Einfluss haben geltend machen können und dies auch weiterhin tun werden. Allerdings ist zu erwarten und hat sich auch herausgestellt, dass die Rahmenbedingungen in der Europäischen Union immer Kompromisse darstellen; selten gelingt es einem Land, sich vollends mit seinen Vorstellungen zur Wirtschaftspolitik durchzusetzen, es sei denn, alle Mitgliedsländer haben gleiche oder ähnliche Vorstellungen. Sobald Details der europäischen Rahmenbedingungen feststehen, sind sie für die nationale Wirtschaftspolitik weitgehend exogen. Sie sind in der Regel bindend und schränken den Entscheidungsspielraum der Regierung insofern ein. In manchen Politikbereichen ist die nationale Zuständigkeit vollends aufgelöst worden. Nur im Rahmen des Europäischen Rates bzw. des Ministerrates kann eine Regierung noch Einfluss auf die Entscheidungen nehmen.

Dies hat gerade für die Wirtschaftspolitik erhebliche Konsequenzen. Zwar haben sich die Ziele der Wirtschaftspolitik, d.h. Stabilität des Preisniveaus, hoher Beschäftigungsstand, stetiges und angemessenes Wachstum sowie außenwirtschaftliches Gleichgewicht, durch die europäische Integration nicht geändert. Allerdings sind die Träger der Wirtschaftspolitik teilweise andere, als sie es bei alleiniger nationaler Zuständigkeit wären. Somit stellt sich das Assignment-Problem neu. Generell kann man Politiken danach unterscheiden, wie die Zuständigkeiten[1] zugeschnitten sind:

- alleinige nationale Zuständigkeit (Finanzpolitik, Lohnpolitik, Bildungspolitik),
- alleinige Zuständigkeit bei der EU (Geld- und Währungspolitik, Außenhandelspolitik, Agrarpolitik),
- überlappende Zuständigkeiten (Technologiepolitik, Wettbewerbspolitik, Umweltpolitik).

Die ersten beiden Fälle sind die Idealfälle. Die Assignment-Regel nach Tinbergen (1952), wonach jedes Ziel mit einem Mittel von einem Träger der Wirtschaftspolitik zu erreichen versucht wird, wird eingehalten.[2] Schwieriger gestaltet sich die Wirtschaftspolitik bei überlappenden Zuständigkeiten. So wird Technologieförderung sowohl von der Europäischen Union als auch von der Bundesregierung und den Regierungen der Bundesländer betrieben, wenn auch unter Berücksichtigung unterschiedlicher Kriterien für die Förderung einzelner Projekte. Dennoch ist die Ratio dieser Überlappung von Zuständigkeiten nicht immer klar. Ob bei einer derartigen Gemengelage die mit der Technologiepolitik verbundenen Ziele erreicht werden können, ist ebenfalls nicht sicher.

Ein Weiteres kommt hinzu. Die Zuständigkeiten für Teilbereiche von Wirtschaftspolitik lassen sich nur theoretisch ganz eindeutig abgrenzen, zumal in der Übergangsphase. Denn die europäische Integration ist ein Prozess, in dem die Zuständigkeiten verschoben werden – von der nationalen auf die supranationale Ebene, von den nationalen zu den supranationalen Behörden. Wie in Kapitel IV ausführlich dargestellt, weisen Behörden als Anbieter von Politik ein hohes Beharrungsvermögen auf. Sie werden ihre Zuständigkeit nur sehr widerwillig aufgeben und sich neue Betätigungsfelder suchen. Die Verschiebung der Zuständigkeiten wird folglich nicht ohne Reibungsverluste vor sich gehen. Möglicherweise droht eine Ausdehnung staatlicher Tätigkeit,

---

[1] Stand Ende 2000. Bis Ende 1998 war die Geld- und Währungspolitik ebenfalls in nationaler Zuständigkeit, allerdings war die Autonomie nationaler Zentralbanken durch die Mitgliedschaft im Europäischen Währungssystem (EWS) eingeschränkt. Faktisch hatte aber die Deutsche Bundesbank eine uneingeschränkte geldpolitische Autonomie, und die D-Mark war zur Leitwährung geworden; dies haben die Märkte unter Bewertung der Qualität der deutschen Stabilitätspolitik so entschieden, institutionell war diese Vorzugsstellung ins EWS nicht vorgesehen.

[2] Die Frage, wie die Zuständigkeiten wirtschaftspolitisch sinnvoll aufgeteilt werden, wird in Abschnitt VI.3 diskutiert.

die ohne ausdrückliche politische Absichtserklärung geschieht. Die europäischen Träger der Wirtschaftspolitik werden dieser Situation nicht tatenlos zusehen. Ihre Reaktion wird vermutlich darin bestehen, dass sie den Integrationsprozess beschleunigen und somit ihre Zuständigkeiten ebenfalls auszudehnen trachten. Insofern ist durch die europäische Integration ein neuer politischer Markt entstanden, auf dem neue Anbieter, z.B. die Europäische Kommission, die alten Anbieter zu verdrängen versuchen. Am Beispiel der Technologiepolitik kann man dies zeigen. Die Europäische Kommission hat während der 1980er und 1990er Jahre recht erfolgreich nationale Technologieministerien bedrängt, und zwar mit attraktiven Politikangeboten, in diesem Falle mit neuen Förder-programmen (Freytag 1995).

Ähnliches gilt für die Nachfrageseite des politischen Marktes. Die europäische Integration mit einem Wechsel der Zuständigkeiten kann aus Sicht von Interessengruppen als ein Schock interpretiert werden, durch den sich sowohl die Anbieter als auch die Inhalte von Politik geändert haben. Interessengruppen verlieren Ansprechpartner und müssen sich neu formieren. Dies spricht zunächst für einen Rückgang des Erfolges dieser Lobbying-Aktivitäten. Gemäß der Logik kollektiven Handelns verschlechtern sich in der Europäischen Union die Möglichkeiten der Konsumenten, sich zu organisieren, relativ zu derjenigen der Produzenten. Letztlich dürfte es den Gruppen, die Regulierung und Protektion verlangen, in der Europäischen Union besser gelingen, ihre Interessen zu artikulieren als zuvor unter nationaler Zuständigkeit der Wirtschaftspolitik. Dazu trägt auch bei, dass innerhalb der europäischen Organe, z.B. Kommission oder Ministerrat, ein erhebliches höheres Potential für Stimmentauschprozesse gegeben ist als in nationalen Parlamenten oder Regierungen.

Auf der anderen Seite darf nicht übersehen werden, dass die europäische Integration ganz im Sinne der in Kapitel IV ebenfalls diskutierten Theorie der wirtschaftspolitischen Reform die Chance bietet, derartige Reformen durchzuführen, da eine Veränderung durch externen Druck offenbar leichter durchgesetzt werden kann. Mit Hilfe der Europäischen Union konnten zahlreiche nationale Regulierungen, deren ökonomische Begründungen im Zeitablauf hinfällig geworden waren, abgeschafft werden. Darunter fällt beispielsweise die Deregulierung des Telekommunikationssektors, der Versicherungswirtschaft und der zivilen Luftfahrt.

Neben diesen politökonomischen Fragestellungen, die durch die europäische Integration aufgeworfen werden, entstehen auch inhaltliche Probleme, wenn nationale Präferenzen in der Wirtschaftspolitik divergieren. Das lange Zeit am heftigsten diskutierte Beispiel ist die Geldpolitik. Während z.B. in Deutschland und in den Niederlanden die Geldwertstabilität seit jeher einen hohen Rang in der Wirtschaftspolitik einnahm und die jeweiligen Notenbanken sich vorrangig der Verwirklichung dieses Ziels verschrieben, war für andere Länder in der Europäischen Union die Geldpolitik auch ein Mittel, die Beschäftigung anzukurbeln, notfalls unter Inkaufnahme von Preisniveausteigerungen. Besonders in Frankreich, und dort vor allem in der Öffentlichkeit, war dies lange der Fall. Geldwertstabilität wurde im Vergleich zur Beschäftigung als nachrangig eingestuft, was es den unterschiedlichen Regierungen erschwerte, die Politikziele Geldwertstabilität und hoher Beschäftigungsstand mit verschiedenen Mitteln anzusteuern. Erst im Laufe der 1980er Jahre setzte ein stabilitätspolitischer Konvergenzprozess ein, der zu einer steigenden Geldwertstabilität in der EU und schließlich zum Statut der Europäische Zentralbank mit vorrangiger Orientierung am Ziel der Preisniveaustabilität führte. Die französischen Regierungen konnten im Zuge dieses Prozesses bei ihrem Versuch, das Assignment mit Blick auf die Geldpolitik einzuhalten, immer wieder auf die Grenzen, die ihrer eigenen geldpolitischen Autonomie durch das EWS im Allgemeinen und die Deutsche Bundesbank im Besonderen gesetzt wurden, verweisen. Damit hatten sie einen externen „Sündenbock" für einen wirtschaftspolitischen Reformprozess im Inland gefunden.[3]

2. Zu den Entscheidungsstrukturen in der EU

Die Mitgliedstaaten der Europäischen Union sind recht heterogen, was Größe und wirtschaftliche Stärke angeht. Nicht zuletzt deshalb ist es sehr schwierig, die unterschiedlichen Interessen der 15 Mitgliedsländer der EU auszu-

---

[3] Gleichwohl blieben Konflikte zwischen den EWS-Mitgliedsländern nicht aus. Namentlich Frankreich beklagte, durch die stabilitätsorientierte Wirtschaftspolitik Deutschlands an einer zu den eigenen binnenwirtschaftlichen Anforderungen passenden expansiveren Geldpolitik und Finanzpolitik gehindert zu sein und bei Neufestsetzungen der offiziellen Leitkurse ("Realignments"), die sich angesichts unterschiedlicher Inflationsraten als unausweichlich erwiesen (von 1979 bis 1987 elfmal) die größeren Anpassungslasten aufgebürdet bekommen zu haben. Besonders scharf wurden die Spannungen im EWS Anfang der neunziger Jahre, als die Deutsche Bundesbank zwecks Bekämpfung des Inflationspotentials, das sich nach der deutschen Vereinigung im Inland aufgebaut hatte, unnachgiebig Hochzinspolitik betrieb. Die seit Anfang 1987 unverändert belassenen Leitkurse wurden an den internationalen Finanzmärkten als nicht mehr tragbar angesehen. Das EWS geriet unter beispiellos heftige spekulative Attacken, Großbritannien und Italien schieden aus dem Währungsverbund aus, Spanien, Portugal und Irland mussten ihre Währungen kräftig abwerten und die Deutsche Bundesbank sah sich genötigt, massiv am Devisenmarkt zur Stützung des französischen Franc zu intervenieren. Am 2. August 1993 wurde das EWS in seiner ursprünglichen Form suspendiert und faktisch in ein System flexibler Wechselkurse überführt (durch die erhebliche Vergrößerung der Bandbreite für zulässige Wechselkursschwankungen von ± 2,25 vH auf ± 15 vH). Die seit 1987 seitens der Politik erzwungene Tabuisierung von Realignments ist im ökonomischen Sinne Politikversagen.

gleichen und kollektive Entscheidungen zu fällen. Diese Schwierigkeiten werden mit der geplanten Erweiterung der Union um bis zu zwölf Länder zunehmen.[4] Deshalb müssen die Entscheidungsstrukturen so ausgestaltet sein, dass sie zum Einen klare, eindeutige und schnelle Beschlüsse erlauben und zum Anderen die Interessen der einzelnen Mitglieder angemessen berücksichtigt werden. Es hat sich in der Vergangenheit gezeigt, dass die EU nur dann zu tragfähigen Entscheidungen fähig ist, wenn dieser Interessenausgleich gelingt. Insofern ist die Europäische Union ein typisches Beispiel für die in Kapitel II diskutierten Unmöglichkeit, widerspruchsfreie kollektive Entscheidungen herbeizuführen.

Im Folgenden werden die wichtigsten Entscheidungsträger der EU und ihre Kompetenzen überblicksartig vor dem Hintergrund des Einflusses auf die Wirtschaftspolitik dargestellt.[5] Zunächst zu nennen ist der **Rat der Europäischen Union**, der aus Vertretern der nationalen Regierungen besteht. Je nach Sachgebiet sind dies die Staats- und Regierungschefs oder unterschiedliche Ressortminister. Eine besonders große Bedeutung hat der ECOFIN-Rat, dem die Wirtschafts- und Finanzminister der Mitgliedstaaten angehören. Dort kommen nahezu alle Aspekte der Wirtschaftspolitik, die von gemeinsamem Interesse sind, zur Sprache, und sie führen, falls ein Handlungsbedarf besteht, zu konkreten Entscheidungen. In den Bereichen, die nicht explizit in die Zuständigkeit der EU gewandert sind, werden keine Entscheidungen gefällt. In den anderen Bereichen hat der Rat die Gesetzgebungskompetenz, er ist das Gesetzgebungsorgan der EU. Außerdem ist der Rat für den Haushalt der EU zuständig. Diese beiden Funktionen übt der Rat in vielen Bereichen gemeinsam mit dem **Europäischen Parlament** aus. Das Parlament kontrolliert überdies die **Europäische Kommission**.

Die Kommission ist „Hüterin der Verträge", was konkret bedeutet, dass sie die Umsetzung der durch den Rat beschlossenen Gesetzesvorhaben in nationales Recht kontrolliert. Dies ist ökonomisch sehr bedeutsam, wie sich an-

---

[4] Seit 1998 führt die Europäische Union Beitrittsverhandlungen mit fünf mittel- und osteuropäischen Staaten (Polen, Tschechien, Slowenien, Ungarn, Estland) sowie mit zwei Mittelmeerländern (Malta, Zypern). Anfang 2000 wurden Verhandlungen mit fünf weiteren Ländern Mittel- und Osteuropas aufgenommen (die Slowakei, Bulgarien, Rumänien, Litauen, Lettland). Aufgrund eines Beschlusses des Europäischen Rates der Staats- und Regierungschefs ist die Beitrittsfähigkeit an die Erfüllung bestimmter politischer, ökonomischer, rechtlicher und institutioneller Kriterien („Kopenhagener Kriterien") geknüpft. Die ökonomischen Kriterien verlangen von den Beitrittsländern u.a. die Errichtung einer funktionstüchtigen marktwirtschaftlichen Ordnung mit freiem Wettbewerb.

[5] Siehe auch die Homepage der Europäischen Union, hier speziell: http://www.europa.eu/inst-de.htm.

hand folgender Überlegungen zeigt: Zunächst sei angenommen, der Rat beschließe eine Maßnahme zur Deregulierung eines Sektors im Binnenmarkt. Diese sei innerhalb eines bestimmten Zeitraumes umzusetzen. Für nationale Regierungen besteht möglicherweise der Anreiz, die Umsetzung zu verzögern oder zu verwässern. Dann muss die Kommission eingreifen und diese Regierung zur Umsetzung einfordern oder, wenn dies nicht hilft, vor dem **Europäischen Gerichtshof** verklagen. Ein berühmter Fall ist das sog. Cassis-de-Dijon Urteil des Gerichts, in dem die deutsche Bundesregierung dazu aufgefordert wurde, ihre mit dem Verbraucherschutz begründete Nichtzulassung des so bezeichneten französischen Likörs auf den deutschen Markt aufzugeben. Ähnlich ist ein zweiter möglicher Fall gelagert, in dem anstelle der Ausländerdiskriminierung, z.B. des französischen Getränkeherstellers auf dem deutschen Markt, eine Inländerdiskriminierung stattfindet. Werden vom Europäischen Rat bestimmte Rechte der Bürger eingeführt, aber von nationalen Regierungen nicht umgesetzt, so wird wiederum die Europäische Kommission tätig.

Daneben hat die Kommission die Kompetenzen für die gemeinsame Außenhandelspolitik und vertritt die EU auf dem Gebiet der internationalen Handelspolitik, WTO-Verhandlungen über Marktöffnung eingeschlossen. Wichtig ist außerdem, dass die Kommission das Initiativrecht in allen Fragen von EU-weiter Bedeutung innehat. Hiervon macht sie regen Gebrauch. Sämtliche Gesetzestexte werden von ihr vorbereitet. Als Fazit bleibt festzuhalten, dass die Europäische Kommission eine zentrale Rolle in der Wirtschaftspolitik der EU spielt.

Erwähnenswert ist überdies der **Europäische Rechnungshof**, der das Ausgabengebahren der anderen Entscheidungsträger überprüft. Der jährlich vorgelegt Bericht weist immer wieder spektakuläre Verfehlungen in dieser Hinsicht auf. Wie nationale Rechnungshöfe, ist der Europäische Rechnungshof nur mit geringen Kompetenzen ausgestattet. Er dient vor allem der Informationsbereitstellung (s. Unterabschnitt IV.4.E).

Interessant sind noch die in der Europäischen Union angewandten **Abstimmungsverfahren**. Sie sind in den beiden wichtigsten Entscheidungsorganen – Kommission und Rat – unterschiedlich. Die Europäische Kommission, die sich aus 20 Mitgliedern zusammensetzt,[6] fasst ihre Beschlüsse mit

---

[6] In der EU-15. Die fünf bevölkerungsreichsten Länder (Deutschland, Frankreich, Großbritannien, Italien, Spanien) stellen jeweils zwei Kommissare, die anderen 10 Mitgliedsländer jeweils einen. Auf dem Gipfeltreffen des Europäischen Rats in Nizza (Dezember 2000) wurde beschlossen, dass in Verbindung mit der anstehenden EU-Erweiterung jedes Mitgliedsland nur noch mit einem Kommissar vertreten sein wird. Auf diese Weise soll, so die Erwartung der Staats- und Regierungschefs, die Arbeitsfähigkeit der Kom-

einfacher Mehrheit. Diese Abstimmungsregel deckt sich mit der Rolle der Kommission als einer von den Mitgliedstaaten unabhängigen, nur dem Gemeinschaftsinteresse verpflichteten Institution. Beim Europäischen Rat, die Ebene des EU-Ministerrats eingeschlossen, ist das anders. Hier kommen und sollen auch nach dem EG-Vertrag die nationalen Interessen zur Geltung kommen, natürlich in einer Weise, die den europäischen Integrationsprozess nicht behindern. In der Wirtschaftspolitik sind die Interessen der Mitgliedstaaten nicht immer gleichgerichtet, mitunter divergieren sie fundamental (ähnlich ist es z.B. in der Außenpolitik, in der Verteidigungspolitik oder in der Asylpolitik). Insbesondere in Fragen der Steuerpolitik und der Sozialpolitik ist das der Fall.

Der EG-Vertrag versucht, durch eine differenzierte Stimmengewichtung im Rat, die sich an der Bevölkerungszahl der Mitgliedstaaten orientiert, einen angemessenen Interessenausgleich zu ermöglichen und zwischen großen und kleinen Ländern eine Art „Machtbalance" herzustellen. Die Stimmenverteilung ist wie folgt: Je 10 Stimmen haben Deutschland, Frankreich, Großbritannien und Italien, 8 hat Spanien, fünf entfallen jeweils auf Belgien, Portugal, die Niederlande und Griechenland, je vier auf Österreich und Schweden, je drei auf Dänemark, Finnland und Irland, und zwei Stimmen hat Luxemburg.[7] Je nach Sachgebiet werden die Entscheidungen mit einfacher Mehrheit (44 von 87 Stimmen), qualifizierter Mehrheit (62 Stimmen oder 71,26 vH) oder einstimmig getroffen. Eine **qualifizierte Mehrheit** ist immer dann erforderlich, wenn der Rat einen Beschluss auf Vorschlag der Kommission zu fassen hat. Das **Einstimmigkeitsprinzip** ist bei grundsätzlichen

mission in einer erweiterten Union gewährleistet werden. Aus Gründen der Effizienz wird man vermutlich aber nicht umhin kommen, die Kommission wieder zu verringern und ein Rotationsmodell einzuführen. Vgl. auch Kämpfe und Stephan (2001) .

[7] Nach den auf dem Nizza-Gipfel getroffenen Entscheidungen wird sich die Stimmengewichtung nach vollzogener EU-Erweiterung verändern, die Grundstruktur indes beibehalten. Die Stimmenzahl erhöht sich bei 27 Mitgliedstaaten auf insgesamt 346. Die Spanne zwischen den vier bevölkerungsreichsten Ländern und dem kleinsten (Malta) vergrößert sich (29 zu 3). Bei Beschlüssen mit qualifizierter Mehrheit muss ergänzend mindestens die einfache Mehrheit der Mitgliedstaaten zustimmen. Außerdem ist vorgesehen, dass nach einer mehrheitlichen Abstimmung ein Mitgliedstaat beantragen kann zu prüfen, ob das qualifizierte Abstimmungsergebnis gleichzeitig eine Mehrheit der EU-Gesamtbevölkerung von mindestens 62 vH repräsentiert. Diese Regelung (als „demographisches Sicherheitsnetz" bezeichnet) soll die großen Mitgliedstaaten stärken, sie bedeutet im Nebeneffekt aber auch, dass Deutschland gemeinsam mit zwei der anderen drei großen Mitgliedstaaten jeden Beschluss, der eigenen Interessen zuwiderläuft, blokkieren kann, während jedes der anderen großen Mitgliedstaaten nur mit den anderen drei eine Sperrminorität hätte. Dieses umständliche Verfahren wird eingeführt, weil Frankreich es abgelehnt hat, dass Deutschland direkt ein höheres Stimmengewicht erhält, obwohl nach der Vereinigung die deutsche Bevölkerung um rund 20 Millionen Menschen größer ist als die französische.

Fragen erforderlich (z.B. bei einer Änderung des EG-Vertrages oder der Aufnahme neuer Mitgliedsländer) sowie bei Beschlüssen zu politisch sensitiven Themen (z.B. zur Finanzierung des EU-Gesamthaushalts, zur Steuerharmonisierung oder zu den Rechten der Arbeitnehmer) und wenn der Rat von Kommissionsvorschlägen abweichen will. In allen diesen Fällen hat jedes Mitgliedsland ein Vetorecht. Das Gleiche gilt, wenn ein Mitgliedsland geltend macht, dass eine in Aussicht genommene Ratsentscheidung ein „vitales nationales Interesse" negativ berühren würde; dann entspricht es eingespielten Gepflogenheiten, ebenfalls die Einstimmigkeitsregel anzuwenden, obwohl das im EG-Vertrag nicht vorgesehen ist.

Nicht zuletzt aus diesem Grund hat in der europapolitischen Praxis das Einstimmigkeitsprinzip ein großes Gewicht und drängt das eigentlich im EG-Vertrag (Art. 205) vorgesehene Primat der Mehrheitsentscheidungen zurück.[8]

- Aus ökonomischer Sicht ist das sachgerecht, wenn auf diese Weise der Europäische Rat bzw. die EU-Ministerräte genötigt werden, bei anstehenden wirtschaftspolitischen Entscheidungen die Effizienzkriterien zu beachten. Das setzt voraus, dass das Mitgliedsland, das entschlossen ist, ein Veto einzulegen, in der eigenen Wirtschaftspolitik die marktwirtschaftlichen Ordnungsprinzipien beherzigt.
- Zu einem Problem wird das Einstimmigkeitsprinzip hingegen, wenn das Vetorecht dafür eingesetzt wird, um einen Handlungsbedarf, den es objektiv gibt (z.B. bei grenzüberschreitendem Marktversagen), zu verneinen oder um in einem anderen Bereich für eigene Zwecke die Unterstützung der Partnerländer zu erwirken (im Sinne des Log-rolling, wie im Abschnitt IV.2.D besprochen). Dann kann es zu Anreizstörungen und Allokationsverzerrungen kommen.

Solche Fehlentwicklungen wären bei Mehrheitsentscheidungen natürlich auch nicht auszuschließen. Es gibt nun einmal in der Europäischen Union (noch) nicht eine übergreifende öffentliche Meinung, die in der Ökonomie

[8] Daran hat der Nizza-Gipfel nichts Wesentliches geändert, obwohl seitens der Politik ursprünglich der entschlossene Übergang zu Mehrheitsabstimmungen angekündigt worden war, und zwar nicht nur bei zweitrangigen Fragen. Indirekt ist ein Weg zu mehr institutioneller Flexibilität dadurch geöffnet worden, dass Mitgliedstaaten, die künftig schneller spezifische Integrationsschritte machen wollen als andere, dies tun können (Prinzip der „verstärkten Zusammenarbeit"). Bedingung ist, dass mindestens acht Länder sich dazu bereit finden und dann als Kooperationsgruppe einen „offenen Club" bilden, dem später andere Mitgliedstaaten beitreten können, wenn sie das möchten. In Teilbereichen der Wirtschaftspolitik (z.B. bei der Europäischen Währungsunion oder der Europäischen Sozialcharta) ist nach diesem Prinzip verfahren worden.

europäische Interessen vor nationale Interessen stellt.[9] Geht es aber vorrangig nach nationalen Interessen, so können Mehrheitsabstimmungen Situationen schaffen, bei denen es innerhalb der Union zu größeren Umverteilungen – etwa im Rahmen von Strukturfonds – kommt, die von bestimmten Ländern auch dann zu finanzieren wären, wenn sie das nicht für angemessen halten. Konflikte zwischen den Mitgliedstaaten wären die Folge, dem Integrationsprozess förderlich wäre das nicht. Dies ist zu bedenken, wenn in europapolitischen Diskussionen Klage darüber geführt wird, das Einstimmigkeitsprinzip lähme die weitere wirtschaftliche Integration in Europa.

3. Neue institutionelle Rahmenbedingungen

In diesem Abschnitt werden einige neue Rahmenbedingungen für die Wirtschaftspolitik im Hinblick auf die Reichweite nationaler Kompetenzen etwas detaillierter dargestellt. Eine **klare Einschränkung nationaler Zuständigkeiten** besteht dort, wo wirtschaftspolitische Zuständigkeiten von der nationalen Ebene auf die Gemeinschaftsebene übergegangen sind. Die wichtigsten Bereiche sind die Agrarpolitik (seit 1962), die Außenhandelspolitik (seit 1970) und die Geldpolitik (seit 1999). Die nationalen Entscheidungsträger sind zwar nicht ganz ohne Einfluss, sie müssen diesen aber über die jeweiligen Organe der Gemeinschaft (Rat der Staats- und Regierungschefs oder EU-Ministerrat bzw. den Europäischen Zentralbankrat) geltend machen.

- Eine **Veränderung der Handlungsspielräume** entsteht schon dadurch, dass nach Maßgabe des EG-Vertrages der Rat und die Europäische Kommission die Befugnis haben, Verordnungen und Richtlinien zu erlassen, die verbindlich sind und innerhalb bestimmter Fristen von den Mitgliedstaaten in nationales Recht umgesetzt werden müssen. Länder, die sich hierbei allzu viel Zeit lassen oder gar nicht handeln, laufen Gefahr, vor dem Europäischen Gerichtshof verklagt zu werden, was schon häufiger vorgekommen ist. Auch Deutschland ist oft Gegenstand derartiger Klagen. Um in Bereichen, die für nationale Wirtschaftspolitik bedeutsam sind, mit eigenen Vorstellungen zum Ziel zu kommen, müssen sich die nationalen Entscheidungsträger die jeweiligen Mehrheiten su-

---

[9] Das Europäische Parlament ist keine Volksvertretung im staatsrechtlichen Sinne, in der Bürger an der Hoheitsgewalt beteiligt sind. Eine europäische Verfassung gibt es nicht, einen europäischen Souverän in Form eines europäischen Volkes auch nicht. Das Europäische Parlament ist vielmehr eine Versammlung von gewählten Vertretern gleichberechtigter Mitgliedstaaten, es legitimiert sich demokratisch also über die Nationalstaaten, und es bringt in seinen Entscheidungsprozessen in erster Linie das Identitätsbewusstsein und die Präferenzen der Stimmbürger im jeweiligen Heimatland zum Ausdruck.

chen – in der Regel qualifizierte Mehrheiten – und dafür notfalls weitreichende Konzessionen machen. Am stärksten ist die Verhandlungsposition der Mitgliedsländer auf jenen Gebieten, in denen vom Vertrag her das Einstimmigkeitsprinzip vorgesehen ist. Ob von dem faktischen Vetorecht verantwortungsbewusst, d.h. gemeinschaftsfreundlich Gebrauch gemacht wird oder eigennützig nationale Interessen – auch jenseits der Wirtschaftspolitik – durchgesetzt werden sollen, das ist offen. Die Geschichte der europäischen Integration bietet Beispiele für beides.

- Die Handlungsspielräume für die nationale Wirtschaftspolitik sind in besonderer Weise durch die **Vollendung des europäischen Binnenmarktes** nach Maßgabe der Einheitlichen Europäischen Akte von 1985 betroffen. Um das grundlegende Ordnungsprinzip der Europäischen Union durchzusetzen – das Prinzip einer marktorientierten Wettbewerbswirtschaft–, wurde der Freiheit des innergemeinschaftlichen Warenverkehrs die Freizügigkeit des Kapitalverkehrs zwischen den Mitgliedstaaten, die Niederlassungsfreiheit (für wanderungswillige Personen aus anderen Mitgliedsländern) und die Dienstleistungsfreiheit (für Anbieter aus anderen EU-Ländern) beigegeben. Damit ist Ausländerdiskriminierung untersagt, indes Inländerdiskriminierung möglich bleibt.[10] Die nationalen Regulierungssysteme stehen, unter Beachtung einer europäischen Mindestregulierung im Wettbewerb zueinander. Dies ist die Verwirklichung des Ursprungslandprinzips. In den meisten Ländern, auch in Deutschland, hat das Binnenmarktprogramm die nationale Wirtschaftspolitik genötigt, marktwidrige Regulierungen abzubauen, was unter allokationstheoretischen Gesichtspunkten natürlich ein Vorteil ist. Besonders anschaulich ist dies im Luftlinienverkehr, in der Versicherungswirtschaft und in der Telekommunikation, zuletzt auch in der Energiewirtschaft. Es sind dies übrigens alles Bereiche, die man zur volkswirtschaftlichen Infrastruktur in einem weiteren Sinne zählen kann, so dass es in besonderem Maße darauf ankommt, effiziente Produktionsweisen zu erreichen.

[10] Ein Beispiel dafür ist der Zwang zum Großen Befähigungsnachweis im Handwerk zum Betreiben eines eigenen Handwerkbetriebs, der im Ausland nicht gilt und der damit vor allem Handwerkern in Grenzregionen das Leben schwer macht (Fredebeul-Krein und Schürfeld 1998, S. 141-147). In der Region Köln-Aachen beauftragen zahlreiche Bauherren niederländische Unternehmen, da diese ihre Leistungen zu einem deutlich geringeren Preis als ihre deutsche Konkurrenz anbieten können.

Abbildung VI.1: Funktionsbedingungen der EWU

Europäische Währungsunion

Beitrittskriterien
(Konvergenzkriterien)
ex ante

1. Grad an Preisniveaustabilität
2. Langfristige Zinssätze
3. Wechselkursstabilität im EWS
4. Finanzierungssaldo Staat
5. Schuldenstand Staat

Gemeinsame Geldpolitik
(institutionelle Absicherung)

1. Unabhängigkeit der Europäischen Zentralbank
2. Verpflichtung auf das Ziel der Preisniveaustabilität
3. Euro als Ankerwährung für Nicht-Mitgliedsländer (WKM II, keine stabilitätsgefährdende Interventionspflichten der EZB)

Dauerkriterien
(Nachhaltigkeit)
ex post

1. Dauerhaftigkeit in der Stabilitätsorientierung (ΔHVPI<2 vH p.a.)
2. Auf Dauer tragbare Finanzlage der öffentlichen Hand:

   a) Vorgaben des Stabilitäts- und Wachstumspaktes für das staatliche Budgetdefizit (Frühwarnsystem, Verfahren bei übermäßigem Defizit, Ausnahmetatbestände)

   b) Entwicklung der öffentlichen Schuldenstandsquote (bei Überschreitung des Referenzwertes muß sie hinreichend rückläufig sein und sich rasch der 60 vH-Marke nähern)

   c) Alle sonstigen einschlägigen Faktoren (z.B. Fristigkeitsstruktur der Staatsschuld, Ausgabenstruktur, Privatisierungspotentiale, Finanzierungsform der Sozialversicherung)
3. Orientierung der nationalen Lohnfindung an der nationalen Produktivitätsentwicklung; Flexibilität der Arbeitsmärkte
4. Fortschritte bei der realwirtschaftlichen Konvergenz

- Zu den **ganz neuen Rahmenbedingungen** gehört die **Europäische Währungsunion**. Sie wurde durch den Vertrag von Maastricht vom 7. Februar 1992 etabliert und ist am 1. Januar 1999 in Kraft getreten. Gegenwärtig (Stand: März 2001) gehören ihr alle EU-Mitgliedstaaten mit Ausnahme Dänemarks, Großbritanniens und Schwedens an. Die neuen Rahmenbedingungen zeigen sich in einer zeitlichen Dimension, und zwar als Rahmenbedingungen „ex ante" und als Rahmenbedingungen „ex post" (s. Abbildung VI.1).

Die **Rahmenbedingungen „ex ante"** sind relevant in der Phase, in der sich EU-Mitgliedsländer für die Teilnahme an der Währungsunion qualifizieren müssen oder wollen.[11] In dieser Qualifizierungsphase sind drei monetäre Konvergenzkriterien, nämlich in Bezug auf die Inflationsrate, den langfristigen Zinssatz und den Wechselkurs, sowie zwei fiskalische Konvergenzkriterien, nämlich zum öffentlichen Haushaltsdefizit und zum Schuldenstand des Staates, jeweils in Relation zum nominalen Bruttoinlandsprodukt, zu erfüllen, so wie sie im Vertrag beschrieben sind. Dies ist freilich nicht so streng geschehen, dass der Politik keine Interpretationsspielräume blieben. Die Konvergenzkriterien müssen von dem einzelnen Land insgesamt erfüllt werden. Der Sinn der Konvergenzkriterien liegt darin, dass nur solche Länder eine Währungsunion bilden, die gemeinsam ihre Funktionstüchtigkeit gewährleisten und für eine verbesserte Faktorallokation innerhalb des Währungsraums sorgen können. Die Konvergenzkriterien des Maastricht-Vertrags sind zwar nicht aus der Theorie hergeleitet, was angesichts der vielfältigen Modelle zum optimalen Währungsraum[12] wohl auch nicht möglich war. Aber sie passen insofern zusammen, als dass der Vertrag die Europäische Währungsunion als Stabilitätsgemeinschaft definiert: Die Sicherung von Geldwertstabilität wird erleichtert, wenn der Staat bei der Neuverschuldung Zurückhaltung übt und damit nicht in die Versuchung gerät, auf eine Politik des leichten Geldes zu

---

[11] Eigentlich sind alle Mitgliedsländer der EU bei Einhaltung der Konvergenzkriterien (s. unten) auch zur Teilnahme an der EWU verpflichtet. Der Ausdruck „wollen" wird hier deshalb verwendet, weil sich in der EU-15 das Vereinigte Königreich vertraglich das Recht vorbehalten hat, der Währungsunion nicht beizutreten, und weil Dänemark sich das Recht ausbedungen hat, bei positivem Ausgang einer Volksabstimmung der Währungsunion beizutreten, nachdem die Bevölkerung den Maastricht-Vertrag am 2. Juni 1992 sowie in einer zweiten Volksabstimmung am 28. September 2000 knapp abgelehnt hat. Schweden wiederum hat ohne vertragliche Absicherung von sich aus amtlich bekundet, nicht sofort teilnehmen zu wollen, und sich dieses „Recht" formal dadurch gesichert, dass es dem Europäischen Währungssystem fernbleibt und somit das auf den Wechselkurs bezogene Konvergenzkriterium nicht erfüllen kann.

[12] Bekanntlich beschäftigt sich die Theorie optimaler Währungsräume seit dem bahnbrechenden Aufsatz von Robert Mundell (1961) theoretisch und empirisch mit der Frage nach den geeigneten Kriterien, die allerdings nicht widerspruchsfrei sind.

drängen, um sich durch Inflation real entschulden zu können. So entsteht für die Wirtschaftspolitik der Zwang zu einem Kurs der Inflationsbekämpfung und der Haushaltskonsolidierung, sofern es zu Fehlentwicklungen in der eigenen Stabilitätspolitik und Haushaltspolitik gekommen ist. Die Geldpolitik und die Finanzpolitik werden somit restriktiver, d.h. weniger expansiv, als sie ohne die Anforderungen des Maastricht-Vertrages möglicherweise gewesen wären. Anreiztheoretisch wirkt hier positiv das Risiko der harten Sanktion, wenn man nämlich bei Nichterfüllung der Konvergenzkriterien fürs Erste von der Währungsunion ausgeschlossen bleibt, so wie es Griechenland widerfahren ist. Bei einem Aufweichen der Konvergenzkriterien indes werden die Anreize zu einer harten Makropolitik entsprechend kleiner. Dies ist in Einzelfällen aus politischen Gründen tatsächlich vorgekommen, nämlich zugunsten Belgiens und Italiens, die angesichts einer extrem hohen Staatsverschuldung eigentlich zum 1. Januar 1999 noch nicht hätten aufgenommen werden dürfen.

Die **Rahmenbedingungen „ex post"** kommen zum Tragen, wenn ein Land in die Währungsunion eingetreten ist. Die einzelnen großen Politikbereiche sind nun unterschiedlich gefordert (Sachverständigenrat, JG 98/99, 4. Kapitel).

- Die ***Geldpolitik*** ist „entnationalisiert" und steht in den einzelnen Ländern nicht mehr als Instrument der Stabilitätspolitik oder für Maßnahmen der Nachfragepolitik, d.h. zur Stimulierung oder Dämpfung der Konjunktur, zur Verfügung. Die Geldpolitik der Europäischen Zentralbank ist unteilbar auf den gesamten Währungsraum hin zu betreiben. Das Ziel der Preisniveaustabilität bezieht sich auf den Euro-Raum als Ganzem. Gleichwohl können in den einzelnen Teilgebieten der EWU (d.h. den früheren Volkswirtschaften) unterschiedliche Teuerungsraten auftreten, wenn im gemeinsamen Währungsraum anfangs ein deutliches Entwicklungsgefälle besteht und anschließend die Nachzügler gegenüber den Vorreitern wirtschaftlich aufschließen. In einem solchen Konvergenzprozess kann es in den Aufholländern zu einem vergleichsweise stärkeren Anstieg der Preise international nicht-handelbarer Güter (vorwiegend Dienstleistungen und Immobilien) kommen, der das gesamtwirtschaftliche Preisniveau nach oben zieht.[13] Unterschiede in den nationalen Inflati-

[13] Der zugrunde liegende Wirkungsmechanismus wird in der Außenhandelstheorie als Balassa-Samuelson-Effekt bezeichnet. Angenommen wird, dass im Bereich der handelbaren Güter (meist Industrieerzeugnisse) die Rate des Produktivitätsfortschritts deutlich höher ist als im Bereich der nicht-handelbaren Güter, die Lohnentwicklung sich aber nicht dementsprechend ausdifferenziert. Die im Zuge des Konvergenzprozesses beschleunigt expandierende Nachfrage nach nicht-handelbaren Gütern führt zu einer zusätzlichen Arbeitsnachfrage, auf die wiederum das Arbeitsangebot reagiert, indem Löh-

onsraten der einzelnen Länder können nicht berücksichtigt werden. Das kann darauf hinauslaufen, dass zinspolitische Entscheidungen für einige Länder zu expansiv, für andere zu restriktiv erscheinen. Hier müssen vor allem große Länder umdenken, allen voran Deutschland, nachdem bis zum Jahre 1998 die Deutsche Bundesbank faktisch den geldpolitischen Kurs auch für die anderen EU-Länder vorgegeben hatte. Im EZB-Rat gilt das Prinzip „ein Land eine Stimme“,[14] so dass bei geldpolitischen Entscheidungen die wirtschaftliche Bedeutung des Landes – im Falle Deutschlands etwa ein Drittel des gemeinsamen Bruttoinlandsprodukts – nicht in einem entsprechenden Stimmengewicht zum Tragen kommt. Also ist es schwieriger geworden, über eine etwaige Artikulierung deutscher Interessen Zinsentscheidungen durchzusetzen. Das Gleiche gilt natürlich für die Länder, die sich im realwirtschaftlichen Konvergenzprozess befinden. Inflationsdruck, der dabei entstehen könnte, kann nicht von der europäischen Geldpolitik gemildert werden, sondern muss von der nationalen Wirtschaftspolitik aufgefangen werden; die Deregulierung von Güter- und Faktormärkten, die einem intensiven Preiswettbewerb im Inland Raum geben, wäre eine adäquate Maßnahme.

- Die ***Finanzpolitik*** bleibt zwar in nationaler Verantwortung. Aber mit dem Stabilitäts- und Wachstumspakt (vgl. Abschnitt V.3) haben sich die Mitgliedsländer der Währungsunion zu einer auf Dauer tragbaren Finanzlage der öffentlichen Hand verpflichtet, wie es ja auch seit Maastricht der EG-Vertrag (Art. 104) verlangt. Daraus ergeben sich Grenzen für die Neuverschuldung und für eine antizyklische Finanzpolitik (insbesondere

---

ne gezahlt werden wie in den produktivitätsstarken Sektoren. Die Lohnstückkosten bei der Produktion nicht-handelbarer Güter erhöhen sich, als Folge davon auch deren Preise absolut und relativ zu den Preisen handelbarer Güter. Der Balassa-Samuelson-Effekt kommt einer realen Aufwertung der Währung (implizit des Euro aus der Sicht des Aufhollandes) gleich, die die internationale preisliche Wettbewerbsfähigkeit der Produzenten handelbarer Güter belastet.

[14] Dem EZB-Rat gehören an: das Direktorium (Präsident und fünf weitere Mitglieder), das die laufenden Geschäfte der Bank führt und die getroffenen Beschlüsse ausführt, und die Gouverneure bzw. Präsidenten der Zentralbanken der EWU-Mitgliedsländer (derzeit 12). Nach einer EU-Erweiterung auf 27 Mitgliedstaaten wird die Mitgliederzahl im EZB-Rat beschränkt werden müssen. Ansonsten wäre die Arbeitsfähigkeit dieses wichtigen Entscheidungsorgans stark beeinträchtigt, und das Direktorium geriete in eine einflusslose Minderheitenposition. In den Vereinigten Staaten ist das Problem dadurch gelöst worden, dass in dem für die geldpolitischen Entscheidungen zuständigen “Federal Open Market Committee” die Anzahl der vertretenen einzelstaatlichen Zentralbanken begrenzt wurde (auf 12), eine noch kleinere Anzahl von Zentralbankgouverneuren (fünf) stimmberechtigt ist (und zusammen mit sechs Direktoriumsmitgliedern die Entscheidungen trifft) und das Stimmrecht der Gouverneure nach bestimmten Regeln rotiert. Dass effiziente Entscheidungsprozeduren für die Glaubwürdigkeit einer Notenbank unabdingbar sind, steht außer Zweifel.

dem "deficit spending"). Außerdem gibt es strengere Anforderungen an eine Politik der quantitativen und qualitativen Konsolidierung. Die Regierungen müssen nicht nur die allgemeine Entwicklung der Ausgaben unter Kontrolle halten, sie müssen auch immer wieder die Ausgabenstruktur auf ihre Nachhaltigkeit hin überprüfen und notfalls Prioritäten neu definieren. Das betrifft sowohl die Haushalte der Gebietskörperschaften – hierzulande Bund, Länder und Gemeinden – als auch die Systeme der sozialen Sicherung – hierzulande Rentenversicherung, Krankenversicherung, Pflegeversicherung sowie die Arbeitslosenversicherung.

Die Anforderungen an die nationale Finanzpolitik gehen indes weiter als im europäischen Stabilitäts- und Wachstumspakt vorgesehen und können in Situationen virulent werden, in denen im Prinzip die Finanzlage der öffentlichen Hand solide – durch Haushaltsüberschüsse gekennzeichnet – ist. Wenn die Regierung eines Landes, dessen Wirtschaft boomt und unter zunehmenden inflationären Verspannungen steht, fiskalische Maßnahmen ergreift, die expansiv angelegt sind und damit prozyklisch wirken (z.B. Steuersenkungen), entsteht ein Konflikt mit der stabilitätsorientierten Geldpolitik der Europäischen Zentralbank. Handelt es sich dabei auch noch um ein großes Mitgliedsland, können die Auswirkungen für alle sehr fühlbar werden - sei es, dass die allgemeine Inflationsrate im Euro-Raum steigt und der Wechselkurs des Euro sinkt, wenn die Notenbank nichts tut, sei es, dass die Notenbank zu Zinserhöhungen schreitet und dadurch die wirtschaftliche Entwicklung auch in solchen Volkswirtschaften dämpft, in denen die Nachfrage eher verhalten expandiert, das Produktionspotential unterausgelastet ist und gar kein Inflationsdruck besteht. Deshalb verpflichtet der EG-Vertrag (Art. 99) die Mitgliedstaaten, ihre jeweilige Wirtschaftspolitik (hier Finanzpolitik) so zu betreiben, dass die Stabilität der gemeinsamen Währung und das ordnungsgemäße Funktionieren der Währungsunion gesichert sind. Im skizzierten Fall wäre eine kontraktive Finanzpolitik mit Steuererhöhungen und/oder Ausgabenkürzungen gefordert.[15]

[15] Ein bislang einmaliges Beispiel bietet Irland. Das Land hat seit 1996 ein spektakuläres Wachstumstempo erzielt, zuletzt unter Inkaufnahme vergleichsweise hoher Inflationsraten. Dank beachtlicher Haushaltsüberschüsse sah die Regierung Spielraum für Steuersenkungen, den sie trotz offensichtlicher Überhitzungserscheinungen nutzen wollte. Das hat ihr Anfang 2001 eine formelle öffentliche Ermahnung durch die Finanzminister der übrigen EWU-Mitgliedstaaten eingetragen, verbunden mit der Aufforderung, die Finanzpolitik stabilitätskonform zu gestalten. Dieser Vorgang zeigt aber auch ein Dilemma auf: die Versuchung nämlich, ein Mitgliedsland davon abzuhalten, konsequent das eigene Steuersystem als Aktivum im internationalen Standortwettbewerb einzusetzen. Unter allokationstheoretischen Gesichtspunkten wäre dies problematisch.

- Auch für die **Lohnpolitik**, die ebenfalls in nationaler Zuständigkeit bleibt, setzt die Europäische Währungsunion in zweifacher Hinsicht neue Bedingungen: Zum Einen erhöht die gemeinsame Währung die Preistransparenz auf den Gütermärkten, und somit wird der Wettbewerb zwischen den Unternehmen aus den einzelnen Mitgliedstaaten intensiver. Die Folge ist, dass die Spielräume für eine Weiterwälzung von Kostensteigerungen, Lohnkosten eingeschlossen, auf die Absatzpreise enger werden. Zum Anderen kann ein Mitgliedsland in den Fällen, in denen die gesamtwirtschaftlichen Lohnstückkosten stärker steigen als in anderen Ländern, nicht mehr die verloren gegangene preisliche Wettbewerbsfähigkeit dadurch zurückgewinnen, dass es die eigene Währung abwertet. Der Wechselkursmechanismus als Korrektiv für lohnpolitische Fehlentwicklungen ist weggefallen. Unter diesen beiden neuen Bedingungen wird in jedem der Mitgliedsländer eine Lohnpolitik gebraucht, die stabilitätskonform ist und sich an der nationalen Arbeitsproduktivität orientiert. Konkret heißt dies: Bei hohem Beschäftigungsstand kann der mittelfristige Produktivitätsfortschritt durch Tariflohnanhebungen ausgeschöpft werden, bei hoher Arbeitslosigkeit müssten die Lohnsteigerungen entsprechend niedriger ausfallen. Da innerhalb der Europäischen Währungsunion die Unterschiede in der Beschäftigungslage und vor allem bezüglich der Arbeitsproduktivität erheblich sind, muss sich die Lohnentwicklung räumlich ausdifferenzieren. Ein Drängen nach „gleichem Lohn für gleiche Arbeit" würde beschäftigungspolitisch in die Irre führen; wie auch innerhalb nationaler Volkswirtschaften zu beobachten, z.B. in Deutschland nach der Vereinigung. Auf die EU bezogen käme es im Euro-Raum zu vermehrter Arbeitslosigkeit in den produktivitätsschwächeren Mitgliedsländern. Die Tabelle VI.1 zeigt die Unterschiede in Arbeitsproduktivität und Arbeitskosten in der Europäischen Union. Das Gebot einer räumlich differenzierten Lohnentwicklung kann implizieren, dass in einzelnen Mitgliedsländern in einem unterschiedlichen Maße Lohnzurückhaltung – im Sinne von Lohnmindersteigerungen – stattfindet, je nach Ausgangslage bei der Arbeitslosigkeit. Das wäre aber nicht gleichzusetzen mit einem ruinösen Lohnsenkungswettbewerb, wie gelegentlich befürchtet wird. Der Zweck der Lohnzurückhaltung ist ja gerade, die Arbeitsnachfrage zu steigern; sobald dies geschieht und sich die Beschäftigungssituation verbessert, werden auch die Löhne stärker, d.h. am Produktivitätsfortschritt orientiert steigen. Ein Lohnwettlauf nach unten ist im Übrigen auch deshalb unwahrscheinlich, weil er mit den Interessen der Unternehmen an der Bindung qualifizierter Arbeitskräfte und der Nutzenfunktion der Gewerkschaften, möglichst viele Mitglieder und damit Macht zu haben, kollidiert (Schürfeld 1999, Kapitel C).

Tabelle VI.1: Arbeitsproduktivität und Arbeitskosten in der EU 1997

(früheres Bundesgebiet = 100)

Land	Arbeitsproduktivität [1]	Arbeitskosten [2]
Belgien	97,6	106,8
Deutschland	92,9	95,3
- früheres Bundesgebiet	100,0	100,0
- neue Bundesländer	60,4	74,3
Finnland	82,6	80,6
Frankreich	92,5	94,6
Irland	80,7	78,7
Italien	85,6	94,3
Luxemburg	104,2	110,1
Niederlande	84,6	84,8
Österreich	90,4	88,8
Portugal	35,4	37,1
Spanien	62,9	67,5
EU-11	**85,1**	**89,1**
Dänemark	89,7	93,4
Griechenland	46,3	50,9
Schweden	87,6	98,2
Vereinigtes Königreich	71,8	77,6
EU-15	**81,8**	**86,6**

[1] Nominales Bruttoinlandsprodukt je Erwerbstätigen.

[2] Bruttoeinkommen aus unselbständiger Arbeit je beschäftigten Arbeitnehmer.

Quelle: Sachverständigenrat, JG 1998/99, Tabelle 73.

4. *Wirtschaftspolitik zwischen Harmonisierung und Dezentralisierung*

Zwei ordnungspolitische Fragen besonderer Art, die sich in der Europäischen Union ständig gestellt haben und auch künftig stellen werden, lauten:

- Auf welcher Ebene, der supranationalen oder der nationalen, sollen Entscheidungskompetenzen angesiedelt und die wirtschaftspolitischen Aufgaben erfüllt werden?

- Wie viel Einheitlichkeit ist für die Funktionsfähigkeit des gemeinsamen Binnenmarkts vonnöten, wie viel Vielfalt möglich, ohne dass es zu Wettbewerbsverzerrungen kommt? Die Frage ist besonders relevant, wenn institutionelle Regelungen – etwa im Steuersystem, in der Arbeitsmarktordnung, im Umweltrecht oder im Wettbewerbsrecht – von Land zu Land divergieren

Zur ersten Frage: Auf die supranationale Ebene gehören aus ökonomischer, d.h. allokationstheoretischer Perspektive wirtschaftspolitische Aufgaben, die europaweit öffentliche Güter betreffen (s. Kapitel III). Es liegen dann positive oder negative externe Effekte vor, die über nationale Grenzen hinweg wirken. Ein Beispiel für positive externe Effekte ist die Liberalisierung des Außenhandels, und deshalb ist es vernünftig, die Außenhandelspolitik zu vergemeinschaften, was ja auch geschehen ist. Ein Beispiel für negative externe Effekte, die räumlich über einzelne Länder hinausgehen, ist die übermäßige Nutzung von grenzüberschreitenden Umweltgütern. Darunter fallen etwa Schadstoffemissionen in Flüsse wie den Rhein oder der Ausstoß global wirkender Emissionen wie etwa CO_2 und andere Treibhausgase, die das Klima verändern. Auch in der Umweltpolitik wäre es sinnvoll, eine für alle Mitgliedsländer gemeinsame Umweltpolitik zu haben, was allerdings noch nicht erreicht worden ist. Beim Vorliegen grenzüberschreitender Umweltprobleme bewirken nationale Alleingänge ökologisch wenig. Sie bürden dem betreffenden Land aber hohe Kosten auf, die Produktion und Beschäftigung beeinträchtigen.

Damit sind andere vergemeinschaftete Politiken in der Europäischen Union, beispielsweise die Gemeinsame Agrarpolitik oder die europäische Geldpolitik, mehr politisch als ökonomisch legitimiert, denn es kann nicht argumentiert werden, dass die Förderung der Landwirtschaft oder die Geldpolitik in einem Mitgliedsland grenzüberschreitende externe Effekte, seien sie positiv oder negativ, aufweisen.

Wenn keine öffentlichen Güter und externe Effekte vorliegen, spricht hingegen alles für die Dezentralisierung, und zwar aus drei Gründen:

- Die Wirtschaftspolitik ist dann näher an den Präferenzen der Bürger.
- Sie kann so die Bedingungen für eine möglichst effiziente Faktorallokation im Zeitablauf herstellen. [16]

---

[16] Wie gesagt, das Konzept der statischen Effizienz nach den Marginalbedingungen ist eine Heuristik, die nur der analytischen Klärung von zunächst nicht einsichtigen ökonomischen Situationen dient.

- Und sie kann flexibel auf sich verändernde Umstände reagieren.

Dies ist die Verwirklichung des **Subsidiaritätsprinzips**. Zur Erinnerung: Es geht um eine Aufgabenverteilung zwischen Mitgliedstaaten und EU. Diesem Prinzip zufolge gilt, dass wirtschaftspolitische Zuständigkeiten grundsätzlich der niedrigsten Ebene von Gebietskörperschaften zugewiesen werden und die jeweils höhere Ebene an Aufgaben nur übernimmt, was die niedrigere nicht effizient bewältigen kann. In der EU wird dieses Prinzip zwar ausdrücklich postuliert (Art. 5 EG-Vertrag), aber die praktische Umsetzung ist alles andere als klar: Die Hauptschwierigkeit liegt darin, dass sich die Kompetenzverteilung zwischen den einzelnen Ebenen nicht nach Tätigkeitsfeldern bestimmt, sondern nach Zielen. Der Zielkatalog im EG-Vertrag ist so umfassend, dass das Subsidiaritätsprinzip ausgehöhlt und im Kern eine wirtschaftspolitische Allgemeinzuständigkeit etabliert wird; denn alles, was der Verwirklichung der Ziele dient, begründet prinzipiell eine Entscheidungskompetenz auf der Gemeinschaftsebene. Dort sind zwar über den Europäischen Rat und den Ministerrat die Mitgliedstaaten beteiligt; doch die Ordnungsvorstellungen über das Verhältnis zwischen Staat und Privatwirtschaft sowie über die Rolle von Markt und Wettbewerb können zwischen den Ländern divergieren. Tatsächlich ist das ja auch der Fall, so zwischen Deutschland und Frankreich. Dann kommt das Subsidiaritätsprinzip nicht angemessen zum Tragen, es kann im schlimmsten Fall gänzlich inhaltsleer werden, zumal die Norm nicht justiziabel ist.

Zur zweiten Frage: Es spricht einiges dafür, dass ein gemeinsamer Binnenmarkt eine gewisse Angleichung (nicht unbedingt Gleichheit) der nationalen wirtschaftlichen Regelwerke braucht. Es geht darum, Rechtssicherheit zu gewährleisten, Transaktionskosten zu senken und Wettbewerbsverzerrungen zu vermeiden. Gerade wegen der Bedeutung des Wettbewerbsprinzips kann es nicht der Wirtschaftspolitik des einzelnen Mitgliedslandes überlassen bleiben zu entscheiden, wie streng es beispielsweise das Kartellverbot handhabt oder in welchem Umfang es Subventionen gewährt. Deshalb gibt es in der Europäischen Union zu Recht die Fusionskontrolle (Art. 81f. EG-Vertrag) und die Beihilfenkontrolle (Art. 87f. EG-Vertrag); beide Funktionen werden von der Europäischen Kommission ausgeübt.

Wie auch immer ein Harmonisierungsbedarf begründet wird, für dessen Verwirklichung kommen zwei Methoden in Betracht: eine Vorab-Harmonisierung „von oben" (durch Beschlüsse des EU-Ministerrats) oder die Harmonisierung über den Marktmechanismus „von unten" (durch den Wettbewerb der Regelwerke):

- Eine Vorab-Harmonisierung (**institutionelle Harmonisierung**) macht ökonomisch nur in den gleichen Fällen Sinn, in denen eine Zentralisierung der Wirtschaftspolitik Vorteile hat. Das sind nicht viele Fälle. Wenn die Regierungen im Vorhinein die Regelwerke umfassend harmonisieren wollen, kommt es zu zwei Problemen, und zwar auch dann, wenn die Vorab-Harmonisierung ökonomisch Sinn macht.

  1. Das eine Problem ist, dass niemand vorher weiß, welches Regelwerk das beste wäre: eines der bereits bestehenden oder ein ganz neues? Deshalb dürfte die Harmonisierung zu Kompromissen auf der Grundlage des kleinsten gemeinsamen Nenners führen. Das wäre nicht effizient. Dies gilt auch für den sog. "best practice"-Ansatz, wonach zunächst verschiedene Regulierungen nebeneinander angewandt werden und nach einer gewissen Zeit diejenige Regulierung als allgemeinverbindlich erklärt wird, die sich im Systemwettbewerb als die beste herausgestellt hat. Hier ist nicht ersichtlich, ob die Regeln, die in einem Mitgliedsland erfolgreich waren, es auch in allen anderen werden.

  2. Das zweite Problem ist, dass nach vollzogener Harmonisierung Änderungen politisch sehr schwierig, wenn überhaupt noch möglich sind. Dies gilt selbst für den Fall, dass es die Umstände später erfordern. Das wäre ebenfalls ineffizient. Im europäischen Integrationsprozess gibt es viele Beispiele hierfür aus der Zeit bis Mitte der achtziger Jahre, als in Brüssel der Geist der institutionellen Harmonisierung vorherrschte.

- Die Harmonisierung über den Markt (**funktionale Harmonisierung**) geht vom **Ursprungslandprinzip** aus. Die Ausgangsüberlegung ist, dass die einzelnen Mitgliedsländer angemessene Regelwerke entwickelt haben, nur eben unterschiedlicher Art. Deshalb soll sichergestellt werden, dass eine Ware oder Dienstleistung, die in einem Mitgliedsland rechtmäßig hergestellt und in den Verkehr gebracht worden ist, überall in der Gemeinschaft angeboten und verkauft werden darf, ohne in den anderen Ländern die dortigen Prüf- und Zulassungsverfahren durchlaufen zu müssen. Es gibt also ein Anbieterrecht und ein Empfängerrecht. Beides kann man mit Mindestregeln verbinden, die vorab festgelegt würden, freilich mit der Maßgabe, dass die besagten Rechte im Kern gewahrt bleiben. Die Folge ist ein Wettbewerb der Systeme, gleichsam ein „Entdeckungsverfahren" (v. Hayek: 1968). Ein solcher Wettbewerb hilft über die Informationsprobleme der Regierungen und europäischen Institutionen hinweg. Vermutlich bringt er die aus der Sicht der Wirtschaftssubjekte, d.h. der Produzenten und Verbraucher, der Investoren und Sparer, der

Arbeitgeber und Arbeitnehmer, jeweils besten Regeln hervor. So hatte bereits der Europäische Gerichtshof im Februar 1979 in einem richtungsweisenden, in der Öffentlichkeit und von der Politik zunächst aber wenig beachteten Urteil im bereits erwähnten „Cassis-de-Dijon"-Fall entschieden und später diese Rechtsprechung fortgesetzt. Dabei wurden häufig Urteile gegen Deutschland gefällt, wie z.B. beim „Reinheitsgebot" für das Bier und andere Waren. Die Europäische Kommission hat das Ursprungslandprinzip in ihrem programmatischen Weißbuch zur Vollendung des Binnenmarktes (Cockfield-Bericht, Juni 1985) hervorgehoben und dadurch große marktöffnende Wirkungen und viele nationale Deregulierungen erzielt. In der Fachwelt ist das Ursprungslandprinzip weitgehend akzeptiert (so schon Giersch 1988). Eine solches Verfahren ist effizienzsteigernd im Binnenmarkt als Ganzem. Bezogen auf die einzelnen Mitgliedsländer werden die Effizienzgewinne allerdings in dem Maße eingeschränkt, wie die nationalen Regierungen schärfere Regeln (auch höhere Steuern) gegenüber Inländern anwenden. Eine **Inländerdiskriminierung** verstößt nicht gegen den EG-Vertrag und das Ursprungslandprinzip. Aber das jeweilige Land handelt sich möglicherweise ein eigenes verfassungsrechtliches Problem, z.B. in Deutschland wegen eines Verstoßes gegen den Gleichheitssatz nach Artikel 3 GG, und natürlich eine Verschlechterung seiner Position im innereuropäischen Standortwettbewerb ein. Beides dürfte über kurz oder lang die Inländerdiskriminierung begrenzen oder ganz aufheben. Bei vorwiegend inländischen Tätigkeiten ist eine Inländerdiskriminierung länger durchzuhalten als bei international handelbaren Gütern. Allerdings werden – nicht zuletzt durch die europäische, aber auch durch die weltweite Integration und den Transaktionskosten senkenden technischen Fortschritt – immer mehr Waren und Dienstleistungen handelbar.

Damit ergibt sich das folgende **Fazit:** Unter dem Gesichtspunkt der Wettbewerbsneutralität im europäischen Binnenmarkt und zwecks Sicherung der Funktionstüchtigkeit der Europäischen Währungsunion bedarf es, entgegen einer verbreiteten Ansicht vor allem in der Politik, nicht einer Vorab-Harmonisierung bei der Besteuerung, im Tarifvertrags- und Arbeitsrecht oder bei den Systemen der sozialen Sicherung. Das Ursprungslandprinzip vermag, wie die Erfahrung lehrt, weitreichende integrationsfördernde Wirkungen zu entfalten. Die Wirtschaftspolitik kann ihre Aufgabe, der Bevölkerung zu möglichst hoher Wohlfahrt zu verhelfen, auf wirksame Weise erfüllen, wenn die Kompetenzen zu allokativen Entscheidungen prinzipiell den jeweiligen Mitgliedstaaten vorbehalten bleiben.

Literaturverzeichnis

Akerlof, George (1970), The Market of Lemons: Quality, Uncertainty, and the Market Mechanism, Quarterly Journal of Economics, S. 488-500.

Alesina, Alberto und Lawrence H. Summers (1993), Central Bank Independence and Macroeconomic Performance: Some Comparative Evidence, Journal of Money, Credit and Banking, Vol. 25, S. 151-162.

Arrow, Kenneth J. (1963), Social Choice and Individual Values, 2. Auflage, New York.

Auerbach, Alan J., Jagadeesh Gokhale und Laurence J. Kotlikoff (1991), Generational Accounting: A. Meaningful Alternative to Deficit Accounting, in: D. Bradford (Hrsg.), Tax Policy and the Economy, Vol. 5, Cambridge MA., S. 55-110.

Balassa, Bela (1971), The Structure of Protection in Developping Countries, Baltimore und London.

Barro, Robert J. und David B. Gordon (1983a), A Positive Theory of Monetary Policy in a Nature Rate Modell, Journal of Political Economy, Vol. 91, S. 589-610.

Barro, Robert J. und David B. Gordon (1983b), Rules, Discretion and Reputation in a Model of Monetary Policy, Journal of Monetary Economics, Vol. 17, S. 101-122.

Baumol, William J. (1982), Contestable Markets: An Uprising in the Theory of Industry Structure, American Economic Review, Vol. 72, S. 1-15.

Baumol, William J. und Wallace E. Oates (1971), The Use of Standards and Prices for Protection of the Environment, The Swedish Journal of Economics, Vol. 73, S. 42-54.

Becker, Gary S. (1983), A Theory of Competition among Pressure Groups for Political Influence, The Quarterly Journal of Economics, Vol. 98, S. 371-400.

Becker, Gary S. (1985), Public Policies, Pressure Groups, and Dead Weight Costs, Journal of Public Economics, Vol. 28, S. 329-347.

Belke, Ansgar und Uwe Vollmer (1995,) Die Lucas-Kritik ökonometrischer Politikberatung, WiSt, Heft 2, S. 83-85.

Berg, Hartmut und Dieter Cassel (1985), Theorie der Wirtschaftspolitik, Vahlens Kompendium zur Wirtschaftstheorie und Wirtschaftspolitik, 2. Auflage, Bd. 2, München, S. 155-229.

Berg, Hartmut, Dieter Cassel und Karl-Hans Hartwig (1999), Theorie der Wirtschaftspolitik, Vahlens Kompendium zur Wirtschaftstheorie und Wirtschaftspolitik, 7. Auflage, Bd. 2, München, S. 171-298.

Berger, Helge, Jacob de Haan and Sylvester C.W. Eijffinger (2001), Central Bank Independence: An Update of Theory and Evidence, Journal of Economic Surveys, Vol. 15, S. 3-40.

Bergson, Abram (1938),A Reformulation of Certain Aspects of Welfare Economics, Quarterly Journal of Economics, Vol. 52, S. 310-354.

Blanchard, Olivier, et al. (1990), „The Sustainability of Fiscal Policy. New Answers to an Old Question", OECD Economic Studies, Vol. 15, S. 7-36.

Blankart, Charles Beat (1988), Outputfinanzierung von Hochschulen, Hamburger Jahrbuch für Wirtschafts- und Gesellschaftspolitik, Vol. 43, S. 9-30.

Blankart, Charles Beat (1994), Öffentliche Finanzen in der Demokratie, München.

Bletschacher, Georg und Henning Klodt (1992), Strategische Handels- und Industriepolitik, Tübingen.

Blinder, Alan (1985), The Rules versus Discretion Debate in the Light of Recent Experience, Weltwirtschaftliches Archiv, Bd. 123, S. 399-414.

Boadway, Robin W. und David E. Wildasin (1984), Public Sector Economics, Boston, Toronto.

Bofinger Peter, Julian Reischle und Andrea Schächter (1996), Geldpolitik: Ziele, Institutionen, Strategien und Instrumente, München.

Brennan, Geoffrey und James M. Buchanan (1993), Die Begründung von Regeln, Tübingen.

Buchanan, James M. (1954), Social Choice, Democracy, and Free Markets, Journal of Political Economy, Vol. 62, S. 114-123.

Buchanan, James M. und Gordon Tullock (1962), The Calculus of Consent, Ann Arbor.

Coase, Ronald H. (1960), The Problem of Social Costs, The Journal of Law and Economics, Vol. 3, S. 1-44.

Coase, Ronald H. (1974), The Lighthouse in Economics, The Journal of Law and Economics, Vol. 17, S. 357-376.

Cobb, C. (1991), Der „Index of Sustainable Economic Welfare" oder: Hat die Wohlfahrt der Gesellschaft wirklich zugenommen, in: H. Diefenbacher und S. Habicht-Erler (Hrsg.): Wachstum und Wohlstand. Neuere Konzepte zur Erfassung von Sozial- und Umweltverträglichkeit, Marburg, S. 61-72.

Council of Economic Advisors (2001), Report to the President, Washington D.C.

Deregulierungskommission (1991), Marktöffnung und Wettbewerb, Stuttgart.

Dixit, Avinash K. (1996), The Making of Economic Policy. A Transaction-Cost Politics Perspective, Cambridge/Mass. und London.

Donges, Juergen B. (1999), Globale Finanzmärkte, Währungskrisen und aufstrebende Volkswirtschaften, Zeitschrift für Wirtschaftspolitik, Jg. 48, Heft 2, S. 129-146.

Donges, Juergen B. und Andreas Freytag (Hrsg.) (1998), Die Rolle des Staates in einer globalisierten Wirtschaft, Schriften zur Wirtschaftspolitik, Neue Folge, Bd. 6, Stuttgart.

Downs, Anthony (1957), Ökonomische Theorie der Demokratie, Tübingen.

Drazen, Allan (2000), Political Economy in Macroeconomics, Princeton, New Jersey.

Eekhoff, Johann (1998), Beschäftigung und Soziale Sicherung, 2. Aufl., Tübingen.

Eekhoff, Johann (1999), Zur ökologisch orientierten Steuerreform, Zeitschrift für Wirtschaftspolitik, 48. Jg., S. 3-10, Köln.

Eichenberger, Reiner (1996), Eine „fünfte Freiheit" für Europa: Stärkung des politischen Wettbewerbs durch „FOCJ", Zeitschrift für Wirtschaftspolitik, 45. Jg., S. 110-134.

Eijffinger, Sylvester C.W. und Jakob de Haan (1996), The Political Economy of Central Bank Independence, Special Papers in International Economics, No. 19, International Finance Section, Department of Economics, Princeton University, Princeton.

Erlei, Mathias, Martin Leschke und Dirk Sauerland (1999), Neue Institutionenökonomik, Stuttgart.

Eschenburg, Theodor (1955), Herrschaft der Verbände, Stuttgart.

Eucken, Walter (1955), Grundsätze der Wirtschaftspolitik, Tübingen, Zürich.

Ewers, H. J. (1996), Das Elend der Hochschulen - eine ökonomische Analyse der Organisation und Finanzierung deutscher Universitäten, TU Berlin, Diskussionspapier 1996/13.

Fees, Eberhard (1998), Umweltökonomie und Umweltpolitik, 2. Aufl., München.

Felderer, Bernhard und Stefan Homburg (1999), Makroökonomik und neuere Makroökonomik, 7. verb. Auflage, Berlin.

Feldstein, Martin und Charles Horioka (1980), Domestic Savings and International Capital Flows, The Economic Journal, Vol. 90, S. 314-329.

Fels, Gerhard, Klaus-Werner Schatz und Frank Wolter (1971), Der Zusammenhang zwischen Produktionsstruktur und Entwicklungsniveau, Weltwirtschaftliches Archiv, Bd. 106, S. 240-278.

Fels, Gerhard und Klaus-Dieter Schmidt (1980), Die deutsche Wirtschaft im Strukturwandel, Tübingen.

Franz, Wolfgang (2000), Wirtschaftspolitische Beratung: Reminiszenzen und Reflexionen, Perspektiven der Wirtschaftspolitik, Vol. 1, S. 53-71.

Fredebeul-Krein, Markus und Angela Schürfeld (1998), Marktzutrittsregulierungen im Handwerk und bei technischen Dienstleistungen, Untersuchungen zur Wirtschaftspolitik, Vol. 112.

Frey, Bruno S. und Alois Stutzer (2000), Happiness, Economy and Institutions; The Economic Journal, Vol. 110, pp. 918-938.

Freytag, Andreas (1995), Die strategische Handels- und Industriepolitik der EG - eine politökonomische Analyse, Köln.

Freytag, Andreas (1998), Überwindung des Reformstaus durch Verbesserung der Politikberatung?, in: U. Mummert und M. Wohlgemuth (Hrsg.), Aufschwung Ost im Reformstau West, Contributiones Jenensis, Baden-Baden, S. 348-360.

Freytag, Andreas (2001), Does Central Bank Independence Reflect Monetary Commitment Properly? - Methodical Considerations, BNL Quarterly Review, Juni.

Freytag, Andreas und Ralf Zimmermann (1998), Muß die internationale Handelsordnung um eine Wettbewerbsordnung ergänzt werden?, Rabels Zeitschrift für ausländisches und internationales Privatrecht, Vol. 62, S. 38-58.

Freytag, Andreas und Malte Krüger (1999), Currency Boards, in: F. Thießen et al. (Hrsg.), Enzyklopädisches Lexikon für das Geld-, Bank- und Börsenwesen, Frankfurt, S. 340-343.

Fritsch, Michael, Thomas Wein und Hans-Jürgen Ewers (1999), Marktversagen und Wirtschaftspolitik. Mikroökonomische Grundlagen staatlichen Handelns, 3. Auflage, München.

Giersch, Herbert (1961), Allgemeine Wirtschaftspolitik: Grundlagen, Köln.

Giersch, Herbert (1977), Konjunktur- und Wachstumspolitik in der offenen Wirtschaft - Allgemeine Wirtschaftspolitik, 2. Bd., Wiesbaden.

Giersch, Herbert (Hrsg.) (1983), Wie es zu schaffen ist – Agenda für die deutsche Wirtschaftspolitik, Stuttgart.

Giersch, Herbert (1986), Wie Wissen und Wirtschaft wachsen, in: List Forum (1981/82), S. 143ff., wiederabgedruckt in: Herbert Giersch: Gegen Europessimismus, Kritische Beiträge 1977 - 1985, Stuttgart, S. 40-62.

Giersch, Herbert (1988), Der EG-Binnenmarkt als Chance und Risiko, Kieler Diskussionsbeiträge, Nr. 147.

Goodhart, Charles A.E. (1975), Problems of Monetary Management: The UK Experience, London.

Haberler, Gottfried (1933), Der internationale Handel, Berlin.

Habermas (1964), Verwissenschaftliche Politik und öffentliche Meinung, in: R. Reich (Hrsg.), Humanität und politische Verantwortung. Zum 60. Geburtstag von Hans Barth, Erlenbach.

Hajnal, Peter I. (1999), The G7/G8 System, Evolution, Role and Documentation, Aldershot et al.

Hansjürgens, Bernd (1998), The Sulfur Dioxide Allowance-Trading Program in the USA: Recent Developments and Lessons to be Learned, Environment and Planning C: Government and Policy, Vol. 16, S. 341-361.

Hauser, S. und S. Lörcher (1973), „Lebensstandard" und „Sozialprodukt". Ein Vergleich BRD – Japan, Konjunkturpolitik, Vol. 19, S. 81-116.

Herberg, Horst (1985), Preistheorie: Eine Einführung, Stuttgart et al.

Holtfrerich, Carl-Ludwig (1980), Die deutsche Inflation 1914-1923, Ursachen und Folgen in internationaler Perspektive, Berlin.

Homann, Karl (1988), Rationalität und Demokratie, Tübingen.

Homann, Karl und Ingo Pies (1996), Sozialpolitik für den Markt: Theoretische Perspektiven konstitioneller Ökonomik, in: Ingo Pies und Martin Leschke (Hrsg.), James Buchanans konstitutionelle Ökonomik, Konzepte der Gesellschaftstheorie, Bd. 2, Tübingen, S. 203-240.

Hombach, Bodo (1998), Aufbruch – Die Politik der neuen Mitte, München.

Kämpfe, Martina und Johannes Stephan (2001), Auswirkungen der neuen Stimmengewichtung im EU-Ministerrat auf Strukturfondsmittel für neue Mitglieder, Wirtschaft im Wandel 2/2001, S. 34-38.

Katz, Michael L. und Carl Shapiro (1985), Network Externalities, Competition, and Compatibility, American Economic Review, Vol. 75, S. 424-440.

Keynes, John M. (1936), The General Theory of Employment, Interest and Money, London.

Kirchgässner, Gebhard (1999), Wirtschaftspolitische Beratung aus der Sicht des kritischen Rationalisnmaus: 14 Thesen, in Ingo Pies und Martin Leschke 1999 (Hrsg.): Karl Poppers kritischer Rationalismus, Tübingen, S. 193-225.

Kleinert, Jörg u.a (2000), Globalisierung, Strukturwandel und Beschäftigung, Tübingen.

Kleinert, Jörg und Henning Klodt (2000), Megafusionen – Trends, Ursachen und Implikationen, Tübingen.

Klodt, Henning (1999), Internationale Politikkoordination, Leitlinien für den globalen Wirtschaftspolitiker, Kiel.

Klodt, Henning (2000), Conflicts and Conflict Resolution in International Antitrust, Kiel.

Koch, Lambert T. (Hrsg.) (2001), Wirtschaftspolitik im Wandel, München Wien.

Korczak, Dieter (1995), Lebensqualitäts-Atlas, Opladen.

Kydland, Finn E. und Edgar C. Prescott (1977), Rules Rather than Discretion: The Inconsistency of Optimal Plans, Journal of Political Economy, Vol. 85, S. 473-491.

Leibenstein, Harvey (1978), General X-Efficiency Theory and Economic Development, Oxford et al.

Leininger, Wolfgang (1993), The Fatal Vote: Berlin vs. Bonn, Finanzarchiv, Bd. 50, S. 1-20

Lenk, Th. und V. Teichmann (1999), Arrows Unmöglichkeitstheorien, in: WiSU, 28. Jg., S. 866-870.

Liebowitz, Stanley J. und Stephen E. Margolis (1994)., Network Externality: An Uncommon Tragedy, Journal of Economic Perspectives, Vol. 8, S. 133- 150.

Loef, H.-E. und G. Ziemens (1989), Zeitinkonsistenz, WiSt, Jg. 18, S. 446-451.

Lösch, August (1938), Wo gilt das Theorem der komparativen Kosten, Weltwirtschaftliches Archiv, Nr. 48, S. 45-64

Lucas, Robert E. Jr. (1977), Econometric Policy Evaluation: A Critique, Journal of Monetary Economics, Suppl. 1., S. 19-46.

Luckenbach, Helga (2000), Theoretische Grundlagen der Wirtschaftspolitik, 2. Auflage, München.

Markusen, J. R. et al. (1995), International Trade, New York.

Martin, Hans-Peter und Harald Schumann (1997), Die Globalisierungsfalle: Der Angriff auf Demokratie und Wohlstand, Hamburg.

McCallum, Bennett T. (1997), Crucial Issues Concerning Central Bank Independence, Journal of Monetary Economics, Vol. 39, S. 99-112.

Messerlin, Patrick (1981), The Political Economy of Protectionism: The Bureaucratic Case, Weltwirtschaftliches Archiv, Bd. 125, S. 563-587.

Monopolkommission (2000), Wettbewerb als Leitbild für die Hochschulpolitik, Sondergutachten 30, Baden-Baden.

Morath, Konrad (2000), Rohstoff Bildung, Bad Homburg v.d.H.

Mueller, Dennis C. (1989), Public Choice II, Cambridge.

Mundell, Robert (1961), A Theory of Optimal Currency Areas, American Economic Review, Vol. 51, S. 509-517

Murphy, Kevin M., Andrei Schleifer und Robert W. Vishny (1990), The Allokation of Talent: Implications for Growth, NBER Working Paper No. 3530, Cambridge MA.

Musgrave, Richard A. (1959), The Theory of Public Finance, New York.

Muth, John F. (1961), Rational Expectations and the Theory of Price Movements, Econometrica, Vol. 29, S. 315-335.

Myrdal, Gunnar (1965), Das Wertproblem in der Sozialwissenschaft, Hannover.

Niskanen, William A. (1971), Bureaucracy and Representative Government, New York.

Nordhaus, William D. (1975), The Political Business Cycle, Review of Economic Studies, Vol. 42, S.169-190.

Nordhaus, William D. und James Tobin (1972), Is Growth Obsolete?, National Bureau of Economic Research, General Series 96, New York (Columbia University). Wieder abgedruckt in: Moss, M. (1973), Hrsg., The Measurement of Economic and Social Performance, New York.

Olson, Mancur (1965), Die Logik kollektiven Handelns, Tübingen (dt. Fassung 1968).

Parkinson, C. Northcote (1958), Parkinson's Law of the Pursuit of Progress, Frome and London.

Pies, Ingo (2000), Ordnungspolitik in der Demokratie. Ein ökonomischer Ansatz diskursiver Politikberatung, Tübingen.

Raffelhüschen, Bernd (1999), Eine Generationenbilanz der deutschen Wirtschafts- und Sozialpolitik, Diskussionsbeiträge des Instituts für Finanzwissenschaft, Universität Freiburg i.br., Nr. 81.

Rawls, John A. (1971), A Theory of Justice, Cambridge/Mass.

Richter, Rudolf (1963), Preistheorie, Wiesbaden.

Risch, Bodo (1983), Alternativen der Einkomenspolitik, Tübingen.

Röpke, Wilhelm (1979), Internationale Ordnung – heute, 3. Auflage, Bern und Stuttgart.

Rose, Klaus und Karlhans Sauernheimer (1999), Theorie der Außenwirtschaft, 13. Auflage, München.

Sachverständigenrat zur Begutachtung der gesamtwirtschaftlichen Entwicklung (1965), Stabiles Geld - Stetiges Wachstum, Jahresgutachten 1964/65, Stuttgart und Mainz.

Sachverständigenrat zur Begutachtung der gesamtwirtschaftlichen Entwicklung (1974), Vollbeschäftigung für morgen, Jahresgutachten 1974/75, Stuttgart und Mainz.

Sachverständigenrat zur Begutachtung der gesamtwirtschaftlichen Entwicklung (1976), Zeit zum Investieren, Jahresgutachten 1976/77, Stuttgart und Mainz.

Sachverständigenrat zur Begutachtung der gesamtwirtschaftlichen Entwicklung (1977), Mehr Wachstum - mehr Beschäftigung, Jahresgutachten 1977/78, Stuttgart und Mainz.

Sachverständigenrat zur Begutachtung der gesamtwirtschaftlichen Entwicklung (1997), Wachstum, Beschäftigung, Währungsunion - Orientierungen für die Zukunft, Jahresgutachten 1997/98, Stuttgart.

Sachverständigenrat zur Begutachtung der gesamtwirtschaflichen Entwicklung (1998), Vor weitreichenden Entscheidungen, Jahresgutachten 1998/99, Stuttgart.

Sachverständigenrat zur Begutachtung der gesamtwirtschaftlichen Entwicklung (1999), Wirtschaftspolitik unter Reformdruck, Jahresgutachten 1999/2000, Stuttgart.

Sachverständigenrat zur Begutachtung der gesamtwirtschaftlichen Entwicklung (2000), Chancen auf einen höheren Wachstumspfad, Jahresgutachten 2000/01, Stuttgart.

Samuelson, Paul A. (1947), Foundations of Economic Analysis, Cambridge/Mass.

Samuelson, Paul A. und William D. Nordhaus (1985), Economics, 12. Auflage, Singapur.

Schneider, Friedrich und Dominik Enste (2000), Schattenwirtschaft und Schwarzarbeit, Umfang, Ursachen, Wirkungen und wirtschaftspolitische Empfehlungen, München, Wien.

Schulze, Günther G. und Heinrich W. Ursprung (1999), Globalisation of the Economy and the Nation State, The World Economy, Vol. 22, S. 295-352.

Schumpeter, Joseph A. (1942), Capitalism, Socialism and Democracy, Nachdruck 1976, New York.

Schürfeld, Angela (1999), Lohnpolitik und Beschäftigungspolitik bei fortschreitender europäischer Integration, Untersuchungen zur Wirtschaftspolitik, Nr. 114, Köln.

Scitovski, Tibor (1954), Two Concepts of External Economics, Journal of Political Economy, Vol. 62, S. 143-151.

Sheffrin, Steven M. (1983), Rational Expectations, Cambridge.

Siebert, Horst (1998), Disziplinierung der nationalen Wirtschaftspolitik durch die internationale Kapitalmobilität, in: Dieter Duwendag (Hrsg.), Finanzmärkte im Spannungsfeld von Globalisierung, Regulierung und Geldpolitik, Berlin S. 41-67.

Simons, Henry C. (1936), Rules versus Authorities in Monetary Policy, Journal of Political Economy, Vol. 44, S. 1-30.

Sjaastad, Larry (1980), Who Bears the Burden of Protection?, in: Hugh Corbet (Hrsg.), Current Issues in Commercial Policy and Diplomacy, London.

Smith, Adam (1776), An Inquiry into the Nature and Causes of the Wealth of Nations; Harmondsworth (1970); dt. Ausgabe: Der Wohlstand der Nationen, Eine Untersuchung seiner Natur und seiner Ursachen, München 1974.

Sohmen, Egon (1992), Allokationstheorie und Wirtschaftspolitik, 2. Auflage, Tübingen.

Statistisches Bundesamt, Statistisches Jahrbuch für die Bundesrepublik Deutschland, lfd. Jg, Stuttgart.

Statistische Bundesamt: Wirtschaft und Statistik , lfd. Jahrgang, Wiesbaden.

Stigler, George J. (1971), The Theory of Economic Regulation, The Bell Journal of Economics and Management Science, Vol. 2, S. 3-21.

Streit, Manfred (2000), Theorie der Wirtschaftspolitik, 5. Aufl., Düsseldorf.

Tinbergen, Jan (1952), On the Theory of Economic Policy, Amsterdam.

Tirole, Jean (1988), The Theory of Industrial Organisation, Cambridge und London.

Tullock, Gordon (1980), The Welfare Costs of Tariffs, Monopolies and Theft, in: James M. Buchanan et al. (Hrsg.), Toward a Theory of the Rent-Seeking Society, Texas, S. 39-50.

Vanberg, Viktor (2000), Der konsensorientierte Ansatz der konstitutionellen Ökonomik, in: Helmut Leipold und Ingo Pies (Hrsg.), Ordnungstheorie und Ordnungspolitik. Konzeptionen und Entwicklungsperspektiven, Stuttgart, S. 251-276.

van Lith, Ulrich (1985), Der Markt als Ordnungsprinzip des Bildungsbereichs: Verfügungsrechte, ökonomische Effizienz und die Finanzierung schulischer und akademischer Bildung, München.

Varian, Hal R. (1999), Grundzüge der Mikroökonomik, München.

Vaubel, Roland (1991): A Public Choice View of International Organization, in: Roland Vaubel und Thomas D. Willett (Hrsg.): The Political Economy of International Organizations, Boulder, San Francisco und Oxford, S. 27-45.

Vertrag zur Gründung der Europäischen Gemeinschaften (EG-Vertrag) in der Fassung vom 10. November 1997, in: http://europa.eu.int/eur-lex/de/treaties/dat/ec_cons_treaty_de.pdf.

Voigt, Stefan (1996), Die konstitutionelle Ökonomik als Herausforderung für die Theorie der Wirtschaftspolitik – zugleich eine Skizze zur Weiterentwicklung einer ökonomischen Theorie der Verfassung, in: Ingo Pies und Martin Leschke (Hrsg.), James Buchanans konstitutionelle Ökonomik, S. 158-183.

von der Lippe, Peter (1996), Statistische Wohlfahrtsindikatoren, Die Messung des Lebensstandards, in: Statistisches Bundesamt: Wohlfahrtsmessung, Aufgabe der Statistik im gesellschaftlichen Wandel, Stuttgart, S. 39-72.

von Hayek, Friedrich A. (1968), Der Wettbewerb als Entdeckungsverfahren, Kieler Vorträge, Neue Folge 68, Tübingen.

von Hayek, Friedrich A. (1975), Die Anmaßung von Wissen, ORDO, Band 26, S.12-21.

von Hayek (1990), Denationalisation of Money - The Argument Refined, Institute of Economic Affairs, Hobart Paper Special, Vol. 70, London.

von Weizsäcker, Carl-Christian (1971), Lenkungsprobleme der Hochschulpolitik, in: H. Arndt und D. Swatek (Hrsg.), Grundfragen der Infrastrukturplanung für wachsende Wirtschaften, Berlin, S. 535-553.

von Weizsäcker, Carl-Christian (1984), Was leistet die Property Rights Theorie für aktuelle wirtschaftspolitische Fragestellungen?, in: Manfred Neumann (Hrsg.), Ansprüche, Eigentums- und Verfügungsrechte, Berlin, S. 123-155.

von Weizsäcker, Carl-Christian (1998), Das Gerechtigkeitsproblem in der Sozialen Marktwirtschaft, in: Zeitschrift für Wirtschaftspolitik, 47. Jg., S. 257-288.

von Weizsäcker, Carl-Christian (1999), Logik der Globalisierung, Göttingen.

von Weizsäcker, Carl-Christian (2000), Über die Schlusspassage der General Theory - Gedanken zum Einfluss ökonomischer Theorie auf die Politik, Perspektiven der Wirtschaftspolitik, Nr. 1, S. 35-52.

Wagner, Helmut (1991), Einführung in die Weltwirtschaftspolitik, München, Wien.

Walsh, Carl E. (1995), Optimal Contracts for Central Bankers, The American Economic Review, Vol. 85, S.151-167.

Watrin, Christian (1986), „Marktversagen" versus „Staatsversagen". Zur Rolle von Markt und Staat in der freien Gesellschaft, Zürich.

Wellisch, Dietmar (2000), Finanzwissenschaft I – Rechtfertigung der Staatstätigkeit, München.

Wieandt, Axel und Harald Wiese (1993): The Theorie der "contestable-markets" - ein Leitbild für die Wettbewerbspolitik?, ORDO, Bd. 44, S. 185-201.

Personenregister

T

U

V

W

Z

Sachregister